Entrepreneurship and Startups

기업가정신과 창업

이장우 · 장수덕 · 이병열 공저

Entrepreneurship and Startups
Entrepreneurship and Startups

法 文 社

머리말

지금 우리에게 충격으로 다가오고 있는 4차 산업혁명은 과학기술의 눈부신 발전만을 의미하지 않는다. 그 핵심에는 사람과 사람을 넘어 모든 사물들이 서로 연결되는 초연결 지능사회로의 변화가 있다. 이러한 변화는 경제의 성공 공식과 우리 삶의 방식을 송두리째 바꿀 것을 요구한다.

특히 복잡한 기술 융합으로 말미암아 엄청난 조합으로 새로운 기회들이 출현할 것으로 기대된다. 물론 순식간에 기존 질서가 무너지고 탄탄해보이던 기업 경쟁력이 사라지기도 한다. 이 때문에 많은 사람들이 인공지능과 로봇을 앞세운 4차 산업혁명으로 일자리와 인간성 상실을 우려한다. 그러나 우리가 기업가정신으로 무장하고 새로운 기회를 찾아 창업에 도전한다면 없어지는 수보다 더 많은 일자리를 만들어낼 수 있을 것이다. 그리고 우리는 스스로 운명을 결정하는 주인공이 될 수 있다.

기업가정신이란 자원과 시간 등 현실적 제약을 무릅쓰고 스스로 인식한 기회를 실현시키고자 하는 도전적 행동양식을 의미한다. 어느 누구도 현실적 제약 없이 인생을 마음먹은 대로 살 수는 없다. 어려운 제약요인은 모든 경제주체들에게 주어지기 마련이다. 그러나 현실 제약요인에 굴복해 마냥 주어진 틀 안에서만 생각하고 행동한다면 개인도 기업도, 그리고 종국엔 국가도 쇠퇴할 수밖에 없다. 불확실한 미래에 도전하는 존재만이 발전의 기회를 획득할 수 있기 때문이다. 따라서 4차 산업혁명 시대에서 개인이나 국가의 경쟁력은 결국 생각하고 행동하는 방식에 의해 결정될 것이다. 기업가정신으로 무장해 스스로 운명을 결정하고 사회에 새로운 가치를 제안하는 창업가들이 활발히 움직여야 신 성장 동력이 만들어진다.

기업가정신과 창업은 불확실성에 대한 도전이라고 할 수 있다. 비록 이 도전이 한 번에 성공하지 못한다 해도 그 경험이 축적되어 성공의 밑거름이 되며 많은 창업가들의 도전과 가치창출 활동들이 축적되어 국가 경쟁력이 창출된다. 그러므로 우리의 미래 운명을 결정할 4차 산업혁명도 기업가정신과 창업에 의해 비로소 완성될 수 있을 것이다.

지금은 디지털화의 급속 진전으로 새로운 아이디어가 전 세계로 퍼지는 세상이 되었다. 변방에서 나온 작은 아이디어도 우수하기만 하면 제품으로 만들어져 순식간에 전 세계로 확산될 수 있다. 기술적 도구의 급속한 발달로 이제는 정보나 장비가 부족한 것이 이유가 되지 않는다. 공장 없는 제조업이 가능하며, 우버, 에어비앤비, 이베이, 페이팔, 알리바바 등 많은 성공 사례에서 보듯이 실물 투자 없이도 산업을 지배할 수 있게 되었다. 창의력으로 승부하는 시대가 도래한 것이다.

기업가정신은 기존의 자원 한계나 질서에 얽매이지 않고 창의적이고 도전적인 자세로 기회를 획득하려는 행동양식을 말한다. 또한 창업은 새로운 일자리를 만들고 신기술과 신산업을 창출하는 핵심 원천이다. 앞으로 개인의 창의성이나 기술 등을 활용해 지적재산권을 설정하고 이를 소득과 고용창출의 원천으로 하는 비즈니스가 더욱 발전할 것이다. 발상의 전환과 창의적 기획력으로 만들어낼 수 있는 것은 경제적 가치이외에 사회적, 예술적 가치들도 포함하기 때문에 국가 전체 삶의 질을 향상시키는 데에 중요한 기여한다.

최근에는 기술창업에 기반 한 벤처기업 이외에, '독특하고 차별화된 아이디어를 찾아내어 다양한 형태로 상품화하거나 서비스로 개발하는 개인이나 1인 중심의 사업체' 를 의미하는 1인 창조기업들이 등장하고 있다. 이밖에 사회서비스의 제공 및 취약계층의 일자리 창출을 목적으로 하면서 영업활동을 수행하는 사회적 기업, 공통의 사회 · 문화적 필요를 충족시키고자 결성되는 협동조합 등이 활동하고 있다. 즉 기업가정신의 구현방법이 다양화되고 있는 것이다.

이 책은 산업화, 정보화에 이어 4차 산업혁명이라는 새로운 국면으로 들어선 한국 경제의 발전 상황에 맞추어 기업가정신과 창업에 관한 이론과 기법들을 정리하였다.

첫째, 4차 산업혁명이 야기하는 새로운 시대에서 기업가정신과 창업이 갖는 의미를 알아보고 벤처기업, 1인 창조기업, 사회적기업, 협동조합 등 다양한 창업기업의 유형을 살펴보았다(1부).

둘째, 아이디어 상업화와 비즈니스 플랜 작성방법에 관해 정리했다(2부). 아이디어를 도출하고 이를 비즈니스 플랜으로 정리하는 방법에 관해 기술하였다. 그리고 사업의 타당성을 분석하고 사업을 준비하는 방법에 대해 살펴보았다.

셋째, 사업개시 이후의 경영관리를 위해 자금조달 방법, 전략과 마케팅 등에 대해 살펴보았으며, 창업성공의 요인에 대해서도 논의하였다. 이와 함께 기존 기업 안에서의 기업가정신과 혁신활동을 다루는 사내 기업가정신에 관해서도 논의하였다(3부).

넷째, 특수논제로서 특허와 지재권 관리에 관해 정리하였으며 창업을 위해 알아야 할 법적 절차에 대해서도 알아보았다(4부). 이와 함께 최근 활발하게 전개되고 있는 정부의 창업지원 정책을 활용하는 방법에 대해서도 간략히 정리하였다(부록).

이 책의 저자들은 지난 20여 년 동안 연구해 온 이론들과 함께, 현장에서 축적한 경험과 사례들을 통합적으로 정리하고자 했다. 저자들은 기업가정신과 창업이 한국 경제가 새로운 성장 발판을 마련하는 데 필수 요소라는 데 공감하고 대한민국이 창업 국가로 우뚝 설 수 있기를 소망하며 이 책을 집필하였다. 저자들의 협업과 개정판 출간에 도움을 주신 법문사를 비롯한 모든 분들에게 머리 숙여 감사드린다.

2017년 8월 17일

공저자 일동

차 례

제 1 부 기업가정신과 창업

제4부 특수논제

P·A·R·T

1

기업가정신과 창업

CHAPTER

01

4차 산업혁명과 기업가정신

학습내용

인공지능, 사물인터넷, 빅데이터, 로봇공학, 가상현실 등으로 대변되는 4차 산업혁명은 산업구조, 기업경영, 인간의 삶의 방식과 개인의 생각 등을 총체적으로 변화시킬 것으로 예상되고 있다. 많은 사람들이 인공지능과 로봇을 앞세운 첨단 기술의 발전으로 일자리와 인간성 상실을 우려한다. 과학기술의 눈부신 발전과도 같은 4차 산업혁명은 분명 커다란 시대적 조류이다. 그러나 그 핵심에는 사람과 사람을 넘어 모든 사물이 서로 연결되는 '초연결' 지능 사회로의 변화가 있다. 이러한 변화로 말미암아 엄청난 조합으로 새로운 기회들이 일어날 것이다. 예측할 수 없이 순간적으로 창발하는 이 새로운 기회들을 선도적으로 포착하는 기업가정신이야말로 개인이나 조직에 대해 분명 더 많은 기회를 제공할 것이다.

01 4차 산업혁명

제4차 산업혁명(the fourth industrial revolution)은 정보통신기술(ICT)의 융합으로 이루어낸 혁명 시대를 말한다. 18세기 초기 산업혁명 이후 네 번째로 맞이한 시대이다. 이 혁명의 핵심은 인공지능(AI), 로봇공학, 사물 인터넷(IoT), 무인 운송 수단(무인 항공기, 무인 자동차), 3차원 인쇄((3D printing), 나노 기술과 같은 6대 분야에서의 기술 혁신이다.[1] 제4차 산업혁명은 디지털 혁명(제3차 산업혁명)에 기반하여 물리적, 디지털적, 생물학적 공간의 경계가 희석되는 기술융합의 시대를 예고하고 있다. 또한 기술의 융복합적 혁신은 기업들에게 전통적 사고방식에서 벗어난 새로운 비즈니스 아이디어와 시스템을 요구하고 있다. 그리고 이러한 변화는 우리 개인들의 삶을 영위하는 방식까지도 바꾸어 갈 것으로 예견된다.

1.1 제4차 산업혁명 시대의 도래

세계경제포럼(WEF)은 2016년 다보스포럼을 통해 현재 우리는 인공지능, 기계학습, 로봇공학, 나노기술, 3D 프린팅, 유전학과 생명공학 기술과 같이 이전에는 서로 단절되어 있던 분야들이 경계를 넘어 상호 융합과 통합을 통해 발전해 나가는 제4차 산업혁명의 단계에 접어들고 있음을 강조했다. 그리고 4차 산업혁명에 의해 우리의 미래는 전례 없는 혁신과 파괴적인 변화를 경험할 것으로 예고했다.

벨(Alexander Graham Bell)이 전화기를 발명하지 않았다면, 오늘날의 스마트폰은 존재하지 않았을지도 모른다. 이렇게 인류 역사 변화의 중심에는 새로운 기술의 등장과 기술적 혁신이 자리하고 있다. 새로운 기술의 등장은 단순히 기술적 변화에 그치지 않고 사회와 경제구조에 큰 변화를 일으켰다. 기술적 혁신과 이로 인해 일어난 사회 · 경제적 큰 변화가 나타난 시기를 우리는 '산업혁명'이라고 부르고 있다.[2] 역사를 돌이켜 보면 인류는 산업화 시대에 들어선 이래 3차례의 산업혁명을 이미 경험했다. 증기기관의 발명에 따른 기계화의 진전을 이룩한 1차 산업혁명, 전기의 발명에 따른 자동화와 대량생산체제를 발전시킨 2차 산업혁명, 컴퓨터와 정보통신기술의 발전에 따른 '디지털 혁명'이라 할 수 있는 3차 산업혁명의 시대를 지내고 있다. 그리고 현재 정보통신기술이 고도로 지능화되면서 상호 분리되어 있던 타 분야와 융합하여 사람-사물-공간이 초연결 되는 4차 산업혁명이 전개되고 있다.

그림 1-1 산업혁명의 역사적 전개

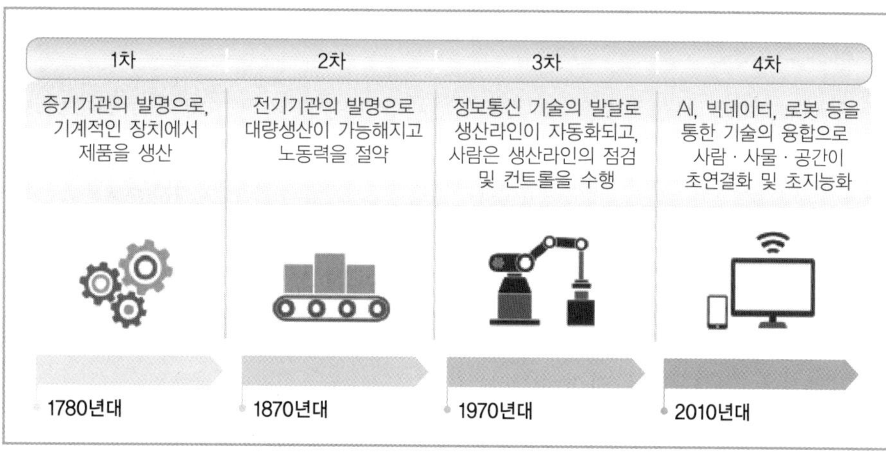

자료: 미래창조과학부 · 한국과학기술평가원(2016), 이슈분석: 4차 산업혁명과 일자리의 미래, p.1.

스위스글로벌금융그룹(UBS)에서는 4차 산업혁명의 의의와 영향에 대한 백서를 출간하였는데, 백서에 의하면 지금까지 네 차례에 걸친 산업혁명은 기술 및 동력원의 발전을 통해 자동화(Automation)와 연결성(Connectivity)을 발전시켜 온

과정으로 축약될 수 있다는 것이다.[3)] 보다 구체적으로 1차 산업혁명은 증기기관과 증기기관차를 통해 도로와 교통의 발전을 견인하여 국가 내의 연결성 강화를 이루었다면, 2차 산업혁명은 전기 등의 에너지원의 활용과 작업의 표준화를 통해 기업이나 국가 간 노동부문의 연결성을 강화하여 대량생산체제를 수립하였다. 3차 산업혁명은 정보통신 혁명을 통해 자동화를 이루고 사람과 환경, 기계를 아우르는 연결성을 강화하였다. 그리고 4차 산업혁명은 인공지능에 의해 자동화와 연결성이 극대화되는 단계로서 모습을 드러내고 있다.

사물인터넷(IoT), 빅데이터, 인공지능 등의 지능정보기술이 초고속의 연결 플랫폼을 생성하면, 생산과 소비의 전 과정이 긴밀하게 연결되는 시대가 열리게 됨과 동시에 그 경계는 큰 의미를 갖지 못한다. 콘텐츠를 직접 생산하지 않으면서도 세계 최대 콘텐츠 회사인 페이스북, 택시가 없지만 가장 많은 택시를 보유한 우버, 부동산을 소유하지 않지만 최대 숙박업체인 에어비엔비 등은 디지털 기술의 발전에 따른 연결 플랫폼이 만들어낸 새로운 비즈니스이다. 뿐만 아니라 드론기술의 상용화로 택배 서비스는 사라질 수도 있으며, 원격 질병탐지 및 진단도 확대되어 병원에서 더 이상 줄서서 진료를 기다릴 필요가 없는 시대가 전개되고 있다.

이처럼 4차 산업혁명은 정보통신 기술을 바탕으로 한 3차 산업혁명의 연장선에 위치하면서도, 이전의 산업혁명들과는 차이가 있다. 지금까지의 산업혁명은 인간의 손과 발을 기계가 대체하여 자동화를 이루고, 연결성을 강화해온 과정이었다면 4차 산업혁명은 인공지능의 출현으로 사람의 두뇌를 대체하는 시대의 도래를 포함하고 있다. 4차에 걸친 산업혁명의 각 단계별로 자동화와 연결성의 발전과정을 〈표 1-1〉에 정리하였다.

표 1-1 산업혁명, 자동화와 연결성의 발전과정

구분	내용	참조
1차 산업 혁명 (1784)	- 1784년 영국의 Henry Cort가 교반법(Pudding Process; 액체상태의 철을 쇠막대기로 저어 탄소와 불순물을 제거하는 공법)을 수행하는 기계를 발명한 것이 자동화의 단초로 여겨짐 - 석탄과 석유와 같은 고에너지 연료의 사용을 통해 증기기관 및 증기기관차의 시대가 시작되었으며 연결성이 혁명적으로 증가되고 다리, 터널, 항만 등의 기반시설 건설이 촉발되었음 - 1차 산업혁명은 기계의 발명을 통한 초기 자동화의 도입과 다리, 항만 등을 통한 국가내의 연결성 촉진함	 기계적 생산, 증기기관
2차 산업 혁명 (1870)	- 2차 산업혁명을 통해 자동화는 대량생산으로 발전되었음 - 품질기준, 운송방법, 작업방식 등의 표준화는 국소적인 기능의 자동화를 기업/국가 수준의 자동화된 대량생산으로 발전시킴 - 자동화된 대량생산은 그 초기에는 기업 내의 공급 사슬에 국한되었지만, 다른 기업 및 다른 국가를 포괄하는 국가적/국제적 대량생산의 공급사슬로 확대됨 - 2차 산업혁명은 자동화를 통해 대량생산이 가능하게 되면서 시작되었고, 노동부문에서의 효율적이고 생산적인 연결성을 촉진하였음	 대량생산, 전기에너지
3차 산업 혁명 (1969)	- 1969년 인터넷의 전신인 알파넷이 개발되며 디지털 및 정보통신기술시대의 서막을 알림 - 디지털 기술의 폭발적인 발전은 2년에 트랜지스터 집적용량이 2배 증가한다는 무어의 법칙(Moore's law)을 잘 보여줌 - 디지털 시대의 향상된 계산능력은 보다 정교한 자동화를 가능하게 하고, 사람과 사람, 사람과 자연, 사람과 기계간의 연결성을 증가시켰음	 전자장치, IT
4차 산업 혁명 (현재)	- 4차 산업혁명은 자동화와 연결성이 극대화되는 변화를 뜻함 - 극단적인 자동화는 자동화할 수 있는 작업이 폭을 크게 넓혀서, 저급 수준의 기술뿐 아니라, 중급 수준의 숙련 기술들에 대해서도 적용될 것임 - 인공지능(AI)이 적용된 자동화의 최전선에서는 언어와 이미지를 포함하는 빅데이터를 분석하고, 처리하는 등 인간만이 가능하다고 여겨졌던 업무들 중 상당부분도 로봇이 대체할 것으로 전망됨 - 극단적 자동화를 통해 저급 및 중급 기술자들의 업무를 로봇이 대체하게 되면, 경제적 불평등의 문제를 더욱 촉발할 것으로 전망됨 - 국제적이면서도 즉각적인 연결을 통하여 새로운 사업 모델이 창출될 것임 (공유 경제, 온디맨드 경제 등)	 인공지능, 빅데이터

자료: 장필성(2016), "(EU) 2016 다보스포럼: 다가오는 4차 산업혁명에 대한 우리의 전략은?", 과학기술정책, 제26권, 제2호, p.14.

1.2 제4차 산업혁명의 특징

세계경제포럼(WEF)은 4차 산업혁명을 주도하는 혁신기술로 인공지능, 메카트로닉스, 사물인터넷, 3D 프린팅, 나노기술, 바이오기술, 신소재기술, 에너지저장기술, 퀀텀컴퓨팅 등을 지목했다. 그리고 일련의 기술을 기반으로 기가인터넷, 클라우드 컴퓨팅, 스마트 단말, 빅데이터, 딥러닝, 드론, 자율주행차 등의 산업이 확산되고 있다고 보았다. 4차 산업혁명의 저자 클라우스 슈밥(Klaus Martin Schwab)은 4차 산업혁명을 이끄는 주요 기술혁신은 ICT기술을 광범위하게 활용하며 전개되고 있으며, 4차 산업혁명을 성공적으로 이끌어 가는 세 가지 기술은 물리학(Physical)기술, 디지털(Digital)기술, 생물학(Biological)기술이라 밝혔다.[4] 세 가지 주요 기술별 특징과 활용분야에 대해선 〈표 1-2〉에서 요약하고 있다.

그런데, 이러한 기술들의 특성과 활용분야에 대해 살펴보면 4차 산업혁명의 특징을 다음과 같이 몇 가지로 나누어 살펴볼 수 있다.

첫째, 사람-사물-공간 등이 인터넷 통신망으로 통해 연결되는 초연결성이다. 온라인과 오프라인, 공급과 소비, 제조와 서비스가 결합되며 현실과 가상이 인간을 중심으로 연결되어 공유경제와 같은 새로운 부가가치가 창조되는 특징이 있다. 수요와 공급이 집단지성을 토대로 개인화된 맞춤 서비스가 제공되는 공유경제는 초연결성을 토대로 물리적 공간의 한계를 무색하게 하고 있다. 정보와 물질과 공간의 연결은 지식을 폭발적으로 증가시키고, 자원과 공간의 효율화를 통해 비용을 감소시킨다. 자동차를 소유하지 않는 우버와 호텔을 소유하지 않는 에어비앤비의 기업가치가 제너럴모터스(GM)와 힐튼을 넘어서는 이유도 여기에 있다. 4차 산업혁명의 이러한 특징은 기존 기업들의 혁신방식도 변화시키고 있다. 예컨대 상호 모순적으로 분리되어 있던 경영 요소들을 하나로 묶어 공존시키고 절충하여 새로운 혁신을 이루어내는 융합 혁신을 가능하게 할 수 있다.[5] 그래서 협력과 경쟁, 분권화와 집권화, 통제와 자율, 집중화와 다각화, 비용우위와 차별화 등 상호 패러독스 관계에 있는 경영 문제를 해결해내는 기업들은 새로운 경쟁우위를 창출할 수 있는 주역이 되는 것이다.

표 1-2 4차 산업혁명을 이끄는 기술

메가트랜드	핵심기술	
물리학(Physical) 기술	무인 운송수단	- 센서와 인공지능의 발달로 자율 체계화된 모든 기계의 능력이 빠른 속도로 발전함에 따라 드론, 트럭, 항공기, 보트 등 다양한 무인운송수단 등장 - 현재 드론은 주변환경의 변화를 감지하고 이에 반응하는 기술을 지녀 충돌을 피하기 위해 항로변경 등이 가능
	3D프린팅	- 3D프린팅은 입체적으로 형성된 3D 디지털설계도나 모델에 원료를 층층이 겹쳐 쌓아 유형의 물체를 만드는 기술임 - 기존의 절산(subtractive)가공 방식이 필요없는 재료의 층을 자르거나 깎는 방식인데 반해, 3D 프린팅은 디지털설계도를 기반으로 유연한 소재로 3차원 물체를 적층(additive)해 나가는 방식 - 현재 자동차, 항공우주, 의료산업에서 주로 활용되며, 의료 임플란트에서 대형 풍력발전기까지 광범위하게 활용 가능
	로봇공학	- 로봇은 과거 프로그래밍되어 통제된 업무수행에 국한되었으나 점차 인간과 기계의 협업을 중점으로 개발되고 있음 - 센서의 발달로 로봇은 주변환경에 대한 이해도가 높아지고 그에 맞춰 대응도 하며, 다양한 업무 수행이 가능해짐 - 클라우드 서버를 통해 원격정보에 접근이 가능하고 다른 로봇들과 네트워크로 연결이 가능
	그래핀(신소재)	- 기존에 없던 스마트 소재를 활용한 신소재(재생가능, 세척가능, 형상기억합금, 압전세락믹 등)가 시장에 등장 - 그래핀(graphene)과 같은 최첨단 나노소재는 강철보다 200배 이상 강하고, 두께는 머리카락의 100만분의 1만큼 얇고, 뛰어난 열과 전기의 전도성을 가진 혁신적인 신소재
디지털(Digital) 기술	사물인터넷	- 사물인터넷은 만물인터넷이라고도 불리며 상호 연결된 기술과 다양한 플랫폼을 기반으로 사물(제품, 서비스, 장소)과 인간의 관계를 의미 - 더 작고 저렴하고 스마트해진 센서들은 제조공정, 물류, 집, 의류, 액세서리, 도시, 운송망, 에너지 분야까지 내장되어 활용
	블록체인 시스템	- 블록체인(Block Chain)은 서로 모르는 사용자들이 공동으로 만들어가는 시스템인데, 프로그래밍이 가능하고 암호화(보완)되어 모두에게 공유되기 때문에 특정 사용자가 시스템을 통제할 수 없음 - 현재 비트코인(Bitcoin)이 블록체인 기술을 이용하여 금융거래를 하고 있으며, 향후 각종 국가발급 증명서, 보험금 청구, 의료기록, 투표 등 코드화가 가능한 모든 거래가 블록체인 시스템을 통해 가능할 전망
생물학(Biological) 기술	유전학	- 과학기술의 발달로 유전자 염기서열 분석의 비용은 줄고 절차는 간단해졌으며, 유전자 활성화 및 편집도 가능 - 인간게놈 프로젝트 완성에 10년이 넘는 시간과 27억달러가 소요되었으나, 현재는 몇 시간과 1,000달러 가량의 비용이 소요
	합성생물학(synthetic biology)	- 합성생물학 기술은 DNA데이터를 기록하여 유기체를 제작할 수 있어 심장병, 암 등 난치병 치료를 위한 의학분야에 직접적인 영향을 줄 수 있음 - 데이터 축적을 통해 개인별 맞춤의료 서비스 및 표적치료법도 가능 - 농업과 바이오 연료생산과 관련해서도 대안을 제시할 수 있는 기술
	유전자 편집	- 유전자 편집 기술을 통해 인간의 성체세포를 변형할 수 있고 유전자 변형 동식물도 만들어 낼 수 있음

자료: 이은민(2016), 4차 산업혁명과 산업구조의 변화, 정보통신방송정책, 제28권, 15호, pp. 5-6, 재인용.

둘째, 초연결성으로 비롯된 막대한 데이터를 분석하고 가공하여 일정한 패턴을 파악하는 초지능성이다. 디지털 혁명을 통해 발전된 각종 정보통신 기술과 전자기기에 인공지능의 연결이 가능하다. 그래서 초지능성 무인시스템이 가능해질 수 있다. 예를 들어, 공장내 기계와 장비, 부품을 비롯한 모든 사물들이 인터넷 클라우드 시스템으로 연결되어 있고 각종 사물들에 센스가 부착되어 있으면, 센서를 통해 정보가 실시간 입수되고 정보분석을 토대로 주문, 생산, 기계부품 교체 등을 자동으로 파악할 수 있다. 교환되는 정보의 속도와 양은 사람에 비해 빠르며 더 신속하다. 정확한 정보분석을 토대로 스스로 학습능력을 개발해 가면 초지능성에 기반한 무인자동화 시대가 열리게 될 수 있는 것이다.[6] 3차 산업혁명까지가 인간의 근육과 두뇌를 기계와 기술이 대신하고자 한 것이었다면, 4차 산업혁명은 기계와 기술이 지능을 갖고 인간행동을 예측할 수 있는 시대이다. IBM의 인공지능 암 진단 솔루션 '왓슨(Watson for Oncology)' 은 자연어 처리와 기계학습을 토대로 인간의 언어를 이해할 수 있어 방대한 양의 데이터를 스스로 분석하고 학습해 복잡한 문제에 대한 답을 즉시 내놓는다. 왓슨은 지금 암 환자를 진단하고, 유전정보를 분석하며, 의료영상을 판독하여 적합한 치료법을 신뢰도에 따라 복수로 추천하고, 그 근거까지 제시하여 인간 의사가 자칫 놓칠 수 있는 질병까지 파악토록 하고 있다.

셋째, 기존의 지식과 기술, 사람과 자원 등이 오프라인과 온라인의 구분 없이 새로운 방식으로 통합되고 융합되는 초복합성이다. 4차 산업혁명은 오프라인의 제조업을 발전시킨 1, 2차 산업혁명과 온라인의 발전을 가져온 3차 산업혁명이 융합되어 사이버 물리 시스템(Cyber-Physical System)을 구축하고 있는 특성이 있다. 빅데이터와 인공지능 그리고 클라우드 컴퓨팅의 발전은 가상과 현실의 막대한 정보와 데이터를 분석하고 융합하여 고품질의 맞춤형 생산과 소비가 가능하도록 하고 있다. 4차 산업혁명의 이러한 특징은 기업의 가치사슬 관리도 변화시킬 것으로 예상된다. 전통적인 관점에서의 가치사슬 관리는 앞으로 의미가 없어질 수 있다. 예컨대 미쉐린 등의 타이어 기업은 센서를 부착한 타이어를 물류회사에 판매하고, 타이어와 유류 비용을 최적화하는 서비스를 제공할 수 있다.

이용 과정에서 생성되는 센서 데이터는 소비자 의견과 함께 분석되어 다시 제품의 생산과 결합된다. 이렇듯 온라인과 오프라인의 융합은 기업의 제조와 소비의 과정과 방식을 변화시키고 있다.[7]

02 기업가정신

기업가정신은 기존의 자원한계나 질서에 얽매이지 않고 창의적이고 도전적인 자세로 결정하고 실천하는 행동양식을 의미한다.[8] 이러한 기업가정신은 과거의 연장선 속에서 안정적 성장을 추구하는 전통적 행동양식과 달리 새롭고 창조적인 혁신을 추구하기 때문에 변화의 시대를 창조하는 핵심동인으로 작용한다. 그래서 기업가정신이 활성화되고 발현될 때 새로운 혁신과 신기술을 창출할 수 있고 이를 통해 새로운 일자리가 만들어지는 선순환 경제구조가 만들어질 수 있다.

2.1 기업가정신의 중요성

산업혁명과 같은 큰 사회 · 경제적 변화는 기본적으로 창조화라는 성장동력에 의해 실현된다. 창조화란 창의적 발상(Imagination)과 도전적 행동(Challenge)의 결합을 의미한다. 그런데 자본주의 경제에서 창의적 발상과 도전적 행동은 바로 기업가정신에 의해 구현된다. 창의적이고 도전적인 젊은 인재들이 기업가정신을 토대로 혁신적인 창업에 나설 때 경제성장과 발전의 원동력을 확보할 수 있다는 것이다.

2016년 세계경제포럼에서 4차 산업혁명이 일자리에 미칠 영향에 관한 '미래고용보고서' 에 의하면, 향후 4차 산업혁명을 통해 창출될 수 있는 일자리에 비해 사라지는 일자리가 더 많을 것으로 전망했다. 반면 인간의 수명은 더욱 늘어나

고령화 사회가 되고 사람들은 더 오래 일해야 하는 시대가 될 것으로 전망했다. 그래서 미래 사회는 창조적인 개인들이 선도자(first mover)적인 기업가정신을 토대로 혁신을 주도하게 될 때 국가나 개인의 삶이 발전할 수 있게 된다.

선도자란 '세상에 없는 새로운 가치를 만들어내어 가장 먼저 새로운 시장에 진입함으로써 경쟁력을 획득하는' 경제 주체를 말한다.[9] 앞서 설명한 바와 같이 '4차 산업혁명 시대'에서는 불확실성을 극복하고 창조적 프레임으로 성공을 이루어내는 선도자적인 기업가정신이 필요하다. 선도자적 기업가정신이란 창조화를 통해 새로운 시장을 창출하고 끊임없이 혁신하면서 스스로의 경쟁력을 강화시키고, 기존의 경영 패러다임을 완전히 바꿔 세상에 없는 가치를 만들어 내면서 자신만의 혁신 가치를 지속적으로 찾아가는 것이다. 이러한 기업가정신은 분명 4차 산업혁명의 충격을 기회로 반전시키는 열쇠가 될 것이다.

기업가정신(entrepreneurship)이란 단어는 80년대 이래로 중요한 경영용어로 부각되어 왔으며, 급변하는 21세기를 맞이하여 국가경쟁력 증대를 위한 화두가 되고 있다. 특히 개인들이 창업을 통해 부와 명예를 성취하는 사례가 늘고 기존의 대기업도 급변하는 환경에 적응하기 위해 보다 혁신적이고 유연해져야 할 필요성이 커짐에 따라 기업가정신의 중요성은 더욱 커지고 있다.

산업이 전반적으로 대량생산체제 위주에서 지식집약적이고 창의성 중심의 형태로 바뀜에 따라 새로운 사업이 끊임없이 창출되고 기존 기업들은 지속적으로 변화와 혁신을 시도하지 않을 수 없게 되었다. 이러한 변화와 혁신의 과정에는 기업가적(entrepreneurial) 결단과 행동이 필수적이다. 기업가정신은 경제주체들이 새로운 경제환경에 대응하여 신속하고도 혁신적인 행동과 의사결정을 하도록 만드는 경영수단이 된다고 할 수 있다.

2.2 기업가정신의 정의

기업가정신의 개념은 학자들에 따라 여러 가지 의미로 정의되어 왔다. 예를 들면 과거 경제학자들의 경우 기업가들의 경제적 기능으로써 이를 정의하고자

했다. 18세기 Cantillon 은 위험을 감수하고 불확실한 가격으로 상품을 구입하여 이를 다시 되파는 상행위적 기능으로써 기업가정신을 정의했다. 이후 19세기에 들어와 세이(Say)는 생산의 기능을 포함시켰으며, 슘페터(Schumpeter)는 제품 및 공정 혁신, 시장혁신, 조직혁신 등 다양한 혁신활동을 통한 이윤창출의 기능을 여기에 포함시켰다.

이와 함께 기업가의 사회 심리적 특성으로써 기업가정신을 정의하는 경향도 있다. 즉 성공 기업인들이 공통점으로 나타내는 성취욕구, 위험감수 성향, 자유 실천 의지 등 개인 심리특성이나 가정환경, 교육수준 등 사회적 배경요인을 가지고 정의하려 했다. 그러나 이러한 정의방법은 기업가정신이 가지고 있는 본연의 의미를 부분적으로만 파악하게 한다는 데 한계가 있다. 즉 기업가정신이란 개념은 기업가의 인간적 특성을 무시한 채 경제적 기능만으로 정의되기 어려우며 기업가의 개인특성만으로도 복잡한 현상을 설명하기 어렵다.

따라서 최근의 학자들은 이를 보다 종합적인 관점에서 정의하는 경향이 있다. 예를 들면 일종의 경영과정(a management process)으로 봄으로써 기업 경쟁력을 높이는 수단으로 활용하고자 한다. 예를 들자면 Hisrich와 Brush는 "위험부담과 그에 상응하는 보상을 전제로 한 가치창조의 과정"으로 정의한다.[10] 또한 Kao는 "사업기회의 인지, 위험부담의 적절한 관리, 적절한 자원동원의 기술을 통해 가치를 창출하려는 시도"라고 정의했다.[11] 이와 유사하게 이장우도 "자원의 현실적 제약을 무릅쓰고 포착한 기회를 사업화하려는 경영과정"이라고 정의했다.[12]

이와 같은 연구들을 종합하면 기업가정신은 다음과 같은 두 가지 핵심적 속성으로 정의할 수 있다.

첫째, 기회 추구이다. 기존의 보유자원이나 틀에 구속받지 않고 새로운 기회를 포착하여 이를 실현시키는 데 주안점을 둔다. 그래서 때로는 위험이 따르지만 이를 무릅쓰고 기회를 추구하는 특성을 갖는다.

둘째, 자원 제약의 극복이다. 새로운 기회의 실현에 초점을 맞추다 보면 당연히 보유자원과 필요자원 사이에 커다란 격차가 있게 마련이다. 따라서 이 격차를 창조적인 방법으로 줄여 나가는 과정이 필연적으로 내재해 있다. 기회 추구의 과정에서 필연적으로 따라오는 자원의 제약을 창의적이고 혁신적인 방법으로 극복하려는 속성이 기업가정신의 본질이다.

표 1-3 기업가정신의 다양한 정의들

연구자	정의
Knight(1921)	불확실성과 위험을 감수함에 따라 발생할 수 있는 이윤을 추구하는 행위
Schumpeter(1934)	새로운 생산방법과 제품개발을 수행하는 기술혁신을 통해 창조적 파괴를 실행하는 기업가의 노력이나 의지
Higgins(1961)	투자와 생산기회의 탐색, 기업의 조직화, 자금조달, 인력의 고용, 원재료의 공급과 새로운 기술과 자원의 공급, 관리자의 선정 등의 함수
Kirzner(1975)	시장에서 중개 기회를 포착하는 과정(또는 활동). 경제의 불균형 상태를 해소하는 과정
Burgelman(1983)	사내벤처(팀)을 창출하는 과정
Ronstadt(1984)	부의 증진을 창출하는 역동적인 과정
Gartner(1985)	새로운 조직을 창업하는 과정이나 활동
Drucker(1985)	위험을 무릅쓰고 포착한 기회를 사업화하려는 모험과 도전의 정신
Hisrich (1985)	기존의 있는 것과 다른 또 다른 가치를 창조하는 과정
Stevenson et al. (1986)	새로운 기회를 포착하고 개발하기 위해 자원을 결합하여 가치를 창조하는 과정
Stevenson et al. (1989)	현재 보유하고 있거나 통제할 수 있는 자원을 고려하지 않고 새로운 기회를 추구하는 활동이나 과정
Timmons et al. (1990)	무에서부터 새로운 가치를 창조하고 구축하는 것
Kaish & Gilad(1991)	새로운 것을 찾아내고 그것을 기회로 실현해 가는 과정
Amit et al.(1993)	불확실하고 모호한 환경 하에서 새롭고, 독특하고, 가치있는 자원의 조합으로부터 수익을 창출하는 과정
Herron & Robinson(1993)	가치의 창출을 위해서 경제적 자원을 재할당하고 관리하는 일련의 행동들
Wiklund(1998)	시장에 충격을 줄 수 있는 새로운 자원의 조합을 통해 기회의 이점을 취하는 것
Hisrich(1998)	재정적, 심리적, 그리고 사회적 위험을 부담하면서라도 시간과 노력을 기울여 가치있는 새로운 것을 창조하는 과정

2.3 기업가정신의 행태적 특성

스티븐슨(Stevenson)은 행태적 접근(behavioral approach)을 통해 기업가정신을 보다 구체적으로 이해하려 했다.[13] 즉 기업가적 행태(entrepreneurial behavior)를 구성하는 몇 가지 차원을 제시하고 이를 관리중심적 행태(administrative behavior)와 비교함으로써 이해도를 높였다. 〈표 1-4〉에 나타난 바와 같이 기업가적 행태는 6가지 차원에서 기존의 관리중심적 행태와 다르다.

첫째, 전략적 성향에 있어 기업가적 행태는 새로운 기회를 인지하고 그것을 실현시키는 데 역점을 둔다. 반면에 관리중심적 행태는 기존에 보유하고 있는 자원을 우선적으로 고려하여 전략을 수립하려 한다.

둘째, 기회의 추구에 있어 기업가적 행태가 혁신적인 방법을 동원하여 단기간에 쟁취하려는 경향이 있는 반면, 관리중심적 행태는 여러 이해관계자들의 입장을 고려하면서 점진적이고 신중한 접근을 한다.

셋째, 자원동원의 방법에 있어 기업가적 행태는 단계별로 접근하며 각 단계에서도 최소한의 자원을 투입하려 한다. 반면에 관리중심적 행태는 한 번의 큰 결정에 기초하여 한꺼번에 자원을 투입하려 한다.

넷째, 자원 통제에 있어 기업가적 행태는 필요 자원을 외부에서 차용하는 방법으로 필요할 때 조달한다. 반면에 관리적 행태는 필요 자원을 소유하거나 조직 내 보유하려는 성향이 있다.

다섯째, 조직 관리에 있어 기업가적 행태는 비공식적 네트워크를 동원해 의사소통을 원활하게 하고 수평적 조직구조를 통해 하부에 권한을 위임하려는 성향이 있다. 반면에 관리적 행태는 공식적 보고 체계를 중시하고 수직적 조직구조를 유지하려 한다.

여섯째, 보상방법에 있어 기업가적 행태는 새로운 가치창출을 중시하기 때문에 성과 위주의 보상을 중시하며 팀 단위의 보상을 즐겨 한다. 반면에 관리중심적 행태는 회사의 안정적 위치를 고수하는 데 역점을 두기 때문에 개인이 주어진 책임을 완수한 정도를 중시하고 개인승진 위주의 보상을 하려 한다.

이와 같은 기업가적 행태는 창업기업은 물론 기존 기업이 격변하는 경영환경에 대처하기 위해 반드시 필요한 요소라고 할 수 있다. 이러한 의미에서 기업가정신은 창업뿐만 아니라 모든 기업에 적용될 수 있는 일종의 경영과정으로 보는 것이 유익하다.

표 1-4 기업가적 행태와 관리중심적 행태

핵심 비즈니스 자원	기업가적 행태	관리중심적 행태
전략적 주안점	새로운 기회의 인지 및 실현	보유자원 중심적
기회 대처	단기간 / 혁신적	장기간 / 점진적
자원 동원	단계마다 최소자원 투입	한 번에 대량자원 동원
자원 통제	필요자원의 외부차용	필요자원의 소유
관리 구조	비공식적 의사소통중시	공식적 보고체계
보상 정책	수평적 조직구조 가치창출 중시 / 팀단위 보상	수직적 조직구조 단기자료에 근거한 개인 승진

출처: Howard H. Stevenson, Harvard Business School Note 9-384-131, pp. 6-13(수정 발췌)

CHAPTER

02

창업의 필요성과 창업

학 습 내 용

불확실성이 매우 높은 4차 산업혁명의 시대를 주도하고 있는 선도자들은 '퍼스트 펭귄(the first penguin)' 과도 같은 기업가정신을 가지고 창업에 뛰어든 사람들이다. 불확실하고 위험한 상황에서 용기를 내 먼저 도전함으로써 다른 이들에게도 참여의 동기를 유발하는 선도자들의 기업가정신은 분명 불확실성이 지배하는 경제난국을 해결하기 위한 원동력이 되고 있다. 창업은 혁신적이고 창의적인 기업가정신을 구현하는 전형적인 과정(entrepreneurial process)이며, 몇 가지 단계로 설명할 수 있다. 그러나 그 이전에 창업이 현실적으로 왜 필요한지 그리고 창업하고자 할 때 고려해야 할 요인들을 창업의 체크 포인트로서 살펴볼 필요가 있다.

01 창업의 필요성

2016년 세계경제포럼(World Economic Forum)에서 내놓은 '직업의 미래(The Future of Jobs)' 라는 보고서에 의하면, 2020년까지 현재 일자리 중 710만개가 사라지는 반면 새로운 일자리는 200만개 정도가 생겨날 것으로 예측했다. 특히 사라지는 직업의 2/3은 일상적이고 반복적인 업무를 수행하는 사무직이 될 것으로 내다봤다. 예측의 정확성을 판단하기 어렵다 하더라도 분명한 것은 현재의 직업이나 직장이 평생을 보장하지는 못한다는 사실이다. 그래서 생의 주기(life cycle)에 있어 창업이나 창직이 왜 중요하게 고려될 수밖에 없는지 몇 가지 이유를 살펴보자.

1.1 직업의 변화

직업은 그 시대상과 산업구조를 반영한다. 과거 서울역에서 왕십리까지 향하던 전차는 서울의 주된 교통수단이었고, 전차 운전사도 유망 직업이었으나 68년 전차 노선이 폐지되면서 전차 운전사라는 직업은 사라졌다. 1961년 버스 여차장제를 도입하면서 버스 안내양은 도시로 상경한 젊은 여성들에게 매력적인 직업이었다. 한때 9급 공무원보다 높은 임금을 받았으니 더욱 그러했을 것이다. 미군부대 타이피스트, 다방 DJ, 서커스 단원, 전당포 업자 등 지금은 거의 사라진 직업들이 어느 시대엔 유망 직업군이었다. 그래서 현재 유망 직업이라 해서 미래에

표 2-1 다양한 창직 사례

창직명	발생배경	하는 일
직업체험 코디네이터	체험 중심의 진로교육이 강조되고 있는 가운데 학교에서도 주5일근무가 시행되면서 직업체험활동 수요 증가	학생들이 직업세계에 대한 이해를 넓힐 수 있도록 직업(진로)체험 프로그램을 기획하고 이들을 체험현장에 인솔 · 안내함
SNS전문가	소셜미디어 시대가 열리면서 많은 기업이 마케팅과 홍보는 물론 직원 간 또는 소비자와의 의사소통을 확대하는 통로로 SNS를 이용	홍보, 마케팅, 개인브랜드 제고 등을 원하는 기업이나 개인을 대상으로 SNS 활용전략에 대해 조언하고, 관련 내용을 강의 · 연구함
정리 컨설턴트	빠르게 변화하는 현대사회에서는 정보력과 속도가 중요한 경쟁력으로 꼽히고 있음	고객(개인이나 기업)의 업무능력 향상과 생산력 증진을 위해 공간활용 방법, 주변환경 정리방법, 시간관리 방법 등을 교육하고 컨설팅함
경청 컨설턴트	이해당사자들과의 대화와 협상 등 다양한 대인관계에서 경청의 필요성과 그 중요성에 대한 인식 증가	개인이나 조직을 대상으로 대인관계 향상, 주의집중을 통한 학습능력 향상, 창의력 개발을 위한 체계적인 경청훈련을 실시하고, 경청진단 및 교육프로그램을 개발 · 운영함
어린이 헬스지도자	서구화된 식습관과 운동 부족에서 비롯된 어린이 비만환자가 증가함에 따라 어린이 성장과 건강 문제를 동시에 해결해 줄 직업인이 필요	어린이의 특성을 고려한 운동프로그램을 개발하고, 이들이 프로그램에 따라 신체를 건강하게 단련할 수 있도록 지도하고 교육함
직무능력개발 게임기획자	치열한 경쟁사회에서 직무훈련, 직무교육의 중요성이 더욱 커짐. 개인의 직무능력 향상은 물론 조직 전체의 직무능력 향상을 위해 좀 더 효율적이고 매력적인 교육방법이 필요	사용자의 직무능력의 향상을 위해 관련 온, 오프라인 게임을 기획하고 개발을 관리함
실버잡커넥터	한국은 2000년 고령화 사회로 진입, 수명은 길어진 데 반해 은퇴시기는 빨라지고 있어 은퇴 후 인생 두 번째 직업을 찾기 위한 노력이 요구됨	55세 이상의 은퇴자를 대상으로 내방, 핸드폰 문자, 전화를 이용하여 구직자에게 적합한 직업을 연결해줌
쉬운설명서 제작자	IT기술이 빠르게 변화 · 발전하면서 다양한 스마트기기가 나오고 있으나 사용법이 어려워 기능을 제대로 활용하지 못하거나 접근조차 힘겨워하는 소비층이 있음	50대 이상의 스마트기기 사용자들이 기기 사용설명서를 쉽게 이해할 수 있도록 쉬운 단어와 이미지로 정보를 제공함
코리아푸드 인스트럭터	전주시가 유네스코 음식창의도시에 선정되었는가하면, 국내외(일산, 대전, 중국, 영국)에서 다양한 한식 관련 행사가 기획되는 등 한식에 대한 관심이 고조됨	외국인들을 대상으로 한식 레시피, 영양정보, 한식문화 등을 온라인 강좌형식으로 제공함

자료: 김중진과 박봉수(2012), 진로선택 대안으로서 창직, 고용이슈, 한국고용정보원.

도 그 직업이 유망할 리는 없다.

세계경제포럼(WEF)은 4차 산업혁명의 발전으로 현재 7세 어린이들 중 68%는 기술의 진보로 인해 지금은 알려지지 않은 새로운 일을 하게 될 것이라 전망했다. 노래 한 두곡만 유행시켜도 평생 유명가수로 이름을 남겼던 시대가 있었던 것처럼 혁신주기가 길었던 과거엔 소수의 기술이나 제품으로도 장기간 이익을 누릴 수 있었다. 그러나 기술의 발전 속도가 빠르고 기술의 융합으로 인해 변화의 방향을 예측하기 힘든 오늘날에는 새로운 직업들이 다양하게 나타날 수도 있다. 예컨대 발상의 전환과 창의적 기획력으로 새로운 가치를 만들어 내는 일을 하거나 개인의 기발한 아이디어나 기술을 활용해 지적재산권을 설정하고 이를 소득의 원천으로 삼는 자신만의 직업들이 생겨나고 있다.

직업의 변화속도가 더욱 빨라질 것으로 예상되는 오늘날 '독특하고 차별화된 아이디어를 찾아내어 다양한 형태로 상품화하거나 서비스로 개발하는 개인이나 1인 중심의 사업체' 를 의미하는 1인 창조기업[1)]은 의미가 있는 일이다. 자기 주도적으로 직업과 일자리를 개척하고 만드는 활동은 자기고용을 통해 평생 직업을 만드는 일이 될 수 있다.

1.2 고령화 시대

한국인의 평균 기대수명이 80세를 넘어섰다. 본격적으로 고령화 시대에 돌입한 것이다. 문제는 기술과 지식의 변화속도가 매우 빨라져 지식과 기술을 끝없이 업데이트 하지 않는 한 50대를 전후하여 퇴직을 고려해야 한다는 것이다. 문제는 저금리 시대가 계속되면서 젊은 시절 저축에 의한 금리 수입이나 연금, 퇴직금 등에 의존해서 생계를 유지하기가 어렵다는 것이다. 그래서 결국 수익창출을 위해 창업에 뛰어들고 있어 창업시장에서도 시니어 창업이 꾸준히 증가하고 있다. 시니어 창업은 경험과 지식, 인맥, 자금 등을 활용할 수 있다는 점에서 유리한 점이 있다.

국제연합 기준으로 전체 인구 중 65세 이상의 인구가 14%를 초과하면 고령사회, 20%를 초과하면 초고령 사회로 정의한다. '17년 6월 기준으로 우리나라 고령인구 비율은 13.8%이며 '18년에는 14%를 넘어 고령화 사회, 그리고 2026년이 되면 20%를 넘어 초고령화 사회로 진입한다.[2)] 지난 40년간 한국의 고령 인구 증가율은 OECD 국가 중 1위로 가장 나타났다. 고령화가 진행될수록 창업은 생의 주기에 한번은 선택해야할 생계 해결의 문제로서 확대될 수밖에 없다.

다만 시니어 창업의 경우 실패하면 재도전의 기회나 여유가 많지 않아 매우 신중해야 하는 문제가 있다. 그래서 창업은 보다 일찍 준비하고 도전하는 것이 오히려 유리할 수 있다. 인간의 수명이 늘어나면서 고령화 사회를 대비해야 하는 지혜로운 방법은 자신이 잘 할 수 있는 분야를 개척하고 그 안에서 수익을 창출할 수 있는 방안을 끊임없이 찾고 추진해야 한다는 점이다. 국가 경제적으로도 4차 산업혁명의 미래에는 창의적이고 도전적인 개별 경제주체들의 크고 작은 성공들이 쌓여서 발전하는 구조가 될 수 있다. 그런데 개별 경제주체들의 창의력과 도전에 의해 이끌어가는 경제는 누구나가 자신의 삶을 창의적으로 해결하는 과정에서 사회적 부가 창출될 수 있다.

기술의 발전으로 인간의 수명이 점차 늘어나는 고령화 시대에는 평범한 사람들이 자신의 삶을 창의적 활동으로 채우며 행복을 좇는 것이 성공적인 삶이 될 수 있다. 그러한 변화 속에서 어느 순간 불현듯 솟아오르는 기회를 발 빠르고 유연하게 포착하는 창업과 창직 활동이 고령화를 대비하는 좋은 대안이 될 수 있다.

1.3 경제구조의 변화

산업혁명은 경제구조의 근본적인 변화를 불러왔다. 1, 2차 산업혁명을 통해 대기업과 제조중심의 경제구조를 태동시키고 발전시켰다면, 3차 산업혁명은 벤처기업과 온라인 중심의 경제구조를 발전시켰다. 소수의 대기업이 경제발전을 주도하던 시대는 이미 지나갔다. 일자리를 창출하고 기술혁신을 주도하는 경제주체는 발상의 전환과 창의적 기획력으로 새로운 틈새시장을 발굴하고 개척하는 선도자(first-mover)들이다. 앞으로는 이들이 사이버물리(cyber-physical) 세상에서 만들어내는 새로운 형태의 비즈니스들에 의해 경제구조가 근본적으로 바뀌어 나갈 것이다.

대기업을 통한 일자리 창출은 한계가 있다. 지난 10년 동안 국내 매출액 상위 10대 기업의 고용 증가율은 10%를 겨우 넘는 것으로 나타났다.[3)] 연간 평균 고용 증가율은 1% 수준으로, 기업의 매출이나 시가총액 등 규모의 증가에 비해서는 턱없이 낮은 것이다. 심지어 10대 기업 중에는 지난 10년간 종업원 수가 줄어든 곳들도 있다. 고용 없는 성장의 원인은 제조업 인력감축, 부진한 계열사의 인력 감축 등이 원인으로 지적되나 대기업을 통한 고용창출이 근본적 한계에 직면했다는 분석도 적지 않다. 바늘구멍을 통과해 대기업에 취직을 했더라도 문제점은 또 있다. 높은 연봉에 비해 근속기간이 짧다는 것이다. 정년이 연장되어도 실제 퇴직은 평균 55세 전후에 이뤄진다. 기대수명이 늘어난 것에 비해 퇴직 연령이 너무 이른 것이다. 그럼에도 불구하고 바늘구멍 같은 대기업의 일자리를 구하기 위해 지금도 수많은 청년들이 밤을 지새우고 있다.

미국의 경우 스탠포드 대학이나 MIT 공대를 졸업한 인재들이 선호하는 직장은 스톡옵션을 부여하는 창업초기 벤처기업이다. 짧은 직장 생활동안 가장 빨리 큰 돈을 벌 수 있는 효과적인 방법이 창업초기 기업에서 주식을 받는 것이기 때문이다. 우수한 인재들이 창업에 나서는 이유도 마찬가지이다. 가장 빨리 큰 돈을 벌 수 있을 뿐만 아니라 정년을 두려워하지 않아도 되기 때문이다. 창의적이고 도전적인 기업가정신을 가진 선도자들이 주도하는 새로운 경제구조에서는 이러한 경제적 물결을 이용할 줄 아는 지혜가 필요하다. 새로운 일자리들이 끊임없이 만들어지고 그 속에서 삶을 영위하고 생(生)의 문제를 해결해 갈 수 있다면 그 길에 앞장 설 필요가 있다. 왜냐하면 경제구조가 그렇게 바뀌고 있기 때문이다.

02 창 업

2.1 창업의 과정

창업이란 기업가정신이 구현되는 대표적 영역이라고 할 수 있다. 즉 창업은 기회를 포착하여 새로운 사업아이디어를 개발하고 필요자원의 조달과 조직의 관리를 통해 실제로 사업을 수행하는 기업가적 과정(entrepreneurial process)이다.

이러한 창업은 식당, 미장원, 소매점포 등 생계 차원의 창업을 포함하지만 이 책에서는 아이디어의 스케일과 잠재력이 상대적으로 큰 기회추구형 창업을 대상으로 한다. 기회추구형 창업은 생계 목적의 비즈니스에 비해 가치창출의 규모와 잠재력이 큰 기회를 구체화하고 실현시키기 위한 비즈니스를 대상으로 한다. 이 때문에 주위 사람들의 참여와 외부자원의 유입이 필수적이며 그러한 만큼 창업 과정이나 관리방법이 더 복잡하다. 또한 창업활동이 사회경제적으로 미치는 영향도 크기 때문에 경영관리와 정책적 지원이 필요하다

기회추구형 창업의 과정은 〈그림 2-1〉에 나타난 바와 같이 5가지 단계로 설명할 수 있다.

첫째, 새로운 사업기회를 인지하고 평가한다. 새로운 사업기회는 기술, 시장, 정부정책 등 외부환경의 변화로부터 발생하는 경우가 많다. 창업자는 자신의 경험과 창의성을 토대로 주위로부터 사업기회를 포착한다. 그리고 사업화의 가능성을 타진하기 위해 포착한 아이디어들을 적절히 평가한다.

둘째, 아이디어를 구체화하기 위해 비즈니스 플랜을 작성한다. 선택된 사업아

그림 2-1 창업의 과정

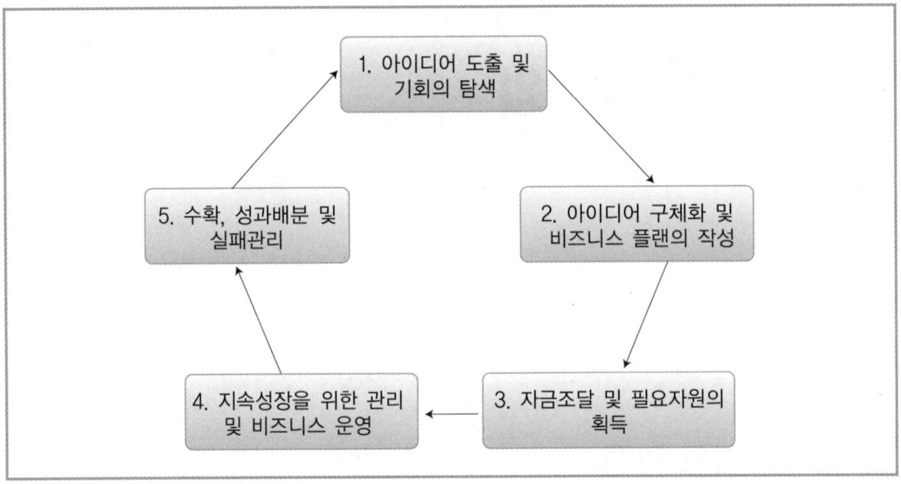

이디어를 상업화하기 위한 계획을 수립한다. 사업실천을 통해 고객에게 제공될 제품이나 서비스가 무엇인지를 명확히 정의하고 시장에서 성공을 거두기 위한 전략을 제시한다.

셋째, 사업실천을 위해 필요한 자원을 평가하고 획득한다. 비즈니스 플랜의 실행을 위해 실제 요구되는 자원이 무엇인지를 파악하고 소요 자원을 조직 내부 및 외부로부터 적절한 방법을 통해 조달한다.

넷째, 지속성장을 위한 관리와 운영을 한다. 조달된 자원을 사용하여 경영 팀을 구성하고 필요 인력을 고용한다. 또한 구성원들이 적극적이고 창의적으로 일할 수 있도록 조직을 관리하며 연구개발, 재무관리, 영업, 생산 등 기능별 운영을 한다.

다섯째, 사업의 결과를 수확(harvest)하고 이익을 배분한다. 성공을 거두었을 경우 경제적 가치가 창출되며, 그 결과 이익을 획득하고 내부 및 외부의 이해관계자들에게 적절히 배분한다. 그러나 불행히 실패로 끝났을 경우 파산의 절차를 밟거나 이해관계자들의 피해를 최소한으로 줄이며 또 다른 도전을 위한 대책을 마련한다.

2.2 창업결정 시 고려해야 할 요인

창업의 과정에는 본질적으로 불확실성과 위험이 내재해 있다. 불확실한 사업기회를 정확히 평가하고, 필요자원과 보유자원 간의 격차를 메우는 일은 엄청난 위험과 도전이 따른다. 따라서 창업을 결행하기 이전에 면밀한 사전분석과 준비과정이 필요하다. 이를 위해 먼저 주어진 기회의 실체가 무엇이고 그것이 얼마나 매력적인지를 파악해야 한다. 그리고 실제 사업을 실천한다면 어느 정도의 자원과 노력이 요구되고 그것을 감당할 수 있는지에 대해 평가해야 한다. 이와 함께 사업 수행 시 닥칠 위험과 과제에 대해서도 분석해 보고 그것을 극복할 전략에 대해서도 생각해 보아야 한다.

이를 위해 다음과 같은 체크 포인트를 사전에 검토할 필요가 있다.[4)]

〈기회의 평가〉

1) 기회의 내용이 무엇인가?

- 시장의 크기와 성장률이 어느 정도이며 그 기회가 얼마나 오래 지속될 수 있는지를 파악한다.
- 실제 고객의 욕구를 충족시켜 줄 수 있는지를 평가한다. 제공하고자 하는 제품과 서비스가 기능, 품질, 가격 등에 있어 실제로 고객의 욕구를 만족시켜 줄 수 있는지를 점검한다.

2) 추가적인 기회가 더 주어지는지?

- 사업 확대나 다각화를 할 수 있을 만큼 추가적인 사업기회를 얻을 수 있는지를 점검한다.

3) 이익이 충분히 지속될 수 있는지?

- 확보된 이익이 경영환경의 변화에도 불구하고 계속 획득되어질 수 있는지를 검토한다.
- 투자수익률(ROI), 투자회수 기간, 기회비용 등을 고려할 때 그 사업기회가 제공할 수 있는 이익의 정도가 적당한지를 분석한다.

〈필요 자원의 평가 및 획득〉

4) 보유자원이 무엇이며 부족자원의 공급원은 어디에 있는지?

- 이미 보유하고 있는 자원, 기술, 네트워크가 무엇인지를 점검하고 필요자원 중 부족분을 채워줄 수 있는 외부 공급원이 어디에 존재하는지를 파악한다.
- 잠재적 공급처로부터 필요자원을 원활히 조달받을 수 있는 방안이 있는지를 검토한다.

5) 어떠한 자원과 기술을 핵심역량으로 키울 것인가?

- 경쟁자가 흉내낼 수 없는 핵심역량을 창출하기 위해 보유해야 할 자원과 기술이 무엇인지를 결정한다.

〈지속성장을 위한 관리〉

6) 어떻게 조직 구성원들을 선발하고 동기부여할 것인지?

- 불확실하고 열악한 근무환경 속에서 열정을 가지고 일할 구성원들을 고용할 수 있는 방법과 이들을 동기부여하고 궁극적으로는 핵심 인력으로 키울 수 있는 방안을 생각한다.

7) 기업의 성장에 따라 잠재적 경쟁자들에 대한 대응전략은 무엇인지?

- 사업이 성장하고 성숙됨에 따라 어떤 경쟁자들이 등장하는지를 예측하고 이들과의 경쟁에서 경쟁우위를 확보할 수 있는 전략대안에 대해 생각한다.

CHAPTER

03

창업의 유형과 특징

학 습 내 용

기업가정신의 제고와 창업의 확산은 일자리 창출과 국가경제 고도화를 위한 핵심과제가 되고 있다. 특히, 국민들의 다양한 욕구와 지식이 창업이나 창직으로 연결될 때 미래경제를 위한 성장동력을 확보할 수 있다. 본 장은 이러한 사회 · 경제적 변화의 추세에 따라 창업의 과정이나 형태도 매우 다양함을 제시하고자 한다. 또한 각 창업형태별로 주요 특성과 창업과정을 살펴봄으로써 창업에 필요한 다양한 정보들을 설명하고 제공한다.

01 벤처기업

벤처기업의 창업은 기업가정신이 구현되는 전형적인 분야라고 할 수 있다. 특히 벤처창업은 기술변화 속에서 기회를 포착하여 새로운 사업아이디어를 개발하고 필요자원의 조달 및 조직관리를 통해 실제로 사업을 수행하는 기업가적 과정(entrepreneurial process) 이다. 따라서 이러한 벤처창업은 식당, 미용실, 소매점포 등 개인생활 영위 차원의 생계형 창업과 구별될 필요가 있다.

1.1 벤처기업의 정의

벤처기업에 대해 학술적으로 명확히 정리된 개념은 없으며, 학자들에 따라서 다양하게 정의되어 사용되고 있다. 예를 들어, 볼링거(Bollinger) 등은 소수의 핵심기업가가 기술혁신 아이디어의 개발과 상업화를 기본 동기로 하여 설립한 업체라 했고,[1] 쿠퍼(Cooper)는 연구개발을 강조하거나 기술적으로 새로운 지식을 이용하는데 중점을 둔 회사로 정의하였다.[2] 국내에서는 이진주 교수가 처음으로 벤처기업을 소수의 기술 기업가가 기술혁신의 아이디어를 상업화하기 위해 설립한 신생 기업으로 위험부담은 높으나 성공할 경우 높은 기대이익이 예상되는 기업으로 정의했다.[3] 또한 이장우는 새로운 기술과 아이디어를 가지고 사업에 도전하는 기술집약적 신생기업으로 정의하고 있다.[4]

한편, 벤처기업에 대한 법률적 정의를 보면 미국의 경우 「중소기업투자법」에서 "위험성이 크나 성공할 경우 높은 기대수익이 예상되는 신기술 또는 아이디어를 기반으로 하여 사업을 영위하는 신생기업(new business with high risk and high return)"으로 규정하고 있다. 일본에서는 「중소기업의 창조적 사업활동 촉진에 관한 임시조치법」에서 "중소기업으로서 연구개발(R&D) 투자비율이 매출액의 3% 이상인 기업, 창업한 지 5년 미만인 기업"으로 분류하고 있다. 그리고 OECD에서는 "R&D 집중도가 높은 기업" 또는 "기술혁신이나 기술적 우월성이 주요 성공요인인 기업"으로 정의하고 있다.

우리나라의 경우 "벤처기업육성에 관한 특별조치법"에서 다음과 같이 일정 요건을 갖춘 중소기업을 벤처기업으로 정의하고 있다.[5] 벤처기업임을 확인받기 위해선 벤처기업 확인 신청서를 작성하여 벤처인(www.venturein.or.kr)을 통해 각 유형별 확인기관의 장에게 벤처기업 확인을 신청하여야 한다.

① **벤처투자기업**: 벤처투자기관의 투자금액이 5천만 원 이상이고, 자본금의 10% 이상인 기업(투자기간이 6개월 이상 지속). 벤처기업 확인은 한국벤처캐피탈협회를 통해 받을 수 있다.

② **연구개발기업**: 기업부설연구소를 보유한 기업으로 직전 4분기 연구개발비가 5천만 원 이상이며, 연간 연구개발비가 5~10% 이상인 기업(3년 미만 기업은 적용 배제, 사업성 평가결과 65점 이상). 벤처기업 확인은 중소기업진흥공단이나 기술보증기금을 통해 받을 수 있다.

③ **기술평가보증기업**: 기술보증기금으로부터 기술성이 우수한 것으로 평가(65점 이상)받은 후 기술보증기금의 보증 또는 중소기업진흥공단의 대출 받은 금액이 8천만 원 이상이고, 총자산에 대한 보증이나 대출금액 비율이 5%이상인 기업(창업 후 1년 미만 기업은 보증 또는 대출금액 4천만 원 이상). 기술보증기금의 보증 승인을 통해 벤처기업 확인을 받을 수 있다.

④ **기술평가대출기업**: 중소기업진흥공단으로부터 기술성이 우수한 것으로 평가(65점 이상)받은 후 중소기업진흥공단의 대출 또는 기술보증기금의 보증받은 금액이 8천만원 이상이고, 총자산에 대한 보증이나 대출금액 비율이 5%이상인 기업(창업 후 1년 미만 기업은 보증 또는 대출금액 4천만 원 이

상). 중소기업진흥공단의 대출 승인을 통해 벤처기업 확인을 받을 수 있다.

⑤ **예비벤처기업:** 벤처기업의 창업을 위해 법인설립 또는 사업자등록을 준비 중인 자로, 준비 중인 기술 및 사업계획이 기술보증기금, 중소기업진흥공단으로부터 우수한 것으로 평가받은 기업.

1.2 벤처기업의 특징

벤처기업은 상대적으로 위험도가 높은 반면 성공할 경우 높은 이익률과 성장률을 달성할 수 있다는 특징이 있으며, 혁신성 및 도전성 등에 있어서 기존 기업 조직과는 다른 속성을 갖는 것으로 알려져 있다. 이렇듯 벤처기업은 쉽게 정의될 수 없는 추상적 개념들을 내포하고 있기 때문에 엄격한 정의보다는 사용목적에 따라 유연성 있게 정의되는 것이 바람직하다고 볼 수 있다.

실제 미국에서는 벤처기업에 대한 엄격한 정의없이 기술집약적 또는 하이테크 중소기업이라는 개념과 혼동하여 사용하고 있으며, 현실적으로 미국인들은 보통 벤처기업이라 하면 모험적인 사업으로 이해하거나 벤처캐피탈로부터 자금지원을 받은 회사로 이해하는 경우가 많다.[6] 벤처기업을 보다 깊이 있게 이해하기 위해 벤처기업의 주된 특성을 요약하면 대체로 다음과 같이 정리할 수 있다.

(1) 소수의 기술 창업인이 기술혁신의 아이디어를 상업화하기 위해 설립한 신생기업이다. 그래서 현실적으로 벤처기업은 첨단기술이나 신기술을 사업화하는데 성공한 기업들이 많다.

(2) 위험부담은 높으나 성공할 경우에 매우 높은 기대이익이 예상되는 고위험(high risk)과 고성과(high return)의 특성을 가진 기업들이다. 그런데 현실적으로 성공한 벤처기업가들 중에는 계산된 수준의 위험을 받아들이는 경우가 많다고 한다.

(3) 모험적 사업에 도전하려는 왕성한 기업가정신을 가진 기업가에 의해 주도되는 기업이다. 그래서 현실적으로 벤처기업은 혁신성 및 도전성 등에 있어 기존 기업들과는 다른 속성을 갖고 있는 경우가 많다.

1.3 벤처창업의 과정

벤처창업은 아이디어의 스케일과 잠재력이 상대적으로 크기 때문에 주위 사람들의 참여와 외부자원의 유입이 필수적이며 그러한 만큼 창업과정이나 관리방법이 더 복잡하다. 또한 창업활동이 사회경제적으로 미치는 영향도 크기 때문에 별도의 관심과 지원이 필요하다.

벤처창업의 과정은 〈그림 3-1〉에 나타난 바와 같이 5가지 단계로 설명할 수 있다.

첫째, 새로운 사업기회를 인지하고 평가한다. 새로운 사업기회는 기술, 시장, 정부정책 등 외부환경의 변화로부터 발생하는 경우가 많다. 창업자는 자신의 경험과 창의성을 토대로 주위로부터 사업기회를 포착한다. 그리고 사업화의 가능성을 타진하기 위해 포착한 아이디어들을 적절히 평가한다.

둘째, 비즈니스 플랜을 작성한다. 선택된 사업아이디어를 상업화하기 위한 계획을 수립한다. 사업실천을 통해 고객에게 제공될 제품이나 서비스가 무엇인지를 명확히 정의하고 시장에서 성공을 거두기 위한 전략을 제시한다.

셋째, 사업실천을 위해 필요한 자원을 평가하고 획득한다. 비즈니스 플랜의 실행을 위해 실제 요구되는 자원이 무엇인지를 파악하고, 소요 자원을 조직 내부

그림 3-1 벤처 창업의 과정

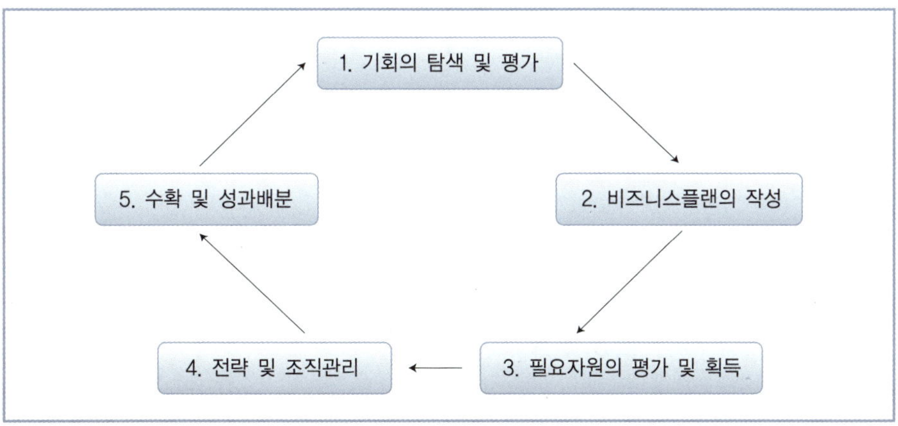

출처: 이장우(2000), 벤처창업, 법문사.

및 외부로부터 적절한 방법을 통해 조달한다.

넷째, 벤처조직을 적절히 관리한다. 조달된 자원을 사용하여 경영 팀을 구성하고 필요 인력을 고용한다. 또한 구성원들이 적극적이고 창의적으로 일할 수 있도록 조직을 관리한다.

다섯째, 사업의 결과를 수확(harvest)하고 이익을 배분한다. 벤처가 성공을 거두었을 경우 경제적 가치가 창출되며, 그 결과 이익을 획득한다. 그리고 그 이익을 내부 및 외부의 이해관계자들에게 적절히 배분한다. 그러나 불행히 실패로 끝났을 경우 파산의 절차를 밟으며 이해관계자들의 피해를 최소한으로 줄이기 위한 대책을 마련한다.

02 1인 창조기업

「The Rise of Creative Class」의 저자 리처드 플로리다(Richard Florida)는 창조적인 세상의 등장 뒤에는 창조적인 인력이 존재한다고 주장한다. 예를 들면 미국에서는 창조성을 중요한 업무요소로 활용하는 인력, 즉 창조적인 인력이 전체 노동인구 가운데 30%에 해당하는 3,900만 명에 이른다고 한다. 미국은 개인의 경제적 자유를 최대한 보장하는 전통으로 인해 1인 기업이 이미 산업과 고용에서 상당한 비중을 차지하고 있다. 미국 전체 기업체의 75%이상을 1인 기업이 차지하고 있을 정도이다. 선진경제의 초입에 들어서려는 우리 사회도 앞으로 고용 없는 성장이 지속될 것으로 판단할 때, 1인 중심의 비즈니스나 자기를 스스로 고용하는 자기고용(Self-employment)의 중요성이 크게 증가할 것으로 예측된다. 따라서 이들이 스스로 경쟁력을 확보하고 창조계층으로 활동할 수 있게 하는 것은 4차 산업혁명 시대에서 국가적 과제임에 틀림없다.[7)]

2.1 1인 창조기업의 정의

구글이나 야후와 같은 세계적인 벤처기업들도 투자를 유치하고 본격적인 회사의 모습을 갖추기 전에는 대학원에서 기술 아이디어만을 가지고 비즈니스 활동을 벌인 1인 창조기업이었다. 이들은 자신의 아이디어와 기술을 비즈니스에 적합하도록 정리하고 구체화함으로써 그 잠재적 가치를 극대화하기 위해 밤샘작업을 하는 한편, 그 기술적 아이디어에 투자해 줄 곳을 찾아다니며 자신들의 꿈을 실현시켜 나갔다. 우리나라의 벤처기업들도 1인 창조기업으로부터 시작하는 경우가 많다.

1인 창조기업이란 독특하고 차별화된 아이디어를 찾아내어 다양한 형태로 상품화하거나 서비스로 개발하는 개인이나 1인 중심의 사업체를 말한다. 명칭이 1인 창조기업이라고 해서 반드시 사업체 구성원이 1인이어야만 된다는 의미는 아니다. 현재 우리나라에서는 대통령령으로 지식서비스업, 제조업 등에서 창의성과 전문성을 갖춘 1인이 상시 근로자 없이 사업을 영위하는 기업을 말하는 것으로 정의하고 있다.[8)]

규모에 따른 1인 창조기업의 인정범위를 살펴보면, 공동창업자, 공동대표, 공동사업자 등의 형태로 공동으로 사업을 영위하는 자가 5인 미만일 경우에도 1인 창조기업으로 인정하고 있으며, 1인 창조기업이 규모 확대의 이유로 1인 창조기업에 해당되지 아니하게 된 경우에도 3년간은 1인 창조기업으로 인정하고 있다. 1인 창조기업의 대상업종은 국민의 창조적 아이디어 등이 발현되어 경제적 부가가치 및 일자리 창출이 타 업종에 비해 높은 업종으로 정의하고 있으며 보다 구체적으로는 다음과 같은 업종이다.[9)]

- 429개 1인 창조기업 지원 대상 업종
- S/W, 인터넷서비스, 컨설팅, 디자인, 전시 등 제조관련 서비스업
- 영화 · 예술 · 관광 · 저술 · 시나리오 등 문화관련 서비스업
- 건축기술, 엔지니어링, 연구개발업 등 전문과학 및 기술서비스업
- 제조업(전통식품, 공예품, 컴퓨터 및 전자부품 등 일부업종)

2.2 1인 창조기업의 특징

1인 창조기업은 창의적 아이디어로 승부함으로써 성장성이 높은 블루오션 분야로 진출을 시도하기 때문에 차별화 능력 없이 치열한 생존경쟁에 내맡겨진 1인 자영업이나 소상공인들과는 달리 지속가능한 생존력을 가질 확률이 높다. 또한

벤처기업과 같이 자본을 모으고 조직을 구성해 회사를 꾸려야 하는 위험을 짊어지지 않아도 된다.

1인 창조기업은 국민 개개인 누구나 창의적인 아이디어를 최대한 발굴해서 이를 사업에 접목시켜 현실화함으로써 경제 활성화를 꾀하자는 의미를 담고 있다. 그래서 1인 창조기업은 정부기관에 사업자 등록을 하지 않아도 된다. 흔히 기업을 시작하면 공식적인 경제활동이기 때문에 정부가 요구하는 여러 가지 절차를 밟아야 하며, 그 가운데 가장 흔한 것이 사업자 등록이다. 하지만, 1인 창조기업은 반드시 사업자 등록하지 않은 사람도 가능하다.

예를 들면, 집에 앉아서 소설을 쓰는 프리랜서는 대개 사업자 등록을 하지 않는데, 이런 저술가들도 1인 창조기업에 해당된다. 다시 말해 어떤 법적인 형태를 갖는 조직체가 아니어도 단지 우리나라 국민이 갖고 있는 주민등록번호만으로 1인 창조기업이 될 수 있다.

최근에 1인 창조기업과 유사한 용어들 중에 1인 지식기업 또는 1인 지식서비스기업이 있다. 1인 지식서비스기업이란 정부가 분류한 통신, 금융 및 보험, 사업서비스, 보건 및 사회복지, 오락 및 문화 관련 분야에서 1인이 하는 사업장을 말한다. 이에 비해 1인 창조기업은 어떤 업종에서라도 가능하다. 즉, 사업 영역이나 형태의 제약이 없어 매우 개방적인 개념이라고 할 수 있다. 1인 지식서비스기업이 창의적인 사업이나 활동이 아니더라도 전문 서비스 분야의 사업을 대상으로 한다면, 1인 창조기업에게는 개인적인 창의성이 사업으로 될 수 있느냐 하는 기준만이 중요하다. 1인 창조기업의 특징을 간략하게 요약하면 다음의 표와 같다.

표 3-1 1인 창조기업의 특징

	1인 창조기업	1인 지식서비스기업	프리랜서
기본 목표	창의적 아이디어의 사업화	서비스 시장 활성화	자유 독립직
조직 특성	개인간 인적 네트워크	생계형 자영업	일시적 계약에 의한 하청
활동 영역	개인의 창의성에 경쟁력이 있는 업종	지식 서비스 업종	디자인, 기술 등 아웃소싱 특성이 강한 업종

자료: 이장우 등(2009), 「나의 행복한 일터 1인 창조기업」, 형설라이프

2.3 1인 창조기업의 창업과정

1인 창조기업에는 어떤 유형이 있으며 어떻게 시작해야 하는 것일까? 먼저, 1인 창조기업의 유형은 창업의 계기를 중심으로 활동형태와 범위에 따라 크게 세 가지로 구분해 볼 수 있다.

① **겸업/취미형**: 본업에 부가해 겸하는 방식으로 창업하는 경우이다. 예컨대, 컴퓨터 프로그래머라는 본업이 있는 직장인이 어느 날 취미 삼아 조금 독특한 자기만의 웹 블로그 사이트를 개설했다가 향후 1인 창조기업으로 발전시키는 경우로 이해할 수 있다.

② **본업전환/확장형**: 겸업/취미형과 마찬가지로 본업에서 출발하지만 좀 더 과감한 전환과 확충을 동반하는 유형이다. 예컨대, 오랫동안 영위해온 본업인 고추장 제조에 더해 브랜드 만들기, 연구 개발하여 다양한 상품 내놓기, 인터넷 홈페이지와 같은 새로운 마켓플레이스 활용하기 등과 같은 창조적 확장을 이루어낸 고추장 할머니 사례가 이런 유형의 전형이라 할 수 있다.

③ **생업신규창출형**: 겸업하는 취미도 아니면서, 본업을 그대로 이어가며 전환하고 확장하는 형식도 아닌 새로운 창조를 견인해내는 유형이다. 영화전문기자에서 출발해 인터넷 전체에서 독보적인 영화 퍼스널 미디어(개인 매체)를 만들어낸 이동진닷컴이 전형적인 본보기다. 기자 이동진은 본업이었던 조선일보 영화담당 월급쟁이 신문기자 10여년 생활을 끊고 스스로 뉴미디어 바다로 생업의 터전을 갈아탔다.

1인 창조기업의 유형을 창업계기나 활동범위를 기준으로 구분하지 않고, 객관적 비즈니스 프로세스 즉, 가치사슬 관점에서도 구분해 볼 수 있다. 예컨대, 기획/발상/관리형, 원천기술/제조/창작형, 유통/마케팅형, 컨설팅/서비스/지원형 등 다양하게 구분해 볼 수도 있다.

최근 1인 창조기업가들은 대부분 프리랜서 또는 개인기업 등으로 활동하고 있으며, 개인적 활동에서 머무는 것이 아니라 중견벤처기업, 사회적 기업, 도시 재활성화 주역 등으로 성장, 변화하고 있다. 1인 창조기업은 개인의 일자리나 취미영역에 머무는 경우가 많은 편이나, 벤처기업으로 성장하거나 중견기업으로 발전하는 경우도 적지 않다. 또한 1인 창조기업들은 도시재활성화의 주역으로 활동하고 있다. 개인의 창조적 활동이 경제활동으로 이어짐으로써 도시의 경제가 살아나는 것이다. 대표적으로 영국의 허더스필드는 1인 창조기업을 통해 창조도시로 탈바꿈한 전형적인 사례이다.

성장과 변화에 앞서 1인 창조기업을 창업하기 위해서는 일반적으로 3단계를 거친다. 아이디어를 발굴하고, 이를 구체화하여 1인 창조기업으로써 경제적 수익을 얻게 되는 것이다.

표 3-2 1인 창조기업 탄생단계

구분	1단계: 아이디어 발굴 단계	2단계: 아이디어 구체화 단계	3단계: 1인 창조기업화 단계
특징	- 개인이나 지역사회가 창조적 아이디어 보유 - 수익으로 연결되지 못함	- 제품 개발 또는 초기 서비스 운영 - 낮은 인지도	- 초기성장 및 확장 - 수익 발생 및 인지도 증가
1인 창조기업가의 필요 사항	- 아이디어 구체화 방법 모색 - 유사사업 및 사업화 가능성 검토 - 협력자 탐색 - 창업(사업화) 교육 수강	- 네트워크 활용 - 고객 대상 테스트 - 자금 확보	- 유지가능 사업모델 개발 - 타분야로 아이디어 확장 - 기업규모 확장 검토

자료: 이장우 등(2009), 위의 책

03 사회적 기업

사회적 기업은 사회적 목적을 위해 상업적 거래를 하는 기업이다. 기업을 하는 주요 동기가 사회적 목적을 실현하기 위함이다. 그래서 사회적 기업은 사회적 경제에 의한 새로운 기업 형태로서, 이윤을 추구하는 기업의 특성과 공공성을 우선시하는 사회적 특성을 모두 포함하고 있다. 경제가 활성화되기 위해서는 다양한 계층의 국민 참여가 매우 중요한데, 특히 사회적 기업을 통해 은퇴자, 주부, 장애인 등 경제적 소외계층이 새로운 일자를 얻어 경제적 생활을 영위할 수 있다는 측면에서 사회적 기업은 그 중요성을 갖는다.

3.1 사회적 기업의 정의

사회적 기업에 대한 정의는 국가마다 다양하여 공통적인 정의는 찾기 어렵다. 예컨대 OECD는 공공 이해를 위해 수행되고, 이윤극대화가 아닌 특정한 사회적 · 경제적 목표 달성을 목적으로 하는 기업가정신 및 기업적인 전략으로 조직된 기업을 의미한다. 또한, 사회적 문제에 혁신적인 해결책을 제시하는 역량을 가진 공익을 위한 모든 민간활동으로 정의하고 있다. 영국은 사회적 목적을 중심에 놓는 비즈니스로서 창출된 잉여를 주주나 소유자가 아닌 사회적 목적을 위해 재투자하는 조직으로 정의한다. 미국의 경우 로버츠 재단의 "저소득 소외계층에게 일자리 창출과 직업훈련의 기회를 제공하는 동시에 사업 수익으로 운영되는 비영리 수익창출 벤처"라는 정의를 사용하고 있다.

우리나라의 사회적 기업은 취약계층에 대한 일자리 문제해결과 사회서비스 수요에 대한 공급확대방안으로 시작되었다. 정부에서는 2007년 7월「사회적기업육성법」을 제정하여 고용노동부 장관의 인증을 받은 기업을 사회적 기업으로 지정하고 있다. 법에서는 사회적 기업을 취약계층에게 사회서비스 또는 일자리를 제공하여 지역주민의 삶의 질을 높이는 등의 사회적 목적을 추구하면서 재화 및 서비스의 생산 · 판매 등 영업활동을 하는 기업으로서 고용노동부 장관의 인증을 받은 기관으로 정의하고 있다. 이러한 정의에 의하면, 우리나라에서는 사회적 기업을 사회적 목적을 우선적으로 추구하면서 재화의 서비스의 생산과 판매 등의 영업활동을 수행하는 기업(조직)으로 정의한다고 할 수 있다. 여기서 사회적 목적과 영업활동은 다음과 같은 것을 의미한다.

■ 사회적 목적

- 취약계층에게 일자리 또는 사회서비스 제공
- 지역사회 발전 및 공익 증진
- 민주적 의사결정구조(서비스 수혜자, 근로자, 지역주민 등 이해관계자가 참여)
- 수익 및 이윤 발생시 사회적 목적 실현을 위한 재투자(상법상 회사, 이윤 $\frac{2}{3}$ 이상)

■ 영업활동

- 조직형태는 비영리법인 · 단체, 조합, 상법상 회사 등 다양하게 인정
- 유급근로자를 고용
- 영업활동을 통한 수입이 노무비(인건비)의 30% 이상

사회적 기업은 현재 사회적 목적에 따라 5개형으로 분류하고 있다.

① **일자리제공형:** 조직의 주된 목적이 취약계층에게 일자리를 제공(취약계층 고용비율이 50% 이상인 경우)

② **사회서비스형**: 조직의 주된 목적이 취약계층에게 사회서비스를 제공(사회서비스를 제공받는 취약계층 비율이 50% 이상인 경우)

③ **혼합형**: 일자리 제공형 + 사회서비스 제공형(취약계층 고용비율이 30%이상, 사회서비스 제공받는 취약계층 비율이 30%이상인 경우)

④ **기타형**: 사회적 목적의 실현여부를 고용비율과 사회서비스 제공비율 등으로 판단하기 곤란한 사회적 기업

⑤ **지역사회공헌형**: 지역사회 주민의 삶의 질 향상에 기여

3.2 사회적 기업의 특징

사회적 기업은 오랜 역사적 뿌리를 가지고 있으나 대중적 관심을 갖게 된 것은 그리 오래되지 않았다. 세계적으로 보면, 영국의 사회적 기업은 전국적으로 약 55,000여 개가 있는 것으로 보고된다. 이는 고용을 하고 있는 전체 사업체의 약 5%를 차지하는 수치다. 전체 비즈니스 총 매출의 1.3%를 차지하는 액수로 연간 총 매출은 270억 파운드로 우리 돈으로 약 50조 원이다. 실제로 영국은 사회적 기업을 하는 사람들에 대해서 인정해주고, 높이 평가하는 분위기가 형성되어 있다고 한다. 미국은 비영리의 기업적 활동을 통해 약 1,160만 명의 근로자를 고용하고 있고 이는 전체 노동인구의 9.3%에 해당된다. 매년 20%이상 성장하고 있다. 2004년에는 비영리의 기업적 활동을 통해 약 230조원의 매출을 기록하기도 했다.[10)]

사회적 기업은 사회적 목적을 위해 상업적 활동을 하는 기업으로 사회적 목적이 가장 중요하다는 점에서는 전통적 비영리 조직과 공통점이 있다. 하지만 비영리 조직이 정부의 보조금이나 기부금에 의존하는 것과는 달리 사회적 기업은 기업적 활동을 통해 수익을 창출한다는 중요한 차이점을 가지고 있다. 또한 비영리 조직은 서비스를 무료로 제공하지만 사회적 기업은 주로 지불능력에 따라 요금을 차등화한다. 즉, 전통적 비영리기관은 사회적 가치를 창출하지만 사회적 기업은 사회적 가치와 경제적 가치(blended value market)를 동시에 추구한다는 점에

서 다른 특징을 갖고 있다고 할 수 있다.

여기서 사회적 기업의 특징을 경제적 기준과 사회적 기준으로 구분해 살펴보면 다음과 같다.

■ 경제적 기준

- 재화와 서비스의 지속적 생산 및 판매
- 의미있는 수준의 경제적 리스크
- 높은 자율성
- 최소한의 유급노동 등

■ 사회적 기준

- 지역사회 기여 목적
- 자본소유에 기반하지 않는 의사결정권
- 다양한 이해관계자의 참여적 성격
- 제한적인 이윤배분 등
- 시민그룹의 주도로 설립

사회적 기업의 이러한 특징들을 모아 간략하게 요약하면 다음과 같다.

① **다수의 관계자 존재:** 다양한 이해관계자와 고객집단이 있는 복잡한 환경에서 운영

② **기업적 지향:** 제품을 생산하거나 시장에 서비스를 직접 제공

그림 3-2 사회적 기업의 위치와 영역

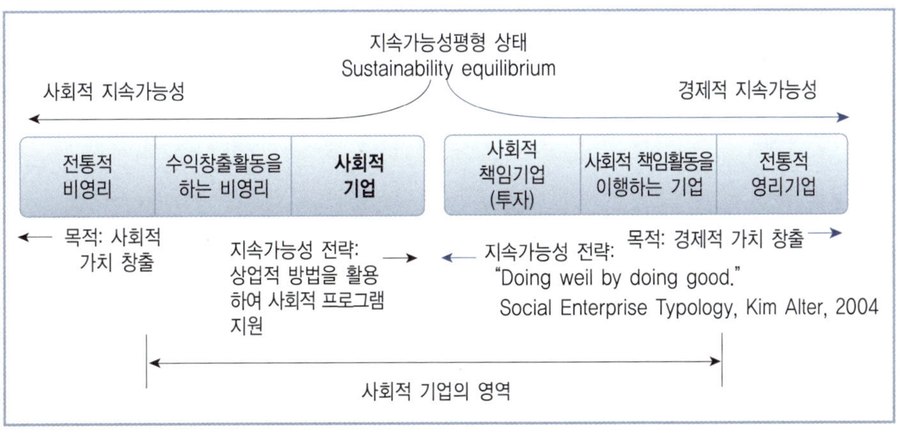

자료: http://www.4lenses.org/setypology/print

③ **사회적 목표:** 일자리 창출, 교육, 지역서비스 제공 등 명확한 사회적 목표 존재

④ **사회적 소유:** 고객, 사용자, 지역공동체, 수탁자 등의 참여를 바탕으로 한 지배구조와 소유구조

3.3 사회적 기업의 창업과정

사회적 기업은 일반 영리기업과 마찬가지로 이윤창출을 위해 재화와 서비스를 팔아야 하지만, 이 이윤을 개인적 이익을 위해 가지는 것이 아니라 사회적 이익을 위해 사용하는 특징이 있다. 따라서 사회적 기업은 일반 영리기업과 마찬가지로 기업적 체계를 갖춤과 동시에 이익의 사회적 환원을 위한 체계도 갖추어야 하

그림 3-3 사회적 기업의 창업과정

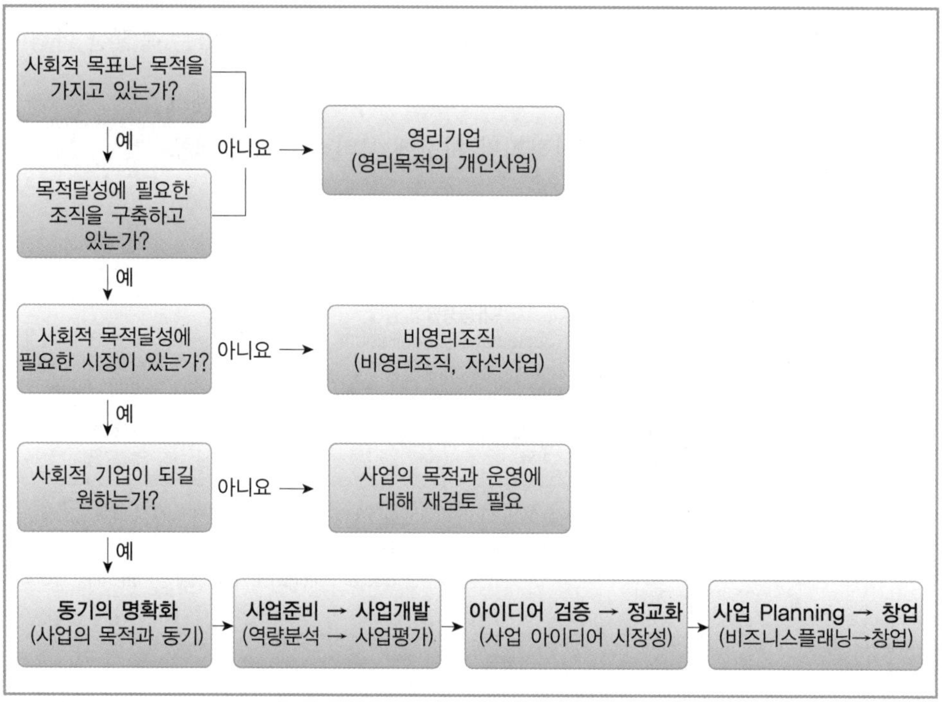

출처: http://www.uk.coop/sites/storage/public/downloads/new_busplanguide_0_0.pdf 수정

기 때문에 창업의 과정이 보다 복잡할 수 있다.

현재 내가 하고자 하는 사업이 사회적 기업으로서 적합한지 그 여부를 분석하고 창업을 하고자 한다면 다음의 프로세스를 따라 검토해 볼 필요가 있다.

사회적 기업이 지속적인 이윤창출을 토대로 사회적 목적을 달성하기 위해서는 일반 영리사업과 마찬가지로 철저한 준비가 필요하다. 특히 이 과정에서 사업계획서의 작성은 기업이 나아가야할 지도와도 같은 것으로 매우 중요하다. 사회적 기업의 사업계획서 작성은 일반 창업과 크게 다르지 않으며, 보편적 양식도 없다. 하지만 사회적 기업의 창업을 준비하는 예비창업자들의 경우 다음과 같은 항목과 내용들에 대해서 고려해 볼 필요가 있다.

표 3-3 사회적 기업 사업계획서 고려사항

주요항목	분석할 내용	주요항목	분석할 내용
조직	회사의 비전과 목표, 법적구조, 경영구조	사업적 요소	산업환경, 핵심성공요인, 외부의 핵심이슈
인적사항	핵심인력들의 학력, 경험, 지식, 기술	전략/지속성	사업성공전략, 기대수익과 거래량(상업적/비상업적), 스토리텔링
외부관계	외부 전문가, 법률, 자금, 판매 등의 조직과의 관계	마케팅/판매계획	마케팅전략, 고객과의 소통, 마케팅예산, e-비즈니스 전략
제품/서비스	제품/서비스에 대한 설명(강점, 특징, 사회적 목적)	사업장	위치, 건물(자가/전세/리스), 재산, 보수 및 유지계획
시장	시장성, 고객분석, 시장조사, 유사 사회적 기업	공급자	주요 공급자, 공급사슬, 대안의 수, 현 공급자의 이점
사회적 목적	수혜자 분석, 사회적 욕구, 외부 이해관계자의 관점	생산	품질기준, 생산방법, 안전과 보건, 생산설비

출처: http://www.uk.coop/sites/storage/public/downloads/new_busplanguide_0_0.pdf 수정

04 협동조합

우리에게 잘 알려진 AP통신, 알리안츠보험, FC바르셀로나 등이 협동조합이다. 미국의 썬키스트도 6천여 명의 오렌지 농민과 8개 협동조합이 중간상인의 독과점 횡포에 대응하기 위해 출범한 판매협동조합 연합회이다. 특히, 스페인의 몬드라곤, 이탈리아의 볼로냐 등 협동조합이 지역경제를 주도하는 사례도 많다. 스페인 바스크지방의 몬도라곤 협동조합의 경우 스페인의 3대 기업그룹으로 공업형동조합 87개소와 신용, 교육, 연구개발 등 120개 협동조합의 복합체로 구성되어 있다. 고용인원 10만 명, 매출액 24조 원, 매출액대비 수출액비중 58%로 스페인 경제의 견인차 역할을 하는 협동조합이다.

4.1 협동조합의 정의

협동조합은 공동의 경제 · 사회 · 문화적 필요와 욕구를 충족하기 위해 자발적으로 모인 사람들이 만드는 공동 소유와 민주적 운영 기반, 그리고 지역사회 기여 등을 특성으로 하는 기업모델이다. 국제협동조합연맹(ICA)는 "공동으로 소유하고 민주적으로 운영되는 사업체를 통해 공동의 경제적 · 사회적 · 문화적 필요와 욕구를 충족시키기 위해 자발적으로 모인 사람들의 자율적 단체"로 정의하고 있다. 미국의 농무부(USDA)는 이용자가 소유하고 통제하며, 이용규모를 기준으로 이익을 배분하는 사업체로 정의한다.

우리나라의 경우 2012년 12월에 제정된 협동조합기본법에 의하면, 협동조합은 재화 또는 용역의 구매 · 생산 · 판매 · 제공 등을 협동으로 영위함으로써 조합원의 권익을 향상하고 지역 사회에 공헌하고자 하는 사업조직을 말하는 것으로 정의된다. 협동조합은 기본적으로 영리법인이다. 그런데, 협동조합의 운영을 비영리법인으로 하는 경우 이를 사회적 협동조합으로 정의할 수 있다. 협동조합기본법에 의하면, 사회적협동조합은 협동조합 중 지역주민들의 권익 · 복리 증진과 관련된 사업을 수행하거나 취약계층에게 사회서비스 또는 일자리를 제공하는 등 영리를 목적으로 하지 아니하는 협동조합으로 정의하고 있다.

한편, 협동조합의 경우에도 그 유형을 몇 개로 구분해 볼 수 있다. 다음의 〈그림 3-4〉는 협동조합의 유형에 대한 예시이다. 제시된 그림에 의하면, 협동조합의 유형에는 크게 사업자협동조합과 소비자협동조합, 그리고 조합원을 중심으로 한 직원협동조합으로 구분할 수 있다.

그림 3-4 협동조합의 유형

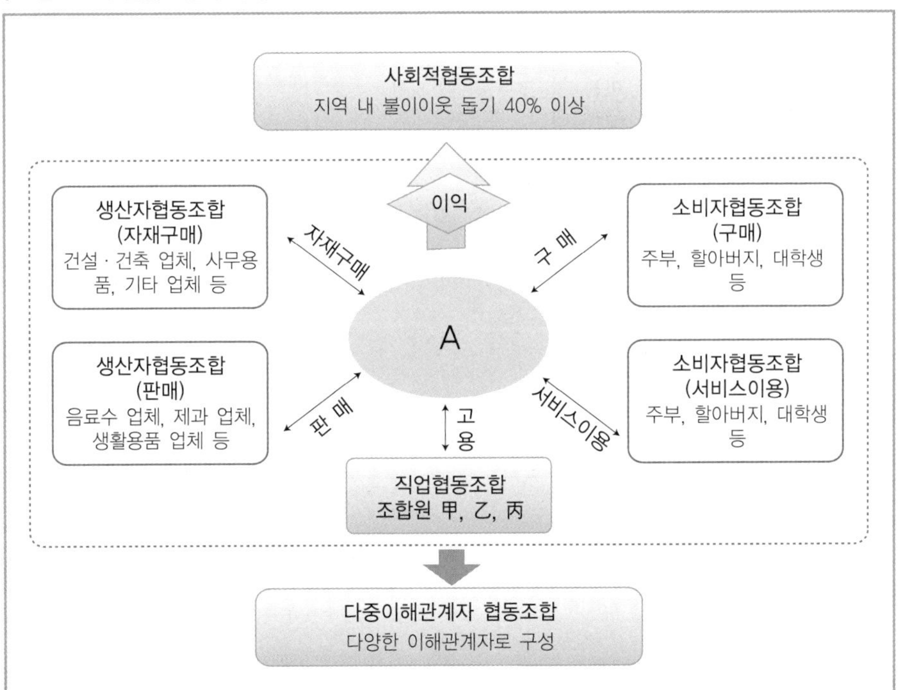

자료: 기획재정부, 협동조합관련 정책자료.

그런데, 협동조합의 이러한 유형과 유형별 성격은 생산비용대비 판매가격에 따른 잉여금을 어디에 어떻게 사용할 것인지에 따라서 결정되는 것이다. 예를 들어, 상품가격이 100원, 생산비용이 75원이라면, 상품에서 생산비용을 제외한 25원이 잉여금이 되며 이 25원의 잉여금의 최대 수혜자가 누구인가에 따라서 협동조합의 성격이 결정된다고 할 수 있다. 다음의 〈그림 3-5〉는 협동조합의 유형별 그 원리를 설명하고 있다.

그림 3-5 협동조합의 성격과 원리

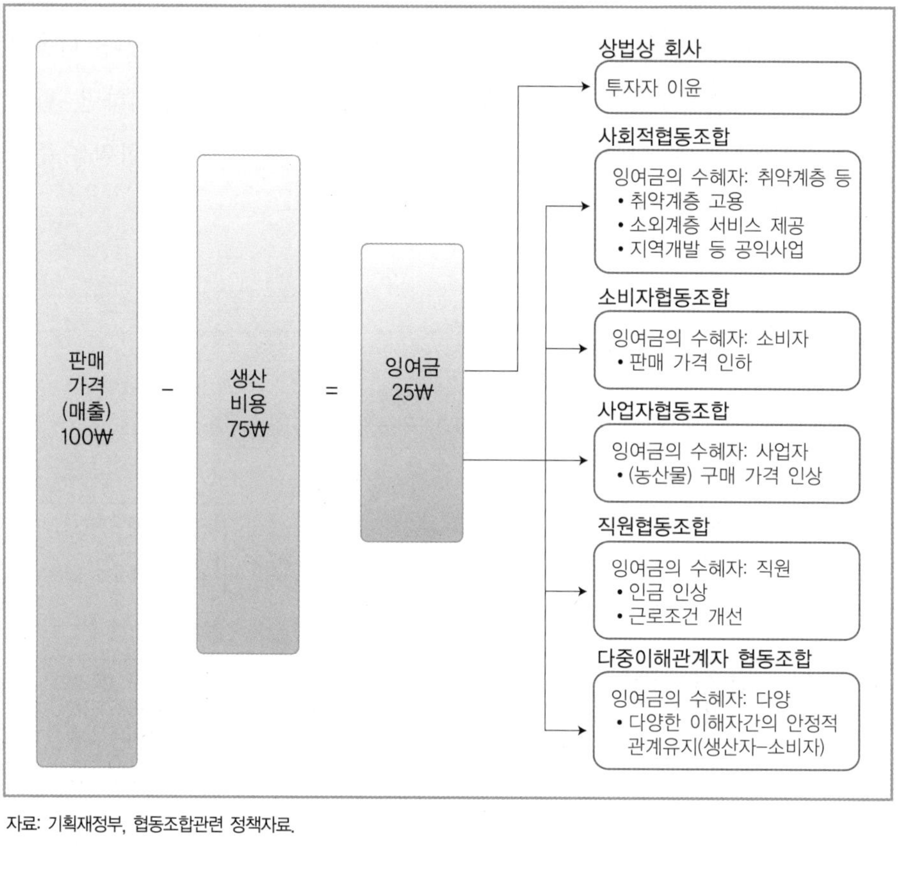

자료: 기획재정부, 협동조합관련 정책자료.

4.2 협동조합의 특성

협동조합은 1844년 영국에서 시작돼 이미 170여 년의 역사를 가지고 있다. 우리나라에서도 1957년 농업협동조합법 제정이후 농협 등 협동조합이 설립돼 적지 않은 경험을 가지고 있다. 특히 2012년 12월 협동조합기본법이 시행되면서 최근 협동조합 붐이 일고 있다. 금융업을 제외한 모든 업종에서 5인 이상이면 협동조합 설립이 가능할 정도로 제도적 제약이 없어졌기 때문이다.

협동조합은 조합원이 기업의 주인이면서 근로자이기 때문에 고용 안정성이 높은 좋은 일자리를 만들어 낼 수 있다. 특히, 협동조합은 소수 자본가가 설립하는 1주 1표의 주식회사와 달리 투자규모에 관계없이 1인 1표의 민주적 운영 때문에 여성이나 소상공인같이 경제적으로 취약한 계층이 참여할 수 있다. 또한 운영에 있어 자본가의 이익극대화보다는 조합원의 편익이 우선되는 특징이 있다. 뿐만 아니라 협동조합은 지역 기반의 맞춤형 복지 · 교육 · 안전을 책임지는 사회 서비스 제공 기관이 될 수도 있다.

협동조합의 특성은 국제협동조합연맹(ICA)에서 95년 ICA 100주년 총회에서 발표한 '협동조합 정체성에 대한 선언'에 잘 나타나 있다. 이 선언에는 협동조합의 7개 원칙을 천명하고 있는데 이는 다음과 같다.

(1) 자발적이고 개방적인 조합원 제도
(2) 조합원에 의한 민주적 관리
(3) 조합원의 경제적 참여
(4) 자율과 독립
(5) 교육, 훈련 및 정보제공
(6) 협동조합 간의 협동
(7) 지역사회에 대한 기여

그러나 협동조합은 영리를 추구하기 때문에 자선단체나 학교 등과 같은 사단법인과는 성격이 다르며, 1인 1표의 의사결정구조, 사업(조합원)의 유한책임 등에서 유한책임회사는 협동조합과 공통점을 가지나 사업목적, 조직규모, 내부 구조, 설립방법 등에 있어서 차이점이 존재한다. 현행 상법상 존재하는 기업유형과 협동조합, 민법상의 사단법인, 그리고 사회적 기업 등과의 차이점을 살펴보면 다음의 〈표 3-4〉와 같다.

표 3-4 협동조합과 영리 · 비영리 조직의 비교

	상법					협동조합기본법		민법
구분	주식 회사	유한 회사	유한책임 회사	합명 회사	합자 회사	협동조합		사단법인
						일반	사회적	사단법인
사업 목적	이윤극대화					조합원 실익증진		공익
운영 방식	1주 1표	1좌 1표	1인 1표			1인 1표		1인 1표
설립 방식	신고제					신고 (영리)	인가 (비영리)	인가제
책임 범위	유한책임			무한 책임	무한책임 + 유한책임	유한책임		해당 없음
규모	대규모	주로 중 · 소규모				소규모 + 대규모		주로 소규모
사업 예	대기업	중소기업, 세무법인	벤처, 컨설팅, 전문서비스업	법무법인 등	사모투자 회사 등	일반경제 활동분야	의료협동 조합 등	학교, 병원, 자선단체, 종교단체 등
	〈영 리 법 인〉						〈비영리법인〉	
	〈사 회 적 기 업〉(고용노동부 인증기업)							

자료: 기획재정부, 협동조합관련 정책자료.

4.3 협동조합의 창업과정

우리나라의 협동조합기본법상 협동조합은 일반 협동조합과 사회적 협동조합으로 구분해 볼 수 있다. 그리고 이들 두 가지 형태의 협동조합은 설립요건 및 방식, 사업, 법정적립금, 배당, 청산 등에서 차이가 있다.

보다 구체적으로 협동조합은 영리법인이며 사회적 협동조합은 비영리법인이다. 설립요건도 협동조합은 시도지사 신고제이고 사회적 협동조합은 기획재정부의 인가를 받아야 한다. 법정적립금의 경우 협동조합은 잉여금의 10% 그리고 사회적 협동조합은 잉여금의 30% 이상이다. 협동조합은 이용실적에 따른 배당이 가능하지만 사회적 협동조합은 배당이 금지되어 있다. 청산시 협동조합은 정관

「그림 3-6」 협동조합의 설립 절차

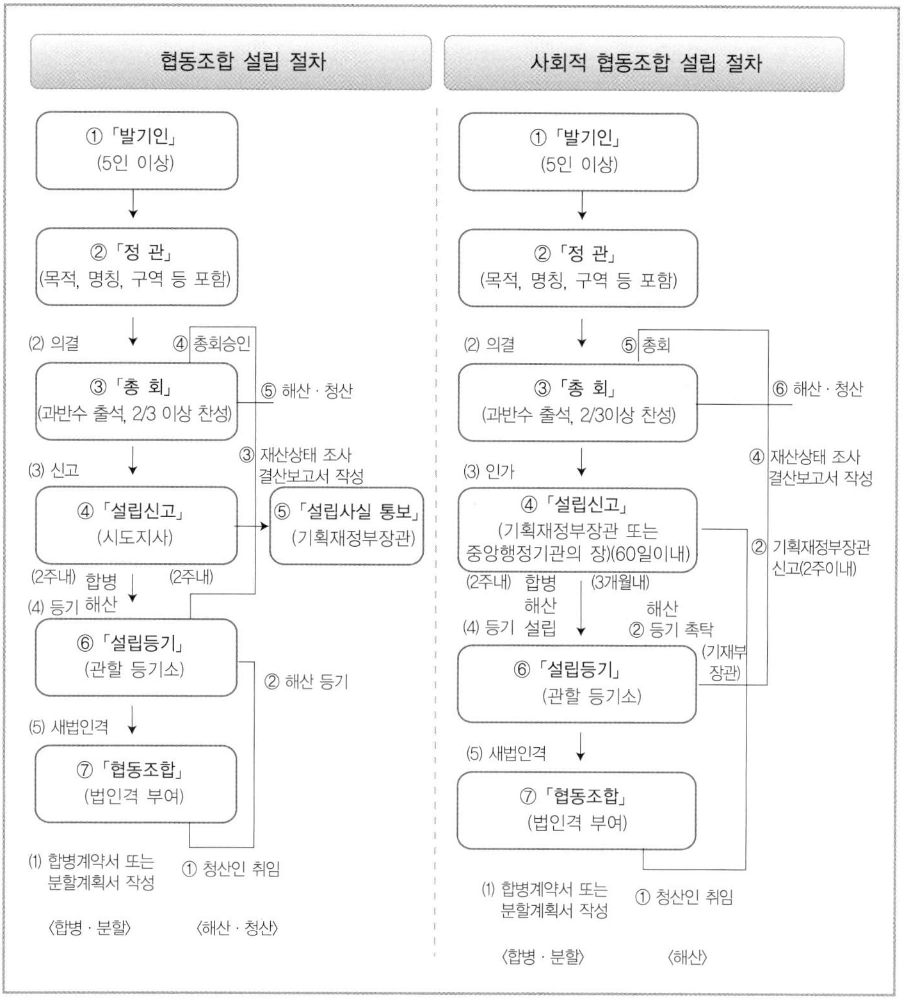

자료: 기획재정부, 협동조합관련 정책자료.

에 따라 잔여재산이 처리되며 사회적 협동조합은 비영리법인이나 국고에 귀속되는 차이가 있다.

P·A·R·T

2

아이디어 도출과 비즈니스 플랜

CHAPTER

04

아이디어 도출 및 선정

1. 아이디어의 세계화
2. 아이디어 도출방법
3. 아이템 선정방법

학습내용

사업의 시작은 아이디어의 개발과 선정이다. 그러나 좋은 아이디어는 갑자기 떠오르는 것이 아니다. 많은 아이디어 개발과 엄격한 선정 과정을 거쳐 유망한 아이템은 개발된다. 1개의 성공적인 신제품 개발은 3,000개의 아이디어를 거쳐 나온다는 혁신 깔때기 이론은 이를 반증해준다. 그래서 본 장에서는 '아이디어 도출은 어떻게 하는가?'와 '좋은 아이디어는 어떤 것인가?'에 대해 알아보고자 한다. 아이디어 도출방법에서는 아이디어 원천과 개발방법에 대한 정보를 제공한다. 다음으로 아이디어 선정방법에서는 아이템 선정 시 선정기준과 체크리스트를 제시한다. 이를 학습함으로써 아이템 개발에 대한 막연한 생각에 체계를 잡으면서 성공적인 아이템 개발과 선정에 도움을 줄 수 있을 것으로 기대한다.

01 아이디어의 세계화

에릭 슈미트 구글 회장은 그의 저서 〈새로운 디지털 시대〉에서 새로운 시대의 가장 중요한 특징으로 아이디어의 세계화를 꼽았다. 지금은 아이디어가 퍼지는 세상이 되었기 때문에 아프리카 케냐의 젊은이의 작은 아이디어('신발 밑창에 넣은 칩 형태의 휴대용 충전기') 도 순식간에 전 세계로 확산된다.[1)]

그림 4-1 아이디어의 세계화 추세

자료: 미래창조과학부 · 한국과학기술평가원(2016), 이슈분석: 4차 산업혁명과 일자리의 미래, p.1.

1.1 아이디어의 세계화 추세

기술적 도구의 급속한 발달로 이제는 정보나 장비의 부족이 아이디어 실현에 걸림돌이 되지 않는다. 상상력과 창의성으로 승부하는 시대가 온 것이다. 이는 마치 15, 16세기 바스코 다가마가 희망봉을 발견하고 유럽의 배들이 세계를 돌아다니며 항로를 개척하고 탐험과 무역을 하던 대항해 시대에 비견된다. 즉 사이버와 모바일 세상을 기반으로 아이디어 하나로 모험과 가치를 만들어 내는 새로운 항해 시대가 열린 것이다. 이를 두고 구글의 에릭 슈미트 회장은 최근 저서에서 아이디어의 세계화라고 표현하고 있다.

지금의 디지털 시대에서는 아이디어가 퍼지는 세상이 되었기 때문에 아프리카 케냐의 젊은이에게서 나온 작은 아이디어도 제품으로 만들어져 순식간에 전 세계로 확산될 수 있다는 것이다. 초연결성을 특징으로 하는 4차 산업혁명 시대엔 특히 아이디어의 세계화 추세가 가속될 수 있다. 따라서 아이디어의 상업화에 도전하는 기업가정신은 미래경제의 핵심동력이 아닐 수 없다. 이러한 기업가정신은 개인이나 조직에 새로운 기회를 제공한다.

세상은 정보체계가 점점 더 개방됨에 따라 더 많은 사람들이 아이디어를 만들어내고 공유할 수 있게 된다. 과거에는 소수의 천재적인 발명가와 석 · 박사 인력으로 채워진 대규모 연구개발조직에서 창의적 아이디어가 나오고 발명이 이루어져왔던 것에 반해, 대중의 학력수준이 올라가고 인터넷 혁명으로 정보기술이 확산됨에 따라 창의성과 아이디어의 원천이 갈수록 다양해지고 소규모화하고 있는 것이다. 이에 따라 새로운 혁신은 다양한 외부의 아이디어 원천을 적극적으로 활용하는 개방적 혁신(Open Innovation)이 대세를 이루고 있다.

미국의 연구개발 통계를 보면 연구개발의 주체로서 소규모 기업조직이 차지하는 비중이 1981년 4.4퍼센트에서 2001년 25퍼센트로 급속히 증대하고 있다.[2] 이러한 아이디어 원천의 다양화에 반해 내부 발명 → 개발 → 생산으로 이어지는 파이프라인 모형의 가치사슬은 갈수록 생산성이 떨어지는 것으로 분석되고 있다.[3] 예를 들면 연구개발 투자비용이 높기로 소문난 제약 산업이나 반도체 산업의 경우를 보더라도 개발비용은 수천억 내지는 조 단위로 엄청나게 치솟고 있는 것에 비해 개발성과는 오히려 떨어지는 현상을 보이고 있다. 이에 따라 폐쇄적이고 일직선적인 가치사슬 모델은 갈수록 위축되는 반면 다중에 의한 혁신을 활용하려는 개방형 대안이 중요해 지고 있다.

1.2 작은 아이디어의 잠재력

아이디어는 창업의 출발점이며 전체 사업의 윤곽을 결정한다. 이에 따라 창업자들은 최상의 경제적 결과를 가져다 줄 것으로 기대되는 유망한 아이디어를 개발하고자 노력한다. 많은 성공 창업자들의 경우를 보면, 아이디어의 출발은 사소하고도 작은 데서 비롯되는 경우가 많다.

작은 아이디어가 큰 힘이 될 수 있다는 것은 작은 기업이 아이디어를 사업함에 있어 유리할 수도 있음을 의미한다. 왜냐하면, 대기업의 경우 사소하고 작다고 판단되는 아이디어에 대해서는 관심을 잘 기울이지 않기 때문이다. 따라서 너무 거대하고 어려운 아이디어를 개발하려고 애쓰는 것보다는 비록 작은 아이디어일지라도 소중하게 개발하는 것이 중요하며 그것을 포착한 기회와 연결해 신속하게 사업화 하는 것이 중요하다. 성공적인 사업아이디어는 풍부한 상상력뿐만 아니라 이미 있는 것을 더욱 유용하도록 만들려는 체계적인 노력에 의해서도 나올 수 있다.

피터 드러커는 그의 연구에서 작은 아이디어의 중요성을 강조하면서 크고 위대한 아이디어를 개발하고자 애쓰기보다는 작은 아이디어라도 어떻게 상업화하느냐에 따라 큰 결과를 낳을 수 있음을 지적했다. 창의적 아이디어란 모든 사회에 적용될 수 있는 큰 아이디어가 아니다. 오히려 경제, 시장 혹은 지식에서 크고 작은 변화들이 기존의 사업에 어떤 영향을 미치며 어떤 경제적 결과를 가져다 줄 것인가에 관한 질문에 더 가깝다.

실제로 작은 아이디어가 큰 결과를 낳은 예나 이미 현실에 있는 아이디어를 상업화에 성공한 예들은 주변에서 많이 찾아 볼 수 있다. 예를 들어, 단추대신에 쓰이는 지퍼는 매우 편리한 발명품인데, 지퍼가 처음 사용되었던 물건은 옷이 아니라 구두였다. 구두끈의 대체물로 발명되었던 것이다. 지퍼를 처음 발명한 지트슨은 19년 간의 노력 끝에 개발한 이것을 단지 구두에만 적용함으로써 별로 돈을 벌지 못했다. 반면 양복점 주인 브루클린은 지퍼의 새로운 용도를 발견하고 그 특허를 헐값에 사들여 재벌이 되었다.

1.3 다양한 아이디어 원천

창업의 아이디어는 다양한 곳에서 나온다. 〈표 4-1〉과 같이 사업아이디어의 원천을 요약할 수 있다. 표를 보면, 사업아이디어의 발굴을 위해서 광범위한 활동과 아이디어 개발을 위한 체계적 노력이 필요하가. 즉 사업아이디어는 많은 사람들과 접촉하고 박람회 참여나 독서 등 관련 분야의 전문지식을 확보하기 위한 다양한 노력을 통해 얻을 수 있음을 알 수 있다는 것이다.

창업자들 중에서는 실제 무역박람회, 광고출판물, 그리고 성공적이지 못하다고 판단된 제품들에서 예상치 못한 사업성을 발견한 경우가 많다. 또한 어떤 창업자의 경우 자신에게 기회를 제공해줄 수 있는 사람을 매일 찾아가거나 전화를

표 4-1 교과서에서 제시하는 아이디어 원천

정신적 훈련	다방면 접촉	방문	출판물	추세 관측
브레인 스토밍 관찰 모양 바꾸기	잠재적 고객 잠재적 공급자 사업 브로커 성공적 창업자 교수, 대학원생 특허 변호사 제품 브로커 이전직장 동료 사업 파트너 벤처캐피털리스트 상공회의소 기술자 경영기술컨설턴트 기술이전대행사 지역개발사무소	무역 전시회 도서관 박물관 공장 발명 박람회 대학 연구기관	무역 간행물 무역 지침서 파산 고지서 헌책과 잡지 비즈니스 일간지 특허청 자료 신제품 소개서 박사논문 베스트셀러물 신기술 소개서 라이센싱 정보물	자원고갈 에너지 부족 쓰레기처리 신기술 재활용 유행 법적 변화 오염문제 건강 자기개발 개인 안전 외국과 교역 사회적 운동

하는 전략을 사용해 마침내 좋은 사업파트너와 함께 고성장 회사를 얻는 개가를 올리기도 한다. 이와 유사하게 발명가와의 라이센스 계약을 통해 제품을 생산할 수도 있으며, 소비재 제품을 생산하는 업자는 소비자의 욕구를 파악하고 나서 제품을 개발할 수도 있다. 반면에 새로운 사업아이디어를 얻기 위해 고민할 것 없이 기존의 유망 기업을 매수하는 방법도 있다.

그런데 이러한 체계적인 구상과 노력을 통해 사업아이디어를 얻는 방법의 문제점은 많은 시간과 비용이 필요하다는 것이다. 이러한 방법을 통해 아이디어를 얻는 것은 때로는 노력에 비해 상당히 비효율적일 수 있다. 그렇다면 실제 성공한 창업자들은 사업아이디어를 주로 어디에서 얻었는가? 이 물음에 답하기 위해 세계적인 기업가정신 연구가인 칼 베스퍼(Karl Vesper)는 여러 권의 책과 각종 기사에서 등장한 100명의 성공한 창업자들에 대한 조사를 했다. 그 결과 새로운 사업아이디어는 개인적인 교육, 유사직종의 경험, 그리고 취미 등에서부터 나왔음을 발견했다. 또한 일상 속에서 우연한 기회에 사업아이디어를 발견하게 되었다고 하는 창업자들도 다수 있는 것으로 나타났다.

02 아이디어 도출방법

2.1 아이디어 원천

사업 아이디어는 직장생활, 틈새 발견, 체계적 탐색, 인맥 등을 통해서 획득할 수 있다.

(1) 직장생활

대다수의 사람들은 창업을 하기 전에 직장생활을 한다. 직장경험에서 얻은 지식과 기술을 바탕으로 이와 연관된 분야의 창업 아이디어를 발굴하여 창업을 하는 것을 커리어 창업이라 한다. 커리어 창업은 자기의 경험을 기반으로 하기 때문에 사업을 추진함에 있어 비교적 위험이 적고 성공 가능성이 높은 방법이다.

커리어 창업 성공률을 높이기 위해서는 우선 자신이 하고자 하는 사업에 관해 도움이 될 수 있는 회사에 취업을 해야 한다. 일을 하면서 항상 사업에 필요한 지식과 정보가 무엇인지를 생각하면서 관련된 지식과 노하우를 관심 있게 수집하고, 자신의 사업이라는 생각으로 적극적으로 업무에 임하는 것이 중요하다. 운이 좋은 경우 이전 직장에서 하청을 받아 사업 초기부터 안정적으로 운영을 할 수 있는데, 직장생활을 하는 동안 경영자 및 관계자들과의 인간관계를 잘 유지해야 가능하다. 가령 프랜차이즈 가맹본부에서 일을 하다 가맹점 창업을 하는 경우가 좋은 예라 할 수 있다.

(2) 융합(퓨전)

신규 창업자들이 쉽게 발견할 수 있는 틈새시장은 매우 드물다. 무에서 유를 창조하기 위해서는 대규모의 연구개발 투자가 필요하거나 혹은 아이폰, 구글 글라스와 같은 새로운 패러다임을 창조하는 제품이 등장함으로써 새로운 시장이 형성된다. 따라서 신규 창업자들은 새로운 시장을 모색하거나 경쟁사의 제품을 모방하는 것만으로는 경쟁에서 이길 수 없으며, 새로운 가치를 창출할 수 있어야 한다.

마케팅 전략의 한 영역인 틈새시장의 개척을 통한 시장진입은 오늘날 대기업들과 글로벌 기업들에 의해 끊임없이 이루어지고 있다. 이에 따라 고객들의 니즈는 계속 개발되고 확장되었으며, 오늘날 대부분의 시장들은 성숙상태에 있어 틈새를 찾기가 힘들어 지고 있다. 그래서 정부는 융합을 기반으로 새로운 산업을 육성하고자 4대 융합 신산업을 선정한 바 있다. 4대 융합 신산업은 안전, 건강, 편리, 문화 분야에서 기존 산업과 IT의 결합을 통해 새로운 사업을 창출하는 것을 의미한다. 예를 들어, 인명구조 로봇 산업, 스마트 의료기기 산업, 스마트 가전 산업, 디지털 패션 산업 등이 있다.

(3) 전문기관 발표자료

창업 아이템을 탐색하는 또 다른 방법은 전문가들의 도움을 받는 것이다. 통계청, 한국과학기술기획평가원, 한국과학기술정보연구원, 삼성경제연구소 등 정부 및 연구기관들은 최근 체계적인 조사와 분석을 통해 유망산업 및 유망아이템을 발표하고 있다. 이들 기관이 발표하는 자료는 예비창업자들에게 유용한 정보들을 포함하고 있다. 〈표 4-2〉는 국내기관의 미래 유망기술들을 정리한 것이다. 특히 소상공인진흥원은 유망 산업과 유망 창업 아이템에 관한 정보를 자세하게 제공하고 있다. 〈그림 4-2〉는 소상공인진흥원의 유망 창업 아이템을 정리한 것이다.

표 4-2 국내기관의 미래 유망기술 전망

구분	세부내용	
특허청(2013)	1. 성체줄기세포 기술 2. 암 바이오 마커 기술 3. 단백질 안정화/제형 기술 4. 사용자 신원 및 특성 인식 기술 5. 음원추적 및 음향 분류 기술	6. 대용량 분산 추론 기술 7. 인간모사 메커니즘 기술 8. 소형셀 제어기술 9. Massive MIMO 기술 10. 스펙트럼 공유 기술
한국과학기술기획 평가원(2012)	1. 암 바이오 마커 분석기술 2. 실시간 음성자동통역기술 3. 스핀 트랜지스터 4. 미생물연료전지 5. 슈퍼독감백신	6. 초전도 송전기술 7. 디지털 홀로그래피 기술 8. 바이오 플라스틱 9. 4G+ 이동통신 기술 10. 친환경 천연물 농약
한국과학기술정보 연구원(2011)	1. 질병치료를 위한 RNA 간섭기술 2. 고분자 중합체 이용 나노약물전달 시스템 3. 셀프 힐링 재료 4. 스마트 면진 시스템 5. 미생물연료전지(MFC)를 이용 수처리 전력 동시 생산기술 6. 이온성 액체 이용 이산화탄소 분리, 회수 7. 이차 전지용 리튬인산철 양극소재 8. 컨텐트 기반 멀티미디어 검색 기술 9. 다이아몬드 전기화학적 응용기술 10. TSV 이용 3D IC 집적 기술	
삼성경제연구소 (2011)	1. 웹 기반 앱 2. 거대 데이터 분석 3. 음성인식 4. 플렉시블 디스플레이 5. 대형 AMOLED TV	6. 줄기세포 치료제 7. 지능형 영상진단 8. 패치형 무통증 주사 9. 대용량 리튬 이차전지 10. 차세대 소형 원자로

그림 4-2 유망 창업 아이템

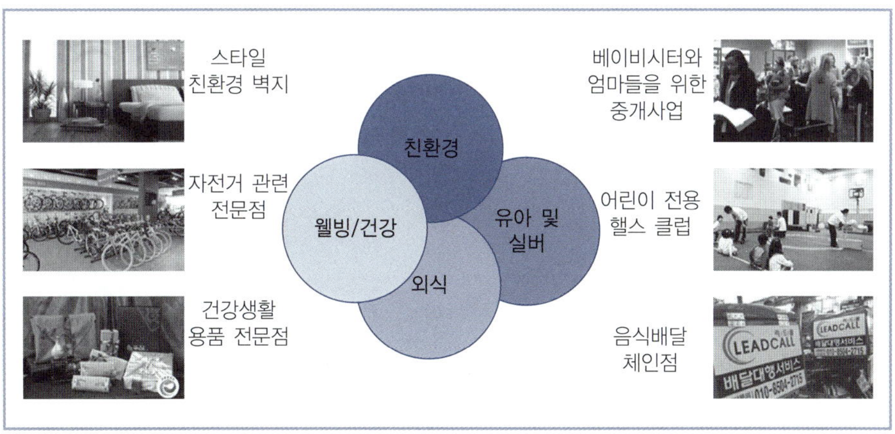

출처 : 소상공인창업아이템, 소상공인진흥원, 2011.

(4) 인맥

우리는 학교, 군대, 동호회, 직장 등 사회생활을 통해 많은 사람들과 관계를 맺고 있다. 예비 창업자는 다양한 관계에서 자신이 경험하지 못한 분야의 정보와 지식을 습득할 수 있다. 또한, 입수한 정보들을 개인의 관심과 결합시켜 사업에 관한 아이디어를 창출하거나 새로운 비즈니스 모델을 개발할 수 있다.

특히, 경영컨설턴트나 기존 사업가들과의 인맥은 매우 유용하다. 이들은 일반인들보다 훨씬 다양한 지식과 정보를 보유하고 있기 때문에, 이들을 통해 새로운 사업 아이디어, 업계 현황 및 전망, 유망한 사업 분야 등 실질적이고 질 높은 정보를 입수할 수 있다.

2.2 아이디어 개발방법

(1) 목표고객 인터뷰

목표고객 인터뷰는 고객에게 제품 또는 서비스에 대한 의견을 물어보는 것이다. 현재 어떤 제품/서비스를 사용하고 있는지? 제품/서비스의 구매 이유는 무엇인지? 제품/서비스에 얼마나 만족하고 있는지? 어떤 점이 문제인지? 개선되어야 할 부분은 무엇인지? 보완되어야 할 부분은 무엇인지? 등을 고객에게 질문하고, 그에 대한 고객의 의견을 기반으로 하여 새로운 사업 아이디어를 개발할 수 있다.

(2) 벤치마킹

벤치마킹은 우수기업 또는 경쟁기업의 제품이나 서비스를 분석하고, 이를 통해 배우는 것을 의미한다. 해외의 성공한 사업 아이템들을 조사하고, 이를 도입하거나 기존의 사업 아이디어들과의 비교를 통해 강점을 활용하여 새로운 아이디어를 개발할 수 있다.

벤치마킹을 하기 위해서는 먼저 사업 아이디어를 얻고자 하는 제품/서비스 분야를 정의해야 한다. 다음으로 해외에서 성공한 벤치마킹 아이템들을 선정해야 한다. 그리고 해당 아이템들의 특성, 성공요인, 고객욕구, 시장반응 등을 조사한다. 마지막으로 기존의 제품/서비스에서 개선사항을 도출하여 아이디어를 개발한다.[4)]

(3) SCAMPER 기법

SCAMPER 기법은 아이디어를 개발하기 위해 "대체, 결합, 적용, 수정, 용도전환, 제거, 뒤집기"에 관한 7가지 질문을 던지고 각각의 질문에 대한 해답을 도출한 후 실행 가능한 최적의 대안을 선택하는 방법이다.[5)] 대체(Substitute) 방법 질문은 '기존 사물의 형태, 용도 등을 다른 것으로 대체할 수 있는가?', 결합(Combine) 방법 질문은 '두 가지 이상의 것들을 결합하거나 혼합할 수 있는가?', 적용(Adapt) 방법 질문은 '어떤 형태, 원리, 방법을 다른 것에 적용할 수 있는가?', 수정(Modify) 방법 질문은 '기존의 방식이나 형태를 다르게 변화시킬 수 있는가?',

그림 4-3 SCAMPER 기법

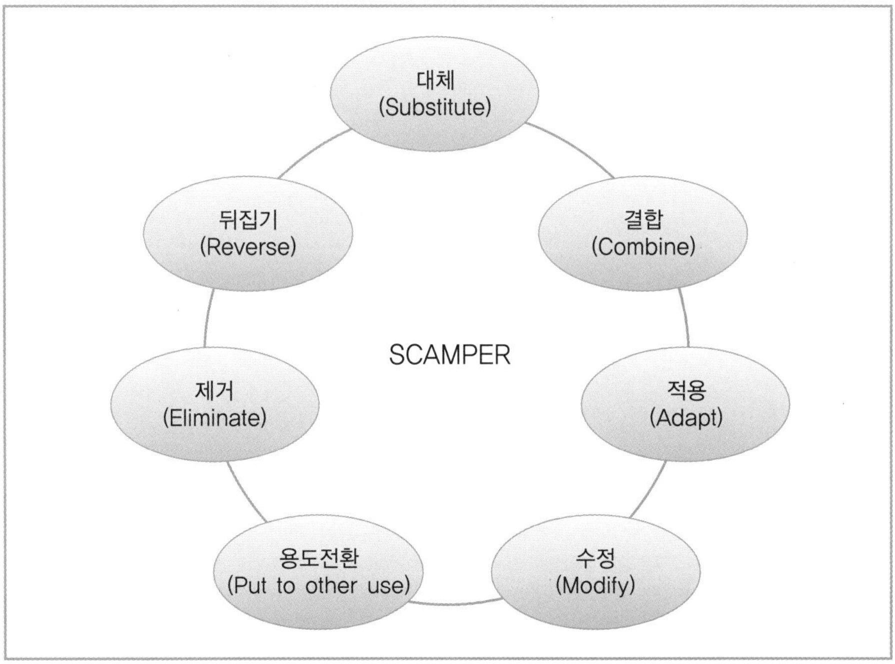

용도전환(Put to other use) 방법 질문은 '기존 용도를 바꿔 활용할 수 있는가?' 제거(Eliminate) 방법 질문은 '어떤 부분을 삭제하면 새롭게 만들 수 있는가?' 뒤집기(Reverse) 방법 질문은 '순서나 형식, 방법 등을 거꾸로 바꿀 수 있는가?' 이다.

이 기법은 미개발된 니즈를 창조하고자 할 때 사용할 수 있다. 이를 위해 기존 제품/서비스에서 제공하고 있는 가치 그 자체를 변화시키거나, 가치의 제공방법을 변화시킬 수 있다. 기존의 제품/서비스 제공자들과는 다른 가치를 개발하여 고객들에게 제공할 수 있다.

(4) 아이디어 개진 촉진법

아이디어 개진 촉진법은 주위 사람들에게 자신의 사업 아이디어와 관련한 모든 의견들을 경청해 나가면서 아이디어를 개발하는 방법이다. 예비창업자가 가까운 친구 또는 지인을 통해 자신의 사업 아이디어를 말하고 그 아이디어에 대해 문제점과 보완의견을 묻고, 추가적 또는 더 좋은 대안을 질문한다. 가능한 많은 의견을 들을 수 있도록 유도하기 위해 '그것도 좋은 방법이네!', '아하! 그런 생각도 있구나!' 와 같이 적절한 추임새를 넣어주는 것이 좋다.

03 아이템 선정방법

여러 가지 아이템을 개발했다면 다음으로 어떤 아이템이 좋은 아이템인지를 선정해야 한다. 아이템은 고객 가치, 창업가 역량, 시장환경, 기술성, 수익성 등을 고려하여 선정해야 한다.

3.1 고객 가치

창업가들은 제품의 품질과 가격에 관심을 갖는 것이 일반적이다. 품질이 더 좋고 가격이 더 저렴하면 잘 팔릴 것이라는 공급자 관점에서 생각하는 것이다. 하지만, 시장에서 성공하려면 철저히 고객 관점에서 아이템을 구상해야 한다. 좋은 품질과 저렴한 가격이 있지만 고객에게 필요가 없다면 팔리지 않기 때문이다. 그래서 성능과 품질보다 선행되어야 하는 것은 고객의 욕구를 만족시킬 수 있는지를 판단하는 것이다. 고객 가치는 고객 관점에서 제품이 가지는 효용을 의미를 한다.

고객 가치는 명확성과 차별성을 지니고 있어야 한다. 고객 가치를 명확하게 하기 위해 고객이 받는 제품의 효용을 한 문장으로 정리할 필요가 있다. 가령 "사업 아이템은 사용하기 편리하고 전기료를 30% 절약해 줄 수 있다."와 같이 제시한다. 여기에는 고객이 받는 효용이 명확히 표현되어야 하며, 고객 가치가 명확하다면 사업의 장래는 유망하다고 볼 수 있다.[6]

또한 고객 가치는 기존 제품/서비스와는 달라야 한다. 이는 제품의 경쟁력을 의미하는 것이다. 기존 제품/서비스와 고객 가치가 같다면 새로운 제품을 구매할 필요성이 없다. 그래서 기존 제품들에 비해 가격, 디자인, 품질 등에서 차별화된 강점을 가지고 있어야 성공할 수 있다.

3.2 창업가 역량

창업가 역량은 사업 아이템 선정 시 중요한 고려요인이다. 사업 아이템이 창업가의 지식, 경험, 적성, 인적 네트워크, 재무상황 등에 적합한지 고려해야 한다.

경영자가 아이템에 대한 전문지식과 경험을 갖추고 있으면 성공할 확률이 높지만 그렇지 않다면 이를 확보하기 위해 많은 노력과 시간이 필요하다. 또한, 사업이 창업가의 적성이나 비전에 부합해야 한다. 이는 창업가의 몰입정도를 높여주는 요소가 된다. 사업은 혼자의 힘으로 이루기 어려우므로 주위에 조언이나 자금 및 영업과 관련하여 도움을 받을 수 있는 인적 네트워크가 존재해야 한다. 마지막으로 창업가의 재무상황이 아이템을 수행하기에 적합해야 한다. 좋은 아이템이라도 사업 수행에 필요한 자금이 충분히 확보할 수 없으면 사업을 추진하기가 어렵다. 공동 투자자를 확보할 수 있는 아이템과 역량을 가지지 못했다면, 창업가 스스로 조달 가능한 자금력에 적합한 아이템을 선정해야 할 것이다.

3.3 시장환경

시장환경은 거시환경, 시장규모, 성장성, 경쟁사로 구분하여 살펴볼 수 있다. 거시환경은 정치, 사회, 경제, 문화 등을 말하며 이러한 요인들이 해당 아이템이 속한 산업에 미치는 기회/위협요인을 살펴보아야 한다.[7] 시장규모는 사업 아이템을 판매하기 충분한 크기의 시장이 존재하는지를 보여주는 것이다. 목표시장 규모가 창업가가 목표하는 매출액을 보장할 수 있는 규모인지 판단한다. 만약 목표시장이 아직 형성되어 있지 않고 잠재수요만 존재한다면 수요 개발에 많은 비용과 노력이 필요하다. 성장성은 시장규모의 추이를 통해 파악할 수 있다. 시장규모가 증가하고 있는 경우, 향후 사업의 전망은 좋다고 볼 수 있다. 경쟁사는 기존 업체들을 파악하는 것을 말한다. 시장은 완전경쟁 시장과 과점 시장으로 구분하여 볼 수 있다. 완전경쟁 시장은 시장 내에 무수히 많은 경쟁자가 있는 시장이고 과점 시장은 소수의 기업만이 경쟁하는 시장이다. 완전경쟁 시장은 진입장벽이 낮기 때문에 일반적으로 창업하기 유리하다. 과점 시장은 진입장벽이 높고 가격경쟁이 치열하기 때문에 창업하기 어렵다. 예외적으로 소수의 기업들이 놓치고 있는 작은 틈새가 있거나 혁신적인 제품일 경우 도전해 볼 수도 있다.

3.4 기술성

기술성은 제품/서비스의 생산이 원활하게 이루어질 수 있는지에 대해 점검하는 것이다. 아무리 좋은 아이템이 있더라도 기술적으로 실행할 수 있는 능력이 없으면 상품화될 수 없기 때문에 기술성은 중요하다. 기술성은 제품기술, 인력, 생산 공정, 생산설비 측면에서 살펴볼 수 있다. 아이템을 생산할 수 있는 생산기술과 인력을 확보하고 생산에 필요한 설비를 갖출 수 있어야 한다. 원부자재 수급과 제조 등 생산 공정에 어려움은 없는지 확인해야 한다.

3.5 수익성

수익성은 기업의 생존을 위해서 필수적인 요소이다. 수익성에 대한 명확한 보장이 없다면 그 아이템은 채택될 수 없다. 수익성은 기회비용, 이자비용, 평균 영업이익률, 손익분기점을 고려해야 한다.

예비창업자의 임금 즉, 창업을 하지 않고 월급생활을 선택할 경우 얻을 수 있는 기회비용을 고려해야 한다. 예비창업자는 창업을 통해 얻을 수 있는 수익이

표 4-3 업종별 손익계산서

업종	정보 서비스업		교육 서비스업		예술, 스포츠 및 여가관련 서비스업	
항목	금액 (백만 원)	구성비 (%)	금액 (백만 원)	구성비 (%)	금액 (백만 원)	구성비 (%)
매출액	8,062,761	100	4,915,605	100	23,358,937	100
매출원가	2,012,682	24.96	1,128,262	22.95	13,276,162	56.84
매출총이익	6,050,079	75.04	3,787,341	77.05	10,082,775	43.16
판매비와 관리비	4,945,209	61.33	3,633,887	73.93	8,379,457	35.87
영업이익	**1,104,870**	**13.70**	**153,454**	**3.12**	**1,703,318**	**7.29**

출처 : 한국은행, 기업경영분석, 2011.

적어도 기회비용보다 클 경우 창업을 하는 것이 바람직하다. 또한 영업이익[8]과 이자비용을 비교하여 사업의 실질적인 수익성이 있는지 확인해야 한다. 만약 영업이익에 비해 대출이자가 높은 경우에는 수익성이 결코 높다고 할 수 없다. 비용 대비 수익 규모가 낮더라도 대출액이 없으면 당기순이익 관점에서 매력도가 높다고 판단할 수도 있다. 그리고 가급적 추정손익계산서의 작성을 약식으로라도 해 볼 필요가 있는데, 단기적으로 손실이 있더라도 장기적으로 이익전망이 높을 수도 있기 때문이다.

한국은행이 발행하는 기업경영분석을 참고하면 업종별로 평균 영업이익률을 확인할 수 있다. 해당 아이템이 속한 업종의 영업이익률은 높을수록 좋다. 〈표 4-3〉은 정보 서비스업, 교육 서비스업, 예술, 스포츠 및 여가관련 서비스업의 손익계산서를 정리한 표이다. 매출총액은 예술, 스포츠 및 여가관련 서비스업이 가장 많지만 매출액 대비 영업이익 구성비는 정보 서비스업이 13.7%로 높은 편이다. 이를 통해 업종별 매출액 및 영업 이익률을 비교해 볼 수 있다.

사업 성패는 손익분기점에 달려 있다. 사업이 정상궤도에 오르려면 빠른 시일 내에 손익분기점을 돌파해야 한다. 손익분기점을 넘어서야 이익이 발생하기 때문이다. 만약 단기간에 이 지점을 달성하지 못하면, 외부의 투자유치가 어렵고 내부의 현금이 부족하기 때문에 사업은 실패할 것이다. 손익분기점 분석을 통해 이익발생이 1년 내에 달성할 수 있으면 가장 좋다. 그러나 3년 안에 이익을 달성하기 어렵다면 사업을 재검토해야 한다.

3.6 아이템 선정 체크리스트

〈표 4-4〉는 사업 아이템을 선정하기 위한 체크리스트의 예시이다. 사업 아이템이 복수일 경우 이 체크리스트를 통해 아이템 간의 매력도를 비교해 볼 수 있을 것이다. 여기서 평가하고자 하는 아이템이 질문과 가까운 경우에는 5점, 비교적 가까운 경우는 3점, 그렇지 않은 경우는 1점에 체크한다.

아래의 각각의 점수에 따라 사업 아이템을 평가할 수 있다.

- 80점 이상 : 매력적인 사업 아이템
- 70점 이상 : 해볼 만한 사업 아이템
- 60점 이상 : 사업 모델 수정 필요
- 60점 미만 : 기각

표 4-4 사업 아이템 선정 체크리스트

항목	평가 점수	세부내용	응답
고객 가치	20	사업 아이템이 고객에게 주는 효용(쓸모와 혜택)이 명확한가?	
		사업 아이템이 고객의 욕구를 충족시킬 수 있는가?	
		창업 아이템은 기존 제품에 비해 차별화되었는가?	
		창업 아이템의 가격은 기존 제품에 비해 낮은 편인가?	
창업자 역량	20	창업자는 아이템에 대한 전문지식과 경험이 있는가?	
		사업 아이템 분야에 본인의 적성 및 흥미가 맞는가?	
		아이템을 사업화할 수 있는 충분한 자금을 확보할 수 있는가?	
		해당 아이템을 수행하는 데 도움을 받을 수 있는 인맥을 형성하고 있는가?	
시장 환경	20	정치 · 경제 · 사회 · 기술 등의 환경요인은 해당 아이템이 속한 산업에 부정적인 영향이 적고 긍정적인 영향을 미치는가?	
		목표시장의 현재 시장규모가 충분한가?5) (1조원 미만 1점, 5조원 미만 2점, 10조원 미만 3점, 10조원 이상 3점, 15조 미만 4점, 15조원 이상 5점)	
		향후의 목표시장이 성장하는 추세인가?	
		목표시장이 완전경쟁시장에 가까운가?	

기술성	20	제품/서비스를 제공할 수 있는 기술을 갖출 수 있는가?	
		제품/서비스를 제공할 수 있는 인력을 확보할 수 있는가?	
		원자재 수급 또는 제조 등 생산 공정을 갖추는 데에 문제는 없는가?	
		제품/서비스를 제공할 수 설비를 갖출 수 있는가?	
수익성	20	창업을 통한 수익이 기존의 직장 월급보다 높은 편인가?	
		영업이익이 대출금 이자비용보다 높은가?	
		기업경영분석의 영업이익률이 어떠한가? (1%미만 1점, 4%미만 2점, 7%미만 3점, 10%미만 4점, 10% 이상 5점)	
		손익분기점 분석을 통해 이익을 단기간에 달성할 수 있는가? (1년 이내 5점, 2년 이내 3점, 3년 이상 사업 재검토)	
종합평가(만점 100점)			

CHAPTER

05

비즈니스 플랜

1. 비즈니스 플랜의 정의와 중요성
2. 비즈니스 플랜의 작성 목적
3. 비즈니스 플랜 작성의 실제
4. 비즈니스 플랜 작성 지침

학 습 내 용

비즈니스 플랜은 하고자 하는 일이 무엇이며, 앞으로 어떤 방향으로 사업을 전개해 나갈 것인지를 명확하게 정리하게 해주고 그것을 함께 공유하는 사람과의 커뮤니케이션을 효율적으로 하도록 해 주는 역할을 한다. 비즈니스 플랜은 사업 초기에 창업자금을 유치하기 위해 작성하기도 하지만, 기존 기업이 새로운 기술을 개발하고 이를 양산화하기 위해 필요한 자금을 유치하는 경우에도 작성한다. 또한 회사운영을 위한 지침과 계획서로서도 사용할 수 있으며 회사 관리자들에게 사업 방향(direction)을 제시하고 회사의 목표를 수립하는 데 참고자료로 활용하기도 한다.

본 장에서는 비즈니스 플랜의 의미와 용도, 작성 방법 등을 창업초기의 창업자나 혹은 예비창업자의 입장에서 설명하고자 한다.

01 비즈니스 플랜의 정의와 중요성

비즈니스 플랜은 창업자가 자신의 사업 아이디어를 자신 스스로 정리하고 다른 사람과 그것을 공유하기 위해 작성하는 문서라고 할 수 있다. 특히, 혼자만이 아니라 다른 사람들과 함께 사업을 추진할 때에는 반드시 명확하고 정확한 커뮤니케이션하기 위해 문서화된 형태의 플랜이 필수적이다.

1.1 비즈니스 플랜의 정의

비즈니스 플랜은 창업자가 자신의 아이디어, 즉 사업 아이템을 사업화하기 위해 아이디어를 제품 또는 서비스 기획의 형태로 기술하고 사업 추진에 있어 그 타당성을 밝히는 것이다. 이를 위해 추진 가능성과 수익성, 고객 및 시장성 등의 관점에서 검토한 내용을 정리하며, 추진 사업전략 및 추진 일정계획, 그리고 예상되는 재무적 성과 등을 요약한다. 즉, 비즈니스 플랜은 아래와 같은 주제에 대한 대답을 해야 한다.

1. 무슨 사업을 하는가? – 제품/서비스의 정의와 수익모델
2. 타깃고객은 누구이며 얼마나 살까? – 타깃 시장 규모와 성장가능성
3. 어떤 사람을 채용할 것인가? – 조직구성
4. 어떻게 고객에게 판매할 것인가? – 마케팅 전략

5. 제품이나 서비스의 댓가는 얼마로 할 것인가? - 가격 책정(pricing)

6. 제품이나 서비스를 어떻게 만들고 확보할 것인가? - 생산 계획

7. 얼마의 자금이 필요하고 어떻게 확보할 것인가? - 재무 계획

8. 매출액과 손익분기점 - 재무계획

9. 사업 추진 일정

1.2 비즈니스 플랜의 중요성

예비창업자나 초기창업자의 경우 비즈니스 플랜을 통해 스스로 향후 개진할 사업에 관한 제반 사항을 점검해 볼 수도 있고, 기업 내·외부 이해관계자들의 의사결정을 뒷받침해 줄 객관적인 근거자료를 확보할 수 있다. 또한, 필요한 투자 소요자금을 투자자들로부터 유치하기 위해서는 비즈니스 플랜이 반드시 필요하다. 그러므로 비즈니스 플랜은 제품이나 서비스를 단순히 어떻게 개발하겠다는 계획을 제시하는 것에만 그치는 것이 아니라, 무엇을 어떻게 개발하고 어떻게 생산 및 판매해서 얼마나 이익을 실현할 것인가를 구체적으로 다루어야 한다.

02 비즈니스 플랜의 작성 목적

비즈니스 플랜은 기업의 사업모델이 무엇이며, 사업성과, 성장성 및 추진 조직의 역량 등이 모두 망라된 문서이다. 명확하고 설득력 있게 비즈니스 플랜을 작성함으로써 사업 추진을 위한 소요자금 조달 방안을 마련할 수 있다. 또한 비즈니스 플랜은 예비창업자가 자기 스스로의 아이디어를 구체화하고 이를 추진계획으로 정리하는 도구이기도 하다. 창업자가 구체화한 플랜은 동업자나 직원들, 혹은 사업파트너들과 비전을 공유하거나 업무상 커뮤니케이션을 할 때에도 유용하게 활용된다.[1)]

2.1 투자자 유치(Investment Relations)

개인 투자자들과 벤처캐피탈 회사들과 같은 투자자들은 문서화된 비즈니스 플랜 없이 투자를 결정하지 않는다. 전문 투자자들은 주로 일 년에 20%~60% 정도의 높은 투자수익률을 얻을 수 있는 투자처를 찾으며, 회수기간도 2~3년에서 최대 5년 정도로 짧게 생각한다. 게다가 투자자들은 벤처기업이 어떻게 투자 수익률을 실현할 수 있을지에 대해 타당성 있는 자료를 원하기 때문에 반드시 비즈니스 플랜이 필요하다.

또한 투자유치의 또 다른 형태인 조인트 벤처(joint venture)를 추진하고자 하는 경우에도 마찬가지로 비즈니스 플랜 작성과 이를 기반으로 합작투자사 간의 협의는 필수적이다.

2.2 정부의 창업지원 프로그램 혜택

최근 중소기업종합지원센터나 창업진흥원, 혹은 각 대학은 예비창업자들을 모아 창업 교육을 실시하거나 창업공간 제공 및 창업자금을 지원하는 등의 창업지원 사업들을 다수 전개하고 있다. 이들 기관들로부터 지원을 받기 위해서는 필수적으로 비즈니스 플랜을 작성하여 심사위원들의 심사를 받아야 한다.

2.3 은행 금융차입(Bank Financing)

은행에서 자금을 빌리기 위해서는 신용이나 담보가 반드시 필요하다. 창업자가 은행으로부터 자금을 빌리기 위해서는 보통 기술보증기금으로부터 보증서를 발급받고 이를 담보로 하여 은행 등의 금융기관에서 대출을 받아야 하는데, 이때 비즈니스 플랜 작성이 반드시 필요하다.

2.4 전략적 제휴(Strategic Alliances)

기존 기업과 신생 기업 혹은 성장단계에 있는 기업들 사이에서 공동 연구, 제품 개발, 마케팅 등을 위한 전략적 제휴가 점차 증가하고 있는 추세이다. 기존 기업의 유통 경로와 풍부한 재무적 지원을 신생기업이나 성장기업의 혁신적인 아이디어와 결합하기 위해서 전략적 제휴가 이루어지며, 이러한 전략적 제휴를 위해서 주 기업(major corporation)은 협상을 진행하기 전에 제휴 대상기업의 비즈니스 플랜을 검토하려 한다.

2.5 인수 및 합병(Mergers and Acquisitions)

투자자들 중에는 동종 혹은 이업종이라도 사업 확장의 수단으로 투자를 고려하는 이들이 있다. 투자유치는 입장을 바꿔보면 경우에 따라 기업인수 및 합병의 의미가 될 수 있는데 인수나 합병을 하고자 할 때 인수·합병 대상기업의 상태를 파악하고 지분관계(deal structure) 등을 정하기 위해 비즈니스 플랜을 요구한다.

2.6 고객과 유통업자와의 관계 증진 (Customer and Distributor Relationship)

좋은 고객들을 확보하거나 주요 유통업자들과 좋은 관계를 유지하는 것은 매우 중요한 일이다. 고객이나 유통업자들은 새로운 기업들과의 협상을 꺼려하지만 비즈니스 플랜을 제시함으로써, 기업에 대한 의심을 없애고 상호 신뢰구축에 전기를 마련할 수 있다.

2.7 동업자 모집 및 직원 채용

예비창업자들은 경우에 따라 사업자금 마련이나 영업 등의 분야에서 동업자를 필요로 하는 경우가 있다. 필요한 사람들을 설득해서 동업을 유도하고자 할 때, 구두 상 설명보다는 비즈니스 플랜을 통해 사업 타당성과 장래성을 제시하는 방법이 효과적이다. 또한 직원을 채용하는 경우도 마찬가지이다. 사업 초기에는 직원 채용이 쉽지 않고, 더구나 기업에서 꼭 필요한 핵심 직원을 리크루트하기 위해서는 비즈니스 플랜을 제시하여 설득하는 것이 좋은 방법이라 할 수 있다.

03 비즈니스 플랜 작성의 실제

비즈니스 플랜 작성에는 고정된 양식이나 작성 원칙이 있는 것은 아니며 목적과 용도에 따라 내용과 구성이 달라질 수 있다. 하지만 공통적으로 반드시 포함되어야 할 항목들이 있는데 이는 다음과 같다.[2)]

1. 사업계획 요약
2. 사업개념 (업종, 상품, 서비스 등)
3. 조직계획 (창업인력 구성, 조직도 및 팀별 역할)
4. 시장 분석, 수익성 분석
5. 투자요청내역(필요 시)
6. 사업추진일정 등
7. 기업현황
8. 마케팅 계획
9. 재무 계획
10. 생산 계획

이 절에서는 위의 공통항목을 중심으로 일반적인 비즈니스 플랜의 내용을 중심으로 그 작성 방법에 대해서 설명하고자 한다.

표 5-1 비즈니스 플랜 목차

비즈니스 플랜의 목차
1. 요약문(Executive Summary) 비즈니스 플랜 작성 목적과 플랜의 개요
2. 회사 현황 1) 일반 개요 2) 주요 연혁 3) 조직구성도 및 주요 인적자원 소개 (핵심 경영진) 4) 보유기술 소개
3. 사업 소개 1) 사업 영역 2) 제품 또는 서비스 소개 3) 시장분석 4) 수익 모델 소개
4. 사업전략 (1) 구매/생산/물류 전략 (2) 가격 정책(Pricing) 및 매출 계획 (3) 영업/마케팅 전략 (4) 기술개발 전략
5. 재무계획 (1) 손익계산서 및 재무상태표 (2) 민감도 분석
6. 비전 및 로드맵 (1) 비전 (2) 단계적 전략 실행계획 및 로드맵

출처 : 이장우(2000), 벤처창업, 법문사, p. 49.

3.1 겉 표지(Cover Sheet)

겉 표지에는 회사의 이름, 주소, 전화번호, 작성 날짜 등을 기록하며 전자메일 주소(e-mail), 홈페이지(homepage) 주소도 첨부하는 경우가 많다. 또한 경우에 따라 작성자의 진실성 서약이나 비밀 보장사항 등을 표지에 기록하기도 한다. 회사의 이름, 주소, 전자메일 주소, 홈페이지 주소, 전화번호, 날짜 등은 페이지 상단 중앙에, 진실성 서약 및 비밀보장 등에 대한 내용은 페이지 하단에 작성하는 것이 일반적이다.

진실성 서약은 작성자가 비즈니스 플랜을 허위로 작성하지 않았다는 서약문구를 한 줄로 쓴 것을 의미한다. 또한 비밀 보장사항은 보통 비즈니스 플랜을 읽는 독자가 이 정보를 악용하지 않도록 경각심을 요구하는 말로 '(Strictly) Confidential'이나 '대외비', '사내한'이나 'Discussion Only' 혹은 '이 표지를 넘기시는 순간 내용에 대해 비밀을 지키겠다는 약속을 한 것으로 간주합니다' 등과 같은 문구로 표현하기도 한다.

3.2 요약문(Executive Summary)

이 부분은 크게 작성 목적과 플랜 전체의 요약으로 구성된다. 먼저 작성목적 부분은 말 그대로 비즈니스 플랜을 작성한 목적을 의미한다. 앞서 학습한 것처럼 비즈니스 플랜의 작성 목적에는 크게 일곱 가지 목적이 있는데, 그 목적을 간략히 기술하는 것이다.

다음 부분은 비즈니스 플랜을 작성할 때 가장 신경을 써야 하는 부분 중 하나로 전체 요약(executive summary)이다. 비즈니스 플랜이 완성된 후에 작성하는 것이 바람직하며 총 길이는 3~4페이지 혹은 더 간결하게 작성할 경우는 1페이지로 작성하기도 한다. 작성 목적은 투자 받기를 희망하는 예비창업자들 혹은 기창

표 5-2 Executive Summary의 구성

주요 아젠다와 핵심 키워드
• **시장의 기회** –왜 이 사업을 구상하게 되었나?
• **제품/서비스에 관한 간단한 설명(brief description)** –무엇을 어떻게 만들어 어떻게 판매하겠다는 것인가? –제품/서비스 가격은 얼마로 책정하는가?
• **고객 정의 및 시장규모** –고객은 누구이며 어떤 특징을 가지고 있는가? –고객은 우리 제품/서비스를 왜 살 것인가? –현재와 앞으로의 시장 규모는 얼마나 될 것인가?
• **소요예산** –투자자금은 어디에 얼마나 소요되며, 언제 필요한가?
• **재무자료** –예상 매출액은 어느 정도로 예상되는가? –언제 손익분기점에 도달하는가?
• **창업 조직도** –창업자와 창업초기 팀구성은 어떻게 되며, –이들은 본 사업을 성공시킬 만한 역량과 경험이 있는가?

업자들이 잠재투자자로 하여금 자신의 비즈니스 플랜이 차별화되고 매력적으로 보이도록 관심을 유도하여 수십 페이지 이상 되는 비즈니스 플랜을 관심 있게 모두 다 읽도록 만드는 것이다. 즉, 이 요약부분에서 투자자들의 관심을 유인하지 못하고 사업성공 가능성에 대한 확신을 유도하지 못하면 나머지 비즈니스 플랜은 무용지물이 될 수 있다.

따라서 요약 부분을 작성할 때 '한 마디로 나의 비즈니스 플랜은 무엇인가?', '왜 성공할 수 밖에 없는가?', 혹은 '한마디로 어떻게 하겠다는 것인가?' 에 대한 대답을 간결하면서도 명확하게 전달할 수 있도록 핵심을 담아야만 한다. 이를 위해서는 아래의 핵심요소를 모두 다루어야 한다.[3)]

3.3 회사 현황

사람이든 회사든 그 미래는 과거와 현재에 큰 영향을 받는다. 과거에 어떤 노력이나 경험을 했는가가 앞으로의 방향과 비전을 결정하게 되는 역량으로 작용을 하기 때문이다. 그러므로 창업자는 비즈니스 플랜에서 자신이나 회사가 걸어온 길을 설명하고 회사의 조직구성과 주요 인적자원을 제시하고 보유기술을 소개함으로써 투자자로부터 회사의 성장 방향에 대한 이해를 도모하고 앞으로 추진하고자 하는 사업에 대한 신뢰를 이끌어 낼 수 있다.

(1) 일반 개요

일반 개요 부분에서는 아래 부분에 도표로 회사명, 설립일, 업종, 업태, 사업규모 등을 정리하여 제시하도록 한다.

(2) 주요 연혁

회사 창립 이후 현재까지의 주요 이벤트와 이슈사항들을 연도별로 제시한다. 주요 연혁은 회사가 언제 창업되었고, 창업부터 현재까지 어떤 일을 수행하였고,

표 5-3 기업 일반개요와 현황

항 목	내용			비고
회 사 명				
설 립 일				
사업자등록번호				
대 표 자				
본사 소재지		(전화:	)	
홈페이지				
업 종	(표준산업분류번호:)			
업 태				
주요 생산품				
주 거래처				
사 업 규 모	자 본 금		백만원	
	총 자 산		백만원	
	매출액		백만원	(직전년도)
	종업원수		명	(현재)
공 장 규 모	자가공장( ), 임대공장( ), 등록( ), 무등록( )			
	공 장 부 지		평	
	공 장 건 물		평	

회사가 성장하게 된 과정들을 보여줄 수 있는 주요한 사항들을 포함한다.

1. 설립일과 대표이사명
2. 등기변경사항(상호/자본금/대표이사 등 변경)
3. 홈페이지 오픈
4. 수상실적
5. 인증실적 (벤처기업, 이노비즈 등)
6. 병력특례업체 지정
7. 연구소 설립
8. 전략적 제휴 사항
9. 국내외 관련 법인 설립

(3) 조직구성도 및 주요 인적 자원 소개(핵심 경영진)

창업자를 비롯한 주요 경영진과 기술인력 등의 회사 주요 구성원은 투자자의 입장에서 가장 중요한 투자판단 기준이다. 왜냐하면, 노련한 투자자들은 사업이란 사람이 판단하는 것이고, 비즈니스 모델이 잘못 되어 회사가 일시적으로 곤궁에 처할 수 있어도 주요 구성원들이 역량과 경험만 갖추고 있다면 충분히 위기를 극복할 수 있다는 것을 오랜 경험을 통해 알고 있기 때문이다.

회사의 조직도를 그림으로 제시하고 주요 구성원들의 명단과 학력과 경력, 그리고 직책 등을 표로 정리하여 작성하면 되며, 주요 주주 명단도 지분율이 높은 순으로 5명 정도를 제시하는 것이 좋다. 조직도를 작성 시 외부기관과 제휴나 파트너십 등의 특별한 관계가 있음을 표현해도 되며, 이에는 공동연구개발, 마케팅 제휴나 아웃소싱, 혹은 법률, 노무, 특허, 경영 등의 자문역을 포함할 수 있다.

그림 5-1 조직 구성도 예시

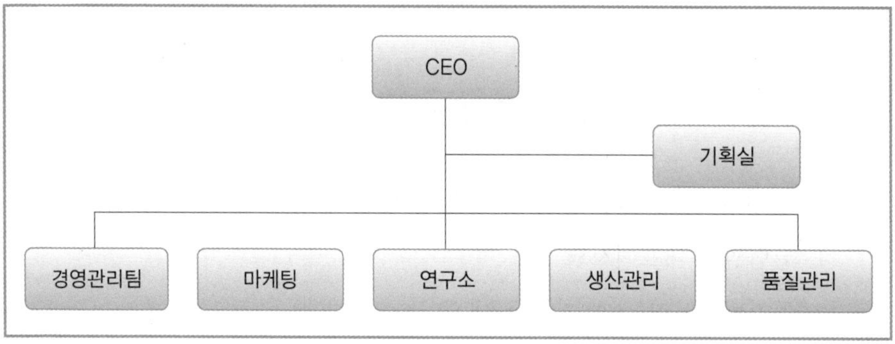

표 5-4 주요 임직원 명단

구분	성명	출생년도	주요학력	주요경력
대표이사	이윤하	1972	• 한국과학기술원 석사	• PwCC/ IBM 외 경력 19년
부사장	김해미	1977	• 경북대학교 경영학 석사	• Unique Global 외 경력 13년
전무이사	정승민	1979	• 쿠알라룸푸르 대학 경영학 석사	• GS컨설팅 외 경력 10년
상무이사	이재군	1980	• 홍콩대학교 경영학 석사	• GBS 외 경력 11년
이사	김도희	1978	• 도쿄대학교 경영학 석사	• 삼성SDS 외 경력 9년

표 5-5 주주명단

성명	주민번호	보유주식수	금액 (단위: 천원)	지분율	대표이사와 관계
강현석	721225-*******	30,000	150,000	30%	
김경란	730130-*******	20,000	100,000	20%	
배은경	691130-*******	20,000	100,000	20%	
합계					

표 5-6 보유기술 목록

보유기술명	주요내용	특허권		기타
		특허출원일	특허권의 종류	

(4) 보유기술 소개

사업의 타당성을 증명하기 위해 내부역량 중 가장 중요한 것들 중 하나가 기술력과 마케팅 역량 두 가지이다. 보유기술의 경우 특허 출원 및 등록 현황을 아래와 같은 표로 제시하는 것이 좋다. 아래의 표에서 특허권의 종류에는 발명, 실용신안, 의장등록, S/W등록 등이 있으며, 기타 항목에는 공공기관이나 심사기관으로부터 신기술 또는 이와 유사한 인증을 받은 사실을 기록하면 된다(인증기관명, 인증년월일을 포함).

3.4 사업소개

비즈니스 플랜 작성자가 흔히들 범하는 실수는 자신의 아이디어를 누구나 쉽게 이해할 것이라는 것이다. 하지만 현실은 그렇지 못하다. 투자자나 독자들 중에는 전문 분야가 우연히 같거나 동종 업계 경험이 있어 전문용어나 창업자가 설

그림 5-2 사업영역

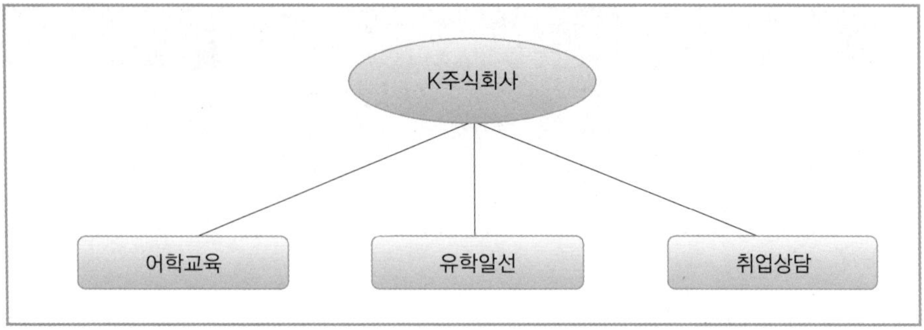

명하는 제품 또는 서비스를 쉽게 이해할 수 있을지도 모르지만 그것을 기대해서는 안 된다. 그러므로 성인이면 누구나 쉽게 이해할 수 있게 자신이 말하고자 하는 바를 설명할 수 있어야 한다.

(1) 사업영역

회사는 주력으로 하는 사업 분야를 정해서 이를 사업자등록증에 업종과 업태로 명시해야 하며, 법인의 경우 법인등기부등본 상에 업종을 추가한다. 비즈니스 플랜 상에는 개념적인 그림과 설명을 부가하여 회사의 사업 영역을 나타낸다. 사업내용은 각 영역별로 간략히 한 줄로 요약하여 기재한다.

(2) 제품 또는 서비스 소개

비즈니스 아이템은 곧 회사의 제품이나 서비스를 의미한다. 이 부분에서는 제품이나 서비스를 그림이나 도표 등을 통하여 알기 쉽고 명확히 설명하고 그것이 어떻게 경쟁제품 또는 기존 서비스와 다른지를 제시한다. 즉, 제품 사진이나 서비스 개념도(conceptual diagram)를 함께 첨부하도록 한다. 또한 만약 제품이나 서비스가 신기술이나 현재 기술의 혁신적인 적용에서 나온 것이라면 기존 제품/서비스 또는 타사 제품/서비스와 비교하여 설명해 주면 좋다. 혹은 회사의 제품/사업포트폴리오를 그림으로 제시하는 것도 권장된다.

표 5-7 고객 및 시장분석 종합

<table>
<tr><th rowspan="2">제품군</th><th colspan="2">타깃 고객 정의</th><th rowspan="2">타깃고객 특징</th><th colspan="2">시장 분석</th><th colspan="2">경쟁 분석</th></tr>
<tr><th>타깃고객 그룹1</th><th>타깃고객 그룹2</th><th>기회요인</th><th>위험요인</th><th>주요경쟁자</th><th>경쟁제품</th></tr>
<tr><td>제품 1</td><td></td><td></td><td></td><td></td><td></td><td></td><td></td></tr>
<tr><td>제품2</td><td></td><td></td><td></td><td></td><td></td><td></td><td></td></tr>
</table>

(3) 시장 분석

시장분석의 목적은 비즈니스 플랜의 타당성을 점검하고 사업방향을 정하는 매우 중요한 일이다. 그리하여 타깃 고객이 누구이고 고객의 특성이 어떠한지, 시장의 기회요인과 위험요인에는 어떤 것들이 있으며 시장 현재 규모와 성장 전망이 어떠한지 등을 확인하고 이를 통해 사업에 대한 확신을 가져야 한다.

1) 타깃고객 정의와 특성 파악

타깃고객 정의는 자사의 제품/서비스가 속한 전체시장을 이해하고, 이를 세분화(segmentation)한 후 자사 제품/서비스에 대한 직접적인 수요자 그룹을 매칭(targeting)하여 타깃고객을 정의할 수 있다. 이는 다음과 같은 질문에 대한 답변을 통해 보다 쉽게 파악이 가능하다.

- 첫째, 제품이나 서비스의 주요 구매자들은 누구이며 어디에 거주하는가?
- 둘째, 고객들이 쉽게 접근할 수 있는 곳은 어디인가?
- 셋째, 고객은 어떤 방식으로 구매할 것으로 예상하고 있으며, 구체적인 구매 과정은 어떠한가?

타깃고객의 특성을 파악하기 위해서는 그들의 구매 패턴과 취향을 이해해야 한다. 여기서 구매패턴은 구매시기와 주기 혹은 반복성을 의미하고 취향은 선호 브랜드와 가격대, 품질수준 등을 뜻한다. 예를 들어 삼성 '갤럭시 노트4' 용 고급 케이스를 제조 판매하는 회사의 경우를 생각해 보자. 전체 핸드폰 사용자들 중

갤럭시 노트처럼 큰 화면을 선호하는 사용자를, 다시 그 중에서 스마트폰 케이스와 같이 악세사리를 주로 구매하는 고객들을, 다시 그 중에서 고급제품을 구매할 의향이 있는 30~40대 직장인 고객을 타깃으로 정의할 수 있다.

2) 시장규모와 성장

제품/서비스의 시장규모와 성장성을 각종 문헌자료나 인터넷 등에서 찾아 자료원천(sources)과 함께 표나 차트로 작성하여 제시하고 설명한다.

그림 5-3 제품–타깃 시장 맵

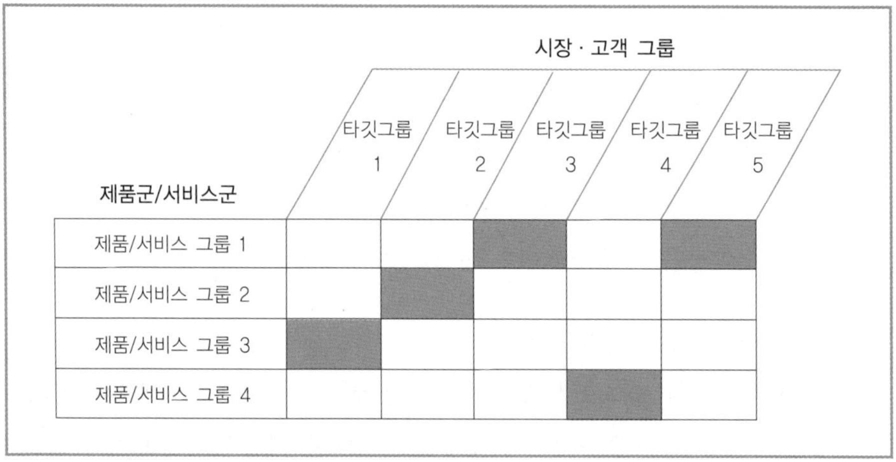

그림 5-4 제품별 시장규모 성장성

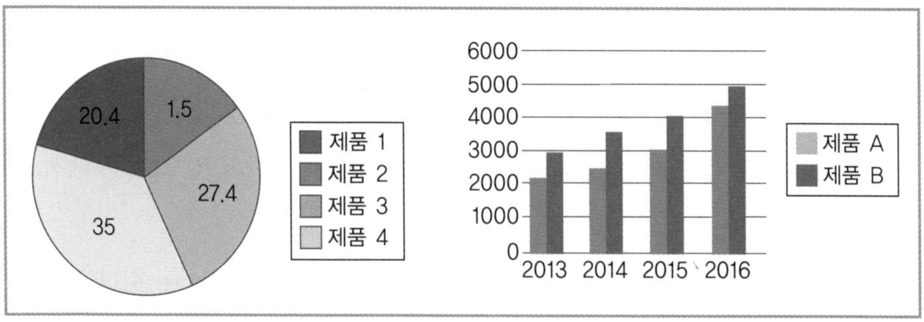

표 5-8 제품별 연도별 타깃시장 규모

(단위: 백만 원)

연도 제품/서비스	2014	2015	2016	2017	2018	비고
합계						

표 5-9 경쟁사 분석

	회사명	회사명	회사명	회사명
회사설립일				
공장위치				
자본금				
종업원				
사업분야				
주생산품				

표 5-10 SWOT분석 대응전략

	장점	단점
	– –	– –
기회요소	우선수행과제	우선보완과제
– –		
위험요소	Risk 해결문제	장기보완과제
– –		

3) 경쟁사 분석

타깃 시장 내에서 경쟁하고 있는 key player들의 정보를 간략히 정리하고 이를 표로 제시하도록 한다. 경쟁사들의 제품은 무엇이며, 종업원이나 매출액 현황이 어떻게 되는지 등을 정리하고, SWOT분석을 통해 경쟁사 대비 자사의 강점과 약점을 제시한다. 이와 함께, 자사가 처한 기회요인과 위협요인을 바탕으로 자사의 대응 전략을 수립하여 제공하도록 한다.

(4) 수익모델(business model) 소개

수익모델은 크게 비즈니스 플로우(business flow)과 수익구조(profit model 혹은 profit structure)로 구성되는데, 회사의 수익과 관련한 활동(예: 구매–생산–판매–A/S)을 도식화하여 나타낸다.

그림 5-5 기업성장의 단계

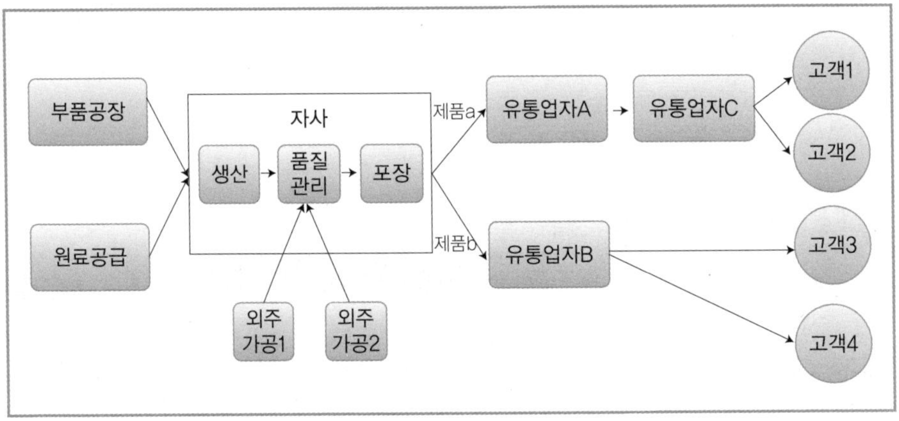

수익구조는 수익이 발생되는 구조를 도식화하고 표로 표현할 수 있다. 여기서 수익은 매출액을 의미하고, 기업이윤인 이익과는 구분된다. 수익구조에서 우리가 관심을 갖는 부분은 수익 즉 자사 매출액 중 이익이 어디서(이익항목) 얼마나 창출되느냐 하는 것이다. 이익항목은 일반적으로 유통차익(구입가–판매가 차이), 수익배분, 서비스 제공 대가, 중개수수료, 위탁수수료 등이 포함된다. 이익 규모는 매출 한 단위당 이익의 크기를 의미한다.

그리고 수익이 제품별로 얼마나 발생하는지에 대해서도 제시할 수 있도록 한다.

그림 5-6 수익구조 개요

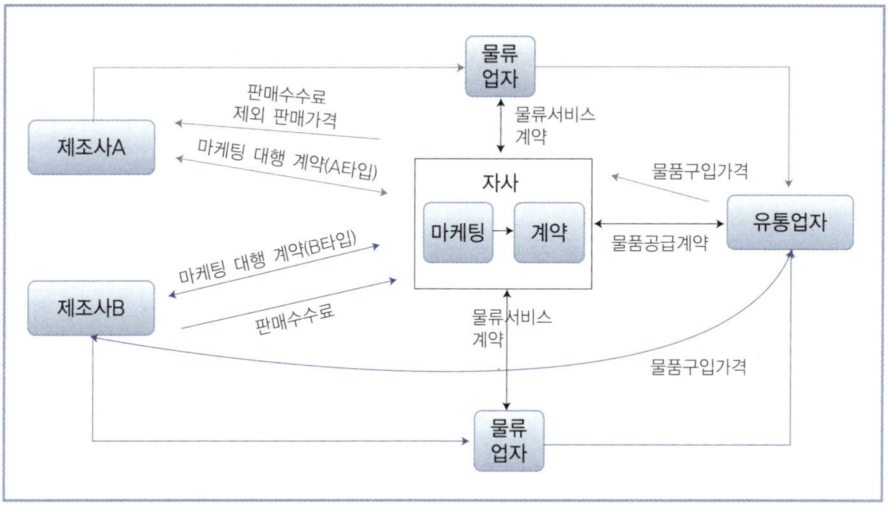

표 5-11 제품별 수익 목표

제품	이익 항목		단위 이익
	온라인	오프라인	
제품 1	• • •	• • •	
제품 2	• • •	• • •	
제품 3	• • •	• • •	

3.5 사업전략

사업전략은 회사가 갖고 있는 사업 모델을 어떻게 전개해서 사업을 할 것이냐를 정의하는 부분이다. 사업전략에는 생산에 필요한 재료를 어떻게 어디서 구매하여 어떤 방식으로 생산하고 어떤 경로로 고객에게 판매할 것인지를 포함하며,

제품 경쟁력을 확보하기 위한 기술개발을 어떻게 전개할 것인지도 기술한다.

(1) 구매/생산/물류 전략

1) 구매전략

구매는 생산단가에 영향을 미치는 가장 중요한 요소 중의 하나인 재료비와 관련된 주제이다. 그러므로 삼성전자나 현대자동차와 같은 기업들은 보다 우수한 제품을 보다 안정적으로, 보다 저렴하게 구매하기 위해 벤더(vendor)나 협력업체 등록관리 제도를 운영하는 등의 관심과 노력을 기울이고 있다.

마찬가지로 중소기업도 제품가격에 많은 비중을 차지하는 매입원가를 낮출 수 있는 방법을 찾아야 한다. 희소한 것을 독점할 수 있는 노하우를 확보하는 것도 매우 중요한 경쟁력이라 할 수 있기 때문이다. 구매 대상이 원재료이든 외주가공과 같은 형태의 서비스든 상관없이 모두 구매전략의 관리 대상이 되며, 이들의 협조 없이는 제품 경쟁력을 확보 또는 유지할 수 없기 때문에 파트너사 내지는 협력 네트워크로 관리하여야 한다. 그리고 구매처를 항상 한 곳에만 의존해선 안 되며 대안을 항상 준비해 두어야 한다. 어느 한 곳에 사정이 생겨 구매를 지속할 수 없다면 다른 곳으로부터 공급을 받을 수 있기 때문이다.

2) 생산전략

매출목표에 따른 생산계획과 함께 이를 실행하기 위한 생산시설을 설명하도록 한다. 즉, 제조를 하기 위해 필요한 토지와 공장, 기계, 설비에 관한 내용을 설명하고 원자재 공급자의 이름, 주소, 거래기간, 비용, 앞으로 필요로 하는 장비 등을 자세히 기록하는 것이 좋다. 더불어 생산 제조공정의 처음부터 끝까지 과정과

표 5-12 장비 보유 현황(도입 계획)

시설/장비명	규격	구입가격	수량	용도

산출물을 정의하도록 한다. 또한 제조공정 중에서 협력업체로부터 납품을 받는 부분이 있다면 해당업체와의 계약조건, 업체선정 이유 등을 밝히도록 한다.

구체적으로 향후 3~5개년 간의 생산계획을 도표와 그래프로 작성하도록 한다. 그리고 생산공장 부지 소개와 면적을 사진과 도면으로 제시하도록 하고 원자재 사진과 함께 수급계획을 도표로 나타내도록 한다. 생산관련하여 법적규제와 이의 대응방법을 추가로 증명하여야 한다.

3) 물류전략

생산이 완료된 제품을 고객에게 전달하기 위한 물류, 즉 이송계획과 방법을 제시하여야 한다. 협력업체 제시가 필요한 경우 이를 구체적으로 표시하는 것도 좋으며, 물류 규모에 따라 물류센터나 창고관리 시설 및 배송 시설에 필요한 시설계획도 그림과 데이터를 제시하도록 한다.

표 5-13 제품별 생산계획

관련제품	기계장비 생산가능량/년간	2014	2015	2016	2017
제품명					
제품명					
제품명					

(2) 가격 정책(Pricing) 및 매출 계획

일반적으로 가격을 책정하는 방법은 크게 세 가지가 있으며, 이들 중 몇 가지를 조합하여 복합적인 선택을 하기도 한다.

첫째, 회사의 총비용에 이윤을 더하는 방법이다. 단위 제품/서비스 생산/제공 가격에 목표 이윤을 더하는 방식으로 구할 수 있다.

둘째, 시장에 형성되어 있는 가격 또는 고객이 생각하는 가격을 참고하는 방법

표 5-14 매출 계획

	2014년	2015년	2016년	2017년	2018년
매출 1위	○○제품 (백만원)	○○제품 (백만원)	○○제품 (백만원)	○○제품 (백만원)	○○제품 (백만원)
매출 2위	○○제품 (백만원)	○○제품 (백만원)	○○제품 (백만원)	○○제품 (백만원)	○○제품 (백만원)
매출 3위	○○제품 (백만원)	○○제품 (백만원)	○○제품 (백만원)	○○제품 (백만원)	○○제품 (백만원)
합계	○○백만원	○○백만원	○○백만원	○○백만원	○○백만원

이다.

셋째, 고객에게 주는 가치를 기준으로 하는 가격이다. 신제품이거나 서비스의 경우에 적용이 가능한 방법으로 고객이 느끼는 가치, 즉 효익을 기준으로 삼는다.

한편 가격 수준을 결정하는 기준은 자사의 제품/서비스와 경쟁사의 제품/서비스 간의 상대적인 수준의 차이이다. 만약 주요 경쟁사들과 비교했을 때, 자사의 제품/서비스가 경쟁사들보다 뛰어나다면 적어도 현재 시장가격 이상(프리미엄 가격대)으로 가격대를 제시할 수 있고 그렇지 못하다면 시장가격(일반가격)보다 낮은 수준(저가격)으로 가격수준을 책정해야 할 것이다.

가격정책을 수립하였다면 이를 기반으로 매출 계획을 수립할 수 있다. 가격에 매출 물량을 정하면 매출액이 산출되기 때문이다. 매출 계획은 중장기(3~5년)적으로는 연도별로, 단기(1년)적으로는 월별 혹은 분기별 매출 목표를 정하는 방법으로 수립한다. 매출 목표는 단순히 숫자로만 정하는 것은 의미가 없고, 구체적인 고객이나 제품별로 숫자로 목표를 정하거나 아니면 고객의 객단가를 정해서 현실성 있는 목표를 정해야 한다. 이는 업종이나 산업적 특성을 고려하여 정할 수 있다.

(3) 영업/마케팅 전략

매출목표를 달성하기 위해 구체적인 영업과 마케팅 방법이 필요하다. 또한

표 5-15 고객별 마케팅 전략

구분	주요고객	매출 목표액 (단위:백만원)					판매 제품/서비스명	마케팅 방법
		'14	'15	'16	'17	'18		
고객 그룹 A								
	소 계							
고객 그룹 B								
	소 계							

B2B(business-to-business) 영업과 B2C(business-to-customer) 영업은 차이가 있기 때문에 제품 또는 서비스 특성에 따른 마케팅 기법과 영업전략을 수립해야 한다. 그리고 또한 매출목표 달성을 위해 연관성을 제시하여 플랜을 작성하도록 한다.

또한 구체적 영업전략과 세부적인 실천 방법을 제시해야 한다. 아무리 좋은 제품이라 하더라도 팔리지 않으면 소용이 없으므로 판매와 촉진 등의 구체적 실천 방법을 제시해야 설득력을 얻을 수 있다. 구체적 실천방법의 예는 다음과 같다.

- 구체적인 유통경로와 유통방법/유통업자
- 판매방법(예:온라인 쇼핑몰)과 영업 담당 사원 수
- 광고/홍보 방법
  - 온라인 광고/홍보방법
  - 오프라인 광고/홍보방법

(4) 기술개발 전략

매출 목표를 달성하기 위해 수익모델을 검토하고 보유하고 있는 수익모델이

표 5-16 제품별 개발 기술 대상

핵심기술			제품 적용 대상		
대분류	중분류	소분류	A제품	B제품	C제품

표 5-17 연도별 기술개발 로드맵

제품	개발 대상 기술		연도별 기술개발 목표				
			'13	'14	'15	'16	'17
		소분류					
	중분류						

: 연구개발 및 시제품 제작, : 제품화, : 사업화

지속적인 경쟁력을 갖추기 위해서는 기술개발 전략을 수립하고, 실행 로드맵을 제시해야 한다.

기술개발 전략은 매출과 연관되어 있는 제품별로 필요한 기술개발 아이템을 정의하고 아이템별로 세부적인 개발 방법 및 일정을 연결하는 것이 필요하다.

3.6 재무계획

재무계획은 투자자를 유치하는 데 무엇보다도 중요한 역할을 한다. 수익이 얼

그림 5-7 매출전망과 수익성

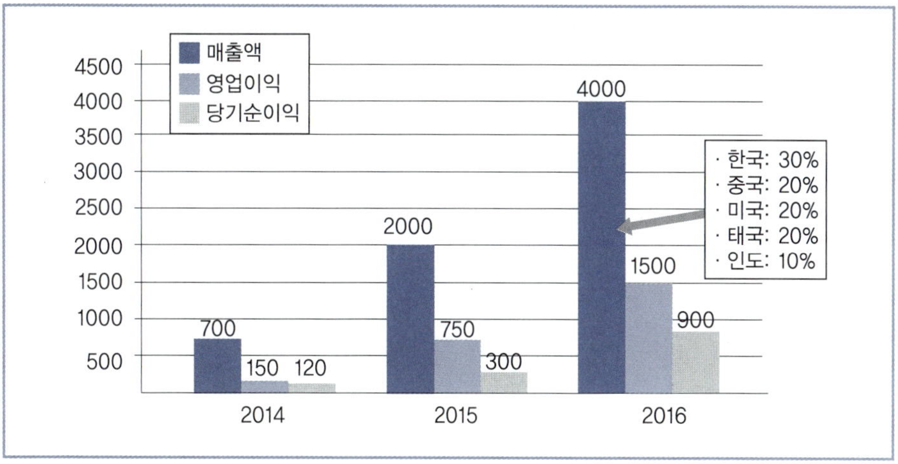

마나 나는지? 비용은 언제 얼마나 어디에 드는지? 수익과 비용과 관련한 가정들이 현실적인지? 등을 설명할 수 있어야 하며, 이를 위해 3개년 정도의 매출전망과 3개년 간의 재무제표 등이 나타나 있어야 한다.

(1) 재무제표 (손익계산서와 재무상태표)

3개년 간의 추정손익계산서(income statement)와 재무상태표(statement of financial position)를 도표로 제시한다.

만약 투자를 받고자 비즈니스 플랜을 작성한다면 다음의 사항들을 특히 유념해야 한다.

① 자금용도의 일관성 유지: 투자재원을 지원 받게 되면 어느 부분에 집중적으로 사용하게 될 것인지를 설명해야 한다.

② 자금의 여유분 고려: 필요한 자금 설정 시 현금 흐름상에 약간의 편차가 있을 수 있음을 명시해야 한다.

③ 회사의 자본구조와 자금운영의 효과: 기존 기업이라면 회사의 자본구조를 설명하고 그 사업을 계획하기 위해서 어떻게 자금을 운영하고 그 효과는 무엇인지를 설명해야 한다. 만약 새로 창업하는 경우라면 어떻게 자금원을 확

표 5-18 재무상태표 예시

(단위: 백만 원)

구 분	2015년	2016년	2017년
Ⅰ. 유동자산	2,000	2,500	3,000
(1) 당좌자산	500	700	800
(2) 재고자산	1,500	1,800	2,200
Ⅱ. 고정자산	4,000	4,000	4,500
(1) 투자자산	1,000	1,000	1,000
(2) 유형자산	2,000	2,000	2,500
(3) 무형자산	1,000	1,000	1,000
자산 총계	6,000	6,500	7,500
Ⅰ. 유동 부채	500	800	1,000
Ⅱ. 고정 부채	4,000	4,000	4,000
부채 총계	4,500	4,800	5,000
Ⅰ. 자본금	780	900	1,500
Ⅱ. 자본 잉여금			-
Ⅲ. 이익 잉여금	720	800	1,000
자본 총계	1,500	1,700	2,500
부채와 자본총계	6,000	6,500	7,500

표 5-19 손익계산서 예시

(단위: 백만 원)

구 분	2015년	2016년	2017년
매출액	3,000	5,000	8,000
매출원가	1,500	2,500	4,000
매출총이익	1,500	2,500	4,000
판매관리비	1,000	1,500	2,000
영업이익	500	1,000	2,000
영업외수익	500	500	500
영업외비용	500	500	500
경상이익	500	1,000	2,000
특별이익	500	500	500
특별손실	100	200	400
세전순이익	900	1,300	2,100
법인세비용	180	260	420
당기순이익	720	1,040	1,680
이익잉여금	720	800	1,000
매출액순이익율	24%	21%	21%

보할 것이며 주주들은 누구인지를 기술해야 한다.

④ 추가적인 자금원 확보에 대한 계획: 벤처캐피탈 외에도 신용으로 자금을 확보할 수 있는 은행과의 단기간 자금융통 사항에 대해서도 기재한다.

⑤ 미래 자금 소요: 앞으로의 프로젝트와 계속 필요한 자금규모에 대해서 제시한다.

(2) 민감도 분석

3~5개년 간 매출액과 수익성이 얼마나 증가할 지에 대해서는 아무도 알 수 없다. 하지만 추정 재무제표를 통해 이를 표현해야 하는데, 이는 어떠한 가정을 토대로 매출액이 어느 정도 될 것이라는 것을 제시한 결과이다. 그러나 플랜을 보는 사람의 입장에서는 그렇게 되리라는 법이 있을까? 라는 가정 그 자체에 의문을 가질 수 있는 것이다. 그러므로 가정을 한 가지가 아닌 몇 가지, 즉 긍정적 상황, 중립적 상황, 부정적 상황의 경우 각각의 상황에서는 어떠한 매출액과 영업이익 및 당기순이익이 산출될 것인가? 어떻게 변화할 것인가? 에 대해서 제시해 줄 필요가 있는 것이다.

3.7 비전 및 로드맵

회사가 미래에 어느 산업에 속해서 어느 시장에서 누구와 경쟁하게 될지, 또 시장 내에서의 포지션은 어떨지, 그리고 그 때의 고용창출은 어느 수준인지 등 미래 일정 시점에서의 회사의 모습을 제시하는 것이 비전이다.

비전은 사업의 방향성을 조직구성원들에게 제시하는 지침으로 작용하므로 회사의 목표와도 매우 밀접한 관계가 있다. 따라서, 이를 한 문장으로 표현한 비전 슬로건은 누구나 공감할 수 있어야 하며, 임직원들로 하여금 동기부여를 제공하고 회사의 목표를 달성할 수 있는 사업전략 방향을 제시하는 역할을 한다.

비전이 수립되면 목표가 따라서 제시되고 목표를 달성하기 위해 사업 전략과 함께 사업 로드맵을 수립하여 이를 비즈니스 플랜에 담아야 한다. 로드맵은 사업 단계별 로드맵과 단기실행 로드맵을 수립하고 이를 도식화 및 설명으로 제시한다.

그림 5-8 비전과 목표

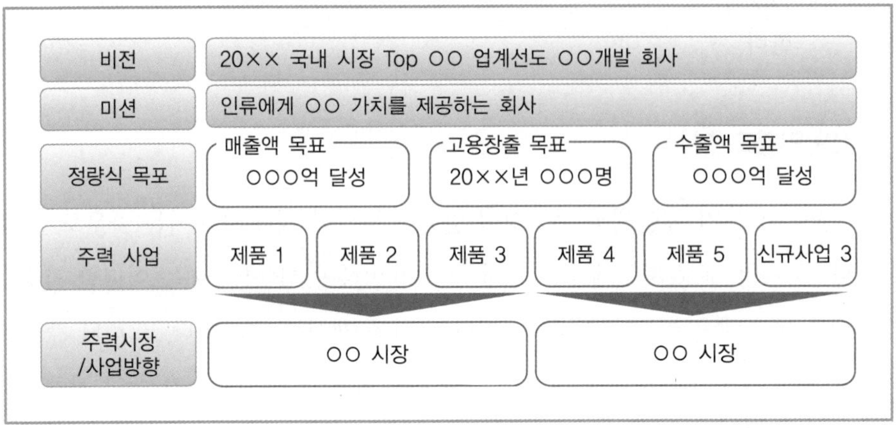

그림 5-9 사업 단계별 추진일정(예)

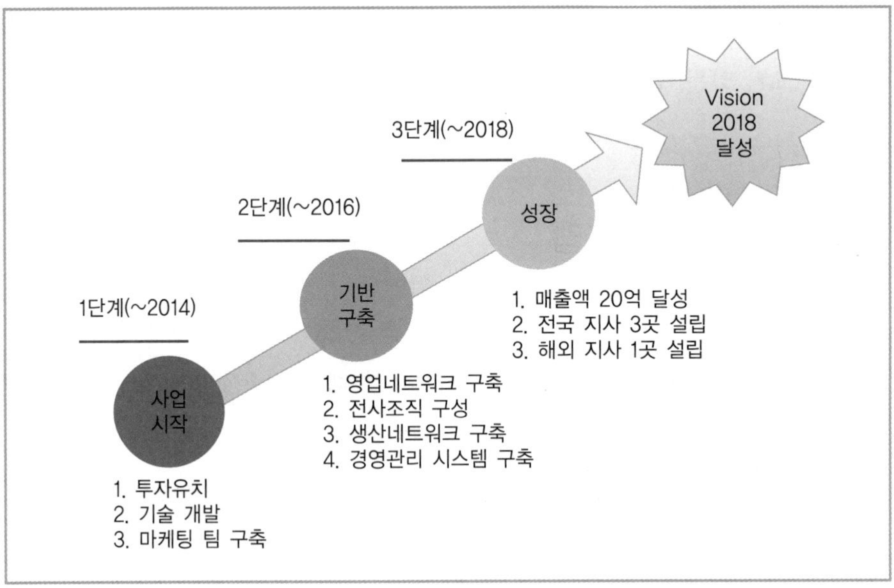

그림 5-10 단기 사업실행 로드맵(예)

04 비즈니스 플랜 작성 지침

4.1 비즈니스 플랜 작성시 고려사항[4)]

(1) 시장을 중시하라

잠재적 투자자나 고객들은 기술의 우수성보다는 시장 가능성 및 이익 잠재력에 대한 관심이 더 많기 때문에 기술중시의 계획(technology-driven plan)보다는 시장중시의 계획(market-driven plan)을 위주로 작성하는 것이 좋다. 이를 위해서는 다음과 같은 사항을 고려할 필요가 있다.

1) 고객이 얻을 수 있는 이익을 보여주라

보통 신제품 개발에 관한 비즈니스 플랜이라면 투자자 회수기간이 1년 이내인 경우 히트 상품, 2년 이내인 경우 가능 상품, 3년 이상인 경우는 실패 상품으로 구분한다. 따라서 고객이 자신이 투자한 것을 언제 회수할 수 있는지, 이익은 어느 정도가 되는지를 중점적으로 보여주어야 한다.

2) 실제적인 구매욕구를 증명하라

비즈니스 플랜 작성시 자사가 생산한 제품이나 서비스를 소비자들이 실제로 구매하려는 의도가 있음을 입증해야 한다. 소비자들이 제품에 대한 긍정적인 반응을 보인다면 그러한 소비자의 구매욕구가 투자유인의 한 방법이 될 수 있기 때문이다. 구매욕구를 측정하면서 비즈니스 플랜의 타당성을 높이는 방법으로써 시제품의 사용경험을 첨부한다거나, 실험고객을 활용한 제품가치 평가에 관한 자료를 투자자에게 증거물로 제시하는 것이 좋다.

3) 자기주장을 논리적으로 기술하라

시장에 관한 정보를 어느 정도 파악했다면 시장수요, 매출성장률, 이익성장률 등에 대해 논리적으로 타당성 있게 주장해야 한다. 이 때는 주장을 지지해 줄 객관적인 분석데이터를 사용하는 것이 바람직하다. 많은 기업가들이 다른 사람은 실패해도 나는 실패하지 않는다고 지나치게 낙관적으로 생각한다. 이러한 생각은 매우 위험한 것이며, 객관적인 증거자료를 주의 깊게 모으고 분석한 후 자신의 계획을 논리적으로 주장하는 것이 필요하다.

(2) 투자자의 요구를 반영하라

투자자의 요구를 반영하기 위해서는 다음과 같은 항목이 제시되어야 한다.

1) 투자환수 시기를 알려주라

투자자는 언제, 어떻게 투자환수를 할 것인지가 가장 큰 관심사이므로 투자환수 시기를 구체적으로 제시하는 것이 좋다.

2) 설득력 있는 손익예측치를 보여주라

보통 벤처캐피탈 회사들은 초기 목표치의 50%만 달성해도 성공적이라고 보고 있다. 따라서 약 5개년 예측치를 보여주되 주의할 것은 지나친 낙관은 하지 말라는 것이다.

3) 계수적 분석결과를 보여주라

투자수익률 등 재무지표를 제시하는 것이 바람직하다.

4.2 비즈니스 플랜 작성 후 검토사항[5)]

비즈니스 플랜의 주요 작성 목적 중 하나는 투자유인이다. 비즈니스 플랜이 잘 쓰여졌는지의 여부를 검토하기 위한 하나의 방법으로 '투자자들이 꺼려하는 사항'은 어떤 것이 있는지 살펴보고 자신이 작성한 비즈니스 플랜과 비교하여 보는 방법이다. 비교적 규모가 큰 벤처캐피탈은 일년에 500에서 1,500개의 비즈니스 플랜을 받고 이 중 약 10%만 검토하고, 이 중에서 10%만을 골라 투자한다고 한다. 이런 상황 하에서 비즈니스 플랜 작성자는 투자자의 입장이 되어 그들이 어떤 비즈니스 플랜을 꺼려하는지 알아보는 것도 중요하다.

(1) 지나치게 두꺼운 비즈니스 플랜

목적에 맞는 분량으로 작성되어야지 지나치게 두꺼운 분량은 검토해보기도 전에 부담감만 줄 수 있다. 최대한 목적에 맞게 간결하게 작성한다.

(2) 창문너머로 날아든 비즈니스 플랜

투자자들은 미리 통보 없이 전달된 비즈니스 플랜을 가장 읽기 싫어한다고 한다. 신뢰할 만한 법률가나 회계사 등을 통해서 소개받은 비즈니스 플랜을 선호하는 편이다. 무턱대고 투자자에게 전달하기 전에 공식적인 통로를 통해서 비즈니스 플랜이 전달될 수 있도록 하는 것이 좋다.

(3) 내용보다 형식에 치우친 비즈니스 플랜

내용보다는 화려한 겉장, 글자의 인쇄상태 등 외형에만 치우친 비즈니스 플랜은 거부감을 줄 수 있다. 지나치게 화려한 외형적인 비즈니스 플랜은 투자자들이 꺼려한다.

(4) 낭비성향이 있는 경영자가 들고 온 비즈니스 플랜

투자자들은 인건비와 로비에 많은 돈을 지출하는 경영자가 제출한 비즈니스 플랜의 검토를 꺼려한다. 비즈니스 플랜을 의뢰하면서 많은 선물을 들고 방문하는 낭비성향이 있는 경영자도 투자자들에게 신뢰감을 저하시킬 뿐이다.

(5) 경영팀에 대한 설명이 없는 비즈니스 플랜

투자자들이 비즈니스 플랜을 검토할 때 경영팀의 이력서를 가장 먼저 읽는다. 경영 팀은 투자자들이 비즈니스 플랜에서 검토하는 부분 중에서 가장 비중이 있는 부분이므로 경영팀에 대한 자세한 설명, 즉 경영팀의 이전 경력이나 경영팀이 가지는 장점 및 문제점까지도 상세하게 설명 · 기록하는 것이 바람직하다.

CHAPTER

06

사업타당성 분석

1. 사업타당성
2. 시장성 분석
3. 기술성 분석
4. 수익성 분석

학습내용

사업 아이템(제품 또는 서비스)이 기대수준 이상의 수익을 창출할 수 있는지를 점검하기 위해서는 사업타당성을 분석해야 한다. 사업타당성 분석은 다양한 측면에서 사업모델의 성공가능성을 평가하는 것을 의미한다. 본 장은 시장성, 기술성, 수익성 관점에서 사업타당성 분석방법을 살펴본다. 시장성은 거시환경, 시장환경, 차별성, 고객욕구에 관한 기준을 알아본다. 기술성은 생산기술, 생산 공정, 생산설비를 확인한다. 수익성은 수익전망과 손익분기점 살펴본다. 이를 학습함으로써 사업의 부족한 점들을 미리 확인 및 보완하여 사업의 성공가능성을 높일 수 있다. 또한 창업자의 마케팅 능력과 위기대응 능력 향상에 도움을 줄 것으로 기대된다.

01 사업타당성

사업타당성은 사업화 대상제품 또는 서비스가 기대수준 이상의 수익을 창출할 가능성, 즉 성공가능성을 의미한다. 따라서, 사업타당성 분석이란 사업계획서를 작성하기 전에 시장성, 기술성, 수익성의 측면에서 사업모델의 가치를 평가하는 것을 말한다. 사업타당성 분석은 시장성 분석, 기술성 분석, 수익성 분석을 단계적으로 구분하여 수행한다.

사업타당성 분석을 하는 이유는 첫째, 막연하고 주관적인 사업구상에서 벗어나 객관적이고 체계적인 관점에서 사업을 분석함으로써 성공여부를 점검하여 사업의 성공가능성을 높일 수 있기 때문이다.[1] 둘째, 사업 추진시 고려사항들을 미리 확인함으로써 창업자의 마케팅 능력과 위기대응 능력 향상에 도움을 준다.

사업타당성 분석을 위해서는 많은 자료들을 수집해야 한다. 한정된 시간에 효율적으로 정보를 수집하기 위한 절차는 〈그림 6-1〉과 같다.

첫 번째, 조사목적을 정의한다. 문제를 명확하게 파악하면 무엇을 조사해야 하는지 판단할 수 있기 때문에 중요하다. 두 번째, 조사항목을 정의한다. 이는

그림 6-1 정보수집 절차

전반적인 조사계획을 수립하는 것으로서 큰 조사항목을 정의하고 세부적인 조사항목을 세분화하여 정의해야 한다. 예를 들어, 경영전략을 수립하기 위해 정보를 수집한다면 조사항목을 고객, 경쟁사, 자사 등으로 크게 구분하고 이 중에서 고객항목은 시장규모, 성장성, 고객욕구 등으로 세분화한다. 그리고 시장규모에 대해 '전체 시장규모는 어떠한가?', '목표시장의 규모는 어떠한가?' 와 같이 구체적인 조사목표를 수립한다. 이와 같이 조사항목은 큰 항목에서 세분화된 조사항목을 설정하고 각 항목별로 구체적으로 조사목표를 수립한다. 세 번째, 조사방법을 설계한다. 조사방법은 최대한 시간을 절약하면서 정확한 정보를 얻을 수 있는 방향으로 설계해야 한다. 조사방법에는 인터뷰, 설문조사, 조사기관 발표자료, 현지방문 등이 있다. 마지막으로 자료를 수집한다. 인터넷이나 도서 등 2차 자료를 통해 자료를 수집할 경우에 정보원천은 일반적으로 신뢰할 수 있는 곳이어야 한다. 그리고 수집한 자료는 반드시 출처를 기록해 두어야 한다.

02 시장성 분석

시장성은 제품/서비스를 시장에 판매할 수 있는 정도, 즉 판매가능성을 의미한다. 판매가능성은 거시환경, 시장환경, 제품성, 고객욕구에 달려 있다고 할 수 있다. 사업 아이템과 관련된 거시환경, 시장환경, 제품성, 고객욕구 등을 분석한 후 시장성을 판단할 수 있다.

2.1 거시환경

거시환경 분석은 정치, 경제, 사회문화, 기술 등의 거시환경 요인들이 제품/서비스에 미치는 영향을 살펴보는 것이다. 이러한 요인들이 제품/서비스 판매에 긍정적 혹은 부정적인지를 분석함으로써 시장성을 판단할 수 있다. 분석결과, 거시환경 요인들이 제품/서비스 판매에 긍정적인 영향을 미친다면 시장성이 높다고 할 수 있지만 부정적인 영향을 미친다면 시장성이 낮다고 할 수 있다. 〈그림 6-2〉는 거시환경 분석과 관련한 주요 영향요인과 분석방법을 정리한 PEST 분석이다.

그림 6-2 거시환경(PEST) 분석

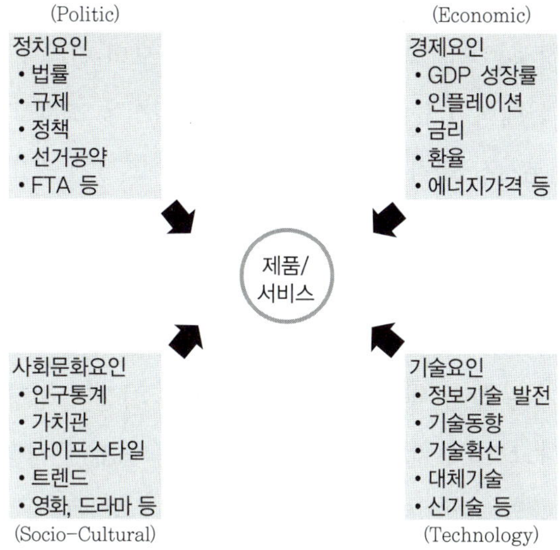

환경 유인	영향요인 도출	주요내용	기회 위협	중요도	시사점
정치	• 정부 정책	• 정부 주도 자전거 타기 운동 활성화 • 자전거 도로 확대	기회	상	• 자전거 기반 시설이 확대됨에 따라 자전거 수요가 상승할 것으로 예상됨
사회	• 소비자 라이프스타일 변화	• 자전거 동호회가 활동화되고 있음 • 현대인들은 건강에 대한 관심이 높고 몸에 많은 투자를 하고 있음	기회	상	• 건강을 위한 수단으로 자전거가 인기를 얻어감에 따라 자전거에 대한 관심이 높아지고 있음
경제	• ××	• ××	××	××	• ××
기술	• ××	• ××	××	××	• ××

2.2 시장환경

시장환경은 제품/서비스가 속해 있는 시장 상황을 의미한다. 시장환경 분석은 현재의 시장규모와 향후 성장추세 및 경쟁사를 파악하는 것이다. 먼저 시장규모는 목표시장의 크기를 말하는 것으로 사업을 추진하기 위해서는 적정 수준의 시장이 존재해야 한다. 시장규모는 소비자 수나 매출액으로 표현하는 것이 일반적이다.

시장의 성장성은 시간의 변화에 따른 시장규모의 변화를 의미하며, 시장 크기가 성장할수록 매력이 높다고 할 수 있다. 성장성을 조사할 때에는 전반적인 시장과 목표 세분시장 각각에 대한 성장 여부를 조사할 필요가 있다. 즉, 자사의 제품 또는 서비스를 직접적으로 구매하는 고객에 대해 조사하는 것과 자사 제품이나 서비스를 포함한 전체 산업의 성장성 조사를 별도로 진행해야 한다는 것이다. 왜냐하면, 산업 전체의 성장 추세와 목표시장의 성장성이 반드시 같은 방향으로 움직이지는 않기 때문이다. 국내 수입차 시장의 성장과 자동차 시장전체 성장성은 같다고 할 수 없는 것이다. 또한 자동차 전체 시장의 성장추세와 자동차의 부품 시장의 성장성이 같다고 할 수 없는 것과 같다.

경쟁사와 관련해서는 우선 해당 시장의 주 경쟁자가 누구이며, 그 중에서도 시장을 선도하는 경쟁자가 누구이고, 또한 시장 내 상위 1위~3위의 기업이 차지하고 있는 시장 점유율이 얼마나 되는지를 파악해야 한다. 단순히 경쟁자가 많고 적음보다는 시장이 독점 혹은 과점 상태인지 아니면 성장단계인지를 판단하는 것이 중요하다. 만약 소수 경쟁자가 차지하고 있는 점유율이 시장 전체의 80% 이상이라면 안정적인 시장 즉, 성숙시장으로 볼 수 있다. 이 경우에는 기존의 제품이나 서비스로는 시장진입이 매우 어렵기 때문에 시장성이 매우 낮다는 결론이 나온다.

이러한 분석을 통해 현재 고려하고 있는 시장이 진입 이후 적정한 시장규모 확보가 가능하고 해당 시장이 성장하고 있는 추세이며 시장의 거의 대부분을 장악하고 있는 선도업체들이 존재하고 있지 않다면 시장성이 높다고 할 수 있다.

2.3 제품성

제품성은 시장성에 직접적인 영향을 미치는 요소이다. 제품성이란 계획하고 있는 제품이 가진 고유한 특성을 말한다. 제품성 분석은 제품의 강 · 약점과 제품이 가진 차별화 요소를 분석하는 것으로서 일반적으로는 제품의 기능, 디자인, 가격, 품질, 브랜드 등(서비스의 경우 가격, 품질 및 브랜드 등)의 경쟁요소를 기준으로 경쟁제품(또는 서비스)과 비교한다. 여기서 경쟁제품 또는 서비스의 범위는 현재 경쟁하고 있는 시장 내 제품이나 서비스뿐만 아니라 잠재적으로 진입할 가능성이 있는 대체품 또는 대체 서비스 등도 살펴보아야 한다. 계획하고 있는 사업 아이템이 기존 제품이나 서비스에 비해 우월하다면 시장성은 높다고 할 수 있다. 그렇지 못한 제품이나 서비스는 기획 단계부터 다시 계획을 세워야 한다.

2.4 고객욕구

고객욕구 분석은 고객 관점에서 제품/서비스에 대한 중요한 가치와 욕구를 이해하기 위해 실시한다. 사업 아이템이 고객욕구를 만족시켜 준다면 시장성은 높을 것이다. 이를 위해서는 먼저 고객이 누구인지를 파악해야 한다. 그리고 고객이 언제, 어디서, 왜, 무엇을, 얼마에 구매하기를 원하는지를 조사한다. 다음으로 고객이 중요하게 생각하는 가치가 무엇인지를 조사한다. 이러한 분석결과를 바탕으로 사업 아이템이 고객의 욕구와 가치를 충족시켜 줄 수 있는지 판단할 수 있다.

고객의 욕구는 고정되어 있지 않고 변화하기 때문에 소비자의 라이프스타일이나 시장 트렌드를 잘 파악해야 한다. 고객니즈의 발전방향을 관찰하고 그에 맞는 상품을 개발함으로써 시장성을 높일 수 있다. 이러한 사례는 워킹(walking)화에서 엿볼 수 있다. 등산보다 걷기 문화가 거세지고 있는 소비자의 라이프스타일의 변화를 착안하여 워킹화를 출시한 회사는 큰 성공을 거두었다.[2)]

03 기술성 분석

기술성은 제품/서비스를 효율적으로 생산할 수 있는 기술 보유 여부를 의미한다. 기술 보유 유무는 자사뿐만이 아니라 협력업체를 포함하여 고려해야 하며, 사업 아이디어가 아무리 우수하더라도 실제로 구현할 수 없거나 구현은 가능해도 개발비 혹은 생산비용이 너무 큰 관계로 제품/서비스 가격이 너무 비싸 시장수요가 부족한 경우 사업화에 어려움이 있다. 기술성 분석에는 제품/서비스의 생산가능성과 관련된 요소들을 대상으로 한다. 이와 관련하여 핵심기술과 생산 및 공정 기술확보 여부, 양산설비 확보 여부 등을 검토한다.

3.1 생산기술

생산기술 분석은 제품/서비스를 생산하기 위해 필요한 기술이나 지식을 보유했는지 파악하는 것이다. 생산기술과 관련하여 분석 대상은 기술보유 현황 및 기술인력 현황이다.

기술보유 현황분석은 사업 아이템을 생산하기 위해 필요한 기술이 무엇인지를 파악하고 현실적으로 창업자가 해당 기술을 확보할 수 있는지를 점검해보는 것이다. 만약 생산 혹은 개발 기술이 타인에 의해 이미 권리화되어 있는 상태로 사용허가를 받기 어렵거나 혹은 기술이전 등을 통한 활용이 불가능하다면 다른 기술개발 가능성을 모색해야 한다.

기술인력 현황분석은 현재 기술을 확보하고 있지 않다고 하더라도 연구개발을 통해 확보가 가능한지를 분석하는 것을 의미한다. 연구개발 인력의 확보 여부를 판단하는 것은 확보된 연구원들의 전공 및 경력, 특허 등록/출원실적, 개발실적 등을 살펴보는 것으로 창업기업의 기술경쟁력을 의미한다. 만약 제품/서비스에 대한 기술과 인력이 잘 갖추어져 있다면 기술성은 높다고 할 수 있다.

3.2 생산공정

생산공정 분석은 원재료 구입부터 제품이 완성되기까지 전체 생산공정의 적정성을 분석하는 것이다. 이를 위해서는 원재료 조달 가능성, 생산공정의 효율성, 생산인력 확보여부 등을 점검해 보아야 한다.

원재료 조달 가능성 분석은 계획제품의 생산에 필요한 원자재, 부자재, 소모품 등의 종류를 조사하고 원·부자재 생산업체, 운송수단, 수량, 품질, 가격 면에서 적기에 조달이 용이한지를 파악하는 것이다. 만약 원재료가 적기에 조달되지 않는다면 생산계획에 큰 차질을 주기 때문에 세심한 검토가 필요하다.

생산공정의 효율성 분석은 제품의 불량률과 제조원가를 점검하는 것이다. 제품의 불량률은 기업 자체적으로 생산하는 제품의 전체 개수 대비 불량품의 적정여부를 확인하여 판단 가능하며, 동종업계의 불량률과 비교해 보고 적정 수준인지를 가늠할 수 있고 이를 개선하기 위한 방안을 마련할 수 있다.

제조원가를 타경쟁사와 비교하여 원가경쟁력이 있는지를 판단하는 것도 중요하다. 타 경쟁사보다 저가로 같은 품질의 재료를 공급받을 수 있다든지, 효율적인 관리를 통해 남들보다 적은 인원으로 생산할 수 있다든지, 적은 경비로 운영이 가능한 방법을 확보할 수 있는지가 판단의 기준이다.

3.3 생산설비

생산설비 분석은 제품/서비스를 생산하기 위한 시설 및 기계장비 확보 여부 및 수준의 적정성을 분석하는 것이다. 생산설비는 생산에 필요한 토지, 건물, 기계, 공구와 기구, 비품 등의 유형자산을 의미한다. 생산설비 적정성 여부는 제품/서비스의 생산을 위해 필요한 생산설비 또는 장비에 소요되는 예산이 창업자가 조달 가능한 수준인지 혹은 조달 가능하더라도 다른 사업아이템에 비해 많은 예산이 투입되지 않는지에 달려있다.

04 수익성 분석

수익성 분석은 사업타당성에서 가장 중요한 부분으로, 수익성이 보장되지 않으면 사업을 할 수 없다. 수익성 분석은 수익전망과 손익분기점 분석으로 구분할 수 있다.

수익전망은 보통 창업 후 3년 간의 추정손익계산서, 추정재무상태표를 작성하고 이에 근거하여 수익성을 검토하는 것이다. 손익분기점 분석은 창업 후 기업의 수익과 비용이 같아지는 손익분기점 매출액을 도출하여 이익실현이 가능한 시점을 판단하는 것이다.

4.1 수익전망 분석

수익전망 분석은 3년 간의 추정손익계산서와 추정재무상태표의 작성을 통해 수익을 예측하는 것을 의미한다. 이를 위해 창업자는 설계한 수익모델을 기반으로 매출액을 예측하고 제조원가명세서, 추정손익계산서, 추정재무상태표를 작성해야 한다. 추정손익계산서와 추정재무상태표를 통해 수익전망뿐만 아니라 기업의 유동성, 안정성, 시장성 등도 분석할 수 있다.

(1) 매출액 예측

매출액은 목표시장 규모와 해당 시장에서의 목표점유율을 곱함으로써 추정할 수 있다. 목표시장 규모를 예측하기 위한 방법은 직접자료법, 계열지수법, 소비율법 등이 있다.

직접자료법은 국/내외 각종 통계자료를 통해 파악이 가능한 동일제품의 판매액의 총합으로 시장 규모를 예측하는 방법이다. 이 방법은 간단하고 쉽게 예측을 할 수 있다. 예를 들어, 자동차의 경우 신차등록건수에 대한 통계자료를 근거로 연간 시장 규모를 예측할 수 있다.

계열지수법은 서로 관련성이 있는 두 개의 제품에 대해 한 쪽의 매출액을 기준으로 다른 제품의 시장 규모를 예측하는 방법이다. 예를 들어, 자동차의 타이어와 같이 자동차 시장 규모를 기준으로 타이어 시장규모를 예측할 수 있다.

소비율법은 제품에 대한 목표 고객 1인당(1세대 당) 연 평균 소비액에 목표 고객의 인구수(세대 수)를 곱하여 시장 규모를 예측하는 기법이다. 예를 들어, 화장품의 시장 규모를 예측해 보자. 목표 고객은 20세 이상 60세 이하의 여성으로 약 1,466만 명이다.[3] 그리고 여성들의 연간 1인당 화장품 소비액은 평균 55만원으로 계산되었다. 그러면 화장품의 연간 시장 규모는 1,466만 명에서 55만 원을 곱해주면 약 8조원 정도로 예상할 수 있다.

이와 같이 시장 규모를 예측하고 목표시장 점유율을 정해서 곱해주면 매출액을 추정할 수 있다.

(2) 제조원가명세서

제조원가는 제조에 소요된 공장원가를 말하고 재료비, 노무비, 경비로 구성된다. 재료비를 산출하기 위해서는 원재료 소요량을 알아야 한다. 이는 제품 1개당 원재료별 소요량에서 예정 생산량을 곱해서 산출한다. 여기에 다시 재료구입 단가를 곱하면 최종적으로 재료비를 산출할 수 있다.

원재료 소요량=제품 1개당 재료별 소요량×예정 생산량

재료비=원재료 소요량×재료구입 단가

예를 들어, 김밥 100줄을 만든다고 가정하고 재료비를 산출해 보자. 김밥 1줄에 소요되는 재료별 소요량을 분석한다. 김밥 1줄에 김 1장, 밥 70g, 단무지 0.1개, 당근 15g, 계란 0.36개가 필요하다. 100줄을 생산할 예정이기 때문에 여기에 100을 곱하면 원재료 소요량은 김 100장, 밥 7kg, 단무지 10개, 당근 1.5kg, 계란 36개가 필요하다. 이를 구입하기 하기 위한 재료구입 단가를 조사하고 원재료 소요량 김밥 100줄의 재료비는 34,308원임을 알 수 있다.

노무비는 생산직 종업원의 임금, 상여, 수당, 퇴직금으로 구분한다. 노무비는 동종업계의 인건비를 조사해서 업계 평균으로 산출한다. 제조경비는 재료비와 노무비를 제외한 제조와 관련이 있는 항목으로 전력비, 가스수도료, 소모품, 통신비, 감가상각비, 복리후생비, 여비교통비, 잡비 등을 포함한다.

만약 재료비, 노무비, 제조경비 등의 항목별로 계산하는 것이 어렵다면 약식으로 한국은행에서 발행하는 기업경영분석의 제조원가명세서를 적용하여 제조원가를 계산하면 쉽게 산출할 수 있다. 이와 같이 제조원가를 계산하면 이를 기반으로 추정 제조원가명세서를 작성할 수 있다. 제조원가명세서는 특정기간의 원재료 구입부터 생산까지의 과정에서 발생한 비용을 집계한 명세서로서 〈표 6-2〉와 같다.[4)]

표 6-1 재료비 산출비

	제품 1개당 재료별 소요량(김밥 1줄)	원재료 소요량 (생산량 100줄)	구입가격
김	1장	100장	4,500원
밥	70g	7,000g	15,400원
단무지	0.1개	10개	5,000원
맛살	5.3g	530g	2,400원
당근	15g	1,500g	1,500원
계란	0.36개	36개	5,508원
	합계		34,308원

표 6-2 추정 제조원가명세서

		창업 지출액	연도별추가지출액		
			1년	2년	3년
1. 재료비	가. 기초원재료재고액				
	나. 당기원재료매입액				
	다. 기말원재료재고액				
	소계(가+나-다)				
2. 노무비					
3. 경비	공장 전력비				
	원재료 운반비				
	감가상각비				
	기타				
4. 당기총제조비용(1+2+3)					
5. 기초재공품재고액					
6. 기말재공품재고액					
7. 당기제품제조원가(4+5-6)					

당기총제조비용은 재료비, 노무비, 경비를 합한 제조원가를 의미한다. 재공품은 생산에 투입은 되었으나, 완성되지 않고 생산라인에 걸려 있는 재고자산을 말한다. 이는 기초재공품 재고액과 기말재공품 재고액으로 구분한다. 기초재공품 재고액은 제품완성을 위해 기초일 현재를 기준으로 전기에 이월된 것으로 당기에 추가 가공이 필요한 것을 말하며 기말재공품 재고액은 결산일 이후 즉, 차기에 가공이 필요한 것을 말한다.

당기 제품제조원가는 당기 중에 제품생산을 위해 소요된 총비용으로서 제품매출원가를 의미한다. 이는 당기 총제조비용에서 기초재공품 재고액을 더한 후 기말재공품 재고액을 빼서 산출한다.

매출원가는 제품(직접 생산하는 품목), 상품(타사가 만든 제품), 용역 등의 매출액에 직접 대응하는 원가로서 제품매출원가, 상품매출원가, 용역매출원가로 구성한다. 만약 기업에 제품매출만 있을 경우에 매출원가는 제품매출원가이지만 상품매출도 있을 경우 매출원가는 제품매출원가와 상품매출원가의 합이다. 만약 용역매출도 있다면 매출원가는 제품매출원가, 상품매출원가, 용역매출원가의 합이다. 제조업은 제품매출원가, 유통업은 상품매출원가, 서비스업은 용액매출원가의 비중이 크게 차지한다. 한편 서비스업은 매출원가는 없다고 간주하고 판매비와 관리비에 포함하기도 한다.

(3) 추정손익계산서

추정손익계산서는 기업이 영업활동을 통해 획득하게 될 이익과 그 이익을 얻기 위해 지출하게 될 모든 비용을 추정한 손익계산서이다. 이를 통해 연도별 매출액 규모는 얼마나 되고 비용은 얼마인지, 당기순이익은 어느 정도인지를 파악할 수 있다. 다음은 (추정)손익계산서에 포함되는 각 항목을 설명한 것이다.

1) 매출액

매출액은 카드나 현금 등 모든 수익항목들의 합계를 의미한다. 기업 또는 개인 소비자를 대상으로 판매(매출)가 발생한 경우, 카드나 현금영수증을 발행하고, 장부에 기록하며 매출액에 대해 국세청에 신고한다. 현금을 직접 수취하지 않고 통장으로 입금 받을 시는 세금계산서를 발행해야 하는데(보통 거래명세서와 함께 발행), 세금계산서 발행은 모든 법인과 일정규모 이상의 개인사업자에 의무사항이다.[5)]

또한 2014년 7월부터 일정규모 이상의 개인사업자(간이사업자 제외)와 법인의 경우에는 전자세금계산서를 발행하도록 하고 있으며(부가가치세 시행령 68조), 전자세금계산서는 국세청의 이세로(http://esero.go.kr) 사이트에서 모두 확인할 수 있다. 개인사업자와 법인이 면세사업자의 경우에는 이세로사이트에서 세금계산서 발행이 아닌 별도로 마련된 전자계산서를 발행하여야 한다.

2) 매출원가

매출원가는 매출과 직접 관련된 비용을 말하며, 생산/제조와 관련한 모든 인건비, 재료비, 경비(공장 임차료, 공장설비 관련 전기세, 수도세 등)가 포함된다. 즉, 영업사원과 관리직 사원의 인건비와 경비 등은 포함하지 않는다.

3) 매출총이익(또는 매출총손실)

매출총이익은 매출액에서 매출원가를 차감한 금액을 말한다.

4) 판매비와 관리비

판매비와 관리비는 제품, 상품, 용역 등의 판매활동과 회사의 관리활동에서 발생하는 비용을 말하며, 판매/영업직 사원과 관리직(총무/인사/구매 등) 사원의 인건비(급여, 퇴직급여, 복리후생비 등), 사무실 임차료, 접대비, 사무용자산 감가상각비, 세금과공과, 광고선전비, 경상개발비, 대손상각비 등을 포함한다.

5) 영업이익(또는 영업손실)

영업이익은 매출총이익에서 판매비와 관리비를 차감한 금액을 말한다.

6) 영업외수익과 영업외비용

영업외수익은 회사의 주요 영업활동이 아닌 활동에서 발생한 수익과 비용을 말한다. 영업외수익은 이자수익, 배당금수익, 임대료, 단기투자자산처분이익, 단기투자자산평가이익, 외환차익, 외화환산이익 등을 포함한다.

영업외비용은 이자비용, 기타대손상각비, 단기투자자산처분손실, 단기투자자산평가손실, 재고자산감모손실, 외환차손, 외화환산손실 등을 포함한다.

7) 법인세차감전순이익(또는 법인세차감전순손실)

법인세차감전순이익은 영업이익에서 영업외수익을 가산하고 영업외비용을 차감한 금액을 말한다.

8) 법인세

법인세는 회사의 법인세차감전순이익 규모에 따라 세율이 정해지며, 모든 회사는 이를 국세청에 납부해야 한다. 개인사업자는 수익규모에 따라 국세청에서 정한 개인소득세율대로 납부해야 한다.

9) 당기순이익(당기순손실)

당기순이익은 법인세를 차감하고 난 후 기업이 주주들에게 배당 또는 사내 유보할 수 있는 금액을 말한다.

표 6-3 추정재무상태표 구성항목

<table>
<tr><th colspan="3">과 목</th><th>세부항목</th></tr>
<tr><td rowspan="6">자산</td><td rowspan="2">유동자산</td><td>당좌자산</td><td>현금및현금성자산, 단기투자자산, 매출채권, 선급비용, 미수수익, 미수금, 선급금 등</td></tr>
<tr><td>재고자산</td><td>상품, 제품, 반제품, 재공품, 원재료, 저장품 등</td></tr>
<tr><td rowspan="3">비유동자산</td><td>투자자산</td><td>투자부동산, 장기투자증권과 장기대여금 등</td></tr>
<tr><td>유형자산</td><td>토지, 건물, 구축물, 기계장치, 차량운반구, 건설중인자산 등</td></tr>
<tr><td>무형자산</td><td>지식재산권, 개발비, 컴퓨터소프트웨어, 광업권, 임차권리금, 영업권 등</td></tr>
<tr><td colspan="2">기타비유동자산</td><td>임차보증금, 장기매출채권, 장기선급비용, 장기미수금 등</td></tr>
<tr><td rowspan="2">부채</td><td colspan="2">유동부채</td><td>단기차입금, 매입채무, 미지급법인세, 미지급비용, 미지급금, 선수금, 선수수익, 예수금, 유동성장기부채 등</td></tr>
<tr><td colspan="2">비유동부채</td><td>장기매입채무, 사채, 장기차입금, 퇴직급여충당부채 등</td></tr>
<tr><td rowspan="4">자본</td><td colspan="2">자본금</td><td>보통주자본금과 우선주자본금</td></tr>
<tr><td colspan="2">자본잉여금</td><td>주식발행초과금, 자기주식처분이익, 감자차익 등</td></tr>
<tr><td colspan="2">자본조정</td><td>자기주식, 주식할인발행차금, 감자차손, 자기주식처분손실, 해외사업환산손익 등</td></tr>
<tr><td colspan="2">이익잉여금</td><td>법정적립금, 임의적립금, 미처분이익잉여금</td></tr>
</table>

출처 : 법무부 · 한국회계기준원, 중소기업회계기준 해설, 2013.

(4) 추정재무상태표

재무대조표는 일정시점에서 기업의 재무상태를 나타내는 보고서이다. 재무상태표는 자산과 부채와 자본으로 구성된다. 자산은 부채와 자본의 합과 같다. 〈표 6-3〉는 추정재무상태표의 구성항목이다.

1) 자산

자산은 1년 이내에 현금화 가능한 유동자산과 1년 이내에 현금화가 어려운 자산을 비유동자산으로 분류한다. 유동자산에는 당좌자산과 재고자산이 포함된다. 당좌자산은 재고자산 외의 자산을 말한다. 재고자산은 판매하기 위해 보유하거나 생산과정에 있는 자산을 말한다. 비유동자산에는 투자자산, 유형자산, 무형자산, 기타비유동자산을 포함한다. 투자자산은 기업의 부수적 활동의 결과로 보유한 자산을 말한다. 유형자산은 제품을 생산하거나 판매하기 위해 물리적 형체가 있는 자산을 말하며 물리적 형체가 없으면 무형자산이다. 기타유동자산은 투자자산, 유형자산, 무형자산에 속하지 않는 비유동자산을 말한다.

2) 부채

부채는 1년 이내에 상환해야 하는 유동부채와 비교적 장기성 부채인 비유동부채가 있다.

3) 자본

자본은 자산총합에서 부채총합을 차감한 잔액을 말하며 자본금, 자본잉여금, 자본조정, 이익잉여금 등으로 구성된다.

(5) 재무비율 분석

추정손익계산서와 추정재무상태표를 작성하면 재무비율 분석을 통해 기업의 유동성, 안정성, 수익성, 생산성을 점검할 수 있다.

유동성은 유동자산/유동부채의 비율로 점검할 수 있다. 이 비율은 유동자산이 유동부채보다 많은지, 즉 유동성 비율이 100%가 넘는지를 점검하면 된다. 유동부채를 감당할 만큼 유동자산이 있다면 문제가 없지만 그렇지 못할 경우 기업은 도산할 가능성이 높아진다. 한편, 유동비율은 정부 R&D 지원사업 등에 참여하고자 할 경우 지원가능 업체인지 아닌지를 판단하는 중요한 잣대가 되기도 하므로 적정수준(최소 500% 미만)으로 유지해야 할 필요가 있다.

안정성은 자본/자산의 비율로 점검할 수 있다. 이 비율은 자산을 조달하고 있는 자금 중에서 갚을 필요가 없는 자금의 정도를 나타내는 것으로 기업의 타인자본 의존도가 어느 정도인지를 말한다. 산업마다 적정 비율은 다를 수 있으며, 대체로 제조업은 20%, 유동자산을 많이 사용하는 도·소매업은 15% 이상을 유지하는 것이 좋다.[6]

수익성은 당기순이익/자산의 비율로 점검할 수 있다. 이 비율은 자산이익률(ROA: Return on Assets)이라고 하며 기업 자산이 당기순이익을 실현하는 데 얼마나 공헌했는가를 나타낸다. 기업이 자산을 얼마나 효율적으로 이용하는지를 알 수 있다.

생산성은 산출/투입의 비율로 점검할 수 있다. 투입은 노동력, 설비 등으로, 산출은 부가가치[7]로 볼 수 있다. 노동력 생산성은 부가가치/종업원 수 비율로, 설비투자 생산성은 부가가치/(유형자산-건설 중인 자산)의 비율로 알 수 있다. 이러한 생산성 비율들은 높을수록 좋다.

재무비율 분석을 실제로 활용하는 방법은 재무비율을 절대적인 값으로 판단하기보다 타사의 재무비율과 비교하여 자사의 상태가 어떠한지를 상대적으로 판단할 수 있다. 즉, 해당기업이 속한 산업의 평균과 비교한다든지[8], 선도기업과 비교함으로써 자사의 재무상태를 점검해 볼 수 있다. 또한 다른 회사 또는 산업평균과 비교하지 않더라도 몇 년 간의 재무비율의 추이를 비교분석해보면서 회사의 경영진 또는 투자자가 회사의 경영상태를 판단하는 자료로 활용하기도 한다.

4.2 손익분기점 분석

손익분기점은 수익과 비용이 같아지는 지점의 매출액으로 이 지점을 지나면 판매시 발생하는 비용보다 수익이 커지게 된다. 이는 그래프를 통해 쉽게 이해할 수 있다. 〈그림 6-3〉은 손익분기점 분석을 나타내는 그래프로서 X축은 판매량, Y축은 비용을 나타낸다.

손익분기점 매출액은 총수익선과 총비용선이 같아지는 손익분기점 판매량을 구함으로써 얻을 수 있다.

손익분기점 매출액＝단위당가격×손익분기점 판매량

총수익－총비용＝0

[단위당가격×수량]－[고정비－(단위당변동비×수량)]=0

(단위당가격－단위당변동비)×수량＝고정비

$$\text{손위분기점 판매량} = \frac{\text{고정비}}{(\text{단위당가격} - \text{단위당변동비})}$$

그림 6-3 손익분기점 분석

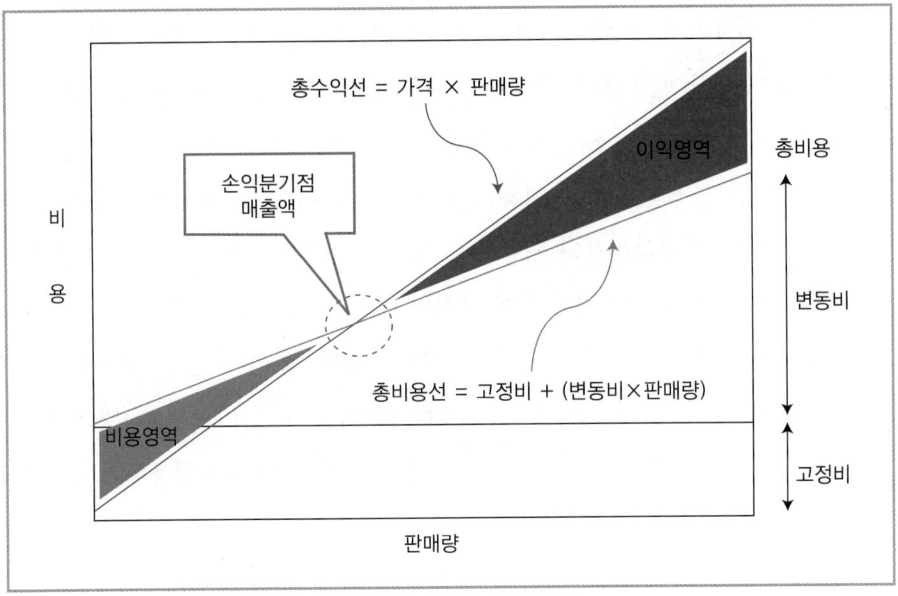

출처: Hill and Jones, Strategic Management Theory, 2nd eds, Houghton Mifflin Co., 1992, p. 40.

$$\text{손익분기점 매출액} = \text{단위당가격} \times \frac{\text{고정비}}{(\text{단위당가격} - \text{단위당변동비})}$$

손익분기점 분석의 총비용은 고정비와 변동비로 구분한다. 고정비는 생산량에 관계없이 항상 필요한 일정 비용이다. 변동비는 생산량의 변화에 비례하여 변하는 비용이다. 고정비와 변동비로 각각 구분하여 계산하는 것이 원칙이나 업종에 따라 고정비와 변동비가 엄격히 구분하는 것은 어렵기 때문에 다음과 같이 개괄적으로 계산하는 것이 편리하다.

고정비 = 판매비와 관리비 + 영업외비용 + 제조경비 중 고정경비(감가상각비 등) + 고정노무비(연봉/월급제 정규직원) + 기타 고정비

변동비 = 재료비 + 제조경비 중 변동경비(전기세, 수도세 등) + 변동노무비(생산직 일용직원 급여, 초과근무수당 등) + 기타 변동비

이와 같이 손익분기점 분석을 통해 손실을 면하기 위한 최소 매출액이 얼마인지 예측할 수 있다. 예를 들어, 3년 간의 매출액이 5억, 10억, 15억으로 추정하였

다고 가정하자. 고정비는 5억 원이고 단위당 변동비는 2,500원이 발생한다. 그러면 연도별로 손익분기점 매출액을 계산할 수 있다. 〈표 6-4〉는 손익분기점을 분석한 사례이다. 1년차에 손익분기점 매출액은 아래와 같다.

1년차 손익분기점 매출액=10,000원×[5억 원/(10,000원−2,500원)]
=6.67억 원

1년차 손익분기점 매출액은 6.67억 원이다. 만약 고정비와 변동비가 변함이 없다면 이익이 발생하기 위해서는 최소 매출액이 6.67억 이상은 되어야 한다.

손익분기점 매출액을 구하면 이익이 발생하는 시점을 알 수 있다. 1년차에 추정 매출액이 손익분기점 매출액 6.67억 원에 도달하지 못해 1.67억 원의 손실(6.67억−5억)이 발생하였다. 그러나 2년차에는 추정 매출액이 손익분기점 매출액을 초과하여 달성하였고 3.33억의 이익(10억−6.67억)이 발생하였다.

이를 통해 2년차에는 이익이 실현된다는 것을 알 수 있다. 구체적인 시점을 도출하려면 손익분기점 매출액 6.63억 원에 1년차 손실 1.67억 원을 만회할 수 있는 매출액 1.67억을 더하여 매출액이 8.3억 원을 달성하는 시점을 계산하면 된다. 따라서 이익이 발생하는 시점은 1년+(8.3억/10억)×365일을 하면 창업 후 약 1년 303일이 지난 시점부터 이익이 발생한다.

표 6-4 손익분기점 분석 사례

(단위: 원)

		1년	2년	3년
	1. 추정 매출액	5억	10억	15억
	2. 추정 판매량	5만	10만	15만
비용	3. 고정비		5억	
	4. 단위당변동비		2,500	
	5. 손익분기점 매출액	6.67억	6.67억	6.67억
	초과(손실) 매출액 (1−5)	−1.67억	3.33억	8.33억

만약 3년 안에 이익실현이 불가능하다면 가격, 고정비, 변동비 등의 타당성을 검토해야 한다. 3년 이후에나 이익 실현이 예상되는 사업이라면 사실상 투자유치에 어려움이 생길 수 있다.

CHAPTER

07

사업 준비

1. 입지선정
2. 사업형태
3. 자금조달

학 습 내 용

창업자는 사업을 위해 적합한 장소를 선정해야 한다. 또한 사업형태를 결정해야 한다. 그리고 소요자금을 예측하고 자금조달 계획을 수립해야 한다. 그래서 본 장에서는 입지선정, 사업형태, 자금조달에 대해 살펴보고자 한다. 입지선정은 입지탐색 방법 및 선정기준에 대해 설명한다. 사업형태는 개인사업자와 법인회사의 장 · 단점을 알아보고 법인회사의 종류에 대해 살펴본다. 자금조달은 창업에 필요한 자금의 종류 및 조달 방법에 대해 살펴본다. 이를 학습함으로써 창업자는 입지선택, 사업형태, 자금조달에 대해 효과적인 의사결정을 할 수 있을 것으로 기대된다.

01 입지선정

입지선정은 시장, 원료공급, 노동력 등의 경영활동에 영향을 미치는 중요한 요인들을 고려하여 적합한 장소를 선정하는 것을 말한다. "입지탐색 → 광역지역 선정(시군구) → 소지역 및 건물 선정(도로, 건물)"의 순서로 선정한다.

1.1 입지탐색

입지를 탐색하기 위해서는 부동산 매물정보와 시세를 조회하고 적합한 입지인지를 판단하기 위해 주위의 상권을 분석하게 된다. 이후 선정한 몇 군데를 직접 방문하여 오프라인 부동산 중개업체를 통해 최종 결정하게 된다. 한편, 창업 초기에는 비용을 절감하기 위해 정부지원의 사무실 공간 무료 제공이 있는지 찾아볼 필요가 있다. 사무실 입지 탐색의 목적에 따라 정보원이 다르므로 이에 대해 구체적으로 살펴보면 다음과 같다.

(1) 매물정보 및 시세조회 – 국토교통부, KB부동산 등

사무실 공간 마련으로 사무용 빌딩을 이용하고자 할 경우 실거래 정보를 수집하기 위해서는 직접 지역 부동산중개업소를 통해야 하는 반면, 오피스텔 또는 주택을 사업장으로 선택 시에는 직접 발품을 팔지 않고도 실거래 정보를 입수할 수 있다.

국토교통부 실거래가(rt.molit.go.kr)사이트에서는 2011년 1월 이후부터 주택(단독, 다가구, 다세대, 연립, 아파트)의 매매 및 전월세에 대한 실거래 가격정보를 제공하고 있다. 국민은행의 KB부동산(nland.kbstar.com)은 주택(아파트, 일반주택)과 오피스텔에 대한 실거래 시세정보뿐만 아니라 상업용, 토지/임야 등에 관한 매물정보도 제공하고 있다. 교차로, 벼룩시장, 가로수 등 지역광고 신문과 온라인 사이트에서도 지역의 부동산 매물정보를 제공한다.

(2) 상권 분석 – 인터넷 지도/중소기업상권정보시스템

인터넷 포털업체들이 제공하는 지도 검색 서비스를 이용하면 관심을 가지고 있는 지역을 대략적으로 분석해 볼 수 있다. 인터넷 지도 검색은 학교, 교통, 아파트, 공원, 도서관 등 주요한 시설들을 한 눈에 파악할 수 있도록 정보를 제공한다. 소상공인진흥원에서 제공하는 중소기업상권정보시스템(sg.seda.or.kr)은 관심 지역의 인구 구성(연령, 남녀), 업종별 업체현황 등의 정보를 제공하고 있다.

(3) 사무실 공간 무료 제공 – 창업지원기관

중소기업청에서 제공하는 기업지원관련 통합정보제공 웹사이트인 기업마당(www.bizinfo.go.kr)과 스마트폰용 앱인 기업마을(Biz info)은 400여개의 기관에서 제공하는 주요 중소기업의 지원 사업 정보를 통합하여 제공하고 있다. 이들 사이트에서 창업지원과 관련된 사업 중 창업 공간 지원 관련 사업을 확인해 볼 수 있다. 일정기간 동안 창업자들에게 창업 공간을 마련해주는 중소기업청의 청년창업사관학교나 정보통신산업진흥원의 SW마에스트로과정 등을 이용할 수 있다.

1.2 광역지역 선정(시군구) 고려사항

광역지역 선정을 위한 기본적인 고려사항에는 정부지원, 판매시장, 노동력/정주여건, 혁신지원기관, 협력업체, 교통 등이 있다.[1)]

(1) 정부지원

정부는 경제성장을 위해 창업기업에 대해 정책적으로 많은 지원을 실시하고 있다. 창업을 준비하는 단계에서는 자금이 부족할 수 있으므로 정부의 지원은 중요한 결정요인 중 하나이다. 창업 초기단계에는 정부의 정책에 의해 계획된 입지를 이용하는 것을 권장한다. 이러한 입지를 이용하면 임대료를 절약할 수 있고 여러 창업가들이 모여 있기 때문에 상호간의 교제와 정보공유를 통해 시너지 효과도 얻을 수 있다. 또한, 사업에 필요한 창업 교육과 마케팅 지원 등 다양한 정부지원을 받을 수 있다.

(2) 판매시장

판매시장과의 근접성도 중요한 결정요소이다. 신생기업의 경우 충분한 거래처를 확보하고 있지 못하기 때문에 목표시장과 근접한 곳에 위치할수록 고객과 긴밀한 접촉이 가능하여 홍보 및 영업활동에 용이하다. 이와 반대로 시장과의 접근성이 떨어진다면 고객과의 접촉 및 시장정보 획득에 어려움을 겪을 수 있다.

(3) 노동력/정주여건

신규 창업기업들은 회사의 공신력, 구직자 정보입수의 어려움, 급여수준의 불리함 등으로 인해 기존 기업에 비해 노동력 확보에 어려움을 겪을 수 있다. 따라서, 노동력이 풍부하고 인력을 구하기 쉬운 곳에 입지해야 한다. 대부분의 창업기업들이 대도시 근처에서 시작하는 이유가 직원을 구하기 쉽기 때문이다.

정주여건도 중요한 고려사항이다. 종업원들은 문화적 혜택과 교육 및 자기계발에 대한 욕구들이 강하기 때문에 회사 주위에 공원, 식당, 도서관, 병원, 쇼핑몰, 학교 등이 잘 갖추어져 있다면 직원 채용에 유리하다.

(4) 정부지원기관

정부지원기관의 존재는 기업의 혁신활동에 긍정적인 영향을 미칠 수 있다. 정부지원기관에는 시, 도 등 지방자치단체, 정부출연연구소, 국립대학, 테크노파크 및 지역산업특화센터, 중소기업청, 중소기업진흥공단, 지식재산센터, 산업단지공단 등이 포함된다.

기업들은 공동으로 연구개발을 하거나 이들 기관으로부터 기술 및 경영자문, 마케팅지원, 자금지원 등 여러 가지 형태의 지원을 받을 수 있다. 테크노파크 등으로부터 사업지원을 받고자 하는 기업의 경우 대부분 자체 홈페이지에서 제공하는 사업공고를 수시로 확인할 수 있다.

(5) 협력업체

창업기업은 투자예산의 부족, 전문화 등의 이유로 기업의 핵심활동 외 부문은 타업체에 주로 아웃소싱을 한다. 투자예산의 부족으로 인해 제품이나 서비스의 개발공급을 위해 필요한 모든 생산설비나 시설을 갖춘다는 것이 불가능하기 때문에 가치사슬(value chain) 상의 외주업체들과의 거래가 필요하다. 또한 기업의 핵심서비스와 관련 없는 세무나 노무 혹은 디자인, 특허나 경영, 법률, 교육 등의 분야와 관련하여 자체적으로 직원을 채용하기보다는 전문비즈니스 업체와의 협력이 유리하다. 이러한 협력업체들이 근거리에 있게 되면 거래비용이 감소하고 협력 및 정보공유가 원활하여 제품 및 서비스의 질을 향상시키는 데 큰 도움이 된다.

(6) 교통

정보기술과 교통의 발달로 인해 고객 및 협력업체의 범위는 전 세계로 확대되는 추세다. 사업 특성에 따라 제품/서비스 거래, 정보획득, 자원의 신속한 이동을 위해 교통 인프라는 매우 중요한 요소이다. 특히 국내외 혹은 시내외 출장이

표 7-1 입지선정 체크리스트

항목	배점	세부내용	평가 점수
정부지원	20점	사무실, 임대료, 제품개발, 경영컨설팅 등 정부지원 활용 가능성	
고객/시장	20점	시장 및 고객과의 근접성	
노동력/정주 여건	15점	노동력 확보에 충분한 인구수, 주거환경(공원, 학교, 도서관, 병원, 식당, 쇼핑몰 등)의 상황	
정부지원기관	15점	정부출연연구소, 국립대학, 테크노파크 및 지역산업특화센터, 지식재산센터, 산업단지공단, 중소기업청, 중소기업진흥공단 등 정부지원기관 존재유무	
협력업체	15점	입지지역 내 관련 협력업체 유무	
교통	15점	고속도로, 고속터미널, KTX, 공항 등의 교통 편리성	
종합평가(만점 100점)			

빈번하거나 고객들과의 미팅이 빈번한 경우에는 고속도로, 고속터미널, KTX역, 공항 등과의 근접성 유무를 반드시 고려하여야 한다.[2)]

〈표 7-1〉은 이러한 입지선정 고려사항을 종합하여 작성된 체크리스트이다. 이 체크리스트를 활용하여 입지 후보안들을 평가하여 순위를 비교할 수 있고 높은 점수를 얻을수록 창업하기 좋은 입지라고 할 수 있다. 평가 결과 60점 미만의 경우 대안에서 제외하고, 60점 이상의 후보입지를 비교하여 최종 선정한다.

1.3 소재지역 및 건물 선정(도로, 건물) 점검사항

(1) 예산과 가격

예산은 보유예산과 대출 한도액을 합한 개념이며, 예산규모에 따라 사업장 시설을 자가 구입 또는 임차를 선택한다. 창업초기에는 사업실적에 따라 확장 등의 사유로 인해 이동이 빈번할 수 있으므로 자가보다 임차가 바람직하다. 임차의 경우에도 지역이나 평수에 따라 임대료가 크게 차이가 나므로 주어진 예산범위 내에서 합리적으로 선택해야 한다.

(2) 부동산 채권관계

사업용 부동산을 구입하거나 임차할 경우 반드시 사전에 등기부등본을 열람하여 해당 부동산의 권리관계를 확인하여야 한다. 특히 임차의 경우에는 부동산에 설정된 근저당 상황을 확인하여 경매 등의 상황 발생 시 보증금 회수의 어려움이 존재함을 고려하여야 한다. 등기부등본은 법원 인터넷 등기소(www.iros.go.kr)를 통해 열람할 수 있다. 또한 건축물관리대장을 통해 허가된 부동산인지를 확인해 볼 필요도 있다. 만약 건물주가 불법으로 증축한 건물을 임대할 경우 임차인이 피해를 볼 수 있다. 건축물관리대장은 민원24(www.minwon24.go.kr)에서 조회할 수 있다.

(3) 지가상승 가능성

건물을 구입할 경우 향후에 가격이 상승할 수 있는지 점검할 필요가 있다. 지가상승 가능성은 정부의 도시개발 계획에 큰 영향을 받으며, 도시개발 계획은 해당 지역의 인구배분 계획, 토지이용, 공원, 교통시설, 경제개발 등의 계획을 포함하고 있다. 해당지역의 도시개발 계획을 살펴보면 지가상승 가능성을 추론할 수 있다. 도시개발 계획은 시, 군청 인터넷 홈페이지 또는 해당 도시개발 계획과를 통해 확인해 볼 수 있다.

(4) 용도 적합성

사업주는 사업장으로 사용할 토지 및 건물이 사업 용도에 적합한지를 확인해야 한다. 또한 현 시점에서 뿐만 아니라 향후 사업의 확장이 필요한 경우도 고려해야 한다. 즉, 향후 제조시설, 물류창고, 판매시설, 사무실 등 어떠한 건물, 시설물이 필요한지를 고려하여 사업장 입지를 선택하여야 한다.

정부는 도시계획과 지역 목적에 맞게 부동산의 용도를 상업지구, 근린생활지구 등으로 제한하고 있으므로 사업특성에 맞는지 입지지역의 토지이용 계획을 점검해야 한다. 토지이용 계획은 '토지이용규제서비스(luris.molit.go.kr)' 또는 해당 관청을 통해 확인할 수 있다.

(5) 시설 편의성

시설 편의성은 생활하기 편리한 엘리베이터, 화장실, 주차장 등의 시설 등의 유무를 의미한다. 구체적으로 엘리베이터 유무와 상태, 화장실은 남녀가 구분되어 있는지, 변기의 개수가 적절한지, 주차장은 직원 수 대비 충분한지 등을 점검해 보아야 한다.

(6) 인테리어 필요여부

건물 및 내부 시설물 구조가 사용 용도에 맞는지 점검해야 한다. 이러한 것들이 사업 목적에 잘 부합한다면 인테리어나 리모델링에 소요되는 비용을 줄일 수 있다. 특히, 건물을 임차할 경우 최대한 인테리어 비용을 절감할 수 있는 곳을 선택하는 것이 경제적이다.

02 사업형태

2.1 개인기업과 법인기업

(1) 개인기업과 법인기업의 장단점

사업의 형태는 크게 소유와 경영의 방식에 따라 개인기업과 법인기업으로 구분할 수 있다. 개인기업은 대표자가 경영의 모든 책임을 지며 소유와 경영이 대표자에게 종속되어 있다. 주식회사는 법인기업의 대표적인 형태로서 회사의 소유는 주주가 하며, 경영자는 주주 중 한사람 혹은 소수일 수도 있고, 전문경영인이 될 수도 있다.

창업자는 사업을 계획하는 단계에서 개인기업과 법인기업의 장점과 단점을 파악하고 계획하고 있는 사업에 유리한 회사의 형태를 결정하여야 한다. 법인기업은 개인사업자와는 달리 기업을 설립하는데 상법에 따른 별도의 회사설립 절차가 필요하나 개인기업에 비해 자금조달 측면에서 유리하고 공신력을 확보할 수 있다는 장점이 있다.

최근 주식회사 형태의 법인기업의 경우 개인기업과 마찬가지로 설립을 위한 발기인 수(발기인 7인 이상 필요 규정 삭제, 2인 이상 이사와 감사 선임에 대한 규정 삭제로 1인 이사도 가능하며, 이 경우 대표이사라는 호칭은 불가하고 사내이사로 호칭)와 자본금 규제가 없어져(주식회사의 설립을 위한 자본금이 5천만

표 7-2 개인기업과 법인기업 비교

구분	개인기업	법인기업(주식회사)
창업 절차	• 세무서에 사업자등록 신청	1. 법원에 설립등기 신청(정관, 창립총회의사록, 취임승낙서, 인감증명서, 주무관청 설립허가서, 자산총액증명서 등 구비서류 필요) 2. 세무서에 사업자등록 신청
자금 조달	• 사업주 단독 출자	• 소수 혹은 다수 주주 출자
책임	• 사업상 발생하는 모든 문제를 사업주가 책임	• 법인의 주주는 출자한 지분 한도 내에서만 책임
장점	• 설립등기가 필요 없고 사업자 등록만으로 사업 개시가 가능 • 기업 이윤 전부를 기업주가 독점 가능 • 기업의 자금을 기업주가 자유로이 인출 가능 • 창업자금이 비교적 적게 소요되므로 소자본 창업 가능 • 일정 규모 이상으로는 성장하지 않는 중소규모 사업에 적합 • 기업 활동 면에 있어 자유롭고 신속한 계획 수립 및 변경 등이 용이 • 제조방법 및 자금 운용상의 비밀 유지 가능	• 대표자는 회사 경영에 대해 일정한 책임을 지며, 주주는 주금 납입을 한도로 채무자에 대해 유한책임 • 사업양도 시 주식을 양도하면 되므로 주식양도에 대하여 원칙적으로 낮은 세율의 양도소득세가 부과되며 상장 후 주식을 양도하면 세금 면제 • 일정 규모 이상으로 성장 가능한 유망사업의 경우에 적합 • 신주발행 및 회사채 발행 등을 통한 다수인으로부터 자본조달 용이 • 대외 공신력과 신용도가 높기 때문에 영업수행이나 관공서, 금융기관 등과의 거래에 있어서 유리
단점	• 대표자는 채무자에 대해 무한책임 • 대표자가 바뀌는 경우는 폐업을 하고 신규로 사업자등록을 하여야 하므로 기업의 계속성이 단절 • 사업양도 시 양도된 영업권 또는 부동산에 대하여 높은 양도소득세 부과	• 설립절차가 복잡함 • 기업의 자금을 기업주가 자유로이 인출 불가하며, 대표자가 회사 자금을 개인 용도로 사용 시 대표자는 회사에 원금과 함께 이자를 부담 • 사업 목적 및 범위 변경 시 등기를 변경해야 하고, 대표자 거주지나 회사 사업장 이전 시 등기변경 필요 • 사업 추진 위한 면허세 부담

출처 : 중소기업청, 온라인재택창업시스템(www.startbiz.go.kr) 참고.

원 이상으로 한다는 규정 삭제, 100원 이상이면 설립 가능) 많은 개인기업이 법인으로 전환이 이루어지고 있다.

〈표 7-2〉는 개인기업과 법인기업을 비교하여 정리한 표이다.

(2) 세제상의 특징

개인사업자와 법인기업은 세금 측면에서 달리 적용을 받는다. 개인사업자는 소득세법의 적용을 받고 과세기간은 매년 1월 1일부터 12월 31일까지이다. 법인

표 7-3 개인사업자 종합소득세 세율(2013년 기준)

과세표준금액(종합소득)	세율	누진공제
1,200만 원 이하	6%	없음
1,200만 원 초과 4,600만 원 이하	15%	108만 원
4,600만 원 초과 8,800만 원 이하	24%	522만 원
8,800만 원 초과 3억 원 이하	35%	1,490만 원
3억 원 초과	38%	2,390만 원

출처 : 국세청 홈페이지.

표 7-4 법인기업 법인세 세율(2013년 기준)

과세표준	세율	누진공제
2억 원 이하	10%	없음
2억 원 초과 200억 원 이하	20%	2,000만 원
200억 원 초과	22%	42,000만 원

출처 : 국세청 홈페이지.

기업은 법인세법에 적용을 받고 과세기간은 정관에서 정하는 회계기간에 따라 달라진다.

법인의 경우 법인세를 부담하고, 대표이사는 급여소득자로서의 위치에서 자신의 급여에 대해 근로소득세(배당을 받는 대표이사의 경우 배당소득세도 해당)를 부담한다. 〈표 7-3〉은 개인사업자의 종합소득세율에 대한 설명이며, 〈표 7-4〉는 법인기업 법인세율을 나타낸 것이다.

2.2 회사의 종류

회사는 상행위나 그 밖의 영리를 목적으로 설립한 법인을 말한다. 회사의 종류는 상법에서 합명회사, 합자회사, 유한책임회사, 주식회사, 유한회사 등 5종으로 구분된다.[3]

표 7-5 회사의 종류

	합명회사	합자회사	유한책임 회사	주식회사	유한회사
구성	무한책임사원*	무한책임사원과 유한책임사원	유한책임사원	주주	유한책임사원
회사 채무에 대한 책임	무한책임	무한책임사원은 무한책임하고 유한책임사원은 유한책임	출자금액 한도에서 유한책임	주식 인수가액의 한도에서 유한책임	출자금액 한도에서 유한책임
설립 행위	2명 이상의 사원이 공동으로 정관을 작성하고 설립등기	무한책임사원이 될 사람과 유한책임사원이 될 사람이 각각 1명 이상으로 하여 정관을 작성한 후 설립등기	사원이 정관 작성 및 설립등기	발기인이 정관을 작성하여 공증인의 인증을 받은 후 각 주식에 대한 인수가액의 전액과 현물출자의 이행을 완료한 후 설립등기	정관을 작성하고 출자금액의 납입 또는 현물출자의 이행이 있은 후 설립등기

출처: 생활법령정보(oneclick.law.go.kr) "중소벤처기업 창업" 인용하여 정리.

* 사원이란 회사의 구성원으로서 회사를 설립하는 사람을 말하며, 단순히 직원을 의미하는 것이 아님.

(1) 합명회사

합명회사는 무한책임사원으로 구성된 회사로서 사원은 회사의 채무에 대하여 연대하여 무한책임을 진다. 무한책임사원은 업무집행권리와 회사를 대표할 권리를 가진다. 합명회사를 설립하기 위해서는 2명 이상의 사원이 공동으로 정관을 작성하고 회사의 본점 소재지에 설립등기를 해야 한다.

합명회사는 인적신뢰가 있는 소수의 사람들이(2인 이상) 소규모의 폐쇄적 회사를 경영하는 데 적합한 장점이 있지만 회사의 채무에 대해 무한으로 책임지는 단점이 있다. 합명회사는 중세 유럽 상업도시에 기원을 둔, 가족 기반의 공동상속을 위해 나타난 회사형태인데 오늘날에는 그 예가 드물다.

(2) 합자회사

합자회사는 회사의 채무에 대해 무한 책임을 지는 무한책임사원과 출자금액의 한도 내에서 변제할 책임을 지는 유한책임사원으로 구성된 회사이다. 무한책임사원은 업무를 집행할 권리와 의무가 있으며, 유한책임사원은 업무감시권이 있다. 합자회사를 설립하기 위해서는 무한책임사원과 유한책임사원이 될 사람이 각각 1명이상으로 하여 정관을 작성한 후 회사의 본점 소재지에 설립등기를 해야 한다.

합자회사는 경영능력이 있는 무한책임사원과 자본력이 있는 유한책임사원이 협력하기 적합하고 당사자들 간의 합의한 대로 이익배분과 청산이 가능하다는 장점이 있지만 무한책임사원은 회사의 채무에 대해 무한의 책임을 지는 단점이 있다. 대표적인 예로 국내회사가 해외직접투자 방식으로 진출 시 현지회사와 조인트벤처 형태로 회사를 설립하는 경우가 이에 해당한다.

(3) 유한책임회사

유한책임회사는 출자금액을 한도로 유한책임을 지는 유한책임사원들로만 구성된다. 유한책임회사는 정관으로 사원 또는 사원이 아닌 자를 업무집행자로 정해야 하며 정관 또는 총 사원의 동의로 둘 이상의 업무집행자가 공동으로 회사를 대표할 수 있다. 유한책임회사를 설립하기 위해서는 사원이 정관을 작성하고 출자를 이행한 후 회사의 본점 소재지에 설립등기를 해야 한다. 유한책임회사는 합명회사의 단점을 개선한 것으로 내부적으로는 합명회사의 특성을 가지나 사원은 출자금액을 한도로 유한책임을 진다는 장점이 있다.

(4) 주식회사

주식회사는 주식을 발행하며 각 주주는 인수한 주식의 인수가액을 한도로 책임을 지는 회사이다. 주식회사는 의사결정기관으로 주주총회, 업무집행기관으로 이사회 및 대표이사, 감사기관으로 감사가 존재한다. 주식회사를 설립하기 위해서는 발기인이 정관을 작성하여 공증인의 인증을 받은 후 각 주식에 대한 인수가액의 전액과 현물출자의 이행을 완료한 후 회사의 본점 소재지에 설립등기를 해야 한다.

주식회사는 가장 일반적인 회사의 형태이다. 주식회사는 외부의 다수 주주들 각자가 출자한 금액의 지분을 모아 대규모 자금을 조성하고 이 자본으로 대규모

사업을 할 수 있는 장점을 가진다. 다만, 자산총액이 100억 원 이상인 경우 지속적인 외부감사를 받아야 한다.

(5) 유한회사

유한회사는 사원의 출자에 의한 자본금으로 설립되는 회사로서 각 사원은 출자금액의 한도 내에서 책임을 진다. 유한회의 의사결정기관은 사원총회이며, 사원총회는 회사의 업무집행을 포함한 모든 사항에 대하여 의사결정을 할 수 있다. 유한회사를 설립하기 위해서는 정관을 작성하고 출자금액의 납입 또는 현물출자의 이행이 있은 후 회사의 본점 소재지에 성립등기를 해야 한다.

샤넬코리아, 나이키코리아, 애플코리아 등 외국계 회사들에서 유한회사의 형태를 찾아 볼 수 있다. 유한회사는 외부감사를 받지 않아도 된다는 장점이 있지만 공모에 의한 외부의 자본을 유치할 수 없다는 단점이 있다. 유한책임회사와 유한회사는 지분양도에서 차이가 있는데 유한책임회사는 다른 사원의 동의를 얻어야 하지만 유한회사는 다른 사원의 동의 없이 지분을 양도할 수 있다.

03 자금조달

많은 창업가들은 창업 초기에 가장 큰 애로사항으로 자금조달을 손꼽는다.[3] 사업을 시작하기 위해서는 사무실, 공장 관련 임대보증금과 인테리어 및 시설자금 등이 마련되어야 한다. 사업 초기에는 충분한 고객이 확보되지 않는 경우가 많아 고정적인 매출이 보장되지 않기 때문에 최소 3개월에서 6개월, 혹은 1년간의 예상 지출비용에 대한 예산을 창업 전에 확보하여야 한다.

필요한 예산이 무엇이며 얼마나 언제 필요한지를 아는 것을 자금조달 계획을 수립하는 것이라 하며, 이는 사업을 시작하기에 앞서 가장 중요한 일이라 할 수 있다. 자금조달 계획을 수립하기 위해서는 먼저 사업에 필요한 자금의 종류를 파악해야 한다. 그 다음에는 창업 후 6개월에서 1년간 소요자금을 시기별로 예측하는 것이 필요하다. 그리고 예측된 소요자금을 마련하기 위한 자금조달 방법을 수립해야 한다.

3.1 소요자금 종류

창업을 위한 소요자금의 종류는 사무실 셋업 비용, 생산 · 연구시설 구입비, 인건비, 영업마케팅 경비, 운영경비, 원자재 · 연구재료 구입비, 외주가공 · 용역비, 회사설립 경비로 구분할 수 있다.

(1) 사무실 셋업 비용

사무실 셋업 비용에는 사무실 임대와 관련된 비용과 업무를 위한 인테리어 비용의 두 가지 종류가 있다. 먼저 임대와 관련한 비용에는 임대보증금, 권리금, 중개수수료 등이 있고, 인테리어 비용에는 이전 세입자의 시설물 철거비용, 집기비품 구입비용과 도배, 장판 등의 실내인테리어 비용과 간판, 건물 외벽장식, 창문선팅, 건물안내표지판 등 실외 인테리어 비용이 있다.

실내 인테리어 비용 중 집기비품 구입비용은 파티션, 책상, 의자, PC, 전화기, 팩스, 복사기, 프린터, 에어컨/선풍기, 온풍기, 냉장고, 정수기, 탁자, 소파, 빔프로젝터, 액자, 화이트보드, 책장, 공기청정기, 가습기, 청소기 등의 사무용기기와 전화연결, 인터넷 연결, 전기 콘센트 설치 등의 설치비, 그리고 컴퓨터 소프트웨어 구입비 등이 포함된다.

(2) 생산 · 연구시설 구입비

제조업을 영위하는 경우에는 생산을 위한 시설물이 필요하다. 공장을 자가로 운영할 경우에는 토지를 구입하고 건물을 건축하여 생산 및 관리를 위한 필요 시설물과 기계장치를 설치하는 데 자금이 필요하다.

일반적인 제조업의 경우 물품의 입고와 출고를 위한 하역장과 창고 및 재고관리 장비(팔렛, 바코드 장비 등), 자재 및 제품 이동시설(컨베이어, 지게차, 트럭, 크레인, 호이스트 등), 조립 및 포장시설, 통신/전산 장비, 생산관련 시설장비 등이 필요하다. 또한 경우에 따라 직원들을 위한 탈의실, 화장실, 식당, 휴게실, 샤워실 등을 갖춰야 하는 경우도 있다. 생산을 위해 연구시설 장비가 필요한 경우에는 연구에 관련된 테스트 장비와 실험장비, 측정 장비, 검사장비 등이 필요하다.

(3) 인건비

비즈니스서비스 업종이나 IT관련 사업을 준비하는 창업자라면 회사에서 가장 중요한 예산항목 중 하나가 인건비일 것이다. 인건비에는 채용과 관련한 비용,

직원 교육비와 월급여, 그리고 복리후생비와 직원 경비 등이 포함된다. 이 때 주의해야 할 사항은 인건비 책정 시 CEO의 월급여를 반드시 포함하여 책정해야 한다는 것이다.

창업 초기에 직원 채용을 결정하는 방법은 먼저 CEO가 반드시 직접 해야 하는 일과 직원에게 위임할 수 있는 일을 구분하는 것이다. 또한 CEO가 직접 하는 것이 나을지, 직원에게 위임하고 대표자가 같은 시간에 다른 중요한 일을 수행하는 것이 좋을지를 판단하여 채용을 하는 것이 바람직하다. 또한 채용을 결정하기 위해서는 회사의 현재의 수익구조와 미래의 매출 등을 고려한 현금 흐름을 고려해야 한다.

(4) 영업마케팅 비용

아무리 좋은 제품이나 서비스를 양산한다고 해도 고객이 없으면 회사의 수익이나 성장은 불가능하다. 그러므로 회사의 매출 증진을 위해 필요한 광고나 홍보활동은 반드시 필요하다고 할 수 있다.

제조업의 경우에는 상품소개서나 회사소개서를 제작, 인쇄하여 목표고객들에게 소개하는 활동을, 세무나 노무, 경영컨설팅 등 전문비즈니스서비스업의 경우에는 각종 기업인 모임이나 강의 혹은 세미나 활동을 통해 마케팅 활동을 한다. 치킨 등 프랜차이즈 가맹점 업주의 경우에는 현수막이나 카탈로그 제작, 이벤트 도우미를 이용하는 등의 홍보활동을 주로 이용한다.

업종에 상관없이 영업사원들의 인건비나 출장경비, 판매 대리점 지원비 혹은 부스 등 전시박람회 참가비 등도 영업마케팅 비용에 포함된다. 홈페이지나 블로그를 제작하고 유지하거나 페이스북 등 SNS마케팅을 하는 인건비나 제작비 등도 중요한 지출 항목이다.

(5) 운영경비

전화요금, 전기요금, 수도요금, 인터넷 요금 등 유틸리티 비용, 직원 교통비, 식대, 법인차량 유지비, 사무용품 및 소모품비, 임직원 월급여, 사무실 및 공장 등의 시설물 임대료 등이 매달 지출되는 주요한 운영경비 항목들이다. 이외에도 대출이자, 리스료, 감가상각비[4] 등이 매달 운영을 위해 지출되는 예산이다.

(6) 원자재 · 연구재료 구입비

제조업의 경우나 연구개발 중심 업종의 경우에는 원자재나 재료 구입비가 기업 예산에서 차지하는 비중이 높은 편이다. 재료비 등은 생산량, 즉 매출에 따라 금액이 좌우된다고 할 수 있다. 해외에서 원재료를 수입하는 경우에는 환율을 고려하여야 하며, 원자재의 가격 변동이 심할 경우 매출전망과 창고비용 및 자금상황 등을 고려하여 적절한 재고량(안전재고)을 책정하여야 한다.

(7) 외주가공 · 외주용역비

제품이나 서비스에 따라서는 단일 회사 자체적으로 모든 제품과 서비스를 생산 및 공급을 하는 것이 불가능한 경우가 있다. 가령 자동차부품회사에서 금형 제작이라든지 열처리나 표면처리 등의 업무를 외부 협력업체에게 위탁하는 경우나 디자인 회사에서 동영상 제작이나 인쇄를 외주업체에게 맡기는 경우가 이에 해당한다.

(8) 회사설립 경비

개인회사의 설립시 별도의 경비는 필요하지 않다. 사무실, 공장 등과 관련하여 임대차계약서만 갖고 있으면 대표자가 관할세무서에 가서 사업자등록증을 신청하기만 하면 되기 때문이다. 단 사업 종류에 따라 인허가 사항 필요시는 별도의 비용이 발생할 수 있다. 법인을 설립하기 위해서는 등록세, 교육세, 공증비용, 등기신청수수료, 법인인감증명서 및 법인등기부등본 발급 등의 비용이 발생하며 법무사 등 대행업체를 통해 등기할 경우 비용은 추가적으로 발생한다.

표 7-6 소요자금 현황

항 목	창업 지출액	월별추가투자액					총 소요자금
		1M	2M	3M	…	12M	
사무실 셋업 비용							
생산 · 연구시설 구입비							
인건비							
영업마케팅 경비							
운영경비							
원자재 · 연구재료 구입비							
외주가공 · 용역비							
회사설립 경비							
총 계							

3.2 소요자금 예측

창업자는 6개월에서 1년 동안의 소요자금 계획을 세우는 것이 바람직하다. 위에서 살펴본 소요자금의 종류별로 비용을 계산해야 한다. 〈표 7-6〉은 소요자금 현황에 대한 개략적인 양식이다.

3.3 자금조달 방법

개인사업자의 경우는 창업자 본인이나 가족들이 자금을 모아 창업하는 경우가 대부분이다. 법인의 경우는 주주 및 투자자의 출자금을 통해 자금을 마련하거나, 지인, 금융기관, 신용보증기금, 정부출연기관, 벤처캐피탈 등을 통해 자금을 조달할 수 있다. 창업자 대부분은 사업자금 부족으로 투자자를 모집하거나 외자를 통해 필요한 자금 조달을 하고자 하는 경우가 많아 이에 대해 보다 구체적으로 살펴보기로 한다.

표 7-7 자금조달 방법

조달방법	예 시
창업자 및 지인	창업자, 가족, 친척, 친구, 직장동료 등
엔젤투자자	엔젤투자지원센터, 엔젤네트워크 등
금융기관	시중은행을 통한 대출
신용보증기관	기술보증기금, 신용보증기금, 신용보증재단
정부출연기관	중소기업청, 중소기업진흥공단, 테크노파크, 디지털산업진흥원, 소상공인진흥원 등
벤처캐피탈	한국벤처캐피탈협회, 중소기업창업투자회사전자공시

(1) 창업자 및 지인을 통한 자금 조달

창업자의 가족, 친척, 친구, 직장동료 등 주위의 인맥으로부터 사업자금을 빌리거나 투자를 유치하는 방법이다. 이 방법은 상환압박이 적다는 장점이 있으나 사업이 잘못되는 경우 이들과 관계가 나빠질 가능성이 크다는 리스크가 있다.

(2) 엔젤투자자(개인투자자)

엔젤투자자는 창업 초기에 자금지원과 경영자문을 해주면서 성공적으로 성장시킨 후 투자 이익을 회수하는 개인투자자를 말한다. 창업초기 자금조달이 가장 어려운 시기에 자금을 지원해 주기 때문에 엔젤이라는 이름이 붙었다. 엔젤투자자는 기술력과 아이디어의 사업성은 우수하나 자금과 경영능력이 부족한 창업기업에 대해 지분투자 방식으로 주식을 인수한다. 이들은 지분을 갖고 자본참여를 한다는 점에서 사채업자와는 다르며 무담보로 투자하기 때문에 사업이 망하면 자금을 회수하지 못한다. 이러한 자금을 조달받기 위해서는 엔젤투자지원센터(www.kban.or.kr), 엔젤네트워크 등의 개인투자자 네트워크를 적극적으로 활용하고 이들에게 투자에 대한 확신을 줄 수 있는 사업계획서가 필요하다.

(3) 금융기관

금융기관 대출은 신용대출과 자산담보대출로 구분할 수 있다. 신용대출은 금융기관이 기업의 신용조사를 통해 일정기간, 일정금액 내에서 대출을 해주는 것이다. 기업의 신용이 좋고 금융기관과의 거래내역이 있는 경우는 대출이 용이하다. 자산담보대출은 기업의 자산을 담보로 하여 대출을 해주는 것이다. 기업에 매출채권, 재고자산, 설비, 부동산 등의 자산이 있다면 담보평가를 통해 자산담보대출을 받을 수 있다. 그러나 담보력이 부족하여 대출이 어렵다면 신용보증기관에 상담하여 금융기관의 대출보증을 통해 저리로 대출을 받을 수 있다.

일반적으로 창업 초기의 기업인 경우 매출실적이 없어 신용대출을 받기 어려우며, 자산담보대출을 이용하는 것이 일반적인데 이 또한 회사가 자체적으로 보유한 자산이 없는 서비스업 등 비제조업체의 경우 법인 명의 단독 대출이 힘든 경우가 많아 대표이사의 연대보증 등을 요구하는 곳이 많다.

(4) 신용보증기관

신용보증기관은 담보력이 부족한 창업 및 중소기업을 대상으로 신용보증을 해줌으로써 금융기관으로부터 자금조달을 원활하게 지원받도록 해주는 기관으로 이에는 신용보증기금, 기술보증기금, 지역신용보증재단 등이 있다.

신용보증기금(www.kodit.co.kr)은 창업기업지원, 신용보증, 기업경영지원, 신용보험 등의 중소기업 지원업무를 수행하고 있다. 기술보증기금(www.kibo.or.kr)은 기술력이 우수한 기업을 대상으로 기술보증서를 발급하여 금융기관에 자금을 지원받을 수 있도록 해주는 기관이다. 신용보증재단(www.koreg.or.kr)은 융자심사를 통해 중소기업의 시설/운전자금에 대한 자금지원 및 소상공인의 창업과 경영안정을 위한 경영컨설팅, 교육, 자금 등을 지원하는 업무를 담당하고 있다.

(5) 정부출연기관

중소기업청, 중소기업진흥공단, 테크노파크, 디지털산업진흥원, 소상공인진흥원 등 정부기관이나 정부출연기관의 기업지원 정책자금으로 자금을 조달할 수 있다. 이들 기관은 기존 중소기업들 뿐 아니라 예비창업자나 창업초기 기업들에 대해서도 다양한 지원사업을 하고 있으므로 이들 기관의 홈페이지의 사업공고를 수시로 참고 및 활용할 필요가 있다.

(6) 벤처캐피탈(창업투자회사)

벤처캐피탈은 우수한 기술과 아이디어는 있지만 경영기반이 약하여 자금조달이 어려운 창업기업에 대해 미래가치를 평가하고 투자하는 금융회사이다. 이들 회사들은 자금 뿐 아니라 경영자문이나 기업공개 자문 등의 서비스를 제공하고 있다. 한국벤처캐피탈협회(www.kvca.or.kr)에서는 창업투자회사(벤처캐피탈)들의 정보를 파악할 수 있고 중소기업창업투자회사전자공시(diva.kvca.or.kr)에서도 중소기업청에 등록된 창업투자회사의 투자활동과 관련된 상세한 정보를 확인할 수 있다.

P·A·R·T

창업경영 : 3

CHAPTER

08

자금조달과 투자유치

학 습 내 용

창업기업을 성공으로 이끌기 위해 소요자금을 안정적으로 조달하는 것은 매우 중요하다. 즉 창업기업의 자금관리 능력이 기업의 성패에 중요한 영향을 미친다. 이 장에서는 기업이 필요로 하는 자금조달에 중요한 방법, 특히 창업에 필요한 소요자금의 추정, 다양한 자본조달의 형태, 자본유치에 있어 필요한 기업가치 평가 등을 살펴보고자 한다.

01 필요자금의 조달과 운용

사업기회를 포착하고 이를 실현하기 위한 구체적인 사업계획이 완성되면 사업추진에 필요한 자금, 소위 종자돈(seed money)을 마련해야 한다. 그런데 예비 창업자들이 창업아이디어만 가지고 필요한 자금을 원하는 만큼 확보하기란 쉽지 않다. 현실적으로 사업을 하는데 있어서 가장 큰 애로사항은 자금조달과 관련된 것들이다. 따라서 창업자는 성공적인 창업자금의 조달과 효율적인 자금운용을 위해서 필요자금의 예측과 효과적인 자금조달 전략의 수립에 역점을 두어야 한다.

1.1 고려사항 및 운용계획

일반적으로 기업이 이용할 수 있는 자본조달의 형태는 내부 자본조달(internal funds)과 외부 자본조달(external funds)이 있다. 자금조달시 창업자는 우선 자본조달의 양이나 필요성 등에 대해 살펴볼 필요가 있으며, 자본조달의 영향요인에 대한 평가를 통해 자본조달 계획을 구체화할 필요가 있다.[1)]

(1) 기본적 고려사항

자금을 조달함에 있어서 다음과 같은 기본적 사항을 우선적으로 고려해 보아야 한다.

① 소요자금의 액수는 얼마인가?

② 자금의 용도는?

③ 조달된 자금에 의해 어떻게 경영성과를 향상시킬 수 있는가?

④ 채무상환 능력 및 계획은 있는가?

⑤ 사업곤란시 추가적 자금조달에 관한 대안은 있는가?

위와 같은 기본적 고려사항에 대해 살펴본 후에는 자본사용에 영향을 주는 요인들을 파악해야 할 필요가 있다. 이러한 요인은 다음과 같다.[2)]

① 자금시장의 동향(investor preference)

② 자금조달의 시간(time constraints)

③ 자금조달의 비용(costs)

④ 사업의 매력(glamour of venture)

⑤ 인간관계(contracts)

⑥ 경제 및 산업계 동향(nature of the industry)

그런데 창업자가 아닌 투자자의 입장에서 보면, 투자자는 위험/수익 모델(risk/return model)을 고려하여 위험이 높을 때 높은 수익을 요구하게 된다. 따라서 창업자들은 투자자가 위험부담을 작게 느끼는 방법으로 자본조달을 고려할 필요가 있다. 투자자에게 위험이 작게 보이게 하기 위해서는 다음과 같은 방법을 고려할 수 있다.

① 융자에 대해 개인/기업의 자산을 담보로 함

② 장기보다는 단기에 채무상환을 약속

③ 투자자에게 기업통제 수단 제공(경영참가 허용 등)

(2) 운용계획 수립

자본조달 및 운용계획은 중장기 및 단기로 나누어 추진하는 것이 합리적이다. 중장기적인 자금조달 및 운용계획을 수립하지 않고 즉흥적으로 창업을 한다면, 사업을 본 궤도에 올리기도 전에 여러 가지 장애에 부딪쳐 본격적인 사업을 영

위해 보지도 못하고 실패할 수 있다. 따라서 자본조달도 중장기 계획과 단기 계획을 동시에 세워 추진하는 것이 바람직하다. 이러한 조달 및 운용계획의 수립 절차는 다음과 같다.

1) 제1단계

필요 자금의 적절한 평가를 통해 총 소요자금 규모를 예측하고 자금조달 계획을 수립한다.

2) 제2단계

총 소요자금에 대한 자금조달 계획이 수립되면, 2단계로 자금조달 능력을 검토해야 한다. 자금조달 능력은 창업자 또는 창업멤버들의 인적자원, 금융기관과의 인맥, 담보력, 신용력 등을 포함한다. 조달형태에 따라서 내부자본과 외부자본으로 크게 구분해 볼 수 있다.

3) 제3단계

자금조달 능력의 적정성 평가이다. 자금조달 능력이 자금조달 계획치에 이르지 못하면 사업규모를 조정해야 할 것이다.

1.2 필요자금의 예측

(1) 필요자금 추정절차

창업시 향후 5년간의 소요자금을 정확히 예측한다는 것은 매우 어렵다. 그럼에도 불구하고 어느 정도 추정은 가능하다. 예컨대 추정 손익계산서나 대차대조표를 토대로 현금흐름표의 작성을 통해 필요자금을 예측할 수 있다. 그러나 매출액을 현실적으로 정확히 예측하기 어렵기 때문에 평균적 혹은 낙관적 심지어 비관적인 시나리오까지도 고려하는 것이 바람직할 수 있다.[3] 일반적으로 창업자들은 자신들이 포착한 사업기회를 과대평가하는 경향이 있기 때문에 매출액을

그림 8-1 필요자금 추정절차

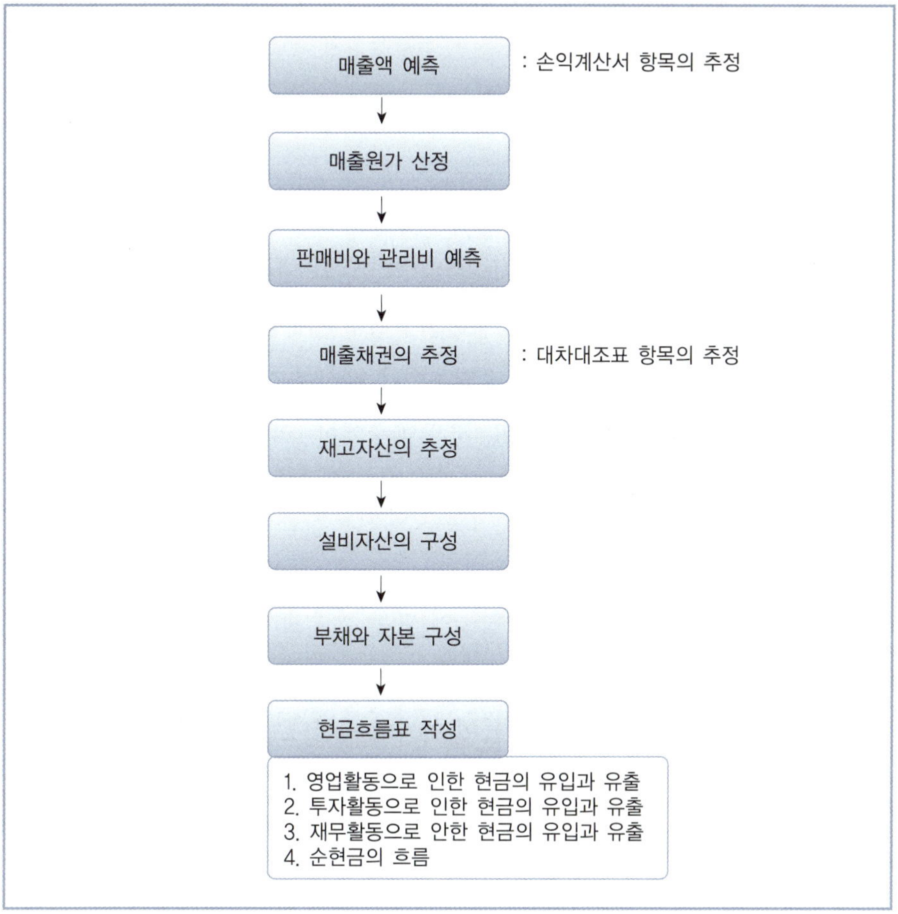

출처: 이장우(2000), 벤처창업, 법문사, p. 112.

과도하게 추정하는 경우가 많은데, 필요자금을 예측하는 데 있어서는 무엇보다도 객관적인 시각이 매우 중요하다. 현금흐름(cash flow)에 의한 필요자금을 예측하는 방법을 간략히 소개하면 다음과 같다.

(2) 현금흐름표 작성을 위한 예시

1) 매출액의 예측

매출액을 정확히 예측하기는 현실적으로 쉽지 않기 때문에 업계의 평균 매출액을 활용하거나 혹은 비관적 또는 낙관적인 추정치를 사용해 추정 재무제표를 작성할 수 있다. 예를 들어, 개당 50,000원 하는 제품을 생산하는 첫 해 1~4월에는 100개, 5~9월에는 300개, 10~12월에는 500개씩 판매가 이루어진다고 하면 매출액은 1억 8천만 원이 될 것이다.

2) 매출원가의 산정

매출원가는 제품생산에 들어가는 각종 비용을 말하는 것이다. 일반적으로 가장 많은 비중을 차지하는 것은 노무비(인건비)와 재료비라 할 수 있다. 그 외 기타 제조 간접비들이 포함된다. 제조업의 경우 매출원가는 대부분 매출액의 70% 이상을 차지하지만 이 경우에도 업종이나 생산규모 등에 따라 상이한 편이다. 앞서 제시한 예를 기준으로 보면, 첫해 매출액이 1억 8천만 원이라면 매출원가를 70%만 계산해도 1억 2천6백만 원이 매출원가가 된다.

3) 판매비와 관리비 예측

판매비와 일반관리비는 영업활동에 따른 각종 부대비용을 말한다. 예컨대 임차료, 통신비, 광고비, 접대비, 교통비와 여비, 소모품비, 각종 수수료 비용, 보험료, 공공요금 등과 같은 계정들이 여기에 속한다. 판매 및 관리비의 경우 업종이나 업무방식에 따라 매우 차이가 많으며 월별로도 차이가 많을 수 있다. 따라서 매출액의 일정 비율로써 평가하는 것은 바람직하지 않다. 그러나 평균적으로 일반 제조업의 경우 매출액 대비 약 10%이며, 최종 소비재들의 경우는 매출액 대비 약 20%를 상회하는 것으로 나타난다. 이해를 돕기 위해 앞서 제시한 매출액 기준 대비 15% 정도를 판매 및 일반관리비로 잡으면 약 2천 7백만 원이 판매 및 일반관리비에 해당된다.

4) 기타 영업활동으로 인한 현금유출

창업 1년 후 매출이 발생하여 현금유입이 발생하더라도 매출원가와 판매 및 관리비와 같은 현금유출이 있기 때문에 현금흐름을 계산하기 위해서는 이를 감안해야 한다. 매출원가와 판매 및 관리비 외에도 세금이나 재고자산, 외상매출금 등도 현금유출에 해당된다. 재고나 설비의 자산가치를 정확히 평가하기는 어렵다. 다만, 여기서는 이해를 돕기 위해 1년간 2백만 원으로 평가하고자 한다.

5) 투자활동으로 인한 현금흐름

투자활동으로 인한 현금흐름의 경우에는 설비투자에 따른 자본지출, 연구개발비, 부채상환, 이자비용 등이 여기에 해당된다고 할 수 있다. 제조업의 경우 기본적으로 설비투자에 매우 많은 돈이 든다. 제조업이 아니더라도 사업장을 마련하려면 기본적으로 적지 않은 돈이 투자되어야 하며 연구개발비 또한 많은 돈이 투자되어야 한다. 물론 이 또한 업종이나 사업방식에 따라 상이한 편이다. 창업후 첫 해까지는 투자활동으로 인한 현금유출이 많을 것으로 가정하고 1억 원을 설정하고자 한다.

6) 재무활동으로 인한 현금흐름

창업초기 자금이 부족하여 대출을 받거나 돈을 빌려온 경우가 있다면 재무활동으로 인한 현금흐름에 포함할 수 있다. 예를 들어, 창업을 위해 은행에서 5천만 원 대출금이 있다고 하면 이는 현금흐름에서 현금유입에 해당된다고 할 수 있다.

(3) 현금흐름표의 작성과 소요자금

앞서 설명한 현금흐름의 예시를 토대로 현금흐름표를 작성하고 이를 토대로 필요자금에 대해 논의하면 다음과 같다. 먼저, 현금흐름표는 여섯 단계로 계산해 볼 수 있다. 처음의 3개 부문은 영업활동으로 인한 것이다.

- 영업활동으로 인한 현금 유입(1): 순매출액 − 매출채권 증가액
- 영업활동으로 인한 현금유출(2): 매출원가 + 판매비와 관리비 + 조세 − 미지급세 + 재고 증가분 + 선급비용
- 영업활동으로 인한 순 현금흐름(3): (1) − (2) (본원적인 영업활동으로 창출)
- 투자활동으로 인한 현금흐름(4): 이자비용 + 부채상환 + 자본적 지출 + 연구개발비
- 재무활동으로 인한 현금흐름(5): 부채 차입 + 조건부 사채 등
- 현금의 증가: (3) − (4) + (5)

이러한 순서대로 앞서 제시한 예를 적용하면, 먼저 외상을 제외한 순매출액이 1억 8천만 원이라 할 때 매출원가와 판매 및 관리비는 1억 5천 3백만 원에 기타 5백만 원의 비용을 제외하면 2천 5백만 원이 영업활동으로 인한 순 현금흐름이 된다. 여기에 사업에 필요한 초기 투자금 1억을 빼고 대출금 5천만 원을 더하게 되면 −25,000,000원이 된다. 즉, 창업당시 1억 원의 자금을 준비하여 투자하고 중간에 은행에서 5천만 원 대출까지 받았다. 그리고 사업 첫해 매출이 1억 8천만 원 정도 발생했다고 하더라도 현금흐름을 기준으로 보면 최소 2천 5백만 원은 더 필요하다는 것이다.

하지만 현실적으로는 여기에 긴급자금을 더해야 하기 때문에 필요자금은 늘어나게 된다. 다만, 앞서 제시한 예시는 1년을 기준으로 한 것이기 때문에 실제 창업후 2~3년 후까지를 고려하면 소요금액은 달라질 수 있다. 게다가 비관적 혹은 낙관적 시나리오에 따라서도 소요금액 산정은 달라질 수 있다. 그런데, 여기서 창업자들이 반드시 고려해야 할 중요한 것이 있다. 그것은 창업에 필요한 자금보다는 창업 이후 매출이 발생하면서부터 실질적으로는 훨씬 많은 비용이 든다는 점을 반드시 기억해야 한다. 그 이유는 성장단계에 따른 자금조달에서 다시 설명하고자 한다.

1.3 자금조달 형태와 자금원

기업에서 자본조달의 형태는 크게 내부 자본조달(internal funds)와 외부 자본조달(external funds)로 구분하여 볼 수 있다.

(1) 내부 자본조달(internal funds)

- 창업자 개인의 출자금(equity)
- 이익(profit)에 의한 자본조달
- 자산의 매각

• 운전자본의 감축(재고, 현금 등 운전자본의 최소화를 통한 자금확보)
• 공급 업체와의 신용거래(지급어음의 연장으로 인한 운전자본의 증가)
• 외상매출금 조기 회수

(2) 외부 자본조달(external funds)

외부 자본조달은 지인(친척/친구), 개인투자자(엔젤투자), 대기업의 투자, 벤처캐피탈, 부채에 의한 자본조달(주로 금융권에 의한 조달), 주식시장(장외시장 포함)에 의한 자본조달, 정부지원금이나 소액투자 등 매우 다양하다.

1) 비공식 투자자

비공식 투자자는 주로 창업자와 친분이 있는 친구나 가족(친척), 직장동료 등으로부터 자본을 조달하는 방법이다. 이 경우 일반적으로 약정서와 같은 것을 작성하지 않는 경우가 많은데 비록 적은 금액이라 하더라도 최소한의 기록이나 문서화된 약정서는 있는 것이 좋다.

2) 엔젤 투자자

창업초기에 특별한 친분이 없이 개인적으로 투자하는 개인 투자자들을 일반적으로 엔젤 투자자라 한다. 이들로부터 자금을 조달 받기 위해서는 개인투자자에게 투자의 확신을 줄 수 있는 비즈니스 플랜이 필요하고, 개인투자자와 벤처기업을 연결시켜 줄 수 있는 네트워크의 활성화가 필요하다. 그러나 개인투자자의 자금을 사용할 때에도 문제점은 있다. 벤처캐피탈과 비교해서 전문적인 컨설팅이나 조언을 받지 못할 수 있고, 자금 곤란 시 추가적 지원을 하지 않는 경향이 있다. 또한 개인투자자의 수가 많을 경우 다양한 의견과 불난을 수용해야 하는 번거로움이 발생할 수 있다.

3) 벤처캐피탈

벤처캐피탈은 주로 벤처기업과 같이 위험은 높으나 고수익이 기대되는 사업에 높은 자본수익을 목적으로 투여되는 전문적인 투자자금이다. 다만, 창업초기에 있는 기업들이 벤처캐피탈로부터 투자받기는 매우 힘들다. 왜냐하면, 벤처캐피탈은 기본적으로 투자자금을 운용하는 회사이기 때문에 일정한 수익률을 확보해야 하기 때문이다. 따라서 위험이 높은 창업초기 기업보다는 스타가 될 가능성이 높은 기업들을 선호하는 경향이 있다. 투자방법으로는 벤처기업의 주식취득 및 소유, 전환사채의 취득 및 소유, 중장기 자금의 융자 등이 있다.

4) 부채에 의한 자본조달

부채에 의한 자본조달은 기업이 채무자로서의 의무를 다하기로 약정하고 제3자나 기관으로부터 자금을 차입하는 것을 말한다. 따라서, 부채에 의한 자본조달은 약정된 기간 안에서만 이용할 수 있는 기한부 자본으로서의 성격을 갖는다.[4] 부채는 채무상환 계획에 따라 상환되기 때문에 상대적으로 위험이 적은 자본이라 할 수 있다.

채권자는 부채를 상환할 수 있는 현금 창출력(이자 지급력)을 보고 기업에 대한 융자를 결정한다. 이때 채권자들이 주로 고려하는 것은 대상 기업의 담보가 될 만한 자산(assets)이나 채무상환에 필요한 현금유동성 즉, 현금흐름을 살펴보게 된다. 채권자들이 현금흐름을 볼 때는 주로 기업의 이자보상율(영업이익/이자비용×100)또는 부채자본비율(타인자본/자기자본×100)을 계산하여, 장기부채에 대한 이자지급 능력을 보게 된다.

부채에 의한 자본조달은 크게 현금대출(cash flow financing)과 자산담보부 대출(asset-based financing)로 나누어 볼 수 있는데, 현금대출에는 다음과 같은 몇 가지 유형이 있다.

- **단기 대출**: 1~2개월 등 1년 이내의 기간 동안 융자하여 주로 기업의 계절적 운용자금(seasonal working capital)을 충족하는데 사용된다.
- **장기 대출**: 장기부채는 차입기간이 1년 이상인 부채로 보통 10년 정도 차입하며 채무상환 계획에 의해 상환된다.
- **신용한도 대출**: 금융기관이 일정기간, 일정금액 범위 내에서 기업의 대출 약정에 의해 자본을 대출해 준다.

현금대출은 기업의 신용과 금융기관과의 거래내역이 있어야 용이하게 대출을 받을 수 있으나, 창업기업의 경우는 그렇지 못하기 때문에 주로 자산을 담보로 자본을 조달하게 된다. 부채 상환력이 없을 때 금융기관은 담보 자산을 차압하여 매각하게 된다. 자산 담보부 대출에는 다음과 같은 유형들이 있다.

- **외상매출금**: 매출채권을 담보로 한 대출은 외상매출금 중 90%까지 대출 가능하다. 산업특성에 따라 이러한 대출을 제도화한 것이 팩터링(factoring)이다.[5)]
- **재고자산 담보대출**: 일반적으로 완제품과 같이 매각이 쉬운 재고자산의 경우 시장가치의 50%까지 대출이 가능하다.
- **설비(장비) 담보대출**: 주요 장비나 설비를 담보로 해서는 3~10년 정도까지 대출이 가능하고, 시장가치의 50~80%까지 대출이 가능하다.
- **부동산 담보대출**: 부동산을 담보로 한 대출은 시장가치의 75~85%까지 대출이 가능하다.
- **개인 보증대출**: 창업자 자신 또는 타인의 보증으로 대출을 받을 수 있다.
- **신용장 담보대출**: 무역거래에서 신용장(letter-of-credit)도 거의 신용카드와 같이 사용 가능하며 대출을 받을 수 있다.
- **정부 보증대출**: 중소기업청을 비롯한 중소기업진흥공단, 소상공인진흥공단 등에서 보증부 대출을 시행하고 있다.

5) 주식에 의한 자본조달

기업공개에 의해 주식을 일반대중에게 모집 또는 매출한 후 증권시장에 상장시킴으로써 자본을 조달할 수 있다. 이는 기업이 직접금융을 보다 많이 활용하게 함으로써 재무구조 개선과 자기자본비용 절감효과를 가져다 준다. 그러나 창업기업이 기업공개에 이르기까지는 평균적으로 10년 이상이 걸리기 때문에 주식상장 이전 단계의 장외시장이 대안이 될 수 있다. 우리나라에서는 프리보드, 코넥스, 코스닥과 같은 시장들이 여기에 속한다.

표 8-1 다양한 자금원의 특징 비교

자금원	비 용							경영 통제권		
	무	고정률		변동률		이윤의 %	지분	규약	의견권	채무보증
		단기	장기	단기	장기					
창업자 자신			V				V		V	V
가족 및 친지		V	V				V		V	V
공급업체/신용거래	V	V				V				
은행		V		V			V			V
기타 대출기관		V	V		V			V		V
자산담보대출기관			V					V		
특수 금융기관		V	V					V		
보험사 및 기관투자가			V		V	V		V		
연금			V			V		V		
벤처캐피탈		V	V				V		V	
사적 지분매각							V			
주식공모						V	V			
정부투자기관			V		V	V				V
정부지원자금			V					V		V

출처: 정승화(1999), 벤처창업론, 박영사, p. 286.

1.4 성장단계별 소요자금 변동과 자금조달

(1) 미국 기술표준연구소의 소요자금 변동모델

사업을 하다보면 창업초기 예상했던 것보다 훨씬 많은 자금을 필요로 하는 경우가 매우 많다. 특히 창업초기의 어려움을 어느 정도 극복하고 나서 기업이 성장하기 시작하면 성장단계에 따라 소요되는 자금의 양이나 내용이 매우 달라질 수 있다. 일반적으로 창업자들이 가장 많이 범하는 실수는 제품만 생산되면 자금이 돌아갈 것이라 생각하는 것이다. 그러나 실제 사업을 해 보면 제품생산보다 시장개척이나 기업성장 등에 훨씬 많은 자금이 필요한 경우가 많다. 따라서 창업자들은 먼저 사업을 하는데 필요한 소요자금의 내용과 성장단계별 필요자금의 양을 파악하는 것이 중요하다.

사업분야에 따라 성장단계는 상이할 수 있으나, 미국 기술표준연구소(NIST)가 제시한 성장단계별 소요자금 변동모델은 창업자들에게 중요한 시사점을 제공한다. 미국 기술표준연구소에서는 제품이 생산되어 판매되기까지를 개념정립 → 모델제작 → 연구 시제품 → 양산용 시제품 → 제품생산 → 제품판매와 같은 6단계로 구분하고 있다.

일반적으로 창업자들은 사업 아이디어를 구체화하고 창업팀을 구성하여 사업계획서를 작성하는 개념정립 단계를 거쳐 제품에 대한 설계와 디자인을 토대로 제품을 시험제작 하게 된다. 즉, 목업(mock-up)과정을 통해 연구 시제품을 만들고 양산에 필요한 프로토타입(prototype)의 시제품도 만들게 된다. 견본형태의 시제품을 소량으로 만들어 테스트를 시행하고 문제가 없거나 반응이 좋으면 본격적으로 제품생산에 들어가게 된다. 그리고 제품이 생산되면 시장개척에 매진하면서 성장하게 된다.

그런데, 창업 예비단계(개념정립)에서 1차 시제품 개발이 완료되는 시점(창업단계)까지는 소요자금과 준비자금 간의 균형이 유지되어 자금 문제가 심각하게

그림 8-2 NIST의 벤처기업의 소요자금 변동 모델

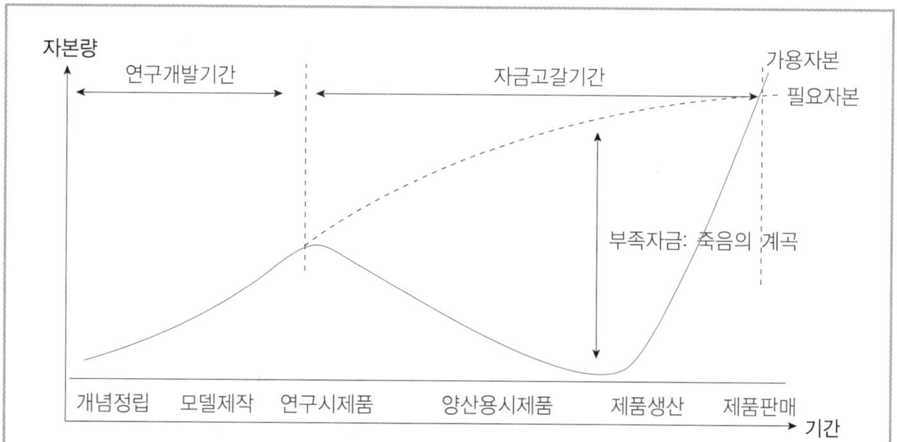

출처: 이장우(2000), 앞의 책, p. 129.

대두되지 않는다. 그러나 시제품에 대한 성능 검증이 완료되어 양산용 시제품을 개발하는 시점(시장진입 단계)부터, 개발된 제품의 매출실적이 양호하여 본격적인 성장이 가시화될 때까지 가용자금이 바닥나 심각한 자금부족에 시달릴 수 있다. 이 자금부족의 기간을 '죽음의 계곡(valley of death)' 이라고도 부른다. 이 기간을 어떻게 극복하느냐에 따라 사업의 운명은 달라질 수 있다.

(2) 성장단계별 자금조달

1) 창업초기 자금(early-stage financing)

창업초기에는 신기술과 신상품의 연구개발과 시제품의 제작에 필요한 종자돈과 같은 자금, 제품개발을 완성하고 제품의 생산에 필요한 자금, 개발된 상품을 광고하고 홍보하는 등 시장개척에 필요한 자금 등 다양한 자금이 필요하다. 자금조달의 방식은 창업자 자신을 비롯한 지인이나 금융기관으로부터의 대출, 대기업 투자나 엔젤 투자, 정부융자 및 보증대출, 삼자보증, 소액대출, 크라우드펀드 등 다양한 방법이 동원될 수 있다.

2) 기업확장 자금(expansion financing)

기업이 성장하고 상품의 판매량이 증가함에 따라 추가적으로 소요되는 운전자금과 시설확장을 위한 자금이다. 여기에는 다음과 같은 자금들이 필요하다.

- 초기확장 자금(second-stage financing): 매출이 발생하지만 손익분기점이상의 수익을 내지 못하고 있는 상황에서 필요한 기업의 운전자금이다. 이 단계에서는 주로 벤처캐피탈의 자본이 투자된다.
- 메자닌 자금(mezzanin financing): 매출액이 증가하고, 이익이 실현되며, 기업확장을 위한 투자자금으로서, 공장확장, 시장확대, 마케팅, 품질개선 등에 주로 사용되는 자금이다. 메자닌 자금은 주로 주식과 관련된 권리를 부여하면서 신용으로 자금을 조달하는 금융기법을 말한다.
- 연결 자금(bridge financing): 주식을 공개하기 6개월 내지 1년 전에 자본비율이나 소유구조를 재구성하고 재무구조를 정비하기 위하여 소요되는 자

금이다. 주요 자본 조달원은 벤처캐피탈이다.

3) 기업매수 및 인수자금(acquisition, MLB financing)

다른 기업을 매수하거나 다른 기업으로부터 사업의 일부를 흡수하는 데 필요한 자금으로 주요 자본 조달원은 벤처캐피탈, 주식시장 상장에 의한 자본조달이다.

그림 8-3 성장단계별 자본조달

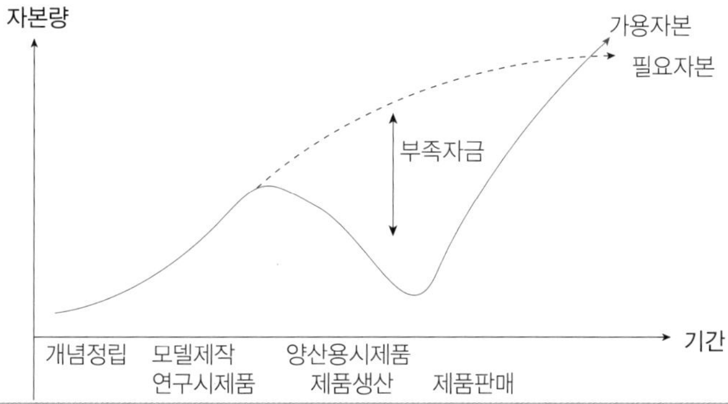

성장단계		창업예비 단계	창업단계	시장진입 단계	사업확장 단계	성장중기 단계	본격성장 단계
자금형태		씨앗자금	창업자금	시장개척 자금	초기확장 자금	메자닌자금/연결자금	
		창업초기자금			기업확장자금		기업매수/인수자금
주요 내부 자본 조달	창업자	←	—	→			
	이익					←	→
	채권관리				←	→	
주요 외부 자본 조달	친척/친구	←	—	→			
	엔젤		←	→			
	벤처캐피탈				←	—	→
	부채				←	→	
	장외시장					←→	
	주식시장						←→
	전략적 파트너			←→			

(←→): 성장단계별 주요 자본조달의 원천

출처: 이장우(2000), 앞의 책, p. 131.

이렇듯 기업은 성장단계에 따라 다양한 자금을 필요로 하며 성장단계별로 자금조달 방식 또한 다양하다. 이상의 내용을 미국 기술표준연구소의 소요자금모델과 연결하면 다음의 〈그림 8-3〉과 같다.

1.5 이해관계자 유치

필요자원의 획득은 창업활동의 필수적 요소이다. 특히 주변의 이해관계자들을 자신의 사업에 동참시키는 것은 창업의 성패에 중요한 영향을 미친다. 그러나 종업원, 고객, 공급업자, 투자자들로 하여금 기꺼이 사업에 동참하도록 만드는 것은 매우 어려운 일이 아닐 수 없다. 이러한 도전의 과정에서 창업자가 해야 할 과업은 이해관계자들에 대한 투자요구액을 최소화하고, 적절한 이해관계자들을 선택하여 그들이 사업에 동참하도록 설득하는 일이다.[6]

(1) 이해관계자 동참

일반적으로 이해관계자들이 사업에 동참할 때 위험을 부담하게 된다. 왜냐하면 자신의 투자지분을 회수할 수 없는 경우가 발생하기 때문이다. 예를 들자면 투자자들의 경우 회사가 도산할 경우 회사의 자산처분만으로 자신의 투자자금을 되돌려 받기 힘들다.

종업원의 경우도 마찬가지이다. 예컨대 대기업에 근무하다 벤처기업으로 옮긴 사람의 경우 회사가 문을 닫는다면 원래 회사로 돌아가기도 어렵거니와 그 동안 창업기업에 쏟아 부은 시간과 노력이 수포로 돌아가기 쉽다. 또한 공급자도 벤처기업의 주문에 맞추어 설계하고 생산하는 데 투여된 비용을 보상받기 어려운 경우가 많으며, 고객들도 A/S를 못 받거나 업그레이드가 안 되는 등의 불이익을 감수하게 된다.

특히 창업 기업은 기존 기업들에 비해 이해관계자들을 설득하는 데 있어 훨씬 큰 어려움을 겪게 된다. 그 이유는 기존 기업들의 경우 이미 충분한 투자자금을 확보하고 있고 이미 시장에서 경험과 신뢰를 확보하고 있는 경우가 많은 것에 비해 창업 기업은 투자자금이나 시장에서의 신뢰가 거의 없는 상태에서 이해관계자들의 동참을 끌어내기가 쉽지 않기 때문이다.

(2) 이해관계자 위험의 최소화

창업기업이 이해관계자들을 동참시키기 위해서는 가능한 한 손실을 최소화시킬 수 있는 방안들을 처음부터 고민하는 것이 중요하다. 이를 위한 방안에는 다음과 같은 것들이 있다.

1) 기존 자원의 활용

대체 사용 가능한 부품, 자본설비 및 장비들을 사용함으로써 전체 투자의 위험을 감소시킬 수 있다. 사용자원을 절약함으로써 기업이 실패했을 때 상대적으로 더 많은 투자자원을 회수할 수 있게 된다.

2) 상충관계의 고려

투자의 위험을 감소시킴으로써 이해관계자의 참여를 확보하는 것은 때론 기업의 수익성을 저해할 수 있다. 예를 들어 업계표준 및 기존 부품 사용은 경쟁자들의 복제와 더 높은 가변비용을 초래할 수도 있다. 따라서 창업자는 이해관계자가 특수한 이유로 인해 투자하기를 원하는 분야나 수익성이 뛰어나 설득하기가 용이한 분야에 우선적으로 투자유치를 하는 것이 바람직하다.

이와 함께 단계적 투자를 고려할 수 있다. 처음에는 최소한의 투자로 시작해서 점차적으로 이해 관계자가 확신을 얻었을 때 더 높은 수준의 투자와 참여를 유도하는 것이다.

(3) 이해관계자의 선정기준

창업자의 또 다른 과제는 가장 의욕적이고 위험을 감수할 수 있는 이해관계자를 선정하는 것이다. 다른 모든 조건이 동등하다면 가장 바람직한 이해관계자는 다음의 특성을 갖춘 사람이다. 즉, 분산 투자자, 경험과 전문지식 보유자, 잠재

능력 보유자, 모험 추구자 등이다.

1) 분산 투자자

분산 투자를 하고 있는 이해 관계자는 분산 투자하지 않은 이해관계자보다 기업에 대한 투자의 위험을 더 감수할 수 있다. 예컨대 여러 공급업자의 제품을 취급하는 유통업자는 단일의 공급업자를 상대하는 유통업자보다 부담이 적을 것이다.

2) 경험과 전문지식 보유자

경험과 전문지식을 가진 사람들의 참여는 역시 다른 이해관계자들의 참여를 유도하게 된다. 예를 들어, 창업기업의 지원에 대한 경험과 명성이 있는 법률 및 회계법인의 참여를 유도하거나 여러 벤처회사에서 경험을 쌓았거나 전문지식을 보유하고 있는 개인들의 동참을 유도하는 것이다.

3) 여유능력 보유자

여유 자원 및 능력을 가진 이해관계자들의 경우 참여에 따른 위험을 더 낮게 지각할 수 있다. 예를 들어, 제품취급에 있어 여유 능력을 가진 유통업자들을 끌어들이는 것이 보다 안정적으로 사업을 운영하는 방법이 될 것이다.

4) 모험 추구자

모험 기피자보다는 모험 추구자들이 창업과정에 동참할 가능성이 더 높다. 그러나 모험 추구자들은 변덕스럽다. 전문성이 결여되었거나 미래에 투자할 준비가 되어있지 않은 사람들일 수 있다. 예컨대 벤처투자를 복권구매 혹은 기부금 출연과 같이 여기는 경우 이들의 참여는 보수적 이해관계자들에게 부정적 영향을 끼칠 수 있다. 그러므로 상충관계를 고려해서 판단해야 할 것이다.

(4) 이해관계자들에게 확신감 심어주기

사업에 성공하려면 투자 참여자들의 관심과 협조를 이끌어내야 한다. 창업자들이 투자자들에게 관심과 신뢰를 보여주고 그들에게 확신감을 심어주기 위한 방법에는 다음과 같은 것들이 있다.

1) 창업자 특성

이해관계자들에게 사업에 대해 확신감을 가질 수 있도록 유도할 수 있는 자질이 필요하다. 예컨대 확실한 약속과 신뢰심 그리고 이해관계자들에 대한 공정한 보상, 어려울 때 도중에 포기하지 않는 기업가정신 등이 중요한 자질이 될 수 있다.

2) 피드백 기법의 활용

피드백 기법은 모든 사람들이 동참하고 있다는 것을 각 참여자에게 확신을 주는 것이다. 즉, 대안은 한 참여자로부터 기업참여에 관한 확약을 얻어내고 그 확약이 다른 참여자로부터 또 다른 확약을 유도하여 반복하는 것이다. 예를 들어, 고객들에게 신제품에 대한 구매욕구를 이끌어내고 이를 시제품 제작을 위한 자금조달에 이용하고, 엔지니어로 하여금 시제품 제작에 참여를 설득하고, 상세한 제품정보를 원하는 고객들에게 참여자에 대한 정보를 추가적으로 제공함으로써 구매를 유인하는 것과 같은 방법이다.

3) 기타 경영기법들

창업자는 경영 스케줄의 개발, 적정 필요자원의 인식, 장애요인의 예견, 스텝관리 등을 통해 이해관계자들의 참여를 유도할 수도 있다.

- **경영 스케줄의 개발:** 비즈니스 플랜과 마찬가지로 이해관계자들의 유인 프로그램이 체크되어질 수 있도록 그리고 참여약속이 지켜질 수 있도록 잘 구성되어야 한다. 만약 이해관계자가 갑자기 참여를 거부하는 경우 전체적인 창업계획에 신용을 떨어뜨리고 자원조달도 차질이 생기기 때문에 철저한 계획과 더불어 대체안을 미리 준비하는 것도 중요하다.
- **적정 투자수준의 인식:** 성공적 창업자는 창업에 필요한 투자의 정도를 정확히 알고 있다. 필요자원의 최저수준을 안다는 것은 효과적인 협상을 위해 유익한 일이다.
- **장애 요인들의 예견:** 미래의 불확실한 장애 요인을 고려할 필요가 있다. 그러나 중요한 것은 그 문제가 왜 일어날 수 있는지 그 이유를 찾아내는 일이

다. 이를 통해 현실적인 해결책을 찾아내고 긴급대책 계획 등을 통해 불확실성에 대처할 수 있는 준비를 해야 한다.

- **지속적 관리:** 기업의 경영방침이나 계획들이 이해관계자들의 투자 약속 이후에 파기되는 일이 발생할 수 있다. 따라서 이해관계자들에 대한 관심과 지속적 관리를 통해서 발생할 수 있는 문제점들에 대한 합의와 동의를 얻어내야 할 필요가 있다.

02 벤처캐피탈과 엔젤투자

많은 경우 창업자의 초기자본으로 기업을 시작하지만 기업이 성장하면서 일정 단계에 들어서면 많은 자본이 필요하게 된다. 자기의 자본이 고갈되면 창업자는 다른 자본 조달원을 모색해야 한다. 이때 창업자가 고려해보아야 할 대상이 벤처캐피탈과 엔젤투자이다. 벤처캐피탈은 투자자금뿐만 아니라 경영지원까지 받을 수 있어 창업자에게는 매력적이다. 그리고 엔젤투자는 벤처캐피탈의 지원을 받을 수 없는 초기단계에 자금원이 될 수가 있다. 이 장에서는 벤처캐피탈 및 엔젤투자자의 기능과 역할 등을 살펴보고 벤처캐피탈사와의 투자 협상문제와 투자유치 전략을 살펴보고자 한다.

2.1 벤처캐피탈의 이해

(1) 벤처캐피탈의 개념

벤처캐피탈은 '벤처비즈니스에 투자하고 성장을 지원하는 기업' 이라고 할 수 있다. 즉 벤처캐피탈이란 고도의 기술을 가지고 장래성은 있으나 아직 역사가 일천하고 경영기반이 취약하여 일반 금융기관으로부터 융자받기 어려운 벤처기업에 대하여 자금을 공급하고 그 성장을 지원하고자 하는 기업 또는 투자자 그룹을 의미한다. 벤처캐피탈은 융자를 위주로 하는 기존의 금융기관과는 자금의 지원

표 8-2 벤처캐피탈과 일반금융기관의 비교

구분	지원형태	담보	투자금회수방법	성과보수	위험
벤처캐피탈	투자	없음	상장후 지분 매각	투자기업의 경영성과에 따라 차이	고위험
일반금융기관	융자	있음	일정기간후 원금회수	일정금리요구	저위험

출처: 이장우(2000), 앞의 책, p. 146.

방식, 투자금의 회수방법, 성과보수, 리스크 등에서 다음과 같은 차이가 있다.

기존 금융기관이 일정한 담보를 조건으로 융자형태의 자금을 지원하는 반면에 벤처캐피탈은 유형의 담보를 요구하는 것이 아니라, 투자 대상 기업의 기술력, 성장성, 수익성 등을 평가하여 무담보 주식투자를 원칙으로 한다. 성과 보수면에 있어서 일반 금융기관은 투자기업의 경영성과에 관계없이 일정 금리를 요구하는 반면, 벤처캐피탈은 투자 대상 기업의 성공여부에 따라 투자금 대비 높은 수익을 얻을 수 있다. 그러나 투자 대상 기업이 실패하는 경우에는 투자금을 전혀 회수할 수 없는 투자위험을 부담하게 된다. 따라서 벤처캐피탈은 고위험을 부담하고 고수익을 바라는 모험자본이라 할 수 있다. 그리고 이러한 위험을 감소시키기 위해 투자 대상 기업의 경영에 적극 참가하여 창업기업을 성공으로 이끌려고 노력하게 된다.

(2) 벤처캐피탈의 기능

1) 자금지원

벤처캐피탈은 기업에 자금을 공급하는 기능을 가지고 있기 때문에 금융기관과도 유사하다고 할 수 있다. 그러나 벤처캐피탈은 기업을 성장시키지 않으면 소기의 투자이득을 얻을 수 없고 투자기업과 위험부담을 함께 하기 때문에 수동적인 기능을 수행하는 은행의 융자와는 성격을 달리한다.

2) 기업성장의 지원

벤처캐피탈은 투자가치를 높이기 위하여 투자기업의 경영을 적극적으로 지원

표 8-3 벤처투자자의 특성

평가기준	• 강력한 경영관리팀 • 기회의 희소성 • 적절한 수익률
벤처포트폴리오의 목표	• 총금액의 20%: (초기단계) 50%~60% 투자수익률 • 총금액의 40%: (개발자금투자) 40% 투자수익률 • 총금액의 40%: (합병투자) 30% 투자수익률
벤처협상의 가격결정요인	• 수익률 • 현재와 미래의 자금 규모 • 협상내용 • 투자자와 기업가의 관계 • 기업가의 투자금액 • 기업의 전망 • 성장가능성 • 쇠퇴가능성 • 유동성 • 사업종료 용이성
벤처투자자들의 지침	• 비용이 생각보다 클 것이다. • 계획보다 기간이 길 것이다. • 원하지 않는 사건이 발생할 것이다.

출처: 이장우(2000), 앞의 책, p. 165.

하는 경우가 많다. 이와 같이 벤처캐피탈이 투자기업을 육성, 지원하는 것은 종국적으로 더 많은 자본이득을 얻기 위해서도 필요하지만, 불확실성이 높은 신생기업에 대한 투자를 더욱 안전하게 하는 수단이 되기도 한다.

3) 기업상장 시 주식공개 지원

미공개 기업이 상장을 추진할 때, 규정에 의해 구주주가 일정 분량의 주식을 공개할 필요가 있다. 그러나 대주주간 경영권 문제, 공개시기와 주가의 예상 등의 문제로 인하여 필요한 시기에 필요한 주식수가 공개되지 못하는 경우가 있다. 이러한 경우에 벤처캐피탈은 기업의 요청에 의해 기업공개 주관사인 투자은행과의 협상을 통해 필요한 주식을 공개함으로써 원활한 기업상장을 위한 도움을 제공한다.

(3) 벤처캐피탈의 특성

필요자금을 벤처캐피탈을 통해 조달하고자 하는 경우 벤처캐피탈사의 특성을 이해할 필요가 있다. 벤처캐피탈사의 목표는 기본적으로 높은 성장 가능성과 수익력을 가진 사업에 투자하여 높은 수익을 내는 것이다. 그래서 벤처캐피탈은 그들이 투자할 사업안을 선택하기 위해 여러가지 기준을 사용할 수 있다. 예를 들자면 '투자기업의 경영능력이 강력하여 위기상황을 돌파할 힘이 있는가?' 또는 더 좋은 다른 투자기회가 있는지의 여부도 고려한다. 또한 투자전략에 있어서 일반적으로 총자금 중 20%는 50%~60%의 투자수익이 나오는 초기단계의 사업에 투자를 하며 40%는 40% 정도 투자수익이 나오는 개발자금에 투자하는 성향이 있다고 한다. 그리고 나머지 40%는 30% 정도의 수익을 내는 합병과 인수자금으로 이용하는 것으로 조사되고 있다.

벤처투자의 결정요인은 수익률, 현재와 미래의 필요한 자금규모, 협상내용, 투자자와 창업자의 관계, 창업자의 투자금액, 기업의 전망, 성장 가능성, 청산능력, 사업종료의 용이성 등 매우 다양하다. 또한 투자협상시 협상비용이 생각보다 크고 협상기간이 길어질 수 있으며 원하지 않는 사건이 발생할 수 있기 때문에 벤처투자자들은 항상 이 점에 유의하여 조심스럽게 대응하려는 자세를 가지고 있다.[7)]

2.2 벤처투자에서의 협상

벤처캐피탈리스트는 창업기업들에 자금을 제공하는 대신 수익이나 안전망을 확보하는 차원에서 투자대상 기업에 많은 요구와 단서조항을 둔다. 예를 들자면 벤처기업이 성장하여 주식시장에 상장될 때 무제한적인 권리를 요구한다든지, 공모비용을 기업이 부담하기를 원하거나, 기업이 수익을 내지 못할 경우 주식을 몰수하기를 바랄 수 있다. 따라서 이 장에서는 벤처캐피탈과의 투자심사과정과 벤처캐피탈과의 협상에 필요한 투자 계약의 세부사항과 권리 · 의무 관계를 살펴보고, 협상시 유용한 방법들을 살펴보고자 한다.[8)]

(1) 투자심사 기준

창업기업으로부터 투자제안이 들어오면 대개 벤처캐피탈회사들은 1차적으로 자신들의 관심에 부합하는 사업인지에 대해 검토(screening)하게 된다. 이 과정에서 기초자료를 수집하여 검토하기도 하고 창업자에 대해 인터뷰를 실시하기도 한다. 2단계는 사업계획에 대한 평가로 시장 및 산업자료를 수집하고 분석하여 사업성 및 기술성에 대한 실사를 벌이고 경영진에 대한 평가(reference check)를 하게 된다. 3단계는 사업계획서 발표이다. 창업자는 벤처캐피탈리스트에게 사업내용에 대해 구두로 발표하는 것이다. 마지막 단계는 주로 외부기관에 의한 회계 및 법무실사, 가치평가 등을 통해 투자조건에 대한 협상을 마련하고 모니터링 계획을 마련하여 투자를 결정하게 된다.

회사에 따라 차이는 있겠지만 일반적으로 10주 정도가 소요된다. 벤처캐피탈리스트의 주요 심사기준은 주로 다음과 같은 것들이다.[9)]

1) 창업자/창업팀

- 관련 산업 분야에서의 경험, 성공적 사업수행 경험
- 균형있게 구축된 창업팀
- 창업자의 역량(기술, 경영, 파트너십 등)

2) 제품/서비스

- 제품이나 서비스의 유통채널 확보가능성
- 경쟁력(혁신성, 방어력)
- 고객에게 분명하고 가시적인 가치의 제공여부

3) 시장특성

- 시장의 크기와 잠재적 성장성
- 시장진입의 유연성과 진입장벽
- 시장공략에 필요한 잘 짜여진 전략

4) 재무적 특성

- 재무계획의 현실성
- 회수계획 및 전략

5) 기타

- 경영조직 구조(이사회 구조)
- 자금의 원천(공동 투자자)
- 파트너십 및 이해관계자 구조

(2) 협상을 위한 틀

창업자가 벤처캐피탈사에게 투자를 받기 위해서는 투자협상시 투자 계약에 따른 권리 · 의무관계의 세부사항에 합의를 해야 한다. 기본적인 협상의 논리는 벤처캐피탈사의 경우, 투자의 손실위험에 대한 충분한 보호와 투자대상기업이 성공적인 경우 추가적인 투자에 대한 유리한 지위를 보장받기를 원할 것이다. 그리고 창업기업의 입장에서는 그 반대의 것을 원할 것이다. 이런 상충된 입장에서 성공적인 투자협상을 위해서는 창업자는 다음과 같은 사항을 고려해야 한다.

1) 기업의 가치평가

창업자는 벤처캐피탈사로부터 투자를 유치하기 전에, 반드시 기업의 가치를 평가해야만 정당한 투자자금을 확보할 수 있다. 그리고 투자에 대한 반대 급부로 벤처캐피탈사가 받을 지분(주식)의 종류를 결정해야만 할 것이다. 만약 기업의 장부가치가 낮더라도 독점기술이나 성장잠재력 등의 요인이 있다면 기업의 가치는 높게 평가받을 수 있고 투자협상 시 유리한 위치를 차지할 수 있다. 또한 회계법인과의 연계를 통해 합리적인 가치평가의 근거자료를 축적하는 것도 좋은 방법이다.

2) 지분의 종류

벤처캐피탈사는 투자대상기업에 일거양득을 원할 수 있다. 즉 기업이 성공하면 고수익을 보장하는 상당 부분의 지분을 원할 것이고, 만약 실패하더라도 청산 시 투자액 보존을 위한 채권을 원할 것이다. 그래서 일반적으로 벤처캐피탈사는 기업의 상환우선주나 무담보사채에 투자를 하게 된다. 기업이 성공적이라면 상환우선주나 무담보사채를 보통주로 바꾸고, 실패하더라도 기업이나 보통주의 소유주보다는 먼저 일정액을 보장받을 수 있기 때문이다. 따라서 창업자는 될수록 벤처캐피탈사에게 보통주로 구성된 투자를 하게끔 해야 할 것이다. 이를 위해서는 기업의 협상력을 높여야 할 필요가 있다.

3) 투자자 보호조항

벤처캐피탈사는 자신들의 투자를 보호하기 위해서 지분희석화 방지조항(anti-dilution clause)[10]이나 투자기업이 실패하거나 계약상의 기업 목표에 도달하지 못하면 기업의 일부 혹은 모든 주식을 벤처캐피탈사에게 양도하게 하는 성과·몰수(performance · forfeiture)조항, 그리고 이사회 이사선임권과 같은 조항들을 요구하게 된다. 이러한 것은 벤처캐피탈사로는 정당한 권리이고 창업자도 이런 점을 염두에 두고 협상을 해야 할 것이다. 만약 이러한 조항에 합의를 했다면 기업성장의 초기 단계에서는 항상 주식의 상당 부분을 몰수당할 수 있는 위험에 처하게 된다. 그러나 이런 위기감은 창업자에게 기업을 성공적으로 이끌 수 있는 동기를 부여할 수도 있다. 그리고 기업이 성장하여 안정화 단계에 이르면 기업가치를 재평가하여 현실성 있는 토대 위에서 벤처캐피탈사와 재협상을 벌여 이런 조항들을 삭제해야 할 것이다.

4) 고용계약

벤처캐피탈사는 투자조건으로 기업의 종업원에 대한 봉급, 상여금, 복지혜택과 해고 등에 관한 조항을 계약에 포함시킬 수가 있다. 이는 오히려 종업원의 사기에 영향을 미칠 수 있고 벤처캐피탈사가 기업을 지원하는 것이 아니라 오히려 지배권을 장악하려는 것일 수 있으니 주의해야 한다.

5) 경영권

벤처캐피탈사는 일반적으로 기업의 소유권 관심 정도에 따라 기업의 이사회에 한 명 이상의 이사참여를 원할 것이다. 따라서 기업을 합병할 것인지, 자산을 청산할 것인지 또는 추가적 주식을 발행할 것인지 등의 중요 의사결정에 참여한다. 이는 기업경영의 지원적 수단이 되는 것이 일반적이지만 다른 측면에서는 기업의 경영권에 위협요소가 될 수도 있다.

6) 기업공개

벤처캐피탈사는 투자하기 전에 기업에 관한 정보를 광범위하게 알고자 할 것이다. 창업자는 기업을 벤처캐피탈사에 공개하기 전에 기업의 재무상태와 법적인 문제점 등이 없다는 것을 증명해야 한다. 따라서 벤처캐피탈사에 기업을 공개하기 전에 변호사 및 회계법인의 도움을 받아 충분한 준비를 해야 한다.

7) 권리수정

벤처캐피탈에게 주어진 권리가 기업의 생존을 위협할 수 있는 상황을 막기 위해서 권리수정에 관한 조항을 협상시 계약서에 포함될 수 있도록 하는 것이 좋다.

(3) 벤처캐피탈과의 거래시 유의사항

벤처캐피탈은 다수의 기업에게서 다양한 조건으로 투자제의를 받고 있으므로 이들과 거래하기를 원하는 기업가는 조심스럽게 접근할 필요가 있다. 벤처투자자와 거래를 할 때 기업가는 아래의 사항을 항상 고려해야 한다.[11)]

- 벤처투자자들은 공개된 거래를 싫어하기 때문에 다수의 벤처투자자들에게 공식적인 접근을 하는 것은 바람직하지 않다.
- 특정한 벤처투자자와 거래를 시작한 후에 다른 벤처투자자와는 가급적 거래를 하지 않는다. 벤처투자자들은 자신의 투자정보가 다른 투자자에게 알려지는 것을 원하지 않는다.
- 벤처투자자와 좋은 관계를 유지하려면 믿을 수 있는 중개자를 통하여 접근하는 것이 좋다. 이때에는 중개자의 보상과 역할을 분명히 밝혀둘 필요가 있다.
- 벤처캐피탈과 상담을 할 때에는 중개자보다 창업자가 대화를 주도하는 것이 바람직하다. 첫 만남은 협상이 아니기 때문에 창업자가 자신을 알릴 수

표 8-4 엔젤투자의 일반적 특성

투자규모	투자기업	투자회수 기간	기대수익률	오너십 지분
$250,000	창업초기 기업	5~7년 이내	연간 35~50%	50% 이내

출처 : William E. Wetzel, University of New Hampshire's Center for Venture Research, as reported in Small Business Reports (April 1993), p. 39.

있는 기회로 사용하는 것이 좋다.

■ 첫 만남에서 사업에 관한 중요한 문제들과 불리한 내용들을 동시에 밝히는 것이 좋다. 진실한 자세는 벤처투자자와의 장기적 관계유지에 중요하다.

■ 재무거래에서는 복잡한 절차와 문제들이 따르므로 벤처투자자에게 급작스런 결정을 내리도록 강요하는 것은 바람직하지 않다.

■ 벤처투자자가 내린 결정의 기준에 대하여 불만을 제기하지 않는 것이 좋다.

■ "이 상품은 경쟁상대가 없다거나, 이런 기술은 아직까지 없다"는 등의 말은 하지 않는 것이 좋다. 왜냐하면 스스로 연구와 조사가 부족함을 밝히는 것이 될 수 있기 때문이다.

■ 현재의 봉급, 혜택, 기타의 보상에 대한 지나친 관심을 보이지 않는 것이 좋다. 벤처자금을 새로운 사업에 사용하지 않는다는 오해를 받을 수 있다.

■ 새로운 자금을 기존 부채나 이연된 임금의 지급 등 과거문제 해결에 사용하지 않는다. 벤처투자자의 자금은 신규사업의 미래와 성장을 위한 것이다.

표 8-5 엔젤투자와 벤처캐피탈의 차이점

주요 차이점	비즈니스 엔젤	벤처캐피탈리스트
개인적 특성	창업자와 유사	투자자
투자특성	소규모, 창업초기 기업	대규모, 성숙기업
실사수행	최소 수준	광범위
투자처 위치	관심을 가짐	중요하지 않음
계약관련 사항	단순한 편임	광범위한 편임
투자후 관리 · 감독	적극적 참여	전략적 참여
사업회수(exit)	상대적으로 덜 관심	매우 중요함
수익률	상대적으로 덜 관심	매우 중요함

출처: Donald F. Kiratko and Richard M. Hodgetts(2004), Entrepreneurship, 6th Edition, Thomson, p. 506.

2.3 엔젤투자

(1) 엔젤투자자의 이해

엔젤투자자란 건강한 여유자금을 유망한 기술이나 아이디어를 가진 벤처창업자나 초기 창업기업에 직접 투자하여 친지와 같은 믿음과 애정을 가지고 그 기업이 성공에 이르기까지 후원하는 투자자를 말한다.[12] '엔젤' 이란 1920년대 미국 브로드웨이에서 오페라 공연을 추진하는 단체가 자금이 고갈되었을 때 자금을 지원해주는 독지가들이 나타났고, 이들에 대하여 오페라 연출자가 천사들 때문에 오페라의 공연이 가능했다는 감사의 말을 표현한 데서 유래가 되었다.

엔젤투자자가 잘 발달된 미국의 경우 엔젤투자 규모는 벤처캐피탈 투자규모와 거의 비슷한 수준이다. 투자는 5~10인의 그룹으로 하는 경향이 있으며 성공한 기업가가 투자를 주도하며 투자빈도는 평균 1.5년에 1회 수준이고, 보유자산의 10%정도를 투자한다. 지리적으로 자택에서 100 마일이내 기업에 투자하는 경향이 높고 하이테크 기업에 투자하고 부동산 투자는 배제한다. 또한 투자자와 벤처기업을 상호 연결하는 민간 네트워크를 구성하여 효율적인 엔젤투자가 될 수 있도록 하고 있다. 미국 엔젤투자의 이러한 특징을 간략히 요약하면 〈표 8-4〉와 같다.

이렇듯 엔젤투자자는 벤처캐피탈리스트와 구별되는 특징들이 많이 존재한다. 예를 들어, 벤처캐피탈은 기본적으로 타인 자본의 운영자로서 선량한 관리자의 의무(fiduciary duty)를 가지기 때문에 아무리 성장성 및 향후 시장 가능성이 뛰어나더라도 과도한 투자위험을 가진 투자대상에 투자하기 어렵다. 그래서 주로 성장기에 있는 기업들에 투자를 하고 기업공개를 통해 투자금을 회수하려는 성향이 강하다. 반면, 엔젤투자는 벤처캐피탈 투자가 이루어지기 전단계에 주로 투자를 하기 때문에 벤처캐피탈 투자전까지의 중간 간극을 메워주는 역할을 한다. 엔젤투자는 경기에 덜 민감하기 때문에 벤처캐피탈에 비해서 훨씬 광범위한 혁신에 투자하는 것으로 보고되기도 한다. 엔젤투자의 이러한 특징을 벤처캐피탈과 간략히 비교하면 〈표 8-5〉와 같다.

(2) 엔젤투자의 필요성과 현황

창업기업들에게 자본조달은 매우 어려운 일이다. 왜냐하면 신생 창업기업에게 주식시장의 활용이 불가능하고 외부 자본조달원인 금융권은 담보위주의 융자 관행을 시행하고 있기 때문이다. 기업이 금융차입에 지나치게 의존할 때 부채비율의 상승으로 도산의 원인이 될 수 있다. 따라서 초기 성장단계에서 엔젤투자자의 유치는 필수적이다. 또한 벤처캐피탈은 사업화가 이루어진 기업에 집중될 뿐만 아니라 창업기업의 경우는 투자규모가 작아서 벤처캐피탈이 투자하기에는 적합하지 않는 경향이 있다. 따라서 창업기업은 엔젤투자를 필요로 한다.[13]

미국의 경우 엔젤투자협회(Angel Capital Association)에 의하면, 창업초기 기업의 약 97%, 거래금액 기준으로 약 70%가 엔젤투자로부터 투자금을 유치할 정도로 미국에서의 엔젤투자는 창업기업에게 매우 중요한 자금원의 역할을 수행하고 있다. 또한 창업초기 기업을 대상으로 보면, 2009년과 2010년에 투자규모가 벤처캐피털 투자규모와 대등한 것으로 나타나고 있다.

우리나라의 경우도 엔젤투자의 중요성이 부각되면서 정부가 엔젤투자 제도의 활성화를 유도하고 있다. 엔젤투자에 대한 세금 감면혜택, 엔젤 네트워트 강화, 엔젤투자조합 결성요건 완화 등으로 엔젤투자 제도를 지원하고 있다. 예컨대 최근 정부에서는 엔젤투자에 대한 소득공제의 범위를 확대하여 엔젤투자 5,000만원까지 30%로 되어 있는 소득공제를 50%까지 확대하기로 했다. 또한 재투자를 유도하기 위한 세제혜택 방안으로 회수금 재투자에 대해 양도세를 이연하는 것으로 제시했다.

그럼에도 불구하고 엔젤투자자들이 투자자금을 회수할 수 있는 방안이 기업공개 외엔 없어 활성화의 어려움을 겪고 있다. 예컨대 엔젤투자의 인구를 살펴보면 2009년 기준으로 미국은 전체 인구의 약 0.2~0.3% 정도가 엔젤투자를 하는 것으로 나타난다.[14] 반면 우리나라의 경우 중소기업청에 등록된 엔젤투자 인원을 기준으로 보면 전체 인구의 약 0.0025%이다. 2009년을 기준으로 GDP 대비 엔젤투자 비중은 미국이 0.13%이며 우리나라는 0.003%이다. 미국의 경제규모가 우리나라의 약 11배 수준이라면 엔젤투자는 39배 수준에 달한다고 볼 수 있는 것이다.

(3) 엔젤투자자의 유형

엔젤투자자를 유형별로 구분하는 것은 벤처기업의 상황에 적합한 개인투자가를 선정하는데 유익한 통찰력(insight)을 제공할 수 있다. 이러한 엔젤투자자를 9가지 유형으로 구분하면 다음과 같다.[15)]

1) 가치창출형 (value-added investors)

가치창출형 엔젤투자자는 경험이 많은 전직 투자은행가(investment banker), 또는 전직 벤처캐피탈리스트로서 창업기업에 투자하여 그 기업의 가치를 높여서 투자수익을 추구하는 사람이다. 이런 가치창출형 투자자는 창업기업이 직면한 자금문제나 경영문제에 적극적으로 참여하여 해결사 역할을 한다. 또한 전문가적 투자시각을 가지고 있기 때문에 단기의 투자 실사기간을 거쳐 투자하며 자신의 전문분야에 국한된 투자를 하는 경향이 있다. 그리고 투자기업에 대한 경영관리 및 통제, 자문을 쉽게 하기 위해 자신의 거주지역과 인접한 곳에 투자한다. 이런 투자자들은 투자시 다음과 같은 4Ps를 요구하는 경향이 있다.

- passionate: 창업자가 기업에 대한 사랑과 열정을 가지는가?
- persistent: 기업이 목표달성을 위해 열정을 갖고 끊임없이 노력하는가?
- pleasant: 창업자와 함께 하는데 있어서 즐거운 면이 있는가?
- penetrable: 투자자의 조언을 받아들이는가?

2) 투자수익 지향형 (deep-pocket investors)

투자수익 지향형 엔젤투자자는 벤처기업을 상장 또는 매각시킴으로써 투자수익을 실현하려는 투자자로서 기술자가 아닌 기업 경영자의 배경을 가진다. 이런 유형의 투자자는 기업경영의 배경을 가지고 있기 때문에 위험을 감소시키기 위한 협상(deal structure)을 강조하고, 자신의 전문분야에만 투자하고, 사외이사의 형태로 투자기업에 대한 경영감시 및 통제권을 가지려고 한다. 또한 투자기업의 인적자본과 사업계획을 중시하고 투자 이외에도 경영컨설팅 등을 통해서 기업에 공헌하며, 지역적으로 인접한 기업에 투자를 한다.

3) 사회공헌형 (socially responsible investors)

사회공헌형 엔젤투자자는 벤처기업의 특정 사업에 깊이 관여하면서, 벤처기업을 양성하는데 주목적이 있다. 이들은 사업에 대한 실제적 지식은 약하나, 벤처기업에 관계된 사람들과의 상호작용을 통해 벤처기업을 지원한다. 이런 유형의 투자자는 사회적 이슈가 되는 벤처기업을 지원함으로써 사회에 공헌하게 된다. 특히, 좋은 인력을 소개하고 투자협상을 지원하면서 투자에 대한 보상이 다른 엔젤투자자보다는 적지만, 적정 수준의 투자수익률(ROI)을 요구하게 된다.

4) 경영참가형 (partner investors)

경영참가형 엔젤투자자는 주로 벤처기업에 투자함으로써 투자기업의 경영자가 되고자하는 사람이다. 이들은 때로 투자를 위장한 기업 매수를 하기도 한다. 따라서 투자기업에 대해 경영통제권을 요구하나, 자금력이 부족하여 파트너 형식으로 경영참가를 하게 된다. 부족한 자금력으로 인해, 투자자간에 네트워크를 형성하여 궁극적으로 투자기업에 경영자가 되려고 노력한다.

5) 구직형 (manager investors)

구직형 엔젤투자자는 80년대 이후 심각한 실업으로 인해 새로 탄생된 신종 엔젤투자자의 유형이다. 이들은 자금력이 풍부하며, 전직 경영자 및 부사장급 출신으로 다시 직업을 구하고자 하는 투자자이다. 구직형 엔젤투자자는 벤처기업에 투자함으로써 투자수익뿐만 아니라 직업을 얻기 위한 목적으로 투자를 한다. 이들은 직업의 안정성과 투자위험의 축소를 위해 성장한 벤처기업을 선호하고 일단 투자하면 장기간의 투자를 한다.

6) 그룹형 (consortium of individual investors)

그룹형 엔젤투자자는 보통 3명에서 6명 정도의 투자자 그룹을 의미한다. 이들은 창업과 경영, 기업매각에 경험이 있는 투자자들로 구성된다. 그룹형이라고 해서 항상 그룹으로 투자하는 것은 아니며, 개인적으로도 투자를 하기도 한다.

7) 가족형 (family of investors)

가족형 엔젤투자자는 창업기업에 가족이 공동 출자하고, 가족 중 능력 있는 사람이 경영을 하기도 한다. 보통 미국의 경우 MBA 과정을 마친 가족구성원이 이런 역할을 담당하게 된다. 이런 가족형 엔젤투자자는 아시아계 투자자들에게서 더 많이 관찰된다.

8) 양육형 (barter investors)

양육형 엔젤투자자는 벤처기업의 초기단계에 적극적으로 참여하여 벤처기업에 대해서 인큐베이터 역할을 하여 벤처기업을 성장시킨다. 이런 유형의 투자자는 창업팀이 누구인가를 중요시한다.

9) 영세형 (unaccredited private investors)

투자금액 및 투자경험이 적은 투자자로서 초기단계에서의 투자자의 역할을 모색한다. 이들은 주로 단기투자자로서 3년에서 5년 사이에 투자금액을 회수하려 하며, 소액 분산투자로 투자이익을 확보하려고 한다.

(4) 엔젤투자의 유치

엔젤투자를 유치할 때는 무작정 돈만 투자하겠다는 투자자보다는 산업에서 성공경험이 있는 엔젤투자자나 위험을 감수할 만한 용기가 있으며 위험을 계산할 수 있는 능력이 있는 엔젤투자자에게 접근하는 것이 좋다. 뿐만 아니라 사업에 대한 노하우까지 제공하는데 적극적이며 일일 생활권 내에 있어 자주 교류가 가능한 엔젤투자자면 더욱 좋다.[16] 엔젤투자를 위한 유치 전략으로는 네트워크 활용, 지인의 투자유치, 업무 유대관계 활용 등이 있다. 이에 대해 간략히 살펴보면 다음과 같다

1) 네트워크 활용

거래기관, 공공기관, 투자중개 네트워크, 투자 포럼회 등을 통해 엔젤투자자와 연결을 도모한다. 동창회, 종친회 등 혈연 및 지연 관계를 활용하되 합리적

투자원칙을 지킴으로써 도움이 되는 엔젤투자자를 유치한다.

2) 지인의 투자유치

창업준비 단계에서 기업을 잘 이해하는 지인의 투자를 유도하고 경영에 대한 조언이 가능한 전문가의 투자를 유치한다. 예컨대 실험실에서 함께 연구했던 동창들에게 연락해서 엔젤투자자를 유치할 수도 있다.

3) 업무적 유대관계 활용

사업적 관계에서 벤처기업을 이해하고 도움을 줄 수 있는 엔젤을 유치할 수 있다. 주로 연구개발, 유통업무상 관련자, 회계, 법률, 경영컨설팅 전문가 등의 서포트 엔젤이 포함된다.

03 기업가치 평가

기업가치는 포괄적이고 장기적인 척도로서 수익성과 효율성을 포괄하는 부가가치를 말한다.[17] 벤처기업의 경우 투자자로부터 자금조달 및 투자유치를 하기 위해서 기업의 평가과정을 거치게 마련이다. 특정 기업의 가치를 평가하기 위해서는 그 기업의 외부환경과 미래의 경제적 상황까지 고려하여 다양한 측면에서 가치를 살펴야 한다. 특히 창업기업의 역량을 좌우할 수 있는 창업자 및 창업팀에 대한 평가가 포함되어야 한다. 여기서는 기업가치 평가에 영향을 미치는 요소와 다양한 기업가치 평가 방법들을 살펴보고자 한다.

3.1 기업가치 평가의 영향요인

기업의 가치를 결정함에 있어 투자자는 투자와 관련된 제품위험, 시장위험, 경영위험 등을 고려할 필요가 있다. 투자 의사결정이 내려지기 위해서는 기업의 수익잠재력이 투자위험을 충분히 보상할 수 있어야 한다. 투자 대상기업의 위험이 높은 것으로 판단되면 투자에 대한 기대수익이 위험을 보상할 수 있어야 한다. 따라서 투자자는 투자기업에 대한 더욱 많은 지분을 원하게 된다. 기업의 위험과 미래의 잠재력을 평가함에 있어서 여러 가지 분석적 도구가 이용될 수 있지만, 기업가치의 최종적인 결정은 해당기업에 대한 객관적인 가치평가 및 투자자의 지식, 경험, 직관에 기초하게 된다.

(1) 양적 요소

기업의 가치평가에 영향을 미치는 양적 요소는 수익성과 효율성 평가의 기초자료가 되며, 평가받을 기업의 재무정보와 기업전략 정보가 중요한 영향을 미친다.

1) 기업의 성장 잠재력

기업의 성장 잠재력은 기업가치를 결정하는 데 있어 매우 중요하다. 따라서 투자자는 동종 산업에서의 경영실적 통계와 투자기업의 예측치 및 경영실적을 비교하게 된다. 이러한 통계에는 매출액, 매출 총이익, 영업비용, 간접비용, 관리비용, 순이익 등의 자료가 사용된다.

2) 재무예측의 정확성

투자자는 재무예측의 정확성을 검증하기 위해서 사업계획서를 면밀히 검토한다. 예측이 지나치게 보수적일 경우 기업가치는 저평가될 것이나, 지나치게 낙관적일 경우 창업자의 신뢰성이 훼손될 수 있으며 최악의 경우 투자자로 하여금 투자를 포기하게 할 수도 있다.

3) 추가 자금의 조달

기업확장을 위해 추가적으로 자금을 조달하는 경우, 기존 투자자의 지분율이 떨어지게 된다. 따라서 기업가와 투자자 사이에 미래에 있을 추가 자금에 대한 지분협의가 이루어져야 한다.

4) 투자자금에 대한 회수전략

주식공개, 기업합병, 매각, 청산 등 회수전략의 선택이 기업가치 평가에 영향을 미치게 된다. 또한 주식시장에 기업을 공개할 경우 공개시점 결정 권한과 공개비용 부담, 다른 기업과의 합병 시 투자자의 현금회수 요구, 경영진에게 매각할 경우 구체적인 매각조건, 청산 시 청산결정의 권한 및 청산가치의 배분 등 회수전략의 구체적인 조건도 기업가치 평가에 영향을 미칠 수 있다.

5) 손익분기점 도달기간

투자로부터 자본이득이 발생되고 최저 기대수익률이 실현되기까지의 기간도 투자 의사결정에 영향을 미친다. 특히, 기업의 수익성이 뛰어나서 단기에 손익분기점에 도달할 수 있다면 그 기업의 가치는 높게 평가될 수 있을 것이다.

6) 현재까지의 경영실적

투자가 수회에 걸쳐 연속적으로 이루어지는 경우에는 당초 예측치가 달성되었는가도 기업가치 평가에 영향을 미친다. 따라서 경영자는 단계별로 현실적인 목표를 설정할 필요가 있다. 높게 책정된 예측치는 최초투자가 이루어질 때 기업가치를 높여 주겠지만, 만약 이를 달성하지 못하게 되는 경우 그 후의 연속적인 투자에 있어서는 기업가치를 떨어뜨리게 된다.

7) 자본이득과 배당 수익

투자로부터 이자와 배당과 같은 유동적 수입도 발생되는지 아니면 오로지 자본이득만이 발생되느냐 하는 것도 중요한 영향 요소이다. 만약 유동적 수입이 발생할 수 있다면 기업가치는 높게 평가될 것이다.

(2) 질적 요소

위의 양적 요소에 대한 평가와 더불어 경영팀(management team)을 분석하게 된다. 경영자들이 적절한 경험과 실적을 가지고 있다면, 기업의 평가가치는 높아질 것이다. 이때 주된 평가요소로는 사업구상 능력, 제품개발 능력, 마케팅 능력 등을 꼽을 수 있다. 또한, 투자자는 경영자가 어느 정도 기업에 열정과 헌신을 바치는가에 대한 사업의 몰입도를 평가하게 된다. 창업자 및 경영자들이 자신들이 가지고 있는 '가치 있는 자산'을 얼마나 헌신적으로 사업에 투자하는가에 따라 기업의 가치는 달라진다.

투자자와 경영자 사이의 인간적인 신뢰관계도 투자에 대한 위험을 결정하는데 있어서 중요한 요소가 된다. 인간적인 신뢰관계가 강할수록 투자자가 느끼는 투자위험은 감소될 것이고 기업가치는 높게 평가받을 것이다.

(3) 외부 환경적 요소

기업의 가치평가는 주식시장의 전반적 상황과 밀접한 관계가 있다. 상대적으로 주가지수가 높고 주식시장이 활성화된 경우에는 기업의 가치는 높게 평가될 것이다. 주식시장이 침체기에 빠지게 되면 투자자들이 위험에 더욱 민감하게 되기 때문에 기업가치 평가에 부정적 영향을 미친다. 또한 창업과 관련된 전반적인 사회의 지원 분위기나 정부의 정책도 기업가치 평가에 중요한 영향을 미칠 수 있다.

3.2 기업가치 평가의 방법

기업의 가치를 평가하고 투자안에 대한 경제성 분석을 하기 위해서는 적절한 가치평가 모델이 필요하다. 그러나 사업환경의 변화가 급속한 분야에서는 일반화된 법칙을 적용하기에는 한계가 많다. 특히 벤처기업의 경우 아직 정립된 평가기법이 빈약하며, 현재에도 계속 개발 중에 있다. 그러나 일반적으로 정성적 · 전략적 평가방법과 정량적 · 회계적 평가방법을 사용할 수 있다.[18)]

(1) 정성적 · 전략적 평가방법

창업초기 기업의 경우 기업가치를 평가할 만한 지표가 빈약하다. 왜냐하면 기업이 보유한 주식은 아직 상장이 되지 않았고, 구체적인 실적자료도 없기 때문이다. 그래서 주로 정성적 · 전략적 평가방법을 토대로 정량적 · 재무적 평가방법을 보완적으로 활용하게 된다. 정성적 · 전략적 평가방법은 다음과 같은 항목들을 포함한다.

1) 창업자/창업팀의 역량과 자질

사업에 있어 창업자 및 창업팀의 역할은 매우 중요하다. 따라서 창업자와 창업팀이 가진 기업가정신 및 자질은 창업기업을 평가하는데 중요한 항목이 된다. 창업기업의 경우 대체로 창업자가 기술이나 사업기회를 확보하고 있는 경우가 많다. 따라서 창업자나 창업팀의 자질과 능력은 사업성공에 있어 중요한 요소가 될 수 있다. 주요 평가항목은 창업자의 전문성, 학력 및 경력, 네트워크, 경영관리 역량 그리고 창업팀의 조화나 구성 등에 관한 것이다.

2) 사업 및 기술의 독창성

사업 아이디어나 기술이 얼마나 독창성이 있으며 진입장벽을 구축할 수 있는지, 현재 사업이나 기술을 향후 어떠한 방향으로 확장 · 발전시킬 수 있는지, 목표시장의 성장률 및 경쟁의 위협은 어떠한지, 제품의 수익성은 있는지, 시장의 경쟁이나 제품의 기술적 경쟁력은 있는지 등에 대한 평가이다.

3) 사업모델의 타당성

사업모델의 타당성에 대한 것은 수익가치 평가나 자산가치 평가 등을 토대로 안정성, 수익성, 성장성, 부실화 가능성 등을 분석하는 것이다. 또한 투자위험에 대한 평가를 통해 사업의 인적 · 기술적 사항과 수익구조를 놓고 볼 때 투자의 타당성이 있는지를 분석하는 것이다.

그림 8-4 기업 가치평가의 기본적 모형(일반적 경우)

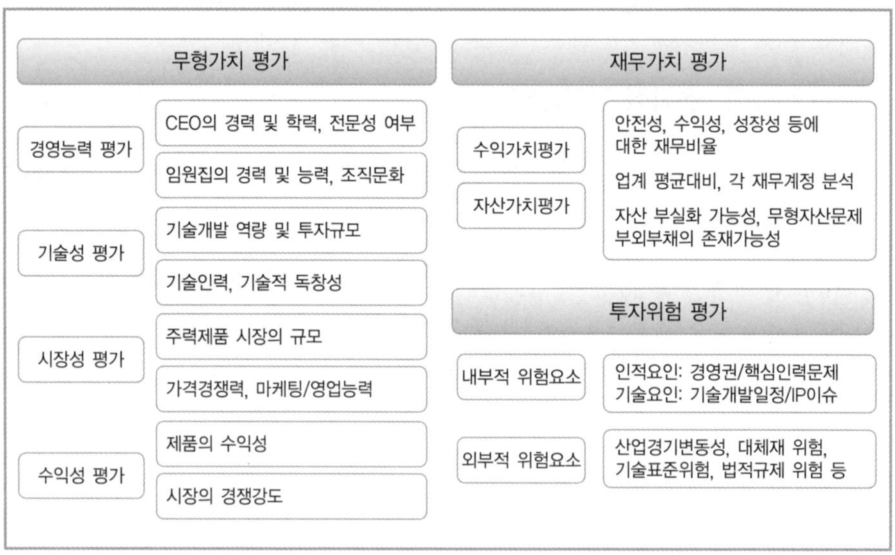

자료 : 이강수(2012), 벤처캐피탈의 이해 및 성공적인 펀딩전략, 컴퍼니케이파트너스(주), p. 17.

(2) 정량적 · 재무적 평가방법

정량적 · 재무적 평가방법은 창업초기 기업에 대해 적용하기는 어렵다. 그래서 미국에서는 매출액이나 지적재산권을 기준으로 평가하기도 한다. 일반적으로 명확한 재무제표가 있는 경우나 상장기업들의 경우 현금흐름에 의한 가치평가나 주식가치에 의한 평가법으로 기업평가가 가능하다. 그러나 창업기업들의 경우 명확한 재무정보가 없기 때문에 대부분 추정재무제표를 사용하여 기업가치를 평가하는 방법을 사용하고 있다.

현금흐름에 의한 가치평가 방법은 현금흐름 할인법(DCF: discounted cash flow)이라 하며 이에는 현금흐름의 현재가치법, 순현가법(NPV: net present value), 내부수익률법(IRR: internal rate of return)등이 있다. 주식가치에 의한 가치평가법에는 자산가치 평가법, 수익가치 평가법, 본질가치 평가법, 상대가치 평가법, 주가수익률법(PER: price earnings ratio) 등이 있다.

1) 현금흐름 할인법

현금흐름 할인법은 투자대상 기업의 현금흐름을 기준으로 하여, 미래 영업활동을 통해 기대되는 순현금 흐름을 화폐의 시간적 가치의 개념을 적용하여 적절한 할인율로 할인하여 기업의 가치를 산출하는 방법이다. 즉, 투자로부터 기대되는 현금유입액과 현금지출액의 현재가치를 비교, 분석하여 투자대상 기업의 투자가치를 평가함으로써 기업의 가치를 평가한다는 것이다. 여기에는 현금흐름의 현재가치법, 순현가법, 내부수익률법 등이 있다.

- **현재가치법:** 현금흐름에 관한 자료를 토대로, 미래의 현금흐름을 일정한 할인율로 할인하여 현재시점의 가치로 환산한 것으로 기업의 가치를 평가하는 방법이다.
- **순현가법:** 기업의 미래 현금흐름을 기업의 최저필수 수익률로 할인한 순현가(NPV)를 기준으로 기업의 가치를 결정하는 방법이다. 최저필수 수익률은 자본비용이라고도 하는데 기업의 전체가치를 하락시키지 않는 범위내에서 새로운 투자가 획득해야 할 최소한의 수익률을 말한다. 그래서 기대되는 미

래의 현금유입액을 최저필수 수익률로 할인한 현가에서 투자지출액의 현가를 공제한 값이 정(+)의 값 이상일 때, 즉 NPV≥0인 경우 투자할 기업의 가치를 인정하는 방법이다.

- **내부수익률**: 투자로 인한 미래의 현금유입 현가와 투자에 지출되는 기대현금 유출의 현가를 동일하게 하는 할인율이다. 따라서 내부수익률법이란 투자에 소요되는 현금지출액의 현가와 기대되는 현금유입액의 현가를 같게 하는 할인율을 구하고 자본비용과 비교하여 투자대상 기업의 가치를 평가하는 방법이다. 예컨대 내부수익률 r이 자본비용 i보다 클 때, 즉 $r \geq i$ 인 경우 투자가치가 있는 것으로 판단한다. 여기에서 i는 자본비용이나 최저필수 수익률과 같은 개념으로 사용된다.

2) 주식가치에 의한 가치평가법

주식가치를 이용한 기업가치 평가방법은 기업공개가 된 기업을 평가할 때 유용하다. 따라서 창업기업에 대한 기업가치 평가로는 사용할 수 없다.

- **자산가치에 의한 평가**: 기업의 순자산 가치를 발행주식 총수로 나누어 구할 수 있다. 여기서 순자산은 각 자산의 공정가치(fair value: 예, 교환가능 또는 판매가능 가치)의 합계에서 기업이 갚아야 할 실제 부채의 합계를 뺀 금액이다. 결국 자산가치는 기업이 당장 영업을 중단한다고 가정하고, 기업을 공정가액으로 청산한다면(모든 자산을 매각하고, 그 대금으로 모든 부채를 상환) 주주들이 받을 수 있는 금액을 의미한다.

$$\text{자산가치} = \frac{\text{순자산}}{\text{발행주식의 총수}}$$

- **수익가치에 의한 평가**: 증권의 미래수익을 자본비용(위험도를 반영한 할인율)으로 할인하여 얻어진 자본환원 가치 또는 현재가치이다. 수익가치는 기업이 미래에 벌어들일 것으로 예상되는 초과이익 흐름의 현재가치라 할 수 있기 때문에 자산가치가 현재 받을 수 있는 배당이라면 수익가치는 미래에 받을 수 있는 배당과 관련된다고 할 수 있다. 즉, 수익가치는 기업이 계속

적으로 영업을 수행한다는 전제 아래, 앞으로 얼마나 많은 경제적 이익을 창출할 수 있는지를 평가하는 것이다.

- **본질가치에 의한 평가**: 자산가치(40%)와 수익가치(60%)의 가중평균을 통해 구하게 된다. 일반적으로 증권관련법(ex. 비상장기업이 상장될 때의 상장가격)과 세법(ex. 비상장기업의 주식을 상속할 때의 주식가치평가 등)는 기업가치를 '자산가치와 수익가치의 합계'에 의하여 평가하도록 하고 있다.

$$\text{본질가치} = \frac{\text{자산가치} + \text{수익가치} \times 1.5}{2.5}$$

- **상대가치에 의한 평가**: 평가대상 기업과 유사한 기업을 비교하여 그 주식의 가액을 산정하는 기법이다. 상대가치는 유사기업의 주가를 기준으로 평가대상 기업과 유사기업의 주당 순자산 및 주당 경상이익을 비교하여 평가한 대상기업의 예상 주가를 말한다.
- **주가수익률에 의한 평가**: 주식 한 주의 가격을 주당 당기순이익으로 나눈 수치로서 주가가 한 주당 이익금의 몇 배나 되는가를 나타내는 지표이다. PER는 주가의 적정수준을 판단함으로써 그 주식의 수익가치를 알아 낼 수 있다. 그래서 PER가 낮다는 것은 주가가 상대적으로 저평가되어 있다는 의미로 해석할 수 있다.

$$\text{주가수익률(PER)} = \frac{\text{주가}}{\text{주당당기순이익}(EPS)}$$

3) 지적재산권 기준 평가

지적재산권 기준 평가는 창업기업의 가치평가시 간단하게 사용할 수 있는 방법으로 가치평가 대상기업의 매출액 또는 지적재산권을 기업의 가치로 평가하는 경우이다. 예컨대 일반 벤처기업의 경우에는 기업의 연 매출액 규모를 기업가치로 인정하고, 소프트웨어업체의 경우에는 연 매출액의 2배까지를 기업가치로 인정하기도 하며, 지적재산권 보유업체의 경우에는 연 매출액의 최고 10배까지 기업가치로 인정하는 경우가 있다. 그러나 기업의 가치를 매출액 또는 지적재산권만으로 평가하기에는 너무나 단순하여 실질적 가치평가로서 문제점이 있다.

표 8-6 기업 가치평가 방법론의 요약

	적용대상	계산방법
본질가치	• 영업상 안정기에 진입한 상태 • 과거실적을 근거로 2년간 실적추정치가 설득력이 있는 기업 • 실적 편차가 작은 기업, Pre-IPO시	• 자산가치(40%)와 수익가치(60%)의 가중평균 • 자산가치: 회사의 순자산가치 • 수익가치= [(당기추정이익×0.6)+(차기추정이익×0.4)를 자본환원율로 나눈 금액 • 자본환원율: 시중정기예금이자율의 1.5배
상대가치 (Multiple Analysis)	• 비교대상기업군이 존재하는 경우 • 유사기업, 유사한 회계기준, 비슷한 규모의 매출 및 이익을 가진 기업 • 그 유사기업과 검토기업간 유사성이 설득력이 있는 경우	• 비교대상 기업의 적용치(Outlier를 배제한 평균, 중간값, 등)을 검토기업에 적용, 일정수준 할인 • 유의점: 할인율(추정이익의 적정성, 유동성 등) • 주요 Multiples PER(Price to Earning Ratio): 가장 일반적 EV/EBITDA: 회사의 매입가치 PSR(P to Sales Ratio), PCF(P to-Cash Flow)
DCF (Discounted Cash Flow)	• 투자기간이 짧고 현금흐름이 주요 회수수단 • 비교적 현금흐름 예측이 용이한 산업 • 일반적인 VC 검토 시 사용 힘듦(PF 등에 적용)	• 미래 예상되는 현금흐름을 요구수익률로 할인 • 5~10년 이후의 현금흐름은 적정한 가정치 사용
Nav (Net Asset Value)	• 기업이 보유한 자산이 기업이 영위하고 있는 사업보다 가치가 더 큰 경우 • 대부분의 벤처기업에 적용이 어려움	• 기업의 순자산가치 또는 청산가치
IVB (Industrial Valuation Benchmark)	• 기업의 가치가 특정한 산업지표와 상관관계가 높을 경우 적용 • 인터넷사업의 UV(Unique VIsitor) Multiple, 통신사, SO 등의 가입자/ARPU Multiple 등	• 기업가치와 직접적 연관이 있는 산업지표를 찾아 내어, 동종업계의 시장가치 등을 고려, Multiples을 추출하고 검토대상기업에 적용
사업성 가치	• 환경사업, 독과점사업 등 면허사업에 있어 기업의 본질가치 등을 바탕으로 회사가 속한 산업의 성장력, 독점력 등을 바탕으로 유사기업과 비교	• 독과점사업 등의 경우, 유사회사의 시장가치(또는 합병가치)를 근거로, 적당한 할인율로 할인하여 계산

자료: 이강수(2012), 벤처캐피탈의 이해 및 성공적인 펀딩전략, 컴퍼니케이파트너스(주), p. 17.

3.3 미국 벤처기업의 사례[19)]

경우에 따라 매우 다양한 사례들이 존재하지만, 미국 실리콘벨리에서 대체로 괜찮은 사업 아이디어의 경우 창업 이후 평균 4~5년이면 주식시장에 상장을 하든 매각을 하든 투자금액 환수를 목표로 한다. 이 기간 동안 벤처기업은 서너 차

례의 자금모집에 나서는 것이 보통이다. 즉 각 단계마다 중간 결과와 다음 단계의 비전을 보여주고 외부로부터 가치평가를 받아 필요자금을 공급받는 것이다.

보통 자기 자본금이나 주위의 지인으로부터 소액의 자금을 모아(시드단계)사업을 시작한다. 그리고 창업 초창기의 어려움을 극복하면 자금모집의 첫 번째 라운드를 맞이하게 된다. 경우에 따라 천차만별이지만 〈표 8-7〉에서는 창업자가 고생하여 이룩한 무형의 자산을 3백만 달러로 인정하고 투자자는 50%의 지분을 3백만 달러에 인수하는 모양을 보여주고 있다. 그 결과 투자 이후의 기업가치는 6백만 달러가 되며 창업자는 별도의 자금투자 없이 50%의 지분을 소유하게 된다.

이 자금으로 외부 기술인력을 더 모아 열심히 기술개발에 매진하여 두 번째 자금모집에 나서게 된다. 이때에는 기업가치를 3배 이상인 2천만 달러로 인정받는데 성공하며, 1천만 달러의 자금을 새로운 투자자로부터 유치하게 된다. 그 결과 창업자의 지분은 33%(2천만 달러×50%÷3천만 달러)가 된다. 유입된 자금으로 열심히 기업활동을 수행한 결과 세 번째 자금모집에도 성공하게 되고 드디어 주식상장에 성공한다. 이때에는 기업가치가 직전 라운드인 5천 5백만 달러의 4배인 2억 2천만 달러로 인정받게 되고 주식시장에서 일반 투자자들로부터 3천만 달러의 자금을 공급받는다.

표 8-7 미국 벤처의 전형적인 성장단계 (단위: 달러)

	첫 번째 라운드	두 번째 라운드	세 번째 라운드	기업공개 또는 매각
경과기간	1년	2년	3년	4~ 5년
투자이전 기업가치	3백만	2천만	4천만	2억 2천만
투자	3백만	1천만	1천5백만	3천만
투자 이후 기업가치	6백만	3천만	5천5백만	2억 5천만
창업자 지분	50%	33%	24%	21%
투자자본의 활용처	상품개발, 인력고용	β-test, 마케팅, 인력고용	재고자산, 판매 및 마케팅	판매 및 마케팅, 사업확장, 신제품 개발, 대규모 운영자산
종업원 수	6명	20명	50명	100명

출처 : 이장우(2000), 앞의 책, p. 106.

주식상장의 결과 창업자의 지분은 21%로 감소하였지만 새로이 유입된 자금을 가지고 사업을 확장하고 보다 적극적인 판매에 나서는 등 기업을 크게 키울 수 있었다.

창업자 입장에서 첫 번째 자금유치 때 50%이던 지분이 절반 이상 감소했으나 자신이 보유한 주식가치는 5천2백만 달러에 이르게 된다(2억 5천만 달러×21%). 하지만 보통의 경우 이 주식은 한 사람에게 귀속되는 경우는 별로 없다. 왜냐하면 그 중 20% 정도는 스톡옵션으로 종업원들에게 분배되며 여러 명의 창업 멤버들이 나머지를 공유하는 경우가 많기 때문이다.

만약 창업 멤버가 6명이라면 한 사람의 창업자에게 돌아가는 몫은 대략 7백만 달러가 될 것이다(5천2백만 달러×80%÷6). 우리나라 돈으로 대략 80억 원이 넘는 이 돈은 창업 멤버들이 뜻을 모아 사업을 시작하고 주위의 전문가 및 투자자들과 힘을 합해 새로운 가치를 이루어낸 대가라고 할 수 있다. 4~5년만의 결실로는 큰 보상이 아닐 수 없다.

CHAPTER

09

창업의 성공과 실패관리

학습내용

창업을 준비하고 있는 예비창업자들 중에는 사업의 성공이 새로운 아이디어나 혁신적인 기술만 있으면 가능하다고 생각하는 이들이 적지 않다. 그러나 창업의 성공이 사업의 성공을 보장하는 것은 아니다. 사업초기 성공의 경험이 또 다른 시장이나 사업환경에서는 실패의 원인으로 작용하는 경우가 있다. 따라서 지속적으로 생존 가능한 기업을 유지하기 위해서는 창업의 성공과 실패의 과정을 이해하고 이에 대한 철저한 준비가 필요하다. 이 장에서는 창업 성공의 핵심적 요인들에 대해 알아보고 사업을 성공적으로 유지하기 위해서 필요한 것들은 무엇인지 살펴보고자 한다. 또한 창업실패의 원인은 무엇이며 어떤 과정을 통해 실패하게 되는지 그 경로를 살펴보고 이를 관리하기 위한 실천적 방안들을 제시하고자 한다.

01 창업성공의 핵심요소

창업의 성공요인에 대한 기존의 많은 연구들을 종합하여 살펴보면 창업성공의 핵심요소는 창업자와 창업경영(전략, 자원과 역량, 조직특성 등)인 것으로 나타난다.[1] 이들 요소들은 창업성공에 개별적으로도 중요한 영향을 미치지만 각 요소가 상호작용을 하면서 복합적으로 영향을 미치는 특징이 있다. 본 절에서는 창업성공에 있어 창업자와 창업경영의 어떤 요소들이 중요한지에 대해서 설명하고자 한다.

1.1 창업자

기존의 많은 연구들에서 창업자의 높은 학력이나 다양한 경험은 창업성공에 중요한 영향을 미치는 것으로 제시된다. 그러나 모든 산업이나 사업에 있어 창업자의 학력이나 경험이 사업의 지속적인 성장이나 장기생존에 매우 중요한 영향을 미친다고 보기는 어렵다. 특히, 최근 다양성과 창의성을 바탕으로 새로운 수요와 욕구를 이끌어가는 창조적 창업에 있어서는 학력이나 경력이 창업자의 개인역량의 척도가 될 수는 없다. 그래서 미시간 대학의 유진 제닝스(Eugene E. Jennings) 교수는 "대학에서 성적이 최상위 1/3 이하로 졸업한 학생들이 최고 경영자가 될 확률이 높다"라고 하기도 한다. 사업의 성공과 직접 관련된 창업자의 몇 가지 역량을 제시하면 다음과 같다.[2]

(1) 리더십

종업원들을 고용하여 사업을 하는 경우 창업자들은 이들에게 비전을 제시하고 사업목표에 부합하는 일을 열정적으로 할 수 있도록 동기를 부여해야 한다. 다시 말해 종업원들의 잠재력을 최대한 이끌어내는 리더십 역량이 필요하다.

(2) 교감과 소통능력

창업자가 외부로부터 필요한 자원을 조달하고 조직내에서 협력을 이끌어내는데 있어 반드시 요구되는 것이 교감과 소통할 수 있는 능력이다. 경험과 지식이 풍부한 사람의 경우는 '지적인 공감대'를 가질지는 모르지만, '감정적 공감대'는 부족할 수 있다. 교감과 소통을 통해 감정적 공감대를 구축하게 되면 내·외부의 사람들과 유대감을 높이고 신뢰를 쌓게 함으로써 기업성과에 긍정적인 기여를 할 수 있다.

(3) 기회포착 능력

창업자는 기본적으로 남들이 인지하지 못하는 사업기회를 감지해 내고 이를 사업화하기 위한 아이디어를 만들어 내는 능력이 있어야 한다. 피터 드러커 교수는 "사업의 성과는 문제 해결에 의해서가 아니라 기회포착에 의해서 얻어진다. 혁신적 과업이란 곧 기회포착을 극대화 시키는 것을 의미한다. 중요한 문제는 무엇을 어떻게 하느냐가 아니라 무엇을 어떻게 찾아내느냐 하는 것이고 그곳에 자원과 노력을 투입하는 것이다."라고 강조하였다.

(4) 남다른 경영스타일

"경영은 개인적 특성을 발휘하는 특수한 기술이다."라고 할 수 있다. 특정 상황에서 어떤 창업자의 효율적인 경영스타일이 다른 창업자에게는 바람직한 성과를 낳지 않을 수 있다. 그래서 경영자로서 창업자는 자신의 타고난 스타일을 개발하고, 자신의 개인적 특성에 맞는 경영스타일을 취할 필요가 있다. 인위적 스타일을 적용하거나 자신의 개성과 다른 기법을 따르는 창업자는 비효율적이 되기 쉽다.

(5) 위기대응 능력

일반적으로 창업자들은 모험심이나 위험감수 성향이 높으며, 진취적이고 성취욕구가 뛰어난 특징이 있다고 알려져 있다. 그런데 사업의 성패는 위험을 어떻게 대비하고 이를 극복해 나가는가에 달려있다. 이런 기업가의 특성중의 하나가 계산된 위험감수 성향이라 할 수 있다. 창업자는 도박사가 아니라 위험을 수용하되 계산을 통해 합리적으로 위기를 대응할 수 있는 능력을 갖추어야 한다.

1.2 창업경영

19세기의 위대한 발명가인 에디슨은 대기업의 사장이 되는 것이 꿈이었다. 그는 뛰어난 사업기획가인 동시에 어디서 어떻게 필요한 자금을 끌어들일지에 대한 방법도 정확히 알고 있었다. 그는 실제로 사업에 뛰어 들어서 원하는 목표를 달성하였다. 그러나 그는 "경영을 한다는 것"을 단지 사장이 된다는 것과 같은 것으로 생각하였다. 즉 경영팀 구성의 필요성을 몰랐으며 경영의 중요성을 간과하였다. 그 결과 에디슨이 창업한 다섯 개의 기업은 중간규모로 성장하였을 때 모두 망해버리고 말았다. 이 사례에서도 볼 수 있듯이 대부분의 신생기업들도 에디슨처럼 새로운 아이디어를 가지고 있고 뛰어난 제품을 가지고 있다. 그러나 이들이 간과하기 쉬운 것은 잘 조직화된 경영시스템, 전략, 차별화된 핵심역량의 구축 등에 관한 것이다. 이 절에서는 창업기업들이 간과하기 쉬운 창업경영의 핵심요소를 살펴보고자 한다.[3)]

(1) 시장 중심적 사고

우수한 기술력을 자랑하는 벤처기업들이 좋은 아이디어와 기술을 가지고 있음에도 불구하고 실패하기 쉬운 이유 중의 하나가 시장에서의 경쟁실패 때문이다. 즉 동일한 시장에서 활동하는 경쟁업체를 간과하고 경쟁자에 대한 경쟁전략을 수립하지 않아 이들에게 기회만 만들어 주는 경우들이 있다.

3M사의 산업용 접착테이프가 가정과 사무실에서 다양한 용도로 사용될 것에 대해 예측한 이는 많지 않았다. 3M사는 연마제와 접착제를 공급하는 업체였으며 산업재 시장에서 성공을 하고 있었다. 그 당시는 소비재 시장에 대해서 생각조차 하지 않고 있었다. 별로 쓸모없던 산업용 제품을 개발했던 엔지니어가 우연히 이 테이프가 소비재 시장에서 판매하기에 알맞을 수도 있다고 깨닫게 되었다. 그러나 회사에서는 그 제품을 포기하라고 결정하였고 그때 엔지니어는 몇 개의 샘플을 집으로 가져갔고, 놀랍게도 10대의 딸들이 테이프를 이용해 밤에 머리카락을 고정시키는 데 사용하고 있는 것을 발견하였다. 이런 계기로 3M사는 새로운 시장을 우연히 발견하게 되었고 이 테이프가 현재 우리가 사용하고 있는 스카치 테이프(scotch tape)가 된 것이다.

위의 예처럼 신생기업은 자사의 제품이나 서비스가 설계 당시 아무도 생각지 못했던 시장의 고객들에 의해 다른 용도로 사용될 수도 있고, 원래 의도했던 분야 밖에서 수요가 있을 수 있음을 주목할 필요가 있다. 창업단계에서 '시장 중심적 사고'를 갖지 않는다면 그 기업이 창조하는 모든 것들은 경쟁자를 위한 시장이 될 수도 있다. '시장 중심적 사고'를 가지기 위해선 우선 기대하지 않은 성공과 실패를 조사해 보고 기대하지 않은 것에 대해서도 '예외'라고 생각하지 말고 실제로 시장에 나가 예외적인 현상에 대해 주의 깊게 관찰하고 하나의 명확한 기회로 파악할 필요가 있다.

기업은 스스로가 '제품이나 서비스의 생산자'가 아님을 염두에 두고 고객의 입장에서 늘 자사의 제품과 서비스가 고객에게 주는 효용이나 가치가 무엇인지를 생각해야 한다. 기업은 고객을 변신시킴으로써가 아니라 고객을 만족시킴으로써 생존하는 것이다.

(2) 재무적 통찰력

창업에 성공하여 시장에서 큰 성과를 이룩하였다 하더라도 재무적 통찰력이 부족한 경우 쉽게 위기를 맞이할 수 있다. 창업기업의 경우 현재로부터 1년 후에 얼마만큼의 현금이 필요하고, 어떤 용도로 쓰이게 될지를 파악하기 쉽지 않다. 1년 정도의 리드타임(lead time)을 두고 미래의 현금수요를 충족시키는 일은 창업기업에게는 어려운 일이다. 그러나 창업기업에게 있어서 자본계획 수립은 생존의 필수요건이라 할 수 있다. 창업기업이 자본요구액이나 자본구조를 3년 앞서 현실적으로 계획할 수 있다면 그 기업은 필요한 자금의 종류, 필요한 시기, 필요한 자금의 형태 등을 미리 기획할 수 있다. 또한 창업기업이 지속적으로 성장하기 위해서는 소유자나 가족, 친척 등 사적인 자금원천으로는 충분치가 않다. 따라서 공모, 전략적 투자자, 융자, 대출 등과 같은 다양한 자금의 원천과 자금조달 규모 등을 다각도로 살펴보고 파악하는 통찰력도 매우 중요하다.

(3) 창업팀

성공한 기업들의 초창기 모습을 보면 성공적 창업 뒤에는 든든한 지원이 뒷받침되었다는 공통점이 있다. 소규모 자영업 이상의 수준으로 사업이 성장하기 위해서는 반드시 팀이 필요하며 훌륭한 창업팀의 구축은 사업성공을 앞당기는 지름길이 될 수 있다. 창업자 혼자는 사업을 바라보는 관점이 제한적이며, 자원동원에 한계를 느끼며, 쉽게 지칠 수 있는 단점을 가진다. 반면, 좋은 창업팀을 구성하게 되면 다양한 기술과 경력이 접목되어 혁신 가능성이 증대될 수 있다. 그리고 기술이나 서비스의 수준이 향상될 수 있으며 가용한 네트워크의 범위가 확대될 수도 있다.

마크 주커버그는 하버드 대학 2학년 시절이던 2004년 그의 파트너들과 함께 페이스북을 시작했다. 페이스북의 공동 창업자이자 전직 기술부사장을 지낸 더스틴 모스코비츠는 하버드대 재학시절 주커버그의 기숙사 룸메이트였다. 전직 기술담당 임원이었던 아담 드안젤로는 주커버그의 고등학교 시절 친구로, 이 두 사람은 음악을 자주 듣는 이들의 청취 습관을 바탕으로 자동으로 커스팅 재생목록을 생성해주는 MP3 플레이어용 소프트웨어를 함께 만들기도 하였다. 다른 공동 창업자 크리스 휴즈와 에두아르도 세버린은 초창기 페이스북 마케팅 활동에 많은 공을 세웠다. 이들은 모두 어린 나이였지만 힘을 합쳐 사람들이 소통하는 방식에 혁명을 가져왔다.[4)]

성공적인 창업팀으로 발전하기 위해서는 다음과 같은 것들이 필요하다.[5)] 창업자 자신이 모든 업무를 처리하겠다고 생각하지 말고 경영팀을 구성하겠다는 의지를 가져야 한다. 좋은 경영팀을 구성하기 위해서는 우선적으로 비공식적 경영팀을 구성하는 것이 바람직하다. 신생기업에서 경영팀의 구성원에게 직위를 주고 대외적으로 공표하고, 추가 급여를 지급할 필요는 없다. 그리고 새로운 팀 구성이 효과적인지가 명확해질 때까지 1년 이상 지켜봐야 한다. 그 동안 팀의 모든 구성원들은 자신들의 직무, 협력하는 방법, 최고경영자와 동료를 도와 직무를 완수하는 방법을 학습해야 한다. 그래서 경영팀은 한 사람에 의한 경영보다는 팀에 의한 경영이 우수하다는 것을 배울 필요가 있다. 또한 이를 통해 사람을 신뢰하는 것을 배울 필요가 있으며 자신의 일 처리에 대해 어떻게 책임져야 할지도 배워야 한다.

(4) 미래에 대한 창업자의 계획

창업자는 사업이 일정한 궤도에 오르기 전에 자신이 앞으로 나아가야 할 방향에 대해 진지하게 생각해야 한다. 또한 창업이전에 미래에 대한 계획을 설정해 놓는 것도 매우 중요하다. 창업자는 "내가 하고 싶은 것이 무엇인가"라는 질문도 중요하지만, "내가 잘 할 수 있는 것이 무엇인가"를 질문해 보는 것이 필요하다. 창업자는 반드시 최고경영자로 회사에 머물러 있을 필요는 없다. "기업이 정말로 나를 필요로 하는가"라는 질문을 해보고 미래를 계획하는 것이 바람직하다.

예를 들어서 폴라로이드(Polaroid) 카메라를 발명한 에드윈 랜드(Edwin Land)는 1950년대 초반까지 18년간 회사를 경영해 왔다. 그러나 1950년경에 회사가 빠르게 성장하게 되자 그는 최고 경영팀을 구성하고 회사의 경영을 맡겼다. 랜드 자신은 자신이 회사에 기여할 수 있는 최선의 방법은 기술지원이라고 생각하였다. 따라서 그는 실험실을 만들어 회사의 기초연구 컨설팅 책임자가 되었다.

또 다른 예로 맥도날드의 설립자인 레이 크락(Ray Kroc)도 이와 유사하다. 그는 80세가 훨씬 넘어 자신이 죽을 때까지 회장으로 남아 있었지만 최고 경영팀을 구성하여 회사를 운영하도록 하고 자신은 매주 두 세 개의 맥도날드 점포를 방문하여 품질수준, 청결도, 친절함 등을 세밀히 점검하는 일을 하였다. 무엇보다도 그는 고객을 자세히 살피고 그들과 이야기를 나누고 고객의 목소리에 귀를 기울임으로써 패스트푸드 산업에서 선두를 지키기 위해 회사가 취해야 할 변화들을 제시하였다.

1.3 고성장 기업의 실천적 특성

앞서 살펴본 바와 같이, 사업의 성공은 창업자가 효과적인 창업경영을 통해 달성할 수 있다. 제품이나 서비스의 출시, 시장에서의 적절한 위치선점(positioning), 고객수요의 창출 등을 달성했다고 해서 사업에 성공했다고 평가하기는 이르다. 왜냐하면, 창업에 성공하였더라도 사업이 지속적으로 성장할 수 있어야 하기 때문이다. 미국의 카우프만재단에서 고성장 창업기업들의 특징을 조사한 바에 의하면, 창업초기 기업이지만 고성장하는 기업들은 마케팅, 재무관리, 경영, 미래계획 등에 있어 구별되는 다수의 경영관행들이 존재함을 발견하였다.[6] 이를 간략히 요약하면 다음과 같다.

(1) 마케팅 특징

- 최고 품질의 제품과 서비스를 성장하는 세분시장에 공급
- 동종 최고의 제품과 서비스를 한발 앞서 개발
- 기존 제품과 서비스에서 약 90%의 이윤이 지속적으로 창출되고 새로운 제품과 서비스에서 매년 약 20%의 추가적 이윤이 창출
- 기존 고객들로부터 약 90%의 이윤이 지속적으로 창출되고 새로운 고객들

로부터 매년 약 30%의 추가적 이윤이 창출

- 수익의 약 6% 정도 되는 연구개발비로 중요한 제품과 서비스의 개선을 수행
- 기업의 마케팅 영역을 확장하기 위해 보완재와 함께 폭넓은 제품과 서비스 플랫폼을 신속히 개발

(2) 재무적 특징

- 평균 2.5년마다 다양한 자금조달의 경로를 예상
- 충분한 양의 자금조달이 가능할 수 있는 자금원을 확보
- 창업자의 의사결정권이 유지될 수 있는 자금조달 방법을 활용
- 스톡옵션이나 종업원 지주제 등을 통해 회사의 통제력 유지
- 사업계획서에서 회사의 장기적 목표와 출구전략까지를 고려

(3) 관리적 특징

- 최고경영팀과 협력적인 의사결정체계 활용
- 다양한 분야에 경험이 있는 이들이 최고경영팀을 구축하여 조직개발
- 기업가가 될 수 있는 역량을 가진 3~6명 정도로 구성된 최고경영팀
- 재무, 마케팅과 운영 등의 기능적 분야에서 혁신적 역량을 우선 구축
- 내 · 외부의 균형이 잘 맞도록 이사진을 구성

(4) 계획화 특징

- 1~2년간의 자세한 월별 계획과 3년 혹은 그 이상을 위한 연간 계획을 준비
- 계획과 실제 성과를 연결하고 보상을 조정하는 계획과 통제시스템의 구축
- 비즈니스플랜에 제시된 계획상 성과와 실제 성과를 종업원들과 주기적으로 공유

02 창업실패의 원인과 관리

창업실패의 원인에 대해 적지 않은 연구들이 진행되었음에도 불구하고 창업의 성패를 사전적으로 예측하는 것은 현실적으로 매우 어렵다. 그 이유는 실패의 원인과 과정이 창업유형에 따라 매우 다양하기 때문이다. 그러나 일반적으로 창업의 주요 성공요인들을 실패한 기업들에 적용해 보면, 이들 기업들에서는 상대적으로 성공요인들이 가볍게 취급되거나 무시된 경우가 많은 것으로 제시된다.[7] 또한 창업기업들은 신생기업으로서의 불리함(liability of newness)을 기본적으로 갖고 있지만 그 외에도 다음과 같은 특징을 갖고 있는 것으로 나타났다.[8]

표 9-1 창업의 성공요인과 실패요인의 비교

성공요인	실패요인
• 창업자 특성 - 탁월한 관리능력 - 다양한 경험과 경력의 활용 - 능력있는 창업팀 확보 - 높은 기업가 정신 • 창업과정 -기술과 시장에 대한 인지 -체계적인 시장조사와 노력 -장기적이고 분명한 사업계획 -외부전문인력의 조언을 활용 • 경영관리 -독특한 경영이념과 문화 -높은 커뮤니케이션 수준 -참여적 의사결정 체계 -공정한 보상체계	• 창업자 특성 -관리능력의 부족 -창업팀의 불협화음 -협소한 경험 -기업가정신의 부족 • 창업과정 -사업에 대한 분명치 못한 정의 -단기적 전망과 사업계획 -외부전문가 활용이 적은 편 -시장에 대한 이해 부족 • 경영관리 -인간관계 실패 -부서간 분쟁 -비참여적 의사결정체계(독단적 경영) -외부 영입 인력과의 갈등

• 전략 –저원가 전략 –차별화전략(마케팅, A/S 등) –전략적 유연성 • 자원 –다양한 자금 조달원 –제조와 운영을 위한 추가적 자금확보 –뛰어난 기술력과 전문인력 확보 • 환경 –성장산업 –틈새시장 –핵심고객과 공급자 파악용이	• 전략 –영업사원의 비협조(전략실행의 문제) –매출위주의 성장전략 –섣부른 국제화 전략 • 자원 –취약한 유통구조 –낮은 기술력과 자금동원력 –투자자와의 부적절한 관계 • 환경 –산업의 성숙화와 협소한 시장구조 –대기업이나 외국합작기업과의 경쟁 –특정 고객에 지나치게 의존

2.1 창업자 특성

창업실패의 가장 중요한 원인들은 창업자와 관련된 경우가 많다. 창업자가 가진 유 · 무형의 자원이나 역량이 부족하다면 실패의 위험은 커질 것이다. 그러나 현실적으로는 이러한 이유 외에도 창업자의 태도나 성격적인 원인들이 크고 작은 창업실패를 불러오는 경우가 많다.[9)]

(1) 과도한 자기확신

창업성공에 있어 창업자들의 높은 자기효과성(self-efficacy)은 사업에 대한 몰입을 높여 창업의 어려움을 극복하는 데 도움을 줄 수 있다. 그러나 지나칠 경우 성공요인이 아닌 현실감 상실이란 부메랑이 될 수 있다. 창업자는 창업단계에서부터 모든 일을 혼자 해왔기 때문에 부하 직원의 능력을 신뢰하지 못하는 경우가 있다. 특히, 창업단계에서 이룩한 크고 작은 성공의 기억은 창업자들의 자기확신을 강화시키는 데 기여하게 된다. 그 결과 "나를 믿고 따르라"는 식의 독단에 빠질 가능성이 높으며 이로 인해 주변의 참여를 통한 합리적 의사결정이 어렵게 될 수도 있다.

(2) 지나친 통제욕구와 완벽주의[10)]

일반적으로 창업자는 자기 회사와 자신의 운명을 스스로 통제하려는 강한 욕구를 가지고 있다. 그런데 이런 성향이 지나치면 모든 것을 통제하려는 일종의 강박관념을 보이게 된다. 통제에 대한 과도한 욕구로 인하여 의사소통에 어려움이 생기고 자신도 모르게 권위주의형 리더십 스타일을 보이게 된다. 또한 창업자들은 완벽주의의 함정에 빠질 수도 있다. 모든 일을 너무 완벽하게 하려다 보면 비용이나 시간에 대한 고려가 부족해서, 결과적으로 보다 결단력 있고 민첩한 경쟁자에게 기회를 빼앗기거나 변화에 대한 대응 시기를 놓치게 된다.

(3) 지나친 낙관주의

창업자들의 낙관적인 태도나 성향은 주변 사람들로부터 호감을 얻는데 유리할 수 있다. 그래서 인재를 모으거나 필요자원을 조달하는 데 도움을 받을 수 있다. 그러나 이러한 성격이 지나칠 경우 현실을 객관적이고 분석적으로 보는데 장애가 될 수 있다. 성공에 대한 지나친 낙관으로 창업초기 외형적인 조건을 갖추는데 무리한 투자를 할 수도 있다. 또한 지나친 낙관주의로 인해 철저하고 꼼꼼히 챙겨야 할 사안들에 대해서 '감'을 내세워 밀어붙이게 되면 뜻하지 않은 사소한 문제가 실패의 결정적 원인으로 작용할 수도 있다.

(4) 열정과 합리성의 딜레마[11)]

창업자들의 도전적이며 진취적인 성향과 열정은 창업초기 종업원들을 하나로 뭉치게 하고 조직의 비전 달성을 위해 매진하는데 있어서 중요한 역할을 할 수 있다. 의사결정에 있어서도 열정적인 창업자들은 기회와 문제 앞에서 먼저 행동에 나서게 된다. 목표 달성에 필요한 기회를 적극적으로 찾아 나서고 상당한 위험이 있더라도 경쟁자들을 물리치고 기회를 잡기 위해 노력한다. 이러한 스타일은 혁신적이고 에너지 넘치는 회사를 만들 수 있으며 변화하는 시장에 앞서 대응하여 빠른 성장을 일궈낼 수도 있다. 그러나 즉흥적이고 체계적이지 못한 의사결정이었을 경우 조직내 혼란을 가중시킬 수 있고 시장 요구에서 벗어난 제품을 생산하는 등의 역효과가 크다.

이 반대의 경우는 합리적인 창업자들이라 할 수 있다. 합리적인 창업자들은 의사결정을 함에 있어서도 당장의 위협과 기회, 그리고 취할 수 있는 전략 대안들을 세울 수 있도록 정보를 확보, 분석한 후에 결정을 하게 된다. 위험에 대한 분석과 계산을 토대로 결정적 실수를 줄이고 정확한 타이밍을 잡을 수도 있다. 하지만 방향설정이 잘못된 곳에서 답을 구하는 우를 범할 수 있다. 지나친 분석은 행동력을 퇴화시키고 시장 기회를 놓쳐 버릴 수 있다. 특히 변화가 극심하고 고객 니즈를 판단하기 어려운 불확실한 오늘의 경영환경에서 합리적 창업자는 '고민에 빠진 햄릿' 이 되어 방향을 잃고 표류하기 쉽다.

2.2 경영특성

창업기업의 성장 패턴은 수많은 성공과 실패가 교차되면서 형성된 결과라고 할 수 있다. 그래서 성장과정에서 성공기회가 나타난다면 이와 긴밀하게 연관된 잠재적 실패기회 또한 존재하기 마련이다. 그 실패는 성공으로 인해 발생하기에 '성공함정' 이라고 말할 수 있을 것이다.[12)]

(1) 발명형 위험

새로운 제품과 기술로 최고가 되겠다는 목표를 가지고 창업한 기업들에게 있어 '혁신' 은 그들의 유전자와도 같다. 하지만 신기술을 창출하는 능력은 시장우위를 점하기에 유리하지만 점차 혁신에 대한 내부 요구가 무리한 발명과 투자로 이어지면서 소비자의 욕구를 무시한 비현실적인 돈키호테형 기업으로 전락시킬 수 있다. 신제품 개발에만 집중된 경영관리는 마케팅이나 원가관리에는 상대적으로 취약한 체질로 만든다. 특히, 현실성 없는 거대 프로젝트에 매달림으로써 몰락을 자초하기도 한다.

틈새시장 개척을 위한 대형 프로젝트에 대한 막대한 투자는 실패 가능성이 높고, 근시안적인 마케팅으로 신제품의 수는 늘어날지 몰라도 폭증한 연구개발 비용을 감당하기에 충분한 이익을 확보하지 못할 수도 있다. 창업실패의 많은 경우가 이러하다. 잠재적 가능성을 믿고 막대한 예산을 투입했는데, 기술개발이 지연되거나 성능이 기대에 미치지 못할 경우 사업은 심각한 위험에 직면할 수 있다. 기술개발에 많은 돈을 투자하여 조직운영에 필요한 운영자금이 부족한 경우 우수인력 확보 및 유지의 어려움을 초래하고, 이로 인해 핵심기술 인력들이 이탈하게 되며 조직은 와해되게 된다.

(2) 집중형 위험

창업에 성공하기 위해서는 제품이나 서비스의 품질을 시장에서 인정받아야 하며 가격에 있어서도 경쟁력이 있어야 한다. 하지만 품질에 대한 몰두나 원가절감 노력은 소비자들이 원하는 것을 정확하게 파악하지 못했을 때 큰 실패로 이어질 수 있다. 고객의 반응과 요구는 무시한 채 지속적인 품질개선의 노력이 자칫 시대에 뒤떨어진 제품을 생산하는 유아독존 기업으로 전락할 수 있는 것이다. 마찬가지로 가격경쟁력 제고를 위해 원가절감을 지나치게 강조하다 보면 싸구려 제품을 만드는 우를 범할 수 있다. 시장에서 지속적인 소비는 제품의 디자인이나 기능, 사용의 편리성 등 다양한 소비자들의 욕구에 의해 결정되는 것이기 때문에 품질만 좋으면 성공은 보장된다는 착각은 버려야 한다.

(3) 시장유리형 위험

뛰어난 마케팅 및 브랜드 이미지 창출, 다양한 상품과 서비스, 광고와 매혹적인 홍보 전략은 시장경쟁에서 경쟁우위를 창출하는 데 있어 매우 중요하다. 그러나 마케팅만 잘하면 시장을 지배할 수 있다는 식의 자만은 상품의 내용보다 광고나 판촉과 같은 외양에 집중하게 만들고, 고객에 대한 과도한 상술 정책으로 결국 스스로를 위기에 빠뜨릴 수 있다. 현금흐름을 망각한 채 과도한 '퍼주기식'의 홍보와 판촉활동은 영업비용을 증가시켜 자금고갈의 원인이 되기도 한다. 무리한 마케팅 전략과 이어지는 리더십 부재, 매너리즘에 빠진 조직시스템은 서로 악영향을 미치면서 쇠락의 길을 앞당기게 된다. 내용보다 이미지에 치중하다 보면 겉만 번지르르하고 속은 빠져 있는 속빈 강정이 되는 것이다.

(4) 모험형 위험

창업후 기업이 지속적으로 성장하기 위해서는 창업자의 기업가적 기질과 재무역량이 뛰어나야 한다. 즉 창업자의 뛰어난 분석력과 기획력을 기초로 안정적 사업기반을 마련한 후 기업인수 등 다각화를 추구하여 기업을 단기간 내에 급성장시킨다. 하지만 인수합병을 통해 사업확장을 하다보면 빠른 성공이 브레이크 없는 질주를 하도록 만들어 버린다. 마치 제국주의와 같은 오만하고 통제가 힘든 기업으로 전락한다.

처음엔 웅대한 비전과 과감한 추진력으로 합리적인 선에서 위험을 감수하며 다각화를 추진하지만, 선을 넘으면 내실보다 외형 확대에 더 집착한다. 성장에 성장을 거듭하던 기업들이 실패하는 경우가 대부분 이런 위험 때문이다. 무리한 사업확장과 과도한 금융부담은 현금흐름을 악화시키고 재고누적을 촉진하여 핵심역량을 서서히 잃게 만드는 원인이 된다.

2.3 실패함정의 극복방법

성공과 실패는 동전의 양면처럼 존재하기 때문에 성공의 수확을 거두는 순간, 실패의 위험인자는 작동하기 시작한다. 따라서 성공에 함정이 있음을 인식하고 여기서 벗어나려는 노력이 지속적으로 필요하다. 성공의 함정에 함께 존재하는 실패의 위험을 극복하기 위한 방안들을 제시하면 다음과 같다.

(1) 발명형 위험의 극복 방법

기존 시장과 목표 시장의 니즈와 고객 취향을 치밀하게 분석한 뒤 제품을 설계한다. 적극적인 판촉활동과 마케팅 능력의 제고가 필요하며, 과도한 기술투자를 경계해야 한다. 이를 위해 다음과 같은 전략에 항상 역점을 두어야 한다.

- 소비자 욕구에 부응하는 상품개발
- 시장 다변화

- 적극적인 판촉활동
- 경제적인 기술혁신 추구

(2) 집중형 위험의 극복 방법

집중형 위험을 극복하기 위해서는 새롭고 창의적인 것을 적극적으로 수용하는 자세가 필요하다. 새로운 아이디어와 인재를 유치하는 데 역점을 두고, 참여적인 다른 시각을 포용하는 조직문화를 활성화해야 한다. 이를 위해서는 다음과 같은 전략에 항상 역점을 두어야 한다.

- 품질 혹은 원가추구 전략의 효과평가
- 판매활동의 강화
- 기술혁신의 강화
- 상품영역의 확장

(3) 시장유리형 위험의 극복 방법

고객니즈에 실질적으로 접근하고, 이미지보다 내실 있게 차별화하는 데 역점을 둔다. 수치에 의한 전략과 관료주의를 경계하고 고객관계로부터 경쟁력을 이끌어내는 데 주력한다. 다음과 같은 전략에 항상 역점을 두어야 한다.

- 상품품질의 향상
- 시장 요구에 기민하게 대처하는 판매활동
- 제품 종류의 간소화

(4) 모험형 위험의 극복 방법

안정된 수익을 가져다주는 기초사업 부문을 탄탄하게 하고, 관리 및 재정부담을 줄이기 위해 전망이 없거나 관련성 없는 사업을 과감히 매각한다. 전반적으로 경쟁우위가 높은 핵심 사업에 집중하는 전략이 필요하다. 다음과 같은 전략에 항상 역점을 두어야 한다.

- 기초사업 부문의 경쟁력 유지
- 자금 소모적인 사업의 포기에 의한 지혈전략
- 핵심 사업의 재정립

한편, 창업기업들의 다양한 실패사례들을 분석한 한정화 교수는 창업기업들이 실패하는 경우는 크게 7가지의 함정에 빠져 결국 실패하게 됨을 지적한 바 있다.[13] 그리고 이런 창업실패의 함정을 극복하기 위한 구체적인 방안들을 제시하였는데 주요 내용을 중심으로 요약하면 다음과 같다.

1) 선택의 함정과 이의 극복 방법

선택의 함정은 자신만의 경험이나 지식을 토대로 창업을 하여 신중함이 결여된 채로 사업확장을 꾀하다가 실패하게 되는 경우이다. 창업초기 사업 아이템에 대한 선택의 함정을 극복하기 위해서는 다음과 같은 것들을 고려할 필요가 있다.

- 사업 아이템이 과연 내게 맞는지부터 자체 평가하라.
- 사업 타당성을 자기 편한 대로 해석하지 말라.
- 초기 성공에 취해 무리한 사업확장을 벌이지 말라.
- 나의 지식과 경험의 한계를 극복할 수 있는 대안을 찾아라.
- 위험관리의 계획, 잘 나갈 때 미리 세워둬라.

2) 개발의 함정과 이의 극복 방법

개발의 함정은 창업초기 완벽한 시제품을 개발하려다가 시장의 기회를 놓치게 되거나 시제품 제작에 완성했지만 특허분쟁의 소지로 인해 제품판매가 제대로 안 되는 경우이다. 전형적인 실패의 패턴이라 할 수 있는 개발의 함정에 빠지게 되면 그 과정에서 핵심인력들이 이탈하게 되고 결국엔 실패의 경로를 가게 되는 것이다. 앞서 설명한 발명형 위험이나 집중형 위험이 여기에 속하는 경우라 할 수 있다. 이러한 개발의 함정을 극복하기 위해서는 다음과 같은 것들을 고려할 필요가 있다.

- 자금 소진율을 계산하며 사업을 진행하라.

- 사업 개시 전, 특허권 분쟁의 소지가 있는지 철저히 점검하라.
- 완벽한 시제품을 만들려다가 결정적인 타이밍을 놓치지 말라.
- 시장변화를 예의주시하며 기술개발에 힘써라.
- 혼자서만 원대한 비전을 품지 말고, 개발팀과 함께 비전을 공유하라.

3) 시장의 함정과 이의 극복 방법

시장의 함정은 시장에 내놓은 제품에 대한 초기 혁신수용자들의 반응만 가지고 시장의 수요라고 착각하는 경우들이다. 시장의 요구와 소비자들의 반응을 제대로 따라가지 못해서 결국 실패하게 되는 것이다. 이러한 시장의 함정을 극복하기 위해서는 다음과 같은 것들을 고려할 필요가 있다.

- 쓰던 제품을 계속 쓰는 소비자들의 속성을 잊지 말라.
- 고객의 피드백에 민감하게 대응하라.
- 고객이 일단 한번 써볼 수 있게 기회를 만들어라.
- 내가 파이를 키우는 순간 대기업은 당연히 시장진입을 시작한다.
- 시장의 목소리에 신속하게 반응하라.

4) 관리의 함정과 이의 극복 방법

관리의 함정은 기업의 성장단계에 따라 적절한 관리 시스템이나 인프라를 구축해야 함에도 불구하고 초기 기업의 엉성한 수준의 관리에 머물다가 경영실패로 인해 결국 사업에 실패하게 되는 경우이다. 이러한 관리의 함정을 극복하기 위해서는 다음과 같은 것들을 고려할 필요가 있다.

- 기업의 성장단계에 맞는 관리 시스템, 관리 인프라를 갖춰라.
- 조직구성원에 대한 평가와 보장의 공정성과 정확성을 확보하라.
- 감시나 통제가 아닌 현명하고 효율적인 관리를 시작하라.
- 효과적인 재무관리로 기업의 성장성과 안정성 사이의 균형을 유지하라.
- 회계부실과 금융사고를 예방하기 위한 내부 통제시스템을 갖추어라.

5) 태도의 함정과 이의 극복 방법

태도의 함정은 기업을 성장시키는 과정에서 발생할 수 있는 기업가의 성격적 특성이 자칫 실패의 부메랑이 될 수 있는 경우를 말한다. 이러한 태도의 함정을 극복하기 위해서는 다음과 같은 것들을 고려할 필요가 있다.

- 항상 자기방식만 옳다는 식의 독선을 버려라.
- 감과 경험만을 믿지 말고 세심하게 사안을 챙겨라.
- 비록 핵심기술을 가진 전문가라 해도 기업경영의 전문가는 아님을 명심하라.
- '하면 된다'는 자신감도 현실적 토대 위에서 발휘되어야 한다.
- '허장성세'를 경계하라. 빨리 성공하여 과시하고 싶은 유혹을 떨쳐내라.

6) 관계의 함정과 이의 극복 방법

기업경영은 많은 이해관계자들의 요구에 부합하는 가치를 창조하는 과정이라 할 수 있다. 관계의 함정은 기업 내외부의 다양한 이해관계 관리에 실패하는 것을 말한다. 이러한 관계의 함정을 극복하기 위해서는 다음과 같은 것들을 고려할 필요가 있다.

- 성실한 자세로 신뢰의 '관계자본'을 구축하라.
- 연고주의의 함정에 빠지지 말라.
- 자신의 이익보다 투자자를 먼저 생각하라.
- 신중한 언행과 인성훈련으로 스스로를 가다듬어라.
- 경제적 보상이 충분하지 않으면 직원들은 언제라도 떠날 수 있다.

7) 불운의 함정과 이의 극복 방법

불운의 함정은 예상치 못한 환경의 변화로 인해 사업에 부정적 영향을 미치게 되는 경우를 말한다. 소위 "운이 따르지 않았다"라는 불운의 함정을 극복하기 위해서는 다음과 같은 것들을 고려할 필요가 있다.

- 급격한 경기변동이나 경기침체를 고려한 단계별 계획을 수립하라.
- 정치사회적 변수의 변화가능성을 예의주시하라.

■ 주요 거래나 계약시에는 반드시 변호사나 전문가의 자문을 받아라.

■ 특정 고객에게 과도하게 의존하지 말라.

■ 대세가 기울었다고 판단될 때는 과감하게 '포기의 결단'을 내려라.

CHAPTER

10

지속성장을 위한 관리

학 습 내 용

창업자들은 사업의 성공을 제품이나 아이디어에 두는 경우가 많으며 경영을 하면서 배우는 것이라 생각하는 경향이 있다. 그러나 우수한 창업자라 해서 반드시 훌륭한 경영자가 될 수는 없다. 기업이 지속적으로 성장하고 발전하기 위해서는 고도의 경영관리와 기술을 요구하게 된다. 즉 지속적으로 생존 가능한 기업을 유지하기 위해서는 아이디어와 기술 그리고 자금만으로는 부족하다. 이 장에서는 아이디어, 기술, 자금으로 훌륭한 제품을 만들고 많은 수요를 창출하는 것만큼이나 중요한 경영의 핵심요소가 무엇인지 살펴보고자 한다. 또한 기업경영에 필요한 주요 기능영역을 중심으로 창업자들이 숙지해야 할 핵심적 활동들이 어떤 것들이 있는지에 대해서 논의하고자 한다.

01 창업기업의 성장관리

창업초기의 기업들은 창업자를 중심으로 모든 의사결정이 이루어진다. 그러나 이러한 창업자 중심의 경영은 기업이 성장해 나감에 따라 많은 문제점에 봉착하게 된다. 따라서 이를 해결하기 위한 전문경영체계를 구축할 필요가 있다. 이 절에서는 창업기업의 성장관리를 위한 전문적 경영으로의 변화 필요성에 대해서 논의하고자 한다.

1.1 전문적 경영으로의 전환

사업이 창업단계를 넘어 기업수준으로 성장해 가면 전문적 경영체계로의 전환을 위한 다음과 같은 절차들이 요구된다.

(1) 변화의 필요성 인식

전문적 경영으로 전환하는 과정의 첫 단계는 변화의 필요성을 인식하는 것이다. 흔히 변화의 필요성을 인식하는 것은 위기가 닥쳤을 때이다. 그러나 경영자는 외부 전문가, 경험있는 내부이사, 컨설턴트 등의 도움을 얻어 위기가 오기 전에 변화의 필요성을 인식해야 한다. 전문적 경영으로의 전환을 성공적으로 이끌기 위해서는 직접 경영으로부터의 개인적 만족에서 벗어나 기업 내 · 외부의 전문가를 적절히 활용하려는 자세를 가질 필요가 있다.

(2) 인적자원의 개발

변화의 필요성을 인식한 창업자는 변화된 모델을 수행하는데 필요한 인적자원을 개발해야 한다. 창업기업의 경우 모든 것을 독자적으로 수행할 수 있는 능력을 가진 인재가 흔치 않다. 따라서 역량있는 경영팀을 개발해야 하며, 조직의 발전을 저해하는 개인적 충성심을 극복해야 한다. 거의 모든 기업에는 사업 초창기 지대한 공헌을 한 창업자의 '오른팔'이 있기 마련이다. 그러한 사람들 중의 상당수가 기업의 성장에 필요한 전문지식을 갖추고 있지 못한 것이 사실이다.

(3) 권한위임

전문적 경영의 위력은 합리적인 의사결정을 내릴 수 있는 실무진에 직접적으로 책임을 부여한다는 점이다. 즉 고객, 공급업자, 경영자 주위에 있는 관리자들에게 책임을 위임하는 것이다. 그러나 핵심정책에 대해서는 계속적으로 최고 경영자가 직접 관장해야 한다.

(4) 공식적 통제의 활용

전문적 경영으로의 전환과정 마지막 단계는 공식적 통제 메커니즘을 개발하는 것이다. 성공한 창업자들에 의하면 권한위임을 하는 만큼 구성원들의 행동을 통제하기가 더 어려워진다고 한다. 따라서 통제시스템은 개개인의 행동을 통제하기 보다는 그들의 성과를 중심으로 관리해 나가는 것이 필요하다.

1.2 지속적 성장을 위한 관리방법[1)]

(1) 우수한 인력의 확보

창업기업에 있어 인적자원은 사업의 미래 잠재력을 결정하는 핵심 성공요인이다. 따라서 단기적 인력수급에 급급하기보다는 채용, 교육, 개발 등에 관한 전략과 실천방안을 미리 세워 둘 필요가 있다. 즉, 회사에 적합한 인물의 선별, 중·단기 인력 수급계획, 순환근무 등을 통한 경력관리, 체계적인 교육을 통한 이념과 조직문화의 전파 등에 관한 대책을 마련해야 한다. 특히 사업환경의 변화로 창업 초창기 구성원들의 능력이 한계를 드러내는 경우가 많다. 따라서 체계적인 재교육 프로그램을 통해 구성원들의 능력과 자질을 제고시킴으로써 이들의 경험을 효과적으로 활용할 필요가 있다.

(2) 목표에 의한 관리

회사가 명확한 비전과 목표를 제시해야 함은 물론이고 종업원 각자도 달성가능한 목표를 갖도록 하는 것이 바람직하다. 자신의 목표를 설정하여 특정일까지 완료하기로 설정한 후에 이를 데이터베이스에 입력하고 목표달성 여부를 확인하는 것은 개개인의 목표관리를 위해 중요한 수단이 된다. 이러한 목표관리 방법을 통해서 임금의 인상을 결정하고 연간 실적을 검토하는 등 단기 업적평가와 장기 업적평가를 동시에 함으로써 공식적인 통제가 가능하게 된다.

(3) 개인의 다양성 인정

사업이 성장하게 되면 업무가 다양화되고 다양한 전문지식과 기능을 가진 인원들로 조직은 구성된다. 이러한 다양성은 지속적인 성장을 위해 필요한 것으로 인정되어야 한다. 예를 들면 초창기 혁신적인 업무가 주류를 이루다가 사업규모가 커짐에 따라 관리적이고 운영적인 업무들이 늘어나기 마련인데, 이때 혁신과 유지관리 중 어디에 더 중점을 두느냐를 놓고 갈등이 발생할 수 있다. 그러나 이 양자의 업무성향은 반드시 서로 조화를 이루어야 하는 다양성의 한 측면이라고 할 수 있다. 이에 따라 혁신적인 업무태도를 가지고 있는 구성원과 관리적 태도를 가지고 있는 구성원 모두 중요시되고 적재적소에서 상호조화를 이루도록 관리하는 것이 필요하다. 또한 초창기 창업자의 통찰력과 비공식적 업무처리가 주류를 이루던 것에 반해 분석력과 공식적 업무처리가 중요시된다. 그러나 통찰력과 분석력은 마치 감성과 이성, 또는 우뇌와 좌뇌의 기능과 같이 어느 일방의 중요성이 강조되기보다는 상호조화를 이룰 때 그 가치가 더욱 커진다.

(4) 사기고양을 위한 보상시스템

업무수행의 결과를 정확하게 평가하고 이에 비례하여 구성원들이 납득할 만한 대가를 지불함으로써 종업원의 사기를 향상시켜야 한다. 이러한 보상 시스템은 구성원들로 하여금 과중한 업무 스트레스를 이겨내고 희망을 가지고 일에 몰두하게 하는 역할을 한다. 공정한 경제적 보상체계를 활용하여 구성원의 폭발적인 힘을 끌어내는 것이 바람직하다. 그러나 여기에서 유의해야 할 것은 단지 보상이 물질적 수단으로만 국한해서는 안 된다는 사실이다. 상사의 따뜻한 관심이나 칭찬, 회사 차원의 표창이나 감사표시 등 정신적 차원의 보상도 적절하게 이루어져야 한다.

(5) 이해관계자 관리

조직의 규모가 점차 확대되면 주주, 투자자(주주, 채권보유자, 은행 등), 공급자, 종업원, 고객, 유관단체 등 이해관계자들도 다양화되고 내부의 전문기능 또한 다양화된다. 따라서 다양해진 내부 및 외부의 관계집단을 적절하게 관리하고 조정해 나갈 필요가 있다. 특히, 오늘날과 같이 매우 복잡한 사회적 관계 속에서 활동하는 기업은 이러한 이해관계자들과 상호작용하며 필요한 가치를 생산하는 경향이 있다. 즉, 기업활동은 단순히 경제적 수익을 추구하는 것에 국한되지 않고 사회적 가치의 창출을 통해서 경쟁력을 확보할 수 있는 것이다.[2] 따라서 기업을 경영한다는 것은 이러한 관계들이 어떻게 작용하는지를 아는 것이며 기업가의 임무중 하나는 이러한 관계들을 형성하고 경영하는 것, 즉 '이해관계자를 위한 경영' 을 하는 것이다.[3]

02 전 략

창업기업은 전략보다는 행동(action)이 중심이 되어야 한다는 주장이 있다. 또한 창업기업이 유연성을 가지기 위해서는 전략을 수립하지 않는 것이 바람직하다는 주장도 있다. 그러나 훌륭한 전략이라고 하는 것은 기업을 하나의 규정된 경로에 고정시키는 것이 아니라 환경의 변화에 따라 어떻게 적응해야 하는지 그 전체적인 방향을 일관성 있게 제시해주는 것이다.

2.1 창업기업의 경쟁전략

전통적으로 대기업은 경쟁우위의 획득에 유리한 여러 가지 메커니즘을 소유하고 있어 신생 중소기업과의 경쟁에 있어 유리한 위치에 있다는 것이 연구자들의 지배적 관점이다. 이러한 주장은 기본적으로 규모의 경제,[4] 경험곡선의 효과,[5] 시장지배력,[6] 자원동원력 등에서 대기업이 유리하다는 이론에 기초하고 있다.

그런데 이들 이론은 주로 비용의 효율성이라는 제한된 시각에 기초하고 있다. 실제 대기업이 모든 조건과 환경에서 유리한 위치에 있다고 할 수는 없다. 특정 시장환경에서는 대기업이 오히려 불리한 위치에 있을 수 있으며, 기업규모가 커짐에 따라 조직의 경직화 등 여러 가지 약점들을 가질 수 있다. 이러한 제약된 환경요건과 대기업의 약점은 창업기업에게 전략적으로 유리함을 제공할 수 있다.

〈그림 10-1〉은 창업기업들이 고려할 수 있는 전략의 기본적 원칙을 도식화한

그림 10-1 중소기업의 경쟁전략 모형

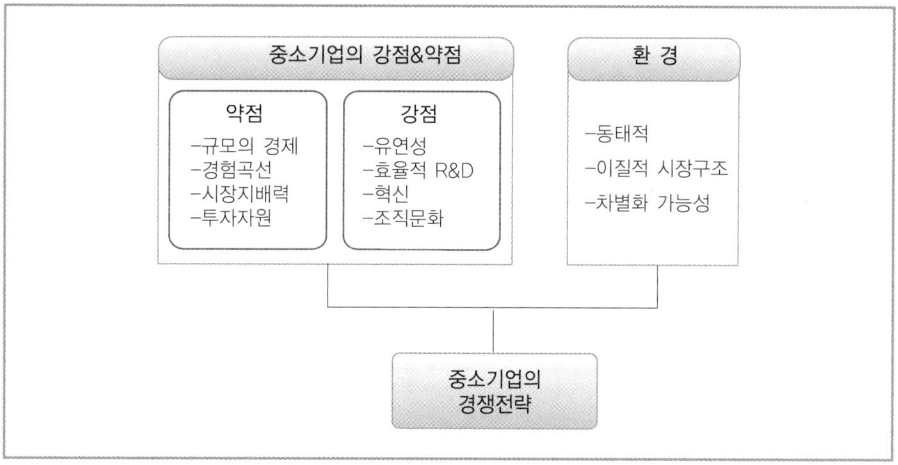

출처 : 이장우(2000), 벤처창업, 법문사.

것이다. 그림에 제시된 바에 의하면 중소기업으로서의 창업기업은 동태적이고 차별화 여지가 많으며 시장특성이 이질적인 환경에서, 특유의 강점인 유연성, R&D 효율성, 혁신능력, 진취적 조직문화 등을 최대한 활용할 때 경쟁우위를 확보할 수 있다. 다시 말하여, 창업기업이 강력한 경쟁우위를 확보하기 위해서는 일정한 환경조건에서 대기업이나 기존 기업들이 가질 수 없는 특유의 강점을 살려야 한다는 것이다.

(1) 창업기업에게 유리한 환경

대기업이 환경의 변화가 심하지 않고, 제품특성상 수명주기가 길고 표준화가 잘된 경우에 유리하다면 창업기업은 상대적으로 환경의 변화가 심하고 제품특성상 수명주기가 짧고 차별화의 여지가 많은 전문품이나 주문품의 경우에 유리하다. 또한 시장이 이질적이어서 규모의 경제와 경험곡선의 효과가 중요하지 않은 경우에 유리하다.[7)]

이와 관련하여 대기업과 경쟁에서 성공한 중소기업들을 사례조사한 연구의 결과를 보면, 창업기업은 다음과 같은 환경조건에서 유리하다고 한다.[8)]

첫째, 잦은 신기술의 출현과 고객선호도의 변화 등으로 환경조건이 자주 변화해야 한다. 왜냐하면 그래야 도전자 입장에 있는 창업기업에게 기회가 생기기 때문이다. 실제 기존 기업들과의 경쟁에서 성공한 기업들은 환경변화가 비교적 심한 산업에서 새로운 시장기회를 포착하고 여기에 자신들의 강점을 집중하여 성공한 경우가 많은 것으로 나타난다.[9)]

둘째, 시장여건상 차별화의 기회가 많아야 한다. 창업기업에게 가장 핵심적인 경쟁우위가 되는 것은 차별화이다. 특히 혁신에 의한 차별화는 장기적으로 가장 확실한 성공기반을 제공한다고 할 수 있다. 그 이유는 규모의 경제를 이용한 원가우위나 광고나 유통망 등 마케팅 측면의 차별화는 자금능력이 뛰어난 대기업에게 쉽게 모방되고 압도되기 때문이다. 이에 반해, 신기술은 무형성이 높기 때문에 대기업이 물적 투자만 가지고 쉽게 모방할 수 없다. 차별화의 방법에 있어서 양적인 투자보다는 발상의 전환이 중요하다. 즉, 광고, 유통망, 신제품 개발력 등에 있어 양적인 투자로서는 대기업과의 경쟁에서 생존하기 어렵다. 따라서 물량적 열세를 극복할 수 있는 창의적 발상과 창조적 아이디어가 필수적이다.[10)]

셋째, 규모의 경제와 경험곡선의 효과가 중요하게 작용하지 않아야 한다. 즉 소규모 생산과 적은 경험 때문에 원가상 커다란 불이익이 발생하지 않아야 한다는 것이다.

결론적으로, 창업기업에게 상대적으로 유리한 환경은 동태적이고, 제품특성상 차별화 여지가 많으며, 규모의 경제나 경험곡선의 효과가 중요하게 작용하지 않을 정도로 시장특성이 이질적이어야 한다는 것이다.

(2) 창업기업의 강점

일반적으로 규모가 큰 대기업들은 규모의 경제와 풍부한 투자재원과 같은 이점을 누릴 수 있는 반면에 불이익도 있다고 지적되고 있다. 예를 들면 기업규모가 커질수록 높은 고정비용과 손익분기점의 문제가 발생하며 수요변화에 대한 탄력성이 저하될 수 있다[11)]. 그리고 지나친 전문화로 인하여 종업원의 사기가 저하되고 공정의 변화에 대한 기술적인 유연성이 저하되는 문제를 발생할 수 있다. 또한, 증가하는 정부규제나 사회적 책임으로 인하여 대규모 사업의 이점이

상쇄될 수도 있다. 한편, 상대적으로 규모가 작은 창업기업이 실현할 수 있는 경쟁우위의 원천으로 다음과 같은 강점들을 제시할 수 있다.

1) 유연성

유연성이란 수요의 변화에 대응하여 하나의 제품에서 다른 제품으로 전환할 수 있는 조직의 능력을 의미한다. 창업기업이 가지는 유연성은 산출(output)의 유연성과 조직의 유연성이라는 측면에서 살펴볼 수 있다. 먼저 산출의 유연성에 있어, 대기업은 설비와 같은 고정자산에 많은 투자를 함으로써, 기술과 수요의 변화에 신속히 대처하기 어려운 약점을 갖는다. 반면에, 창업기업은 자본보다는 인력에 의존함으로써 높은 유연성을 유지할 수 있다[12]. 또한 창업기업은 낮은 계층구조와 중앙집중적인 의사결정 구조를 가짐으로써 유연하면서도 신속한 의사결정과 집행이 가능하다. 반면에, 대기업은 계층의 수가 많고 복잡하여 의사결정의 속도가 늦으며, 기존의 정책에 묶여 환경변화에 대해 신속하게 대응하기가 힘든 약점이 있다.

2) R&D 효율성

창업기업은 상대적으로 연구개발 활동을 효율적으로 수행할 수 있는 강점을 가지고 있다. 왜냐하면, 창업기업에서는 개인의 연구개발 성과가 즉각적으로 나타나며 그 때문에 높은 동기부여 수준과 창의성을 유지할 수 있다. 또한 창업기업에서는 각 부서 사이의 연결이 원활하기 때문에 중요한 시장정보의 입수 및 활용이 용이하다. 반면에, 회사의 규모가 커짐에 따라 기술자 수가 많아지고 팀워크(team-work)가 약화된다. 그래서 대기업에서는 개발부서가 영업부나 생산부와 긴밀한 의사소통과 상호조정하기가 쉽지 않다. 쿠퍼(Cooper)의 연구에 의하면, 동종 제품에 대한 연구개발에 있어 대기업들은 창업기업보다 8배나 많은 개발비용을 지출함으로써 상대적으로 낮은 R&D 효율성을 나타내었다.[13]

3) 혁신

창업기업은 기술혁신과 새로운 아이디어의 원천으로 높이 평가되고 있다.[14] 이러한 창업기업의 혁신능력은 경영자들이 제품에 대한 높은 지식과 기술을 소유하고 있으며 자신의 개인적 경험을 기초로 획기적인 혁신을 적극적으로 수행할 수 있다는 데에 기인한다. 반면에 대기업은 새로운 아이디어가 획기적이면 획기적일수록 혁신에 대한 저항이 커지는 경향이 있다. 그리고 관료적 조직특성으로 인해 불확실성을 지나치게 두려워하고 계량적인 분석방법을 중시함에 따라 급진적 혁신이 성공하기 어려울 수 있다.

4) 조직문화

창업기업은 특유의 미래지향적이고 도전적인 조직분위기를 강점으로 활용할 수 있다. 창업기업의 경영자들은 성장에 관심이 높으며, 혁신적 행동과 미래지향적인 목표를 추구하는 경향이 있다. 창업기업의 경영자들은 회사 내에서 폭넓은 영향력을 행사하기 때문에, 그들의 기업가정신은 기업경영에 중요한 영향을 미친다. 따라서 경영자의 진취적 성향에 기초하여 조직분위기를 탄력적이고 도전적으로 만들 수 있다. 또한 창업기업은 특유의 가족적이고 친밀한 분위기 때문에 상호협력이 용이할 뿐만 아니라 대기업에 비해 원활한 노사관계를 유지할 수 있다.

2.2 선발주자와 후발주자의 전략

기업은 종종 기술혁신을 통해 선발주자가 되고자 한다. 그 이유는 물론 선도기업이 됨으로써 경쟁우위를 확보하고 많은 이익을 향유할 수 있기 때문이다. 그러나 혁신에 의해 선발주자가 되었다고 항상 유리한 것만은 아니다. 오히려 후발주자들이 갖는 상대적 이점도 적지 않다. 따라서 선발주자는 후발주자의 추격을 물리치고 혁신에 의한 이점을 계속 지켜나가도록 각별한 전략적 노력을 해야 한다.

선발주자의 이점을 강화시키는 메커니즘으로는 기술적 리더십, 희소자산의 선취, 구매자 교체비용 등을 들 수 있다.

(1) 선발주자의 이점

1) 기술적 리더십(technology leadership)

선발주자는 기술에 대해 지속적인 리더십을 발휘함으로써 이점을 얻을 수 있다. 이것은 다음의 두 가지 세부 메커니즘에 의해 좀더 자세히 설명될 수 있다.

① 학습곡선

학습곡선 효과란 누적 생산량이 많을수록 단위당 생산원가가 떨어진다는 것이다. 만일 선발주자가 그들의 학습내용(경험)을 독점적으로 소유하고 시장점유율에서 리더십을 계속 발휘한다면 학습곡선 효과에 의해서 지속적인 비용우위 달성이 가능해지고 이런 지속적인 비용우위는 진입장벽을 형성해 준다.[15] 이에 따라서 선발주자는 이점을 얻을 수 있다.

② 연구개발(R&D)과 특허(patent)

선발주자는 연구개발 노력을 통해 개발한 기술에 대해 특허를 따내거나 영업비밀(trade secret)을 유지함으로써 이점을 얻을 수 있다. 그러나 실증연구에 의하면 이러한 논리는 몇몇 산업에서만 적용되는 것으로서 선발주자가 후발주자에 비해 특허나 영업비밀에 의해 많은 이점을 얻기는 하지만 그것은 선발주자가 얻는 전체 이점 중 극히 일부분일 뿐이다.[16] 즉, 선발주자는 이점을 지속적으로 확보하기 위해서 특정 기술만이 아니라 관련되는 주변기술에 대해서 특허를 내거나 제품이나 프로세스뿐만 아니라 모방하기 힘든 관리 측면의 혁신을 달성하려는 노력이 필요하다.

2) 희소자산의 선취(preemption of assets)

선발주자는 경쟁자에 비해 희소자산을 먼저 취득함으로써 이점을 얻을 수 있다. 이때 선발주자는 새로운 기술개발을 통해 만들어낸 자산보다는 기존의 희소자산을 통제하는 것에 의해 더 많은 이점을 얻을 수 있다.

① 투입요소(input factor)의 선취

만일 혁신기업이 유용한 정보를 보유하고 있다면, 그들의 기업활동에 투입할 자산을 나중에 형성될 시장가격보다 저렴하게 미리 구입함으로써 이익을 높일 수 있다. 직물업에 종사하는 기업이 원사를 경쟁사보다 저렴하게 미리 구입해 두는 경우, 광산업에 종사하는 기업이 훌륭한 천연자원 매장지를 경쟁사보다 먼저 발견하는 경우, 넓은 면적의 공간이 필요한 창고업에 종사하는 기업이 임대료가 저렴한 장소를 확보하는 경우 등이 그 예이다.

② 지리적 위치와 제품 특성상의 공간선취

선발주자는 공간의 선취를 통해서도 경쟁자의 진입을 저지할 수 있다. 여기서 공간(space)이란 지리적 공간뿐만 아니라 제품 특성상의 공간까지 포함하는 개념이다. 대부분의 시장에서는 기업이 이익을 낼 수 있는 공간이 매우 제한되어 있다. 따라서 선발주자는 가장 매력적인 부문시장(niche)을 먼저 점유함으로써 차후에 진입하는 기업이 활용할 수 있는 공간을 제한하는 전략적 조치를 취할 수 있다.

③ 공장과 설비에 대한 선취적 투자

선발주자는 후발주자에 비해 공장과 설비 등에 먼저 투자를 함으로써 이점을 얻을 수 있다. 즉, 공장증설 등의 방법으로 생산능력을 확대시키면 규모의 경제가 발생하여 단위당 원가를 낮출 수 있고, 이에 따라 선발주자는 후발주자가 이익을 획득할 수 없는 수준으로 가격을 인하하겠다고 위협할 수 있다. 따라서 후발주자는 진입을 할 경우 큰 손실을 볼 수도 있다고 생각하여 진입을 꺼리게 된다. 공장.설비에 대한 선취적인 투자가 진입장벽의 역할을 하는 것이다. 규모의 경제가 크게 작용하는 업종일수록 이러한 효과는 더욱 크게 나타난다.

3) 교체비용과 불확실성하에서의 구매자 선택

① 교체비용(switching cost)

구매자의 교체비용이 존재한다면 늦게 진입하는 기업은 선발주자으로부터 고객을 끌어오기 위해 추가적인 투자를 해야한다. 교체비용의 형태로는 첫째, 초기의 거래비용 또는 구매자가 판매자의 제품에 적응하기 위해 투자해야 하는 것. 둘째, 구매자가 특정 판매자에 대해 이미 학습을 한 상태여서 새로운 판매자에게 전환하기를 꺼리기 때문에 발생하는 비용. 셋째, 판매자가 고의적으로 만들어내는 계약상의 교체비용 등이다. 어떤 형태의 교체비용이든 진입장벽의 역할을 하게 되며 따라서 혁신기업에게는 이점을 제공한다.

② 불확실성하에서의 구매자 선택

대부분의 구매자는 제품의 품질에 대해 불완전한 정보를 갖고 있기 때문에 어느 정도로 만족시켜 주는 최초의 상표를 선택한 이후에는 그 상표에 대해 집착하게 되며 다른 상표로의 전환을 꺼린다. 따라서 늦게 진입한 기업이 소비자의 관심을 기존 상표에서 자신의 상표로 전환시키려면 더 훌륭한 품질의 제품을 제공하든지 아니면 더 많은 광고를 해야 한다. 즉, 선발주자에 비해 더 많은 비용부담을 해야 하며, 이러한 점이 선발주자에게는 이점이 되는 것이다.

한편, 선발주자이기 때문에 감수해야 하는 불리한 점들도 있다. 선발주자의 불리한 점, 바꾸어 말하면 후발주자의 이점은 어디에서 오는가? 이는 다음의 다섯 가지 메커니즘으로 설명할 수 있다.

(2) 후발주자의 이점

1) 무임승차효과(free-rider effects)

선발주자는 R&D, 소비자교육, 종업원 선발과 훈련, 하부구조(infrastructure)개발 등에 많은 투자를 해야 한다. 그러나 후발주자는 이들에 대한 특별한 투자없이 선발주자가 이미 투자해 둔 것을 저렴한 비용으로 활용함으로써 선발주자에 비해 상대적으로 이점을 얻을 수 있는데 이를 무임승차효과라 한다.

선발주자가 적격심사(screening)를 거쳐 선발한 종업원을 고용함으로써 별도의 적격심사 과정을 거치지 않는 경우, 선발주자가 교육훈련시킨 숙련 노동력을 고용함으로써 교육훈련에 대한 투자를 줄이는 경우, 선발주자가 많은 R&D 투자를 하여 개발한 기술을 모방하는 경우 등이 모두 무임승차의 예라고 볼 수 있다.

2) 보완자산의 활용

보완자산(complementary assets)이란 기술혁신을 상품화(commercialization)하기

위해 필요한 자산이나 지식 등을 의미한다. 예를 들어 새로운 개념의 컴퓨터를 개발했다면 그러한 컴퓨터를 실제로 제조하기 위해 필요한 설비, 그 컴퓨터에 필요한 소프트웨어를 만들어내는 능력, 최종적으로 상품화된 컴퓨터를 판매하는 능력 등이 모두 보완자산이라 할 수 있다. 만일 후발주자가 필요한 보완자산을 보유하고 있다면, 그들은 그 보완자산을 잘 활용함으로써 큰 이점을 얻을 수 있다.

앞에서 설명한 무임승차효과는 혁신과 관련된 보완자산을 누가 보유하고 있느냐에 따라서 많이 달라질 수 있다.[17] 즉, 선발주자가 보완자산을 보유하고 있는 경우에는 선발주자로서의 위치를 계속 유지할 수 있고 후발주자는 상대적으로 많은 무임승차효과를 얻을 수 없다. 반면에 후발주자가 보완자산을 보유하고 있는 경우에는 후발주자가 상대적으로 많은 무임승차효과를 얻을 수 있다. 예컨대 EMI사는 CT 스캐너 부문의 선발주자였지만 의료부문에 대한 기초지식, 유통망, 마아케팅 경험과 같은 보완자산이 부족하여 GE와 같은 후발주자에게 패하였다.

3) 기술적 불확실성과 시장 불확실성의 해결

후발주자는 시장에 아직 존재하는 불확실성을 해결함으로써 이점을 얻을 수 있다. 시장에 불확실성이 존재한다는 것은 선발주자가 해결하지 못하는 부분이 있다는 의미이며 이를 후발주자가 해결함으로써 이점을 얻을 것이다. 예를 들면 토요타 자동차가 미국시장에 진출할 때 당시 미국의 소형자동차 시장을 지배하고 있던 폭스바겐의 사용자들과 인터뷰를 실시했다. 그 결과, 그들이 폭스바겐에 대해 불만족하고 있는 점이 무엇인지를 알아내었고 이를 토요타 제품에 반영함으로써 미국 진출에 성공할 수 있었다.

4) 기술 및 고객욕구의 동태적 변화

기술과 소비자 욕구는 계속 변화하며 후발주자는 이러한 변화에 민감하게 반응함으로써 선발주자에 비해 이점을 얻을 수 있다. 기술이 계속 변화한다는 사실은 후발주자의 입장에서는 언젠가는 자신도 선발주자가 될 가능성이 있음을 시사해주는 희망적인 사실이지만 선발주자의 입장에서는 큰 위협이 된다. 또한 소비자 욕구 역시 상당히 동태적인 것이어서 선발주자에게는 위협이 되는 반면 후발주자에게는 상당히 좋은 기회를 제공해준다. 예컨대 증기 기관차가 한창일 때 디젤이 등장했고, 폴리에스터가 레이온을 대체했으며, 실리콘이 게르마늄을 대체하였다.

5) 선발주자의 타성

선발주자는 ① 특정부문에 고정자산 투자가 집중되었고 ② 좀처럼 제품라인을 교체하려 하지 않고 ③ 조직구조가 유연하지 못하기 때문에 타성에 젖는 경우가 많다. 선발주자가 이러한 타성에 젖는 것은 때로는 효율성을 높일 수 있는 측면이 있지만 일반적으로는 환경변화와 경쟁위협에 대응하는 능력이 떨어지게 되어 역기능적인 영향이 더 크다. 반면에 후발주자는 조직구조가 유연하고 민감하기 때문에 상대적으로 이점을 얻게 된다.

2.3 창업기업의 전략수립시 고려사항[18)]

일반적으로 알려진 경영분석 방법과 시중에 많은 책들에서 찾아 볼 수 있는 경쟁 전략이 모든 창업기업에게 적절한 것일 수는 없다. 또한 시간과 자금이 부족한 창업기업에게 분석과 전략의 수립단계에서 지나치게 시간을 지체한다는 것은 성공에 큰 장애가 될 수 있다. 창업기업의 전략 수립에 중요한 요소는 첫째, 기회를 신속히 선별해야 한다는 것이다. 둘째, 선택된 아이디어를 철저히 분석하고 셋째, 행동과 분석을 통합하는 것이다. 각 내용을 살펴보면 다음과 같다.

(1) 가망없는 기회의 선별

창업을 하고자 하는 사람들은 대개 많은 아이디어를 가지고 있다. 그리고 이들 아이디어에 집착하는 경향이 있다. 그러나 많은 아이디어에 집착하는 것보다는 가능성이 적은 아이디어부터 빨리 버림으로써 성공의 가능성이 높은 아이디어에 집중하는 것이 중요하다. 가망없는 사업기회를 선별하는 데는 분석 자료가 필요한 것이 아니라 판단력과 사고력이 요구된다고 할 수 있다. 판단력과 사고력을 바탕으로 아이디어를 선별하는데 있어서 다음 두 가지 요인을 고려하는 것이 바람직하다.

첫 번째는 창업기업의 목표에 부합하는 아이디어를 선별해야 한다. 만약 기존 시장에서 자신의 제품으로 시장점유율을 확대시키고자 한다면 혹은 신시장을 개척하여 단기간 내에 성공을 거두고자 한다면 보통 혁신적인 아이디어가 필요하다. 이와는 반대로 틈새시장을 포착하고자 하는 기업에게는 혁신적인 아이디어보다는 주력제품을 통해서 고객을 끌어올 정도의 창의력과 아이디어만 있으면 된다. 즉, 모든 기업이 혁신적인 아이디어가 필요한 것은 아니라는 것이다. 중요한 것은 기업이 가지고 있는 능력과 역량에 맞는, 즉 기업의 목표에 부합되는 아이디어를 선별하는 것이다.

두 번째는 외부환경 변화에 의한 레버리지를 고려해서 아이디어를 선별해야 한다. 새로운 산업 혹은 변화하는 산업에서 기회를 이용하는 것은 성숙산업에서 사업을 하는 것보다 일반적으로 쉽다. 성숙산업에서 경쟁업체로부터 사업을 빼앗는 데는 엄청난 경험, 전략, 자금 등이 필요하다. 그러나 새로운 시장에서는 상황이 다르다. 경쟁업체가 그리 막강하지 않을 수도 있고, 고객의 기대수준이 높지 않아 불완전한 제품도 수용될 가능성이 있으며 때로는 공급부족으로 인한 이익을 얻을 수도 있다.

(2) 아이디어의 철저한 분석

성공적인 창업자는 최소의 시간과 자금을 가지고도 아이디어를 철저하게 분석한다. 하버드 대학의 마이클 포터(M. Porter) 교수가 지적한 바와 같이 창업기업은 동일 업계의 경쟁업체들과의 경쟁뿐만 아니라 대체재, 공급업자, 구매자 및 다른 신규 진입자 등과도 경쟁을 하게 된다. 그러므로 경쟁업체들을 파악하고 내부 핵심역량과 약점 등을 조사해야 한다. 아이디어 자체는 훌륭할지 모르나 현실적으로 아이디어의 제품화가 불가능한 아이디어도 있다. 따라서 아이디어가 제품이나 서비스로 실현될 때의 제약조건은 없는지에 대해 사전에 많은 조사와 분석을 실시하는 것이 바람직하다.

(3) 행동과 분석의 통합

1) 단계적 분석

모든 문제들을 한꺼번에 해결하려고 하기보다는 다음 단계 혹은 다음 투자를 정당화시키기에 충분할 정도의 조사를 실행해야 한다. 예를 들어, 새로운 의학기술을 개발한 사람은 먼저 자신이 개발한 의약기술이 특허 변호사에게 상담을 받을 만한 가치가 있는 것인지를 결정하기 위해 시장수요를 대충 예측해 볼 수 있다. 만일 시장수요 예측이나 변호사와의 상담결과가 좋다면, 특허를 얻는데 돈을 지출해도 될지를 결정하기 위해 조사를 더 하게 된다. 몇 차례의 분석과 행동이 이루어지면 창업자는 공식적 사업계획서를 준비해서 벤처캐피탈리스트들을 만날 수 있다.

2) 신속한 문제 해결

창업자는 어떤 문제나 위험이 발견되면 이에 대한 해결방안을 찾기 시작한다. 예를 들어 자본을 모으기가 어렵다고 판단되면 자신의 아이디어를 포기하기보다는 문제점을 창의적으로 다른 각도에서 해결하고자 노력할 것이다. 즉 문제가 발견되었을 때 자세한 분석만 할 것이 아니라 문제해결을 위해서 다음에 무엇을 할 것인지 빠르게 결정하는 것이 필요하다.

3) 조사와 판매 병행

창업기업의 경우 제품전시회에 시제품을 전시하고 구매자의 반응을 살피는 것으로 시장조사를 대체하는 경우가 종종 있다. 창업자들은 자신과 대화를 나누는 모든 사람들을 잠재 고객, 투자자, 직원, 혹은 공급업자로 생각하거나, 적어도 장래에 제품을 홍보할 수 있는 정보제공자로 간주하는 경향이 있다. 이렇게 조사와 판매를 병행하는 방식에는 문제점이 있지만 자원이 부족한 창업기업의 경우 조사와 판매 대상을 동일한 것으로 간주함으로써 즉, 행동과 분석을 통합함으로써 자원부족의 한계를 극복할 수 있다.

4) 자신감

창업기업의 경영자는 충분하지 못한 자료에 근거해서 행동의 결정을 내려야 하는 경우가 많다. 이러한 경우에 지나치게 자기 확신에 빠져 의사결정을 그르칠 수 있다. 그들은 자신이 다른 사람들보다 더 똑똑하고 더 창의적이며, 더 열심히 노력한다고 믿는다. 그러나 이러한 자신감은 불확실한 벤처창업에 매우 중요한 역할을 한다. 고객의 반응이 석연치 않거나, 제품이 기대에 미치지 못하거나, 사업자금이 부족한 경우에도 이를 인내하기 위해 자신의 재능과 아이디어에 대해 분명한 확신을 가져야 하기 때문이다.

03 마케팅

실제로 창업은 다양한 시장에서 다양한 형태로 이루어질 수 있다. 따라서 대기업을 기반으로 개발된 기존의 마케팅관련 교재들에서 제시된 기법들이 모든 창업기업에 바로 적용되기는 어렵다. 본 절에서는 하이테크 시장에서의 마케팅을 이해하기 위해 새로운 기술을 수용하는 사람들을 기술추종자, 선각자, 실용주의자, 보수주의자, 거부자 5단계의 사람들로 분류해서 그 특징을 살펴본다. 그리고 창업기업들에서 일반적으로 고려해야 할 마케팅 전략에는 어떤 것들이 있는지 살펴본다.

3.1 하이테크 마케팅

하이테크 시장에서의 마케팅을 이해하기 위해서는 먼저 하이테크 시장의 특징을 알아야 한다. 특히 하이테크 산업에서의 소비자 집단은 주어진 상품과 서비스에 대해 공통되는 필요와 구매욕구를 가지고 있으며, 구매 의사결정시 상호참조 하는 성향이 강하다. 따라서 하이테크 산업에서의 시장에서 염두에 두어야 할 것은 하이테크 시장의 소비자들은 제품을 구매할 때, 상호참조를 한다는 점이다. 시장 구성원의 상호참조 정도가 높으면 높을수록, 소비자와의 의사소통 채널 확보가 중요하다. 이러한 시장특성에 따라 하이테크 마케팅의 단계는 초기시장(early market), 주류시장(mainstream market), 캐즘(chasm) 등으로 나누어 볼

그림 10-2 기술수용주기 모델

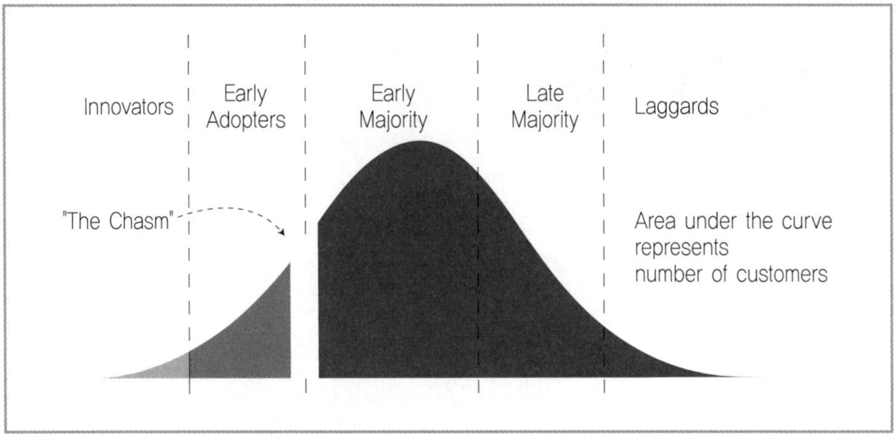

출처 : Geoffrey A. Moore(2002), Crossing the Chasm.

수 있다. 각 단계의 내용과 단계별 주요 고객에 대한 마케팅 전략에 대해 살펴보면 다음과 같다.

(1) 초기 시장(early market)

1) 혁신적 소비자: 기술추종자

기술추종자는 시장에 신제품이 출시되면 가장 먼저 그 상품을 구매하는 소비자들이다. 가격에 구애를 받지 않을 정도로 신기술과 신제품에 대한 구매욕구가 강하며, 기술에 대한 평가능력도 갖고 있다. 이들은 많은 시간을 할애하여 다른 사람이 써보지 않은 제품을 가장 먼저 구입해서 사용하려는 사람들이다.

기술 추종자는 다른 소비자들에 비하여 제품을 구매할 때 많은 것을 요구하지 않지만 주의해야 할 점이 몇 가지 있다. 첫째, 이들은 속임수가 없기를 원한다. 둘째, 기술적인 문제가 발생하였을 때, 언제 어디서나 기술적으로 가장 많은 지식을 가지고 대답해 줄 수 있는 사람과 접촉하기를 원한다. 셋째, 새로운 제품을 가장 먼저 접하기를 원한다. 넷째, 제품의 가격이 저렴하길 바란다. 따라서 이들에게는 되도록 낮은 가격으로 제품을 제공할 수 있어야 한다.

기술추종자들에게 접근하기 위해서는 회사가 전달하고자 하는 메시지를 그들이 자주 드나드는 곳에 미리 배치해 두어야 한다. 예를 들어, 컴퓨터 게시판, 기술전문가들에게 특별한 만족을 주는 상점, 기술관련 잡지, 기술관련 회의 등을 들 수 있다. 메시지를 전달할 때 주의할 것은 이미지를 치장하기 위한 지나친 노력은 쏟지 않아도 된다는 것이다. 왜냐하면 이들은 대부분 메시지의 처음부터 끝까지 모두 읽기 때문이다.

2) 초기 수용자: 선각자

선각자(visionaries)는 새로운 기술을 전략적 기회와 연결시키는 통찰력을 가진 소비자들이다. 선각자들은 기술이 가지는 큰 가능성에 주목하기 때문에, 가격에 가장 덜 민감한 집단이기도 하다. 전략적 주도권을 쥐기 위하여 프로젝트에 선도적으로 투자함으로써, 하이테크 산업을 일으키는 데 중요한 자본제공의 역할을 한다. 선각자는 산업에 자금을 제공할 뿐만 아니라, 더 나아가 산업의 향후 기술추이에 대한 정보를 제공한다.

선각자들에게 상품을 팔기는 쉬우나 이들을 만족시키기는 매우 어렵다. 왜냐하면 그들은 단순히 기술을 사는 것이 아니라 자신의 꿈을 실현하기 위하여 기술을 도입하는 것이기 때문이다. 즉, 제품을 사는 것을 자신의 꿈을 사는 것과 동일시한다. 따라서 이러한 선각자들을 대하는 상황에 있어서는 다음과 같은 사항에 유의할 필요가 있다.

첫째, 현실적으로 성취 가능해야 한다. 둘째, 시장가능성이 있는 제품을 제공하여야 한다. 셋째, 선각자에게 구체적이고 좋은 평가받을 수 있는 수준의 투자수익률을 제공하여야 한다. 만약, 단계마다 만족할 만한 투자수익률이 없다면 선도자는 다음 단계에 투자를 하지 않을 것이다.

위와 같은 특성에 기초할 때, 회사는 선각자의 기대를 잘 관리하는 것이 선각자에 대한 마케팅의 핵심이라고 할 수 있다. 선각자 시장은 처음으로 수익을 가져다주는 중요한 집단이다. 선도자는 기술추종자의 의견을 듣고 제품을 구매하려는 성향이 있기 때문에, 이들과 관계를 맺기 위해서는 기술추종자들에 대한 마케팅도 중요한 역할을 한다.

(2) 주류 시장(mainstream market)

1) 초기 다수: 실용주의자

실용주의자가 구매할 때 고려하는 사항은 구매하려고 하는 회사, 사려고 하는 제품의 품질, 보조제품의 다양성과 시스템 인터페이스, 지속적인 서비스의 신뢰성 등이다. 그러나 신제품 구매나 사용에 따르는 위험을 돈과 시간의 낭비라고 생각하며, 꼭 필요한 경우에도 안전에 관한 조치를 원하는 성향이 있다. 또한 상대적으로 점진적이고 측정가능하며 예측 가능한 개선을 원하는 면이 있다. 특히, 이들의 구매욕구는 쉽게 드러나지 않기 때문에 인내심을 가지고 기다려야 한다. 따라서 매우 어려운 마케팅 대상이기는 하지만, 한번 관계를 맺으면 충성도가 높다는 장점을 가진다. 실용주의자들은 기업의 표준을 결정하는 사람이라는 점에서 가치를 지닌다. 그리고 이들은 대체로 가격에 민감한 특징을 가지고 있다. 최고의 품질에도 중간 정도의 가격만 지급하려 하고, 특별한 차이점이 없다면 가격을 가능한 한 최소한으로 낮추려고 한다.

2) 후기 다수: 보수주의자

보수주의자들은 기술수용 수명주기에서 약 1/3의 고객에 해당한다. 하지만 대부분 보수주의자들로부터 충분한 이익을 올리는 경우가 많지 않은데, 이는 하이테크 기업과 좋은 관계를 맺기 힘든 성향을 가지고 있기 때문이다. 보수주의자는 불연속적이며 획기적인 기술에 저항하는 성향을 가지고 있으며, 과거의 기술을 훨씬 더 신뢰한다.

하이테크 제품을 구매하는 이유는, 상품의 기술을 사용하기 위해서가 아니라 다른 사람들과의 보조를 맞추기 위해서이다. 하이테크 제품에 대해 이러한 소비성향을 보이는 것은 보수주의자들이 하이테크에 대해서 두려움을 가지고 있기 때문이다. 따라서 상품이 성숙기에 접어들고 저가격 경쟁이 중심이 되는 기술수명주기의 끝부분에서 투자를 하기 시작한다. 이들은 어느 정도 가격이 떨어진 뒤에야 구매하고, 그 제품이 다른 사람의 사용을 통해 검증되었을 때 구매한다. 이들은 필요한 요소가 미리 모두 조립된 패키지 형태의 상품을 좋아하며, 낮은 가격을 선호한다. 그들은 하이테크 상품도 냉장고와 같이 전원을 넣고 사용하기만 하면 되는 제품이기 바란다.

보수주의자들에 대한 마케팅 관리의 성공요인은 첫째, 특정 소비자의 요구에 적합한 모든 기술이 포함되도록 '일괄 해결형(whole solution)'의 제품을 제공해야 한다. 이 때 패키지 내에 구매 후 지원이 필요 없도록 모든 요소를 포함시켜야 한다. 왜냐하면 구매 후 지원에서는 이윤이 없기 때문이다. 둘째, 패키지를 특정 소비자에게 효과적으로 전달하는 유통채널을 개발해야 한다.

3) 구매 거부자

기술수용 수명주기의 마지막 1/6을 차지하는 그룹으로서 구매를 거부하는 것 외에는 하이테크 시장 내에서 거의 역할을 하지 않는다. 따라서 마케팅 전략은 이들의 영향력을 중화시키는데 중점을 두어야 한다.

(3) 캐즘(chasm)

하이테크 산업에서 시장은 구매 의사결정 시 상호 참조하는 사람들로 구성된다. 마케팅의 대상이 되는 시장 즉 초기 시장에서 주류 시장으로 이동하는 과정(주로 선각자와 실용주의자 사이)에는 기업이 극복하기 힘든 격차 즉 틈이 존재한다. 극복하기 힘든 이 틈새를 '캐즘(chasm)'이라고 한다. 틈이 발생하는 이유는 초기 시장의 선각자 집단과 주류 시장의 실용주의자 간에 심각한 격차가 존재하기 때문이다.

1) 선각자는 동료 집단의 경험 가치를 귀하게 여기지 않는다.

선각자는 그 산업 내에서 새로운 기술의 잠재력을 가장 먼저 파악하는 사람이다. 이들은 자신이 가치가 있다고 생각한 기술이 경쟁우위를 갖기 위해서는 산업내 알려져 있지 않거나 채택되지 않은 기술이어야 한다고 생각한다. 반면에, 실용주의자는 다른 회사의 동료가 겪은 경험의 가치를 아주 높게 평가한다. 그들은 제품을 구매할 때, 같은 산업내의 여러 사람으로부터 광범위한 참고사항을 찾고자 한다. 그런데, 산업내 선각자는 소수이고 나머지 대부분은 실용주의자들이기 때문에 결국 이들이 필요로 하거나 참고하고자 하는 것들을 어떻게 제공할 것인가가 마케팅 전략의 핵심이 된다.

2) 선각자는 산업보다는 기술에 더 많은 관심을 가지고 있다.

선각자는 미래를 규정하는 사람들로서, 하이테크 제품과 기술에 많은 관심을 가지고 그와 관련된 사람들과 이야기하기를 좋아한다. 반면에 실용주의자는 미래의 일에 많은 노력을 기울이지 않는다. 그들은 기술은 산업을 이끌어가기 위한 현재의 관심사로 파악한다. 따라서, 산업내의 이슈를 다루는 특정 산업관련 회의에 많이 참석한다. 주로 하는 대화의 주제도 시장 변화나 글로벌 경쟁우위에 관한 것들이다.

3) 선각자는 현존 제품의 기반을 중요시 여기지 않는 경향이 있다.

선각자는 자신의 비전을 현실화하여 완전히 새로운 시스템을 구축하려 한다. 현재 산업에서 널리 사용되고 시스템에 대한 비전보다는 새로운 산업표준을 만들려고 한다. 반면에 실용주의자는 이 모든 것을 이용하고자 한다. 실용주의자는 주류시장 내에서 많은 경력을 통해 여러 가지 관계를 형성하며, 이를 이용하여 사업을 하고자 한다. 따라서 선각자는 실용주의자가 필요로 하는 정도의 충분한 참고사항을 제공하지 못한다.

4) 선각자는 전반적으로 책임감이 없다.

실용주의자의 시각에서 바라보면 선각자는 갑자기 프로젝트에 뛰어들어 예산을 소모하는 유형의 사람들이다. 만약 프로젝트가 성공하면 다른 사람으로부터의 신뢰는 선각자가 모두 가지는 반면, 실용주의자는 선각자가 소모하는 예산속에서도 사업의 상태를 정상적으로 유지하기 위하여 힘든 노력을 해야 한다고 생각한다. 만약 실패하면, 선각자는 미리 예측을 하고 스스로 그 프로젝트에서 나오며, 실패의 결과를 모두 실용주의자가 마무리 지어야 한다.

3.2 창업기업의 마케팅

창업기업의 경우 자원과 전문적 역량 면에서 부족한 부분이 많다. 대기업의 경우 전문가를 고용하여 마케팅 조사, 마케팅 전략수립, 전략 테스트 등을 수행하며 소비자에게 접근한다. 하지만 대부분의 창업기업들은 이러한 부분에 있어 어려움에 직면한다. 그래서 시장에 대한 정보가 제한적이고, 고객에 대한 분석도 개인적 신념이나 편견에 기초한 경우가 많다. 이러한 문제로 인해 창업자들이 범하는 가장 흔한 실수는 자사의 제품이나 서비스가 시장에 출하만 되면 구매가 폭발적으로 일어날 것이란 환상을 갖는 것이다. 창업기업들은 이러한 점을 감안하여 창조경제에서 필요한 적절한 마케팅 전략과 마케팅 믹스를 개발할 필요가 있다.

(1) 마케팅 전략의 개발

마케팅 전략을 개발하기 위해서는 해당 산업과 시장 그리고 제품과 관련된 기술과 정보의 신속한 수집과 평가를 필요로 한다. 또한 글로벌 경쟁과 그에 따른 시장진입의 타이밍 또한 중요한 문제이다. 이에 따라 창업기업은 자신이 속해 있는 시장특성에 대해 올바른 정의를 내림으로써 불확실성을 감소시킬 수 있다.

1) 올바른 시장정의

창업기업에 있어 제품 또는 서비스가 제공될 시장에 대한 올바른 정의는 기업의 성패를 좌우할 수 있다. 예를 들자면 제품중심적 시장 정의는 여러 가지 위험이 따른다. 그 이유는 제품이나 서비스는 주어진 고객욕구를 충족시킬 수 있는 일시적인 수단일 수 있기 때문이다. 즉 새로운 수단으로 같은 욕구를 충족시킬 수 있다면 기존 제품이나 서비스는 더 이상 필요 없게 될 수 있다. 최근 기술의 발달에 따라 짧은 제품수명주기는 이런 현상을 더욱 가속화시킨다. 따라서 기존의 기술보다는 고객욕구를 바탕으로 시장을 정의함으로써 시장에 대한 불확실성을 감소시켜야 할 것이다.

2) 신축성과 순발력

앞에서 말한 바와 같이 급격한 환경변화와 신기술 개발로 인해 마케팅 전략은 신축성과 순발력을 유지해야 한다. 예를 들어 과거 IBM은 PC시장에 후발주자로 진입하면서 기존 경영방식에서 벗어나 부품에 대한 자체생산보다는 아웃소싱을 하고, 직영점보다는 넓은 유통망을 확보하기 위해 중간상을 이용하였다. 이러한 조치로 인해 짧은 시간에 PC시장의 선도적인 위치를 확보할 수 있었다. 신축성과 관련해 필요한 특징이 순발력이다. 환경변화에 바로 실시간으로 적응할 수 있는 순발력이 창조경제에서 필요하다. 변화에 대한 순발력은 경쟁자보다 앞서 기회를 발견하고 가능한 신속하게 행동하는 것을 말한다.

3) 타이밍

최근 마케팅에 있어 타이밍은 매우 중요한 전략요소이다. 완전한 제품이 아닌 상태에서 시판을 하면 시장반응이 불확실해지고 그 반면 너무 늦게 제품을 시판하면 경쟁자가 이미 시장을 점유하게 된다. 이러한 딜레마는 창조경제에서 두드러진다. 이상적인 전략은 완벽한 제품으로 선발주자가 되는 것이지만 현실적으로 볼 때 기업의 전략과 연계하여 고려해야 할 문제라고 할 수 있다.

4) 글로벌 마케팅

오늘날에는 상대적으로 글로벌 마케팅이 중요하다. 왜냐하면 글로벌 경제하에서 모든 경쟁자들은 글로벌 어프로치를 하기 때문에 자국 중심으로만 시장을 인식하는 기업들은 앞으로 상당한 위협을 받을 수 있기 때문이다. 따라서 자원이 부족한 창업기업의 경우 글로벌 마케팅을 위한 전략적 제휴를 중요하게 고려해야 한다.

(2) 마케팅 믹스의 개발

창업기업의 경우 자원과 능력의 제약이 있기 때문에 반복되는 전략적 실수를 만회하기가 매우 어렵다. 따라서 마케팅 전략에 있어 실수를 최소화하기 위한 각고의 노력이 매우 중요하다. 특히, 창업기업들의 경우 처음부터 주류시장을 대상으로 광범위한 마케팅을 하기 보다는 시장 세분화를 통해 표적시장을 선정하고 그 표적시장을 대상으로 차별화된 혜택을 제공하는 마케팅 믹스를 개발할 필요가 있다.

1) 제품(product)

제품전략에 있어서 가장 중요한 것은 소비자에게 제시하는 가치 제안이 분명하고 강하게 차별화하는 것이다. 또한 제품수명주기와 제품확산의 정도를 감안하여 소비자들이 해당 제품을 얼마나 빨리 받아들일지에 대한 분석도 필요하다. 시장에 처음 출하되는 제품이나 서비스의 경우에는 품질도 중요하기 때문에 품질향상을 위해 생산의 전 과정에 깊은 관심을 기울어야 한다. 하이테크 제품의 경우에는 제품판매가 이루어진 후의 기술적 응용지원은 사업의 성패에 중요한 요인이 될 수 있다. 그러나 자원의 제약이 많은 창업기업의 경우 이와 같은 기술지원을 제공하기 힘들 수 있다. 따라서 제품에 대한 전문화나 차별화를 통해 제품 서비스의 범위를 좁히는 것이 유리할 수 있다.

2) 가격(price)

제품이나 서비스의 가격은 마진과 직결되기 때문에 가격책정은 매우 신중해야 할 필요가 있다. 일반적으로는 비용기반 가격책정법이나 경쟁사 제품의 가격에 일정을 마진을 얹는 방법을 사용한다. 가격이 너무 낮으면 장기적으로 수익성에 문제를 유발할 뿐만 아니라 '싸구려' 제품이란 인식을 줄 수도 있다. 반면 가격이 너무 높으면 고객으로부터 '터무니없는 제품' 으로 인식되어 소비자들로부터 외면 받을 수 있다.

일반적 경쟁자에 비해 보다 높은 가격을 책정하는 경우는 보다 세련되고 효과적인 마케팅 전략이나 판매정책들이 있을 때 가능하다. 혹은 하이테크 제품일 경우 시장의 불확실성으로 인해 가격이 임의적으로 결정되는 경향이 있다. 따라서 벤처기업의 경우 비록 제품이나 서비스 개발에 많은 비용이 들지 않았더라도 기술선도 기업이라는 이미지 확보를 위해 경쟁제품보다 우수한 자사제품에 대해 프리미엄 가격을 책정하기도 한다. 그러나 하이테크 제품은 일반적으로 최초의 거래확보가 중요할 수 있으며 이 경우 앞에서 언급한 고가격 정책보다는 거래선 확보차원의 저가격 정책도 고려할 필요가 있다.

3) 유통(place)

창업기업들은 초창기 유통채널 확보에 많은 어려움을 겪는다. 기존의 기업들은 확보하고 있는 유통채널을 이용하지만 신생기업 입장에서는 유통채널을 확보하기가 사실상 매우 어렵다. 미국의 경우 유통을 지배하고 있는 대형 마트는 납품업체로부터 높은 진열 수수료를 받는 체인점이 대부분이다. 따라서 신생기업들이 기존 대형 마트의 선반에서 좋은 위치에 자사 제품을 진열하는 것은 거의 불가능하다[19].

어떤 유통경로를 활용할 것인지는 자사의 제품이나 서비스에 따라 달라질 수 있다. 예를 들어, 고가품의 럭셔리 화장품의 경우에는 독점적 유통망을 활용하는 것이 명품의 이미지를 유지하는 데 유용할 수 있다. 반면 중저가의 핸드크림과 같은 소비재의 경우 빠른 회전율이 중요하기 때문에 슈퍼마켓, 편의점, 자판기, 마트 등 최대한 폭넓은 유통망을 확보하는 것이 중요하다. 또한 창업기업의 경우 이러한 오프라인(off-line) 유통채널 뿐만 아니라 온라인(on-line) 유통채널도 함께 이용하는 것이 바람직하다. 특히 물리적인 유통채널 확보가 힘든 경우 적극적인 온라인 유통채널에 힘을 쏟아야 할 것이다.

4) 촉진(promotion)

촉진은 기업의 제품과 서비스가 담고 있는 메시지를 고객들에게 최대한 효과적으로 전달하는 것이다. 그래서 촉진의 방법에는 판매촉진 외에도 광고나 홍보, 개인영업, 전단지나 카탈로그 등을 통한 디렉트 마케팅 등이 포함된다. 대대적인 광고나 영업, 혹은 캠페인 같은 판촉 전략과 도구는 주로 예산과 인력이 충분한 대기업에서 주로 이용하는 것이다. 또한 대기업들은 홍보를 통해 기업의 호의적인 이미지 구축에도 많은 노력을 기울인다. 이미지 구축에 성공하면 고가격 정책을 취할 수 있고, 고객과의 관계를 원활하게 만들거나 교섭력을 높일 수 있다는 장점이 있다.

그러나 창업기업들의 경우 광고나 홍보에 사용되는 비용의 지출이 제한적일 수 있기 때문에 저비용의 효과적인 촉진책을 개발하는 것이 무엇보다 필요하다. 또한, 기존의 대기업들과 같이 TV, 신문, 잡지 혹은 포털사이트 광고 등에 대대적으로 광고할 수 있는 자원이 부족하기 때문에 차별화된 전략을 동원하는 것이 필요하다. 예컨대 프랜차이즈 커피전문점 이디야는 유동인구가 많은 큰 길 대신에 한 블록 정도 뒷길에 매장을 연다는 '서브 스트리트' 전략을 세웠다. 조금만 뒷골목으로 들어가도 부동산 비용이 약 30% 저렴해질 수 있기 때문에 가격 경쟁력을 가질 수 있다는 것이다. 자금력과 인지도가 부족해 브로드웨이에 진출하지 못한 뮤지컬 배우들이 객석수가 절반도 안 되는 오프 브로드웨이(off-broadway) 극장에서 자신만의 개성에 성패를 거는 '오프 브로드웨이' 전략과도 같은 맥락이라 할 수 있다.

(3) 기타 마케팅 기법

창업기업은 대기업과 같이 엄격한 시장조사를 토대로 마케팅 전략을 수립하고 엄청난 양의 광고와 홍보를 통해 고객들과 커뮤니케이션 하는 것이 쉽지 않다. 그래서 창업기업들은 경우 비전통적이고 개별 접근법 방식으로 소비자의 관심과 기업인지도를 높이는 마케팅 활동, 즉 게릴라 마케팅과 같은 차별화되고 독창적인 방법들을 통해 자원의 제약을 극복하고 고객들과의 커뮤니케이션에 집중하는 것을 고려할 수 있다. 게릴라 마케팅에는 입소문을 활용한 구전 마케팅(word of mouth marketing), 버즈 마케팅(buzz marketing), 바이럴 마케팅(viral marketing) 등이 있을 수 있다.

1) 구전 마케팅

구전 마케팅은 어떤 제품과 서비스에 대해 사람들이 주고받는 커뮤니케이션을 활용한 마케팅 기법이다. 즉 어떤 제품과 서비스에 대해 사람들 사이에 주고받는 커뮤니케이션을 극대화하여 고객의 구매 결정시간을 단축하게 하는 일련의 활동을 입소문 마케팅이라 할 수 있다. 따라서 입소문 마케팅의 핵심 키워드는 사람들 간의 커뮤니케이션 극대화이다. 그런데, 이러한 입소문은 단순히 제품에 대한 홍보나 설명으로는 확대되기 어렵다.

예컨대, 사람들 중에는 6.25전쟁이나 2차세계대전중에 가슴주머니에 담고 다니던 작은 성경책 때문에 생명을 구한 이야기나, 가슴속에 담고 다니던 지포라이터가 총알을 막아 생명을 구한 병사의 이야기를 들어본 적이 있을 것이다. 사람들 사이에 쉽게 회자될 수 있는 이야기지만 지포라이터만을 놓고 본다면 베트남 전쟁에서 총알을 막아준 이야기를 라이터광고에 인용하면서 지포라이터의 인식을 무수히 많은 사람들에게 인식시키는 구전 마케팅이 된 셈이다.

구전 마케팅의 저자 앤디 세르노비츠는 구전 마케팅의 성공을 위해서는 다음의 내용들을 기억할 필요가 있음을 제안한다.[20]

첫째, 자사 제품 · 서비스에 대한 불만과 칭찬을 인터넷을 통해 즉시 들을 수 있도록 장치를 마련해야 한다. 예컨대, 창업자는 기업에 대한 고객의 칭찬이나 불만을 인터넷 공간을 통해 만나고 점검하여 고객의 불만을 잠재우고 고객에 일일이 감사하고 대응해야 한다.

둘째, 고객에게 회자될 수 있는 신선하고 창의적인 아이디어를 개발해야 한다. 연중 무휴 영업이란 파격적인 기업경영으로 잘 알려진 미국 뉴저지의 코머스 은행(Commerce Bank)은 영업점마다 모든 사람이 사용할 수 있도록 무료로 동전을 세는 기계를 배치한다. 이 기계로 인해 구전 마케팅이 활성화되고 은행이 추가 창출하는 수익이 7%나 된다. 유명 제화회사인 자포스(Zappos)는 1년에 한 번 무조건 반품 이벤트를 실행한다. 또한, 라스베이거스에 있는 윈 라스베이거스 리조트(Wynn Las Vegas resort)는 도로 운송의 핵심 역할을 담당하는 택시 운전사에게 무료로 방을 제공해 줌으로써 그들로 하여금 구전 마케팅의 첨병 역할을 하도록 만들고 있다.

셋째, 구전 마케팅에 대한 기존의 잘못된 편견을 버려야 한다. 아이러니하게도 기업이 찾고자 하는 가장 영향력 있는 구전 전달자는 기업의 제품 · 서비스를 지속 구매하는 충성 고객이다. 그러나 충성 고객들은 이미 기업으로부터 받는 제품 · 서비스에 오랫동안 만족해 오고 있어 더 이상 구전 효과를 타인에게 발휘할 특별한 감동을 느끼지 못할 수 있다. 또한 기업은 흔히 고객에 대한 인센티브와 금전적 보상 등이 구전 마케팅의 가장 중요한 수단이라고 생각할 수 있다. 그러나 고객은 기업이 제공하는 금전적 보상의 동기에 대해 의심할지도 모른다. 따라서 오히려 구전 마케팅 결과가 나빠질 수도 있다.

2) 버즈 마케팅

버즈 마케팅은 대기업과 같이 대규모의 매스(mass) 마케팅 기법을 이용하기보다는 개인적 네트워크를 이용하여 마케터가 원하는 정보를 소비자에게 전달하는 기법이다. 예컨대 유명인이나 영향력 있는 사람이나 뉴스 등을 통하여 특정 제품을 이야기하게끔 하거나 TV쇼나 뉴스, 혹은 인터넷 등에 제품이나 서비스가 노출되도록 하여 제품이나 서비스의 정보가 사람들에게 전달되는 방식의 마케팅을 말한다. 여기서 버즈(buzz)란 벌이나 기계 등의 웅웅거리는 소리에서 따온 것으로, 기업에 의해 일방적으로 광고나 홍보되는 것과 달리 버즈 마케팅은 소비자들이 자발적으로 커뮤니케이션을 만들어 내어 파급효과를 극대화한다는 차이점을 가진다. 광고비용을 많이 들이지 않고 많은 사람들에게 마케팅 효과를 최대화하기 위한 버즈 마케팅에 대해 전문가들은 다음과 같은 것들을 조언하고 있다.[21)]

첫째, 여론 형성의 선봉장들을 키워라. 모든 고객이 똑같은 것은 아니다. 어떤 고객들은 여론을 형성하는 데 있어서 남다른 능력을 가지고 있다. 이들은 고객들에게 자신이 만족한 제품을 소개하고, 널리 알리는 데 뛰어난 능력을 보유하고 있다. 예컨대 Abercrombie & Fitch사의 경우 유명한 사교클럽에서 일하고 있는 대학생들을 발굴해 이들에게 A&F 옷을 입도록 함으로써 유행에 기여하도록 만들었다.

둘째, 공급을 제한하라. 사람들은 자신 또는 남들이 가질 수 없는 것을 탐내는 경우가 많다. 사치품업계는 오래 전부터 이 같은 경향을 유리하게 이용해 왔는데 지금은 다른 업계에서도 이를 유리하게 활용하는 일이 갈수록 많아지고 있다. 예컨대 폭스바겐사에서는 레트로 비틀(Beetle)을 마케팅함에 있어 이러한 전술을 사용했다. 두 가지 종류의 컬러로 된 일명 '딱정벌레' 차를 인터넷에서 2,000대 한정판매함으로써 비틀 모델의 고귀한 가치를 유지하고자 했다.

셋째, 아이콘이나 유명인을 커뮤니케이션에 활용하라. 기업들이 버즈현상을 일으키는 또 하나의 전술은 유명인들의 호응을 확보하는 것이다. 사람들은 자신이 좋아하거나 우상으로 생각하는 사람들이 쓰는 물건을 자신들도 사용하고 싶어한다.

넷째, 추천 리스트에 이름을 올릴 수 있도록 하라. 고객에게 카달로그나 광고를 제공할 때, '추천 목록, 강추! 등의 리스트를 제공하는 것' 은 버즈 효과를 일으키는 강력한 도구가 될 수 있다. 그 까닭은 정보의 홍수 속에 살고 있는 소비자들에게 이러한 추천 목록은 정보를 습득하고 구매 결정을 내릴 수 있는 시간을 절약해 주는 효과적인 길잡이가 되어주기 때문이다.

다섯째, 대중적 기반을 구축한다. 오토바이 제조업체인 할리 데이비슨은 1981년 일본 업체들에 밀려 도산직전에 처했다. 1982년 이 사업을 인수한 젊은 경영자들은 미국 전역에 걸쳐 '할리 소유자 그룹(Harley Owners Group-HOG)' 을 결성하고 숱한 집회를 후원했다. 이들 공동체 내에서 입소문을 통해 전파되는 홍보에 의해 할리 데이비슨은 힘을 되찾게 되었다고 한다. 이처럼 공동체 기반의 커뮤니티를 활용하는 방법은 결집된 동질 의식의 커뮤니티 구성원들에게 힘을 실어 줌으로써 결국에는 자사 제품에 대한 충성도 높은 고객 집단을 소유할 수 있는 좋은 기회가 될 수 있다.

3) 바이럴 마케팅[22)]

바이럴 마케팅이란 바이러스와 입(oral)의 합성어로 이 두 단어를 합쳐서 만들어진 단어로 소비자가 스스로 입소문을 일으키고, 소비자 간에 브랜드 확산을 주도하여 소비자가 소비자에게 직접 마케팅을 하는 것을 말한다. 바이럴 마케팅 즉 바이러스 마케팅과 구두 합성어로 네티즌들이 이메일이나 블로그 등 다른 전파 가능한 매체를 통하여 자발적으로 어떤 기업이나 제품을 홍보할 수 있도록 제작되어 널리 퍼지는 마케팅 기법이라고 할 수 있다.

바이럴 마케팅은 새로운 광고기법으로 주목받기 시작했는데 기업이 직접 홍보하지 않고 소비자가 입에서 입으로 전해지는 광고라는 점에서 기존 광고매체와 다른 점이라고 말할 수 있다. 바이럴 마케팅과 구전 마케팅이 일맥상통하지만 전파하는 방식에서는 약간의 차이점이 있다. 구전 마케팅은 제공자 중심으로 퍼져나가는데 있어 바이럴 마케팅은 정보수용자 중심으로 퍼져나간다고 할 수 있다.

바이럴 마케팅이 가능한 것은 온라인 공간에서 수많은 정보와 교류가 이루어져 있는 환경이 형성되어 있으며, 인터넷을 통해 기업의 입장이나 정보를 일방적으로 전달하는 형식이 아닌 기업과 소비자, 소비자와 소비자 등 양방향 커뮤니케이션이 활발해졌다는 것이 가장 크다고 할 수 있다. 여기서 보다 구체적으로 바이럴 마케팅의 장소가 될 수 있는 온라인 공간으로는 무료 게시판, 카페, 지식인 게시판, 블로그, 무료 홈페이지 등이 있다. 무료게시판의 경우 각 포털사이트 검색창을 통해 검색이 가능하다. 카페운영의 경우 네티즌이나 관련 업종 등에 호기심 및 관심을 가질 수 있는 정보성 글들을 작성한 후 꾸준한 업데이트와 회원모집을 통해 고객을 확보할 수 있다. 지식인 게시판이나 블로그를 활용할 수 있는데 다만 일방적인 홍보과 광고 위주의 글들만 가득하다면 쉽게 외면될 수 있다.

이처럼 창업기업에서는 많은 비용이 드는 영상매체의 광고보다는 저렴하지만 비용대비 효과가 큰 인터넷을 통한 마케팅을 잘 활용하는 것이 매우 중요하다. 특히, 소비자 한 사람 한 사람이 모두 매체의 역할을 할 수 있다는 점에서 바이럴 마케팅의 중요성은 증대하고 있다. 다만, 바이럴 마케팅에 성공하기 위해서는 다음과 같은 점들에 주의할 필요가 있다.[23)]

첫째, 소비자들은 제품이나 서비스에 대해 여전히 더 많은 것을 알고 싶어 한다. 아직도 많은 기업 담당자들이 소셜 미디어를 통해 기업의 제품을 소개하거나 메시지를 전할 경우, 고객들이 상업적 콘텐츠라서 외면하리라 짐작하고 부담스러워하는 경향이 있는데 고객들이 특정 기업의 사이트나 블로그에 들어오는 경우는 결국 그 기업에 대한 이야기를 찾기 때문이다. 예컨대 한국지엠(GM-Korea)은 블로그를 통해 고객들과 활발히 소통하고 있는데 한국지엠에서 발행된 포스트 약 3,300개 중 독자들에게 인기 있었던 포스트는 모두 임직원이 직접 참여해 만든, 한국지엠 차량에 관한 정보를 담은 것이다.

둘째, 기업이 하고 싶은 이야기가 아닌 고객이 듣고 싶은 이야기를 해야 한다. 고객들이 기업에 대해 알고 싶어 한다고 해서 기업이 하고 싶은 이야기를 일방적으로 고객들에게 전달하는 것은 고객의 눈높이를 제대로 맞추지 못하는 것이다. 한국인삼공사 블로그의 '홍삼정플러스, 1g은 어느 정도인가요?' 포스트는 제품 정보나 효능에 대한 이야기로 시작하지 않는다. 대신 홍삼점 플러스의 고객들이 가장 궁금해하는 '과연 한번에 양을 얼마만큼 먹어야 하는지' 라는 질문으로 스토리를 만든다.

04 조직관리

창업은 하나의 아이디어로부터 시장가치가 있는 제품 또는 서비스를 창출한다는 의미에서 무(無)에서 유(有)를 창조해야 하는 도전적 성향을 갖는다. 따라서 창업기업의 조직관리는 참여 구성원들의 창의성과 열정을 부추기고 결집하는 데 주력해야 한다. 대부분 자원과 경험이 부족한 상태에서 출발하는 창업기업의 입장에서 구성원들의 창의성과 열정은 가장 믿을 만한 가능성이자 잠재력이 아닐 수 없다.

4.1 신바람 관리

(1) 신바람 관리의 개념

개인의 자발성 및 창의성이 제대로 발휘되기 위해서는 창업팀이나 구성원들을 동기부여하고 그들의 잠재능력과 에너지를 이끌어내고 결집시키는 것이 중요하다. 그런데 조직구성원들을 동기부여하고 잠재력을 도출하는 문제에서 우선적으로 고려해야 할 것은 조직구성원들이 속해 있는 사회의 문화적 배경과 특질이다. 즉 특정 국가가 가지고 있는 사회문화적 속성에 적합한 관리방식을 찾아야 한다는 것이다.

신바람이란 '조직구성원들간의 독특한 일체감에서 비롯한 일종의 사회심리적

에너지' 라고 정의할 수 있다. 이장우와 이민화의 연구에 의하면 신바람은 한국인의 양면적인 사회심리 구조에서 비롯된다고 한다. 즉 한국인의 사회심리 속에는 부정적, 긍정적 사이클이 공존한다. 전자의 경우 사회집단이 이기주의로 흐를 때 집단구성원들의 심리가 소극성 및 은폐성향을 갖게 되고, 이것이 다시 집단분위기를 더욱 이기적 분파주의로 끌고 나가는 악순환을 의미한다. 반면에 후자의 긍정적 사이클은 사회집단이 공존공생의 공동체를 지향하고 이에 대해 구성원들이 자발성과 창의성으로 반응함으로써 공동체적 조직질서가 더욱 강화되는 선순환을 의미한다.

한국인의 내면에는 이러한 두 사이클이 공존하기 때문에 잘할 때와 못할 때의 기복이 크다. 즉 적당한 여건이 형성되지 못할 때(부정적 사이클이 작동할 때)는 상대적으로 심한 심리적 좌절과 소외감을 느끼지만, 일정한 조건이 충족되면(긍정적 사이클이 작동할 때) 집단과 구성원들이 생산적인 상승작용을 일으킴으로써 무서운 잠재에너지를 발휘한다. 이 에너지가 바로 신바람이라는 것이다.

(2) 신바람 관리의 단계

신바람을 일으키는 관리방법으로서 다음과 같은 4단계 모형을 제시할 수 있다.

1) 1단계: 공동체 조직의 구축

신바람 관리의 첫 번째 단계는 조직의 질서와 분위기를 공존공생의 공동체로 만들어 나가는 것이다. '조직을 공존공생의 공동체로 만든다' 는 것은 우리 민족의 사회성향인 가족적 집단주의가 이기적 집단주의로 흐르는 것을 막고 모두가 함께 살아간다는 의식을 갖게 하는 가족적 공동체를 일구어 냄을 의미한다. 이러한 공동체를 만들기 위해서는 공생의식, 조직에 대한 자부심과 비전, 상사 및 동료 사이의 인간적 유대감, 리더들에 대한 신뢰심이 확보되어야 한다.

2) 2단계: 자율과 경쟁의 과업설계

두 번째 단계는 '과업(task)' 의 수준에서 이루어지는 바, 구성원들이 자신의 업무를 자율적이고 경쟁적인 분위기에서 하도록 하는 것이다. 다시 말하여 구성원들이 업무의 내용과 수행방법을 스스로 알아서 결정하고 업무수행시 구성원들간 선의의 경쟁이 작용하도록 만드는 것이다.

경영자들은 업무설계에 있어 자율의 효과에 대하여 회의적인 경우가 많다. 그러나 자율은 공동체적 분위기 형성이 기본 전제가 되었을 때 분명히 효과를 발휘한다. 즉 자율이 개인욕심에 의해 악용되지 않고 동료간 상호신뢰와 자발적 통제에 의해 스스로 지켜지고 본연의 효과를 발휘할 수 있다는 것이다. 경쟁에 있어서도 마찬가지이다. 공동체 의식으로 무장된 조직과 집단은 구성원들간 불꽃 튀는 경쟁 속에서도 서로 격려하고 위로하는 따뜻한 분위기가 존재하며 팀워크를 탄탄하게 다져나갈 수 있다. 그러나 공동체 기반이 취약한 상태에서는 작은 경쟁에서도 인화단결을 해치고 시기와 질투를 조장하기 쉽다. 그리고 급기야는 이전투구의 분위기 속에서 개인적으로 상처를 입지 않으려 하는 소극적 자세와 은폐의식을 발생시킨다.

3) 3단계: 구성원의 자발성과 혁신성 관리

세 번째 단계는 구성원 개개인의 자발성과 혁신성향을 유발하고 관리해 나가는 것이다. 이는 개인행동 및 심리의 차원으로서 지금까지 논의한 것 중 가장 미시적 수준이다. 우리나라와 같은 동양사회의 경우 자신을 노출하지 않으려는 심리가 상대적으로 강하기 때문에 이러한 심리를 고려한 특수한 형태의 자발성 유발 프로그램이 필요하다. 특히, 한국인 심리구조에는 남다른 창의력이 잠재되어 있지만 동시에 소극성과 은폐의식 또한 잠재되어 있다. 이러한 소극성과 은폐의식은 바로 관료적 조직성향과 상호작용하여 악순환을 만들기 쉬우며, 이 때문에 대규모 조직일수록 구성원 개개인의 자발성과 혁신성향을 세심하게 관리할 필요가 있다.

4) 4단계: 정확하고 공평한 보상

네 번째 단계는 다시 '일'의 수준에서 이루어지는 바, 업무결과에 대한 정확하고도 철저한 보상이다. 다시 말하여 조직구성원 개개인이 그들의 일을 통해 보여 준 도전의식과 자발성 하나하나에 대해 정확하게 인정해 주고 충분히 보상해

주는 것을 말한다.

신바람 관리에 있어 보상의 궁극적 목표는 구성원 개개인이 일을 통해 자기 나름대로 실천한 모든 자발적 행동과 혁신적 성과에 대해 인정해 주고 칭찬해 주는 것이다. 그리하여, 구성원들이 바람직한 행동과 성과를 보였을 때 조직이 항상 긍정적 반응을 보일 것이라는 믿음을 심어주어야 한다. 이 믿음을 기초로 구성원들은 자신의 행동에 대해 반드시 상은 안 받더라도 내가 잘 하고 있음을 경영자들이 알아주고 있다는 생각을 스스로 할 수 있어야 한다.

구성원들은 자신의 자발적 행동과 창의적 시도 하나하나에 대해 정확하고 공정한 보상이 주어질 때 조직과 회사에 대한 신뢰와 애정을 제고시키고 공동체적 조직질서를 강화시킨다. 그리고 이렇게 강화된 공동체적 조직질서는 다시 더 큰 자발성과 혁신성향을 유발함으로써 계속적인 상승작용을 일으킨다. 결국, 우리가 신바람이라고 부르는 에너지는 이러한 계속된 상승작용의 산물인 것이다.

4.2 조직관리[24]

(1) 조직 내 발생하는 문제점

창업기업 중에는 성장속도가 매우 빠른 신기술 분야나 성장산업에서 활동하는 경우들이 있다. 급속한 성장과 시장의 확대는 사업규모의 확장을 꾀할 수 있는 새로운 사업기회를 제공할 수 있다. 그러나 조직 내부적으로는 적지 않은 관리적 문제를 야기하기도 한다. 조직 내에서 발생가능한 문제들을 정리하면 다음과 같다.

첫째, 해결되어야 할 문제점들이 감추어진다. 급속성장으로 인한 높은 성장률과 수익성은 기획력이 부족하고 계획이 부정확하더라도 이를 개선하도록 하는 노력을 등한시하게 만든다. 또한 낭비적인 의사결정을 하더라도 이를 용인하는 분위기가 되기 쉽다.

둘째, 당초 경영목표로부터 이탈하기 쉽다. 사업규모의 확장에 따라 단기 전술적 문제들이 급증하면, 이 문제들을 해결하려는 과정에서 전체 목표나 전략의 초점에서 벗어난 근시안적 의사결정을 하기 쉽다.

셋째, 의사소통이 어려워지고 리더십의 문제가 발생한다. 구성원 및 부서의 수가 급속히 늘어남에 따라 조직이 복잡해지며 구성원간의 의사소통 기회가 점점 줄어든다. 조직의 복잡화로 수직적 · 수평적 분화가 이루어지며 이러한 조직 분화는 과거의 소공동체적 분위기를 와해시킨다. 또한 창업멤버들이 보수화됨에 따라 신규 구성원들과의 갈등이 발생할 수 있으며 부서간 갈등도 증폭된다. 이러한 조직의 복잡화는 구성원들의 공유가치와 단결력을 희박하게 만들며, 과거 비공식적 접촉을 통해 유지해 온 창업자의 리더십도 그 효과가 감소한다.

넷째, 인적자원 관리에 소홀하기 쉽고 경영자의 관리능력 부족이 노출된다. 사업기회가 확대되면서 인적자원에 대한 장기적 관점의 투자보다는 마케팅과 기술개발에 전략적으로 집중하기 쉽다. 보유 인력의 자질과 능력을 최대한 계발, 활용하고 우수한 신규 인력을 유입시키는 것은 창업기업의 장기적 성장에 핵심 요인이 된다. 또한 업무량이 증대하고 복잡화함에 따라 적절한 권한위임과 새로운 관리방법의 도입이 필요하게 된다.

다섯째, 구성원들의 스트레스가 증가한다. 사업이 성장하고 기회가 확대되다 보면, 부서간에 차별성이 확대되게 되며 이를 적절하게 통합하지 않을 경우 부서간 이기주의를 발생시킬 수 있다. 또한 창업초기 시장환경의 불연속적 변화는 조직내 구성원들의 업무나 역할에 있어서도 잦은 변화와 불확실성을 경험하게 하여 심리적으로 불안감과 직무 스트레스를 증가시킬 수 있다.

(2) 조직관리의 기본적 틀

앞서 제시한 바와 같이 창업기업에서는 조직구성원들의 잠재력을 활용하기 위한 관리방법과 더불어 조직내에서 발생할 수 있는 문제점들을 해결해야 하는 것이 핵심적 과제가 될 수 있다. 이러한 핵심과제를 수행하기 위해서는 창업기업도 일반기업과 마찬가지로 조직, 개인, 그리고 과업수준에서의 체계적인 대책이 필요하다.

그림 10-3 조직관리의 기본 틀

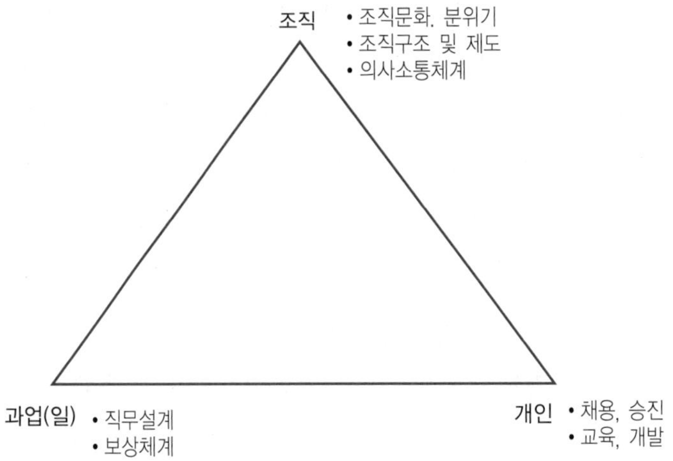

출처: Hill and Jones(1992), Strategic Management Theory, 2nd eds, Houghton Mifflin Co., p. 40.

1) 조직수준에서의 관리

① 변화에 대한 대처능력 키우기

창업기업이 급변하는 사업환경에 적절하게 대처하기 위해서는 조직수준에서 다음과 같은 관리방안들을 고려해야 한다.

첫째, 조직의 유연성을 유지한다. 조직이 변화에 민감하고 유연하게 대응하기 위해서는 소규모 단위의 조직을 유지할 필요가 있으며 자율적이고 책임감을 갖고 일할 수 있는 여건을 조성하는 것이 필요하다.

둘째, 자원부족으로 인한 위기에 대처한다. 사업성이 뛰어나더라도 사업운영에 필요한 자원이 고갈되는 경우 실패의 확률은 높아진다. 여유자원 부족에 따른 위기를 극복하기 위해서는 위기에 재빨리 대처할 수 있는 위기관리 능력을 키워야 한다. 아울러 외부 필요자원들과의 네트워킹을 통해 전략적 연계나 제휴를 사업초기부터 확보할 필요가 있다.

셋째, 성장세가 둔화되거나 소멸될 것에 대한 대비책을 강구한다. 지금 현재 눈부신 성장을 하는 사업이라도 성장과정에서 정체나 성장통을 경험할 수 있다. 이를 극복하기 위해서는 핵심영역에 대한 집중적 관리가 필요하며 병목이 생길 수 있는 부분을 미리 체크하는 것이 필요하다. 구성원들의 동요나 불안감을 줄이기 위한 교육이나 워크샵을 통해 소통과 역량개발을 강화하고 성장기에 요구되는 기업으로의 변화도 염두에 둘 필요가 있다.

② 전략적 초점과 객관성 유지

전술적 문제와 단기적으로 처리해야 할 업무량이 늘어남에 따라 초창기 창업자가 강조해 온 전략의도(strategic intent)나 사업목적 등에 대한 인식이 흐려진다. 따라서 이 회사의 비전은 무엇이고 왜 사업을 하는지에 관한 근본적 문제에 관한 대답을 분명히 제시하고 조직내에 공식화할 필요가 있다. 이를 위해서는 비전과 경영이념의 정립이 필요하며 구체적인 경영목표나 행동강령 등 실천목표와 방안들을 제시해야 한다.

또한 초기의 거듭되는 성공은 내부 주관적 견해에 의존하거나 자만심에 빠질 위험을 내포하고 있다. 따라서 내부의 의견과 제안들을 폭넓게 수용하는 한편, 외부의 의견을 적극적으로 청취하고 외부환경에 관한 정보를 체계적으로 수집함으로써 객관적인 의사결정을 해나갈 필요가 있다.

③ 조직문화와 리더십의 정립

조직문화는 구성원들에게 일체감을 갖게 하고 회사에 대한 충성심과 몰입도를 강화시킨다. 따라서 구성원의 창의성과 잠재력을 최대한 활용해야 하는 창업기업에게 강력한 조직문화는 지속적인 혁신과 성장의 밑거름이 된다. 또한 조직문화는 구성원들로 하여금 과중한 업무부담과 미래 불확실성으로 인한 스트레스에서 벗어나 보람을 가지고 적극적으로 업무에 임하도록 하는 효과가 있다. 그런데 조직의 문화를 확립하고 체계화하여 행동으로 실천하도록 하기 위해서는 창업자가 리더십을 가지고 구성원들의 열정과 노력을 결집할 수 있도록 하는 것이 필요하다. 더불어 창업자는 조직내에서 우수한 리더들을 양성하는 데도 주력해야 할 필요가 있다.

2) 개인수준에서의 관리

① 개인의 다양성 인정

창업후 기업이 성공적으로 성장하게 될 경우 업무가 다양화되고, 다양한 전문지식과 기능을 가진 구성원들이 영입되게 된다. 이러한 다양성은 지속적인 기업발전에 필요한 것으로 인정되어야 한다. 예컨대 초창기 혁신적인 업무가 주류를 이루다가 사업규모가 커짐에 따라 관리적이고 운영적인 업무들이 늘어나기 마련인데, 이때 혁신과 유지관리를 놓고 갈등이 발생할 수 있다. 그러나 이 양자의 업무성향은 상호 조화를 이루어야 발전할 수 있는 다양성의 한 측면이라 할 수 있다. 또한 창업기 창업자의 통찰력과 비공식적 업무처리가 주류를 이루던 것에 반해 분석력과 공식적 업무처리가 중요시된다. 그러나 통찰력과 분석력은 마치 감성과 이성, 또는 우뇌와 좌뇌의 기능과 같이 어느 일방의 중요성이 강조되기보다는 상호조화를 이룰 때 그 가치가 더욱 커진다.

② 인적자원에 관한 전략적 배려

창업기업에 있어 인적자원은 사업의 미래 잠재력을 결정하는 핵심 성공요인이다. 따라서 단기적 인력수급에 급급하기보다는 채용, 교육, 개발 등에 관한 전략과 실천방안을 미리 세워둘 필요가 있다. 즉, 회사에 적합한 인물의 선별, 중단기 인력 수급계획, 순환근무 등을 통한 경력관리, 체계적인 교육을 통한 이념과 조직문화의 전파 등에 관한 대책을 마련해야 한다. 특히 사업환경의 변화로 창업 초창기 구성원들의 능력이 한계를 드러내는 경우가 많다. 따라서 체계적인 재교육 프로그램을 통해 구성원들의 능력과 자질을 제고시킴으로써 이들의 경험을 계속 활용할 필요가 있다.

3) 과업수준에서의 관리

① 창의성과 협력의 조화

창업기업의 가장 강력한 무기중의 하나는 구성원들의 창의성이다. 그런데 창의성 발휘를 최대화하기 위해 업무수행에 있어 자율권을 대폭 강화하다 보면 구성원들간 협력이 제대로 안될 가능성이 있다. 조직내 협력이 제대로 되지 않을 경우 시너지(synergy)의 양도 그만큼 축소된다. 따라서 구성원들의 자율성과 창의성을 보장하되 다양한 소통의 장을 마련하여 상호 협력하여 일할 수 있는 체계를 구축하는 것이 필요하다.

② 정확하고 공정한 보상

정확하고 공정한 보상이란 업무수행의 결과를 정확하게 평가하고, 이에 비례하여 구성원들이 납득할 만한 대가를 지불하는 것을 말한다. 이러한 보상체계는 구성원들로 하여금 과중한 업무 스트레스를 이겨내고 미래 희망을 가지고 일에 몰두하는 역할을 한다. 그런데 여기서 유의해야 할 것은 보상이 오직 물질적 수단에만 국한하지 않는다는 사실이다. 상사의 따뜻한 관심이나 칭찬, 회사차원의 표창이나 감사표시 등 정신적 차원의 보상도 적절하게 활용될 때 커다란 효과를 거둘 수 있다.

05 창업기업의 스토리텔링

경쟁우위의 획득을 위해서 지금까지는 우수한 제품과 서비스의 판매에 초점을 맞추어왔다. 하지만 그 기업만의 독특한 스토리 만들기와 같은 새로운 노력이 더 추가되어야 한다. 왜냐하면 21세기 소비자들은 가격과 성능 이외에 그 제품이 제공하는 스토리에 더 많은 관심과 가치를 두기 때문이다. 시장에서 성공하기 위해 '회사의 정신과 영혼' 을 팔아야 하는 시대에 돌입한 것이다. 소비자들은 제품과 서비스를 단순히 구입하기에 앞서 그 회사가 누구인지 알고 싶어한다.

5.1 창업과 스토리텔링

(1) 스토리텔링의 중요성

"거북선이오! 우리는 영국보다 300년 앞선 1500년대에 이미 철갑선을 만들었소." 이 말은 정주영 전 현대그룹 명예회장이 1971년 9월 당시 현대조선소의 설립 차관을 빌리기 위해 당시 통용되던 500원짜리 지폐를 내보이며 영국 바클레이 은행 관계자에게 자랑스럽게 한 말이다. 이는 스토리텔링이 있는 이야기로서 현대의 창의력과 도전정신을 집약할 수 있는 막대한 가치를 지닌 것이다.

창업기업의 경우 스토리 형식을 활용해 기업의 비전을 직원과 고객에게 쉽게 전달할 수 있다. 특히, 최근 소셜 미디어가 매우 발달한 상황에서 창업기업들은 자사만의 스토리를 통해 기업의 정체성을 정립하고 고객들과 커뮤니케이션할 수 있는 주요 수단으로 활용하고 있다. 즉 앞서 창업기업의 마케팅에서 설명한 바와 같이 기업의 홍보 및 광고수단으로도 스토리텔링이 활용될 수 있다. 좋은 스토리는 모두가 쉽게 이해할 수 있는 언어로 기업이 추구하는 가치를 전달하며, 사람들을 하나로 엮어 주는 역할을 한다. 따라서 창업기업의 스토리텔링은 기업 내부나 외부로 공감대를 형성하고 연결시켜 주는 역할을 한다.

예컨대, 포스트잇으로 유명한 3M사는 회사에서 개발한 강화유리의 홍보를 위해 캐나다의 한 버스정류장의 투명유리창에 300만 달러를 넣어두었다. 화폐의 진위 여부를 떠나 강화유리의 안정성을 자신하는 이야기 거리를 만들어내려는 것이 3M식의 노림수이다. 마찬가지로 LG전자의 경우에도 영국의 공항 엘리베이터 출입문에 자사의 로고와 함께 냉장고 이미지를 입혀 냉장고 속으로 사람이 들어가는 것 같은 스토리를 만들어 내려는 것 또한 스토리텔링을 활용하고자 하는 노력이라 할 수 있다.

(2) 스토리텔링의 기능과 적용원칙

> "예전에는 상당히 괜찮은 제품을 만들어서 시장에 판매하는 것으로 충분했다. 하지만 이제 그 방식은 더 이상 통하지 않는다. 우리는 소비자에게 '회사의 영혼' 을 팔아야 한다. 소비자는 우리의 상품을 구입하기에 앞서 먼저 우리가 누구인지 알고 싶어할 것이다."
>
> - 에벌린 클락, 이야기경영, 연암사, 2008, 261쪽에서 발췌 -

앞서 제시한 바와 같이 2차 세계대전 중에 가슴속에 담고 다니던 지포라이터가 총알을 막아 생명을 구한 병사의 이야기는 사람들 사이에 쉽게 회자될 수 있는 스토리이다. 하지만 지포라이터만을 놓고 본다면 전쟁에서 총알을 막아준 스토리를 라이터 광고에 인용하면서 지포라이터의 인식을 무수히 많은 사람들에게 인식시키는 스토리텔링이 된 셈이다.

이처럼 기업은 자신만의 스토리를 찾아내 정교하게 다듬고 반복해서 그 이야기를 들려줌으로써 조직의 가치를 명확하게 밝히고 이해관계자들과 원활하게 의

사소통하며, 모든 구성원들이 조직의 비전을 향해 흔들림 없이 나아가도록 만들 수 있다. 이러한 스토리텔링이 기업조직에 대해 갖는 기능들을 제시하면 다음과 같다.

| **주요 기능** |

- 가치와 정보의 전달
- 고객 밀착
- 팀 구축 및 조직단결
- 조직문화 및 구성원과의 감성적 유대 강화

그런데 모든 구성원들이 기업의 스토리에 익숙해지고, 그 스토리 속에서 자신의 역할을 받아들이고 조직의 가치를 믿고 따르게 하기 위해서는 다음과 같은 적용 원칙들을 고려해야 한다.[25]

- 목적이 분명한 스토리를 만들고 치밀한 계획 하에 스토리텔링 시스템을 적절하게 운영해야 한다.
- 실제로 일어난 일을 스토리로 만들어야 한다. 회사의 본질적 특성을 반영하는 실제 사례들을 중심으로 이야기를 구성해야 스토리 효과가 나타나며 매일의 일상적 의사결정을 포함함으로써 자연스럽게 기업의 가치와 경영원칙들을 반영시킨다.
- 꾸준히 자주 들려주어야 한다. 스토리는 한 번 했다고 끝나는 것이 아니라 규칙적으로 계속해서 구성원들과 나누어야 한다. 특히 급변하는 경영환경 아래에서는 더욱 자주 들려주어야 한다.

결론적으로 모든 구성원들이 기업의 스토리에 익숙해지고, 그 스토리 속에서 자신의 역할을 받아들이고 조직의 가치를 믿고 따르게 해야 한다.

(3) 스토리텔링의 네 가지 요소

좋은 스토리를 만드는 정형화된 공식은 존재하지 않는다. 그러나 좋은 스토리는 명확한 하나의 메시지를 가지고 있으며 재미있고 유익해야 한다. 스토리텔링은 주어진 상황이나 대상에 따라 고려해야 할 요소들이 다양하게 존재한다. 따라서 좋은 스토리를 만들기 위한 정확한 원칙을 설명하기가 매우 어려운 일이지만 메시지, 갈등, 등장인물, 플롯 이라는 네 가지 요소들은 반드시 유념할 필요가 있다.[26]

1) 메시지

하나의 스토리에는 하나의 메시지만 담는 것이 좋다. 만약 더 많은 메시지를 담으려면 메시지에 우선순위를 정할 수는 있지만, 그렇게 할수록 스토리는 불분명해지고 혼란스러워진다. 예를 들어 신데렐라 이야기에서 신데렐라는 고아이고 핍박을 받았지만 착하고 예쁘기 때문에, 결국에는 왕자님의 간택을 받는다. 이 이야기의 교훈은 '착하게 살며 기다리면 행운이 온다' 는 것이다. 이 스토리는 분명한 핵심 메시지를 가지고 있기 때문에 관객은 그것을 보다 잘 이해하고 내면화시킬 수 있다.

2) 갈등

갈등은 좋은 스토리를 이끌어 내는 동력이다. 갈등이 없다면 스토리는 존재하지 않는다. 스토리는 한 마디로 역동적 변화들의 집합이라고 할 수 있으며, 스토리의 생명은 '예측 불가능한 혼돈' 과 '예측 가능한 조화로움' 이라는 두 극단 사이의 긴장에 있다. 모험을 찾아 험난한 여정을 떠난 영웅이 마침내 집으로 돌아와 안전하고 평안한 삶을 누리는 것처럼, 스토리는 갈등과 해소라는 과정을 통해 메시지를 전달한다. 갈등이 커질수록 스토리의 드라마틱한 면은 커진다. 하지만 갈등이 한계를 넘어 혼란스러우면 곤란하다.

3) 등장인물

스토리는 전형적으로 주인공이 어떤 목표를 추구하면서 시작한다. 예를 들어, 고구려를 세운 '주몽' 스토리의 경우, 주인공은 반드시 하나 이상의 조력(support)을 받게 되는데, 어머니인 '유화부인' 과 의붓아버지인 '금와왕' 이 조력자에 해당한다. 또 영웅적 주인공은 어떤 특별한 능력을 갖는데, 주몽의 경우 '뛰어난 활쏘기와 지략' 이 여기에 해당한다.

그럼에도 불구하고 목표를 달성하기 위한 주인공의 과정은 순탄하지 않다. 항상 주인공을 방해하는 적대 세력이 존재하고 그로 인해 갈등이 빚어진다. 주몽의 경우 적대 세력은 초기에는 '다른 왕자들' 이며 후기에는 주변 부족국가들이다. 자신의 야망을 달성하기 위해서는 반드시 척결해야 할 대상들이다. 이 스토리에서 후원자는 '소서노와 추종 세력' 으로 이러한 후원을 바탕으로 드디어 고구려를 세우게 된다. 그리고 수혜자는 주인공 자신과 나라를 갖게 된 고조선의 유민들이다. 이와 같은 스토리는 전형적인 고전 동화모델의 구조를 따르고 있다. 기업의 스토리를 발전시킬 때에도 '동화모델(Fairy-tale Model)' 을 이용해 스토리를 응집시키는 데 필요한 등장인물들(주인공, 조력자, 적대세력, 후원자, 수혜자 등) 을 제대로 갖추고 있는지 확인할 필요가 있다.

4) 플롯(구성)

일단 메시지와 갈등, 등장인물이 정해졌으면 이제 스토리를 어떻게 전개할지에 관한 플롯을 생각해야 한다. 일반적으로 스토리는 크게 시작, 중간, 끝 이라는 세 부분으로 나눠볼 수 있다. 먼저 시작 부분에서 스토리의 배경이 만들어지고, 중간 부분에서 변화가 일어나면서 갈등이 빚어지며 스토리의 나머지 변수들이 만들어진다. 그리고 끝 부분에서 갈등은 점차 고조되지만 결국은 해소되고 스토리는 결말을 맺게 된다. 즉, 시작부분에서 현재의 전략적 갈등상황을 서술하고, 중간 부분에서 새로운 상황을 위한 변혁의 힘이나 노력과정에 관한 내용을 전개한다. 그리고 끝 부분에서 변혁의 과정을 통해 만들어진 새로운 상황에 대한 서술을 할 수 있다.

5.2 창업기업의 스토리 만들기

동화 속 주인공은 행복을 찾기 위해 모험을 떠난다. 주몽은 나라를 세우기 위해 의붓 형제들과 싸우고 주변 부족들과 맞선다. 우리는 무엇을 위해 싸워 나가고 있는가? 우리 조직이 찾고 있는 궁극적 목적은 무엇인가? 기업이 단순히 돈을 버는 것 외에 더 중요한 가치를 창출하지 못한다면, 내부 구성원들은 물론 고객에게 어떠한 차별성도 주지 못할 것이다.

강력한 차별성이란 끊임없이 무언가를 성취하기 위해 적대 세력과 싸우고 극복해 나가는 과정에서 얻어진다. 기업이 무언가를 성취한다는 것은 비즈니스 활동을 통해 이러한 차별성을 만드는 것을 의미한다. 따라서 고객들에게 기업의 상품이나 서비스 외에 제공할 수 있는 자신만의 스토리가 무엇인지 깊이 생각해야 한다.

이를 위해 창업자들은 "우리 사업은 무엇을 선택하고 무엇에 집중하고 있으며 차별성은 무엇인가?" 라는 질문에 가능한 간단명료하게 답할 수 있어야 한다. 그리고 이러한 답변과 관련된 핵심스토리와 주변스토리들을 다양하게 만들어 낼 수 있어야 한다.

앞에서 설명한 스토리텔링의 네 가지 요소를 토대로 스토리 만들기를 연습해 보자.[27)]

(1) 메시지 만들기

메시지는 반드시 하나의 단어로 응축할 필요는 없지만 고객이 명확하게 알 수 있도록 간단명료하게 표현할 수 있어야 한다. 그러기 위해서는 핵심내용이 실제로 무엇에 대한 것인지 스스로에게 물어보고 명확한 답변을 확보해야 한다. 세계적으로 성공한 기업들은 아래 예에서 보는 바와 같이 자신의 핵심이미지에 관한 명확한 메시지를 가지고 있으며 이러한 메시지를 전달하는 수많은 스토리들을 만들어내고 있다.

| **성공기업들의 핵심이미지** |

- 나이키: "승리에 관하여"
- 할리데이비슨: "자유에 관하여"
- 애플 컴퓨터: "창조적 다양성에 관하여"
- 그린피스: "지구의 환경을 위한 투쟁에 관하여"

- 레고: “창조적 놀이를 통해 어린이들의 학습 능력을 키워나가는 것에 관하여”
- 볼보: “가족을 염두에 둔 안전성에 관하여”[28)]

(2) 갈등 만들기

갈등이란 목표를 달성하기 위해 극복해야 하는 장벽을 말한다. 좋은 스토리는 갈등을 통해 창조된다. 왜냐하면 갈등이 뚜렷할수록 스토리의 역동성 또한 증가하기 때문이다. 예를 들면 갈등을 통해 기업이 무엇을 향해 나가고 있는지 보여줄 수 있고 동시에 기업의 핵심 가치를 나타낼 수 있다. 따라서 갈등 없이 강력한 전략 스토리를 만들고 유지한다는 것은 어려운 일이다.

(3) 등장인물 만들기

메시지와 갈등에 관한 문제를 해결했다면 다음은 스토리의 배역을 설정해야 한다. 등장인물의 설정은 스토리를 전개할 수 있는 구조를 제공한다. 앞에서 소개한 동화 모델을 이용하여 다음과 같이 주요 등장인물에 대한 윤곽을 잡을 수 있다.

- 목표

주인공 또는 우리 조직이 가지고 있는 목표는 무엇인가?

- 적대 세력

누가, 무엇이 주인공 또는 우리 조직을 반대하는가? 적대 세력은 부족한 혁신능력 같은 내부 세력이 될 수도 있고, 경쟁업체들의 압력과 같이 외부 세력이 될 수도 있다.

- 주인공

공주와 왕국의 절반을 차지하기 위해 모험을 떠나는 영웅의 역할은 구성원 개인이나 부서나 기업이 될 수 있으며, 경우에 따라서 목표 달성을 갈망하는 고객이 될 수도 있다.

- 조력자

주인공이 목표를 달성하기 위해 필요한 도구나 수단이 조력자의 역할을 한다. 이 조력자의 도움에 의해 적대 세력을 어떻게 물리칠 것인가에 관한 스토리가 전개되어야 한다.

■ 후원자

주인공이 꿈을 이룰 수 있도록 도와주는 후원자가 누구이고 그들의 역할이 무엇인지를 설정한다.

■ 수혜자

수혜자는 주인공이 목표를 달성함으로써 혜택을 받게 되는 특정 인물이나 사람들을 말한다. 전형적으로 고객이나 기업 자신이 이에 해당한다.

(4) 플롯 만들기

메시지, 갈등, 등장인물의 배역을 설정했다면 이제 스토리의 마지막 요소인 플롯을 구성할 차례다. 전략 스토리는 선택, 집중, 차별화의 핵심전략을 중심으로 비전, 성장, 실천에 관한 다양한 주제를 다룰 수 있으며, 각 주제 안에서도 실제 스토리들은 상황에 따라 다양한 내용과 플롯을 갖는다. 하지만 손쉬운 방법으로서 앞에서 설명한 스토리텔링의 원칙에 부합하는 다음과 같은 동화의 플롯을 모방해 보는 것도 좋은 연습이 될 것이다.[29)]

■ 다윗과 골리앗

경쟁자에 비해 작고 힘없는 주인공이지만 강한 결단력과 노력으로 불가능에 가까운 승리를 거둠

■ 토끼와 거북이

아무런 생각 없이 새로운 트렌드를 쫓기보다 차근차근 노력을 기울이면 결과는 자연히 따라올 것임

■ 개구쟁이 데니스

형식에 얽매이지 않고 기발한 접근을 하는 주인공 스토리. 때로 충격을 주거나 놀라움을 주기도 하지만 결코 고객을 지루하게 만들지 않음

■ 로빈 후드

기존의 불합리한 지배세력에 대항해서 싸우기를 두려워하지 않음

■ 미운 오리 새끼

아무도 뭔가를 이뤄낼 것이라고 생각하지 않는 천덕꾸러기로 시작한 주인공. 하지만 흔들리지 않는 신념으로 놀라움과 깊은 인상을 주는 주인공

(5) 비평하기

명확한 메시지와 갈등, 분명한 배역 설정으로 스토리를 만들어 냈다면 이제 마지막으로 비평이라는 테스트를 거쳐야 한다. 이 비평의 과정은 스토리가 경쟁 업체와 비교해서 독특함을 가지고 있는지 판단하는 일이다. 만약 우리 기업의 스토리가 일반적으로 통용되고 있는 평범한 것이라고 판단된다면 다시 스토리 재구축의 과정을 거쳐야 할 것이다.

창업의 성공은 단순히 새로운 상품의 개발이나 기술에 의한 혁신에 의해서만 이루어지는 것이 아니다. 예컨대 스타벅스의 성공사례는 스토리텔링의 중요성을 잘 말해주고 있다. 스타벅스의 커피 맛이 다른 커피 전문점의 맛과 다소 다르기는 하지만 스타벅스는 고객들에게 5천 원 안팎의 돈을 지불하도록 만들기 위해 뭔가 새로운 것을 개발하지는 않았다. 스타벅스의 비교우위는 새로운 커피 맛이나 특별히 개발한 기술에 있는 것이 아니라 독특하게 제공하고 있는 '제3의 장소'라는 브랜드 이미지에 있다. 스타벅스는 고객들이 집, 직장, 그리고 스타벅스를 연상하게 만드는 스토리텔링에 성공한 것이다.[30)]

기업은 강력한 스토리를 통해 전략적 차별성을 명확하게 설명할 수 있어야 한다. 그리고 그 스토리는 우리가 기억할 수 있고, 다른 사람들에게 전달할 수 있고, 우리가 관리할 수 있는 것이어야 한다. 기업의 경영진은 기업 내에 존재하는 부서 간의 장벽을 허물어 회사 전체가 하나의 일관된 스토리를 전달할 수 있도록 만들어야 한다. 이를 위해서는 기업 내에 존재하는 모든 스토리들을 하나의 튼실한 나무를 가꾸고 키우듯이 관리해 나갈 필요가 있다.

CHAPTER

11

비즈니스 운영

1. 연구개발관리
2. 세무 및 재무관리
3. 인사관리
4. 자산관리
5. 영업관리

학 습 내 용

회사가 연구개발부터 재무, 인사, 총무, 영업 등 비즈니스 운영을 위한 회사 전반의 조직역량을 갖추기 위해서는 상당한 시간을 필요로 한다. 예산상의 한계와 그로 인한 투자우선순위로 인해 창업자는 회사가 처한 보다 시급하고 필수적인 분야, 즉 생산 및 영업에 우선 투자를 하게 된다. 따라서, 사업 초기에는 창업자가 기업 운영 전반적인 것들을 스스로 해결해야 한다. 본 장에서는 창업 초기에 알아야 하는 비즈니스 운영 관련 지식들을 학습해 보기로 한다.

01 연구개발관리

기업이 지속적으로 경쟁력을 확보하기 위해서는 끊임없이 연구개발에 투자해야 한다는 것은 누구나 알고 있다. 여기서 연구개발은 기업의 규모나 업종과 관계없이 모든 기업에서 행하고 있는 업무를 의미한다. 신약개발이나 획기적인 소재를 개발하는 것과 마찬가지로 식당업 종사자가 맛있는 요리를 위한 비법을 개발하거나 기존 제품에 대해 개선할 수 있는 작은 부분을 찾는 것도 모두 연구개발인 것이다. 또한 연구개발에 투자한다는 의미는 기업의 자원을 할당하고 소비한다는 의미이며, 연구개발에 사용되는 자원이란 기업의 현금자산 외에도 각종 연구재료와 기기장치, 창업주를 포함한 기업 임직원의 시간과 그리고 작업 공간 등을 모두 포함한다.

1.1 연구개발의 중요성

이러한 연구개발은 창업 초기에는 창업자 혼자서 수행하기도 하고, 규모가 커짐에 따라 별도로 연구담당자를 배치하거나 연구전담부서를 편성하기도 하고 기업부설연구소를 설립하기도 한다.

창업초기 기업의 경우, 당장 시급한 영업이나 생산 관련 이슈에 시간과 노력을 쓰다보면 연구개발 실행은 잘 이루어지지 않는 경우가 있다. 부족한 예산을 편성하다보면 연구개발에 투자하겠다는 의지나 계획은 실천으로 이어지기 힘든 경우가 많다. 그러므로 연구개발은 즉흥적으로 이루어졌을 경우, 중단될 확률이 많고, 보다 체계적인 계획과 준비 및 관리가 필요한 주제이다.

1.2 연구개발 단계

연구개발 단계는 과제 선정 - 과제 기획 - 연구 수행 - 결과 정리 - 후속 조치(특허 등)의 순으로 구성된다.

(1) 과제 선정

연구개발을 위해 가장 먼저 해야 할 일은 연구개발 주제를 선정하는 일이다. 연구개발 주제는 사업의 중장기 전략방향과 함께 현재 시장 또는 고객 요청사항, 예산 등을 고려하여 창업주가 결정한다.

정부정책은 연구개발과제 선정 시 함께 고려해야 할 사항이다. 미래창조과학부, 산업통상자원부(구 지식경제부)와 중소기업청을 비롯하여 한국산업기술평가관리원(KEIT), 한국산업기술진흥원(KIAT), 정보통신산업진흥원(NIPA), 한국연구재단(ERND), 한국에너지기술평가원(ITECH) 등의 홈페이지에는 각종 연구개발 관련 정부 지원사업들에 대한 정책이나 지원정보를 공시하고 있다. 이러한 이러한 정부지원사업들이 예비 내지 창업초기 기업들을 대상으로 지원하는 사업이 아니기 때문에 국가 정책을 참고하여 기업의 중장기 연구개발 방향을 수립해야 한다. 적어도 3년 내지 5년 이상의 업력이 있는 기업들이 지원가능하다.

(2) 과제 기획

연구개발 과제를 선정했으면 연구개발에 대한 과제기획을 해야 한다. 과제기획에는 주로 연구목표와 범위, 연구수행 책임자와 담당자, 방법론 및 연구수행 결과물, 수행 일정, 필요 예산, 진도보고 일정 및 방법 등의 내용을 반드시 포함하여 기획해야 한다.

그림 11-1 연구과제 기획서의 구성

연구과제 기획서		
1.	연구목표 및 범위	연구결과물의 성공 기준 및 연구수행 절차/내용/범위
2.	연구수행 조직	연구과제 수행 책임자와 참여자들의 책임과 역할
3.	연구수행 방법론	연구수행 단계와 절차
4.	산출물(성과물) 정의	수행 단계별 산출물(성과물) 정의
5.	수행 일정	주요 이벤트 일정 및 세부수행일정
6.	보고 관리	주요 보고 일정 및 보고서 양식 설정
7.	예산 항목	직접비, 간접비 구분 및 항목별 예산금액

(3) 연구 수행

연구과제는 수행책임자가 총괄한다. 만약 기획자와 책임자가 다르다면 연구기획서를 꼼꼼히 참고하여 수행팀원들과 연구목표 및 수행방법, 일정과 산출물 등을 공유한 다음 각자의 책임과 역할을 정의한 뒤 수행한다.

(4) 결과 정리

연구가 잘 수행된 후에는 결과정리가 매우 중요하다. 연구결과가 연구목표를 충족시켰는지 여부를 파악하고, 연구과정 상의 산출물을 잘 확인하며, 투입 인력 및 지출 경비, 소요 일정 등의 결과를 분석한 후 이를 연구결과보고서에 잘 정리한다.

(5) 후속 조치

연구 결과보고서가 완료되면 보고라인을 통해 보고하고 필요한 후속 조치를 취한다. 연구목표는 연구 기획 단계에서 정의하였으므로 연구목적에 맞는 결과가 나왔다면 연구결과물을 활용해서 특허나 실용신안 등을 추진하든지 또는 다음 연구기획이나 시제품 제작 등의 단계로 이행하면 된다.

02 세무 및 재무관리

개인사업자와 법인사업자를 막론하고 사업을 하다보면 항상 자금문제가 매월 혹은 매주 중요한 이슈가 된다. 즉, 기업 경영에서 자금문제는 인력 또는 기술개발 그리고 영업 주제와 함께 마찬가지로 매우 중요한 분야다. 본 절에서는 창업 초기 기업으로서 중요한 세금문제를 비롯한 재무관리에 대해 논의하고자 한다.

2.1 세무관리

세금은 사업자등록증을 발급받는 순간부터 기업의 가장 주요한 의무사항 중 하나이다. 매출이 발생하면 기업은 순수익, 즉 이익부분 중 일정부분을 국가와 지방자치단체에 세금으로 납부해야 한다.

(1) 세금의 종류

기업이 부담해야 하는 세금에는 매달 납부해야 하는 세금과 연중 수회 납부하는 세금이 있다. 또한 부과 주체에 따라 국세와 지방세가 있으며, 회사가 부담하는 세금 외에도 회사의 임직원을 대신하여 납부해야 하는 원천세가 있다. 본서에서 설명하지 않은 세금관련 설명은 국세청사이트에서 '창업자세금가이드(2013)'[1]를 참고하기 바란다.

사업자로서 부담하는 세금의 종류는 다음과 같다.

법인의 경우, 국세를 아래와 같이 납부한다.

1. 법인세 : 1년에 2회 납부하며, 예정과 확정으로 나누어 납부
2. 부가가치세 : 3개월에 1회, 즉 4, 7, 10, 1월 25일까지 신고 및 납부
3. 근로소득세 원천징수 : 매달 1회, 급여지급월의 다음 달 10일까지 납부
4. 4대보험료
5. 기타 세금

개인사업자의 경우에는, 법인세가 없으며 대표가 자신의 종합소득세를 1년에 1회(5월 말) 납부해야 한다.

다음으로 지방세는 지역 공공서비스를 제공하는 재원으로 쓰기 위해 지방자치단체별로 각각 과세하는 세금이다. 광역시 소재 법인의 경우 임직원 근로소득세(국세)를 매월 원천징수하고 납부 시 근로소득세 납부 금액의 10%를 지방소득세로 다시 납부해야 한다. 또한 주민세와 자동차세(법인 보유 차량 있을 시) 및 등록면허세도 일반적으로 납부해야 한다.

- 특별(광역)시세 : 주민세, 지방소득세, 자동차세
- 자치구세 : 등록면허세

(2) 부가가치세

1) 부가가치세의 정의와 의무사업자

부가가치세는 제품/서비스 생산 및 유통과정에서 생성되는 가치에 대해 부과되는 세금으로서, 제품/서비스 판매가격의 10%를 가격에 부가하여 상품/서비스 구매자가 부담한다. 모든 사업자가 부가세 관련 업무를 처리하는 것은 아니며, 〈그림 11-2〉에서처럼 사업자 유형에 따라 부가가치세법 상 의무를 부담하지 않는 경우도 있다. 여기서 부가가치세법 상 의무를 진다는 의미는 판매하는 제품/서비스 가격의 10%에 해당하는 가격을 세금계산서 또는 부가가치세가 표기된

그림 11-2 부가가치세법 상 사업자 유형 구분

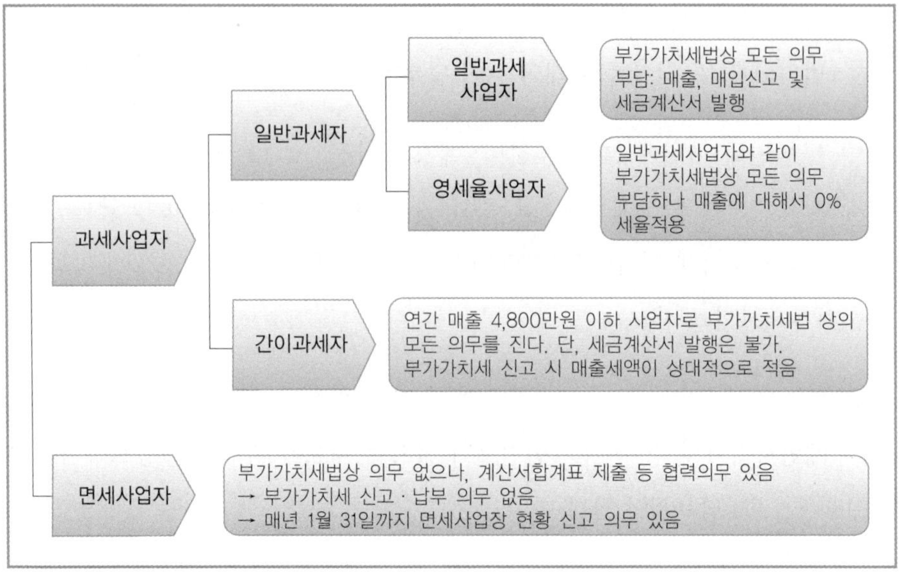

출처: 국세청 홈페이지(www. nts. go. kr).

그림 11-3 부가가치세의 신고 및 납부

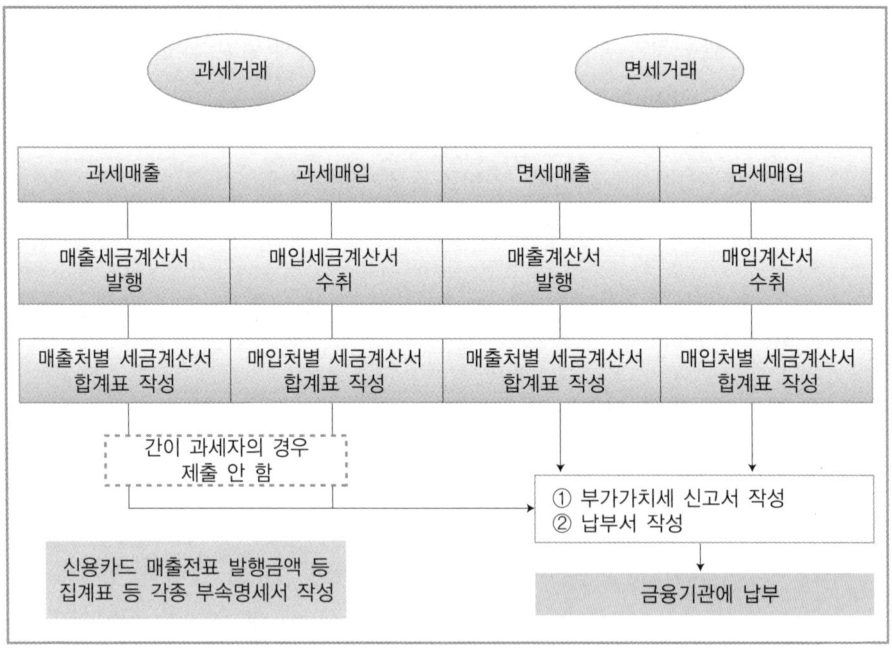

출처: 국세청 홈페이지(www. nts. go. kr).

표 11-1 부가가치세의 신고 및 납부기간

과세기간	과세대상기간		신고 · 납부기간	신고대상자
1월1일~6월30일 (제 1기)	예정신고	1월1일~3월31일	4월1일~4월25일	법인사업자
	확정신고	1월1일~6월30일	7월1일~7월25일	개인사업자와 법인사업자
7월1일~12월31일 (제 2기)	예정신고	7월1일~9월30일	10월1일~10월25일	법인사업자
	확정신고	7월1일~12월31일	다음해1월1일~1월25일	개인사업자와 법인사업자

출처 : 국세청 홈페이지(www.nts.go.kr).

영수증을 발행하여 소비자에게 청구하고, 이를 소비자 대신해서 관할세무서에 납부하는 것을 말한다.

〈그림 11-3〉은 사업자 유형별로 부가가치세를 납부하기 위한 신고 및 납부 절차를 설명한 것이다. 부가가치세 신고서를 작성 후 관할 세무서에 제출하는데 일반적으로는 세무사에게 이의 신고를 대행 의뢰하는 경우가 대부분이다. 최근에는 부가가치세 신고서 제출과 납부를 홈택스(www.hometax.go.kr)를 통해 할 수도 있다.

2) 부가가치세 면세업종

제품/서비스에 따라 부가가치세를 부과하지 않는 경우도 있다. 즉, 아래와 같이 생활필수품 판매 혹은 의료, 교육관련 용역 제공에 대해서는 부가가치세가 면제된다.

- 곡물, 과실, 채소, 육류, 생선 등 가공되지 아니한 식료품의 판매
- 연탄 · 무연탄, 복권의 판매
- 병 · 의원 등 의료보건용역업
- 허가 또는 인가 등을 받은 학원, 강습소, 교습소 등 교육용역업
- 도서, 신문, 잡지(광고제외)
- 골프장, 카지노, 투전기 사업장, 경마장, 경륜장, 경정장의 경영자 \

3) 부가가치세 신고 및 납부

부가가치세는 6개월을 과세기간으로 하여 신고 · 납부하게 되며 각 과세 기간

을 다시 3개월로 나누어 중간에 예정신고기간을 두고 있다. 〈표 11-1〉에서처럼 개인사업자는 6개월에 한 번씩 신고 및 납부를 하여야 하고, 법인사업자는 3개월마다 하도록 의무화되어 있다. 즉, 법인의 경우 4월 25일, 7월 25일, 10월 25일, 차년도 1월 25일에 부가가치세를 신고 및 납부해야 한다. 개인사업자는 7월과 1월 두 차례만 신고 및 납부하면 된다.

(3) 소득세

소득세란 법인 또는 개인소득에 대하여 국가에서 과세하는 세금(국세)으로, 창업초기 사업자에게 주로 해당하는 소득세는 법인세와 임직원의 근로소득세 등 두 가지이다.

1) 법인사업자의 소득세

법인의 경우, 회사의 매출액 및 기타 수입으로 인한 수입에서 인건비, 재료비, 경비 등의 지출분을 제외한 순수입에 대해 법인세를 연 1회 부담(실제로는 중간예납과 확정 신고의 2번으로 나눠 납부)해야 하며, 또한 대표이사 및 임직원의 근로소득세를 원천징수하여 납부해야 한다. 즉, 법인세는 주식회사와 같은 법인이 사업에서 생긴 소득에 대한 세금으로 사업연도별 소득계산은 총익금[2]에서 총손금[3]을 차감한 금액이며, 법인의 종류[4]별로 부담하는 소득의 종류와 과세여부는 〈표 11-2〉와 같다.

표 11-2 납세의무자별 소득 과세여부

구 분		각 사업연도 소득	청산소득	토지 등 양도소득
내국법인	영리법인	국내외 모든 소득	과세	과세
	비영리법인	국내외의 수익사업소득	비과세	과세
외국법인	영리법인	국내원천소득	비과세	과세
	비영리법인	국내원천 수익사업소득	비과세	과세
국가 · 지방자치단체		비과세		
외국정부 · 지방자치단체		비영리법인으로 보아 법인세법 적용		

출처: 국세청 홈페이지(www.nts.go.kr).

① 법인세 중간예납

12월에 사업연도가 종료되는 법인(12월 결산법인)은 1월 1일부터 6월 30일까지를 중간예납기간으로 하며 납부기간은 2개월 이내, 즉 8월 31일까지 법인세 중간예납세액을 신고 · 납부해야 한다. 이 때 납부금액은 직전사업연도 법인세의 1/2을 납부하는 것이 일반적이나 상반기 영업실적을 중간결산(가결산)하여 납부할 수도 있고, 이 경우 직전사업연도 결손(적자실적)법인이라면 반드시 중간결산하도록 되어 있다. 이때, 중간예납이라고 해서 내년에 납부할 세금을 미리 내는 것이 아니라 상반기 사업성과에 대하여 납부하는 것으로 이해해야 하며, 미이행시 납부불성실가산세(신고불성실가산세는 해당되지 않음)가 부과됨을 명심하여야 한다.

중간결산 시 제출서류로는 법인세 중간예납 신고납부 계산서(법인세법 시행규칙 별지 제58호 서식)와 법인세 과세표준 및 세액조정 계산서(법인세법 시행규칙 별지 제3호 서식) 등이며, 중간결산에 의하여 작성한 대차대조표, 손익계산서, 세무조정계산서 및 기타 참고서류를 추가로 제출해야 한다.

표 11-3 법인세 중간예납제도

구 분	내 용
세금을 내야 하는 사람	• 중간예납 신고의무 있는 법인 ① 전년부터 계속해서 사업한 영리내국법인(신설법인은 아님) ② 수익사업이 있는 비영리내국법인(수익사업부분에 한정) ③ 분할신설법인 또는 분할합병법인의 상대방 법인 ④ 국내사업장이 있는 영리외국법인 및 수익사업이 있는 비영리외국법인 • 중간예납 신고 · 납부의무 없는 법인 ① 사업연도가 6개월 이하 법인, 신설법인(합병 또는 분할에 의한 신설법인은 제외) ② 중간예납 기간에 휴업 등의 사유로 사업수입금액이 없다는 사실이 확인된 법인(신고 필요) ③ 청산법인 및 국내사업장이 없는 외국법인 ④ 이자소득만 있는 비영리법인. 다만, 당해 사업연도 중에 이자소득 이외의 수익사업이 최초로 발생한 비영리법인은 중간예납 신고 · 납부의무가 있음 ⑤ 직전사업연도 법인세액이 없는 전문회사, 투자회사 · 사모투자전문회사 · 투자목적회사, 기업구조조정투자회사, 기업구조조정부동산투자회사 · 위탁관리부동산투자회사, 선박투자회사, 임대사업목적 법인 등 ⑥ 법인세가 전액 면제되는 외투기업
세금 징수하는 곳	관할 세무서

출처 : 국세청 홈페이지(www.nts.go.kr).

국세청 홈페이지(www.nts.go.kr), 홈택스(www.hometax.go.kr)에서 법인세 중간예납세액 신고 · 납부방법을 자세히 안내하고 있으며, 홈택스의 '신고 전 확인하기' 메뉴 또는 '쪽지' 에서는 해당 법인의 직전사업연도 법인세를 기준으로 계산한 중간예납세액을 안내하고 있다.

만약 법인에서 법인세 납부에 부담을 느낄 경우 분할 납부를 신청할 수 있으며, 이 때 납부세액이 1천만 원을 초과하면 납부기한이 지난 날로부터 1개월(중소기업[5]의 경우 2개월) 이내에 분납할 수 있다. 그리하여 8월에 신고 · 납부하는 중간예납의 분납기한은 일반기업은 9월 말, 중소기업은 10월 말까지이다. 분할 납부 가능액은 중간예납세액이 1천만 원 초과 2천만 원 이하의 경우 1천만 원 초과 금액, 중간예납세액이 2천만원 초과의 경우 중간예납세액의 1/2 이하 금액이 가능하다.

② 법인세 확정신고

법인세 신고는 법인세 과세표준 및 세액계산서를 작성하여 각 사업연도의 종료일이 속하는 달의 말일부터 3월 이내에 관할세무서에 신고하고 법인세를 납부해야 한다. 즉, 12월 결산법인의 경우 법인세 확정신고 및 납부 기일은 매년 3월 31일이다. 법인세 확정 신고를 위해 기업회계기준 등에 따른 재무제표를 직접 혹은 세무사사무실 등을 통해 작성하고 법인의 경우 상법에 따라 주주총회를 개최하여 당기순이익 확정 및 이익잉여금 처분방법을 정하게 된다.

홈택스 홈페이지(http://www.hometax.go.kr)에 접속하여 인터넷을 통해 신고(전송)할 수 있으며 전자신고 대상서식 이외에 당해 법인에게 보관의무가 부여된 제출제외 서류에 대해서는 신고 시 별도로 제출하지 않아도 된다. 법인세 신고 시 필요한 서류는 다음과 같다.

① 기업회계기준을 준용하여 작성한 개별 내국법인의 재무상태표, 포괄손익계산서 및 이익잉여금처분계산서(또는 결손금처리계산서)
② 법인세 과세표준 및 세액조정계산서
③ 기타 부속서류 및 현금흐름표, 표시통화재무제표 · 원화재무제표

그림 11-4 법인세 신고납부 절차

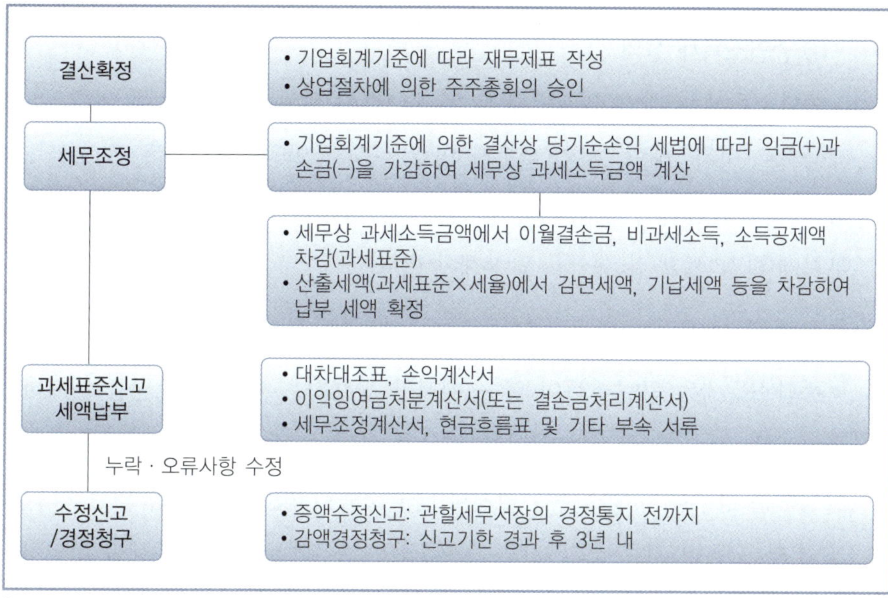

출처: 국세청 홈페이지(www.nts.go.kr).

③ 법인세율

2014년 기준 법인세율은 〈표 11-4〉와 같다. 확정신고 납부액이 1천만 원을 초과 시 중간예납과 마찬가지로 다음에 해당하는 금액을 납부기한이 지난 날로부터 1개월(중소기업의 경우 2개월) 이내에 분납할 수 있다. 그리하여 3월 말까지 신고 · 납부하는 확정신고 분납기한은 일반기업은 4월 말, 중소기업은 5월 말까지이다. 법인세 신고와 관련하여 총부담세액이 기납부세액(중간예납세액, 원천징수세액 등)보다 적은 경우에는 법인세 환급세액이 발생할 수 있다.

표 11-4 법인세율(2014년 기준)

과세표준	법인세율
2억 이하	10%
2억~200억	20%
200억 초과	22%

출처: 국세청 홈페이지(www.nts.go.kr).

2) 개인사업자의 소득세

① 종합소득세 정의

종합소득세는 개인이 지난해 1년간 경제활동으로 얻은 소득에 대해 납부하는 세금으로 이자, 배당, 사업(부동산 임대), 근로, 연금, 기타소득 등 모든 과세대상 소득을 합산하여 계산하고, 다음해 5월 1일부터 5월 31일까지 주소지 관할 세무서에 확정 신고 및 세금을 납부해야 한다.

② 종합소득세 납부대상자

종합소득세는 근로소득이 한 곳에서만 발생하는 일반 직장인을 제외하고 소득이 있는 대부분 국민들이 납부 의무를 가진다. 즉, 근로소득이 2곳 이상에서 발생하는 경우나 사업소득이 있거나 금융소득이 2천만 원 이상 있는 경우, 그리고 기타 소득이 기준금액(300만 원) 이상인 경우에는 종합소득세를 부담해야 한다. 한편 퇴직소득만 있는 경우에는 종합소득세의 대상이 아니지만 근로소득만 있다고 하더라도 연말정산을 하지 않은 경우에는 종합소득세 확정신고를 해야 한다.

소득세 납부대상자는 1년 동안 얻은 소득에 대하여 다음해 5월 1일부터 말일까지 주소지 관할 세무서[5]에 신고 · 납부해야 하며, 신고 · 납부를 하지 않을 경우 신고 · 납부해야 할 세금에 신고불성실가산세[6]와 납부불성실가산세[7]를 추가

표 11-5 종합소득세 구성항목

구분	산출근거	종합소득금액 (과세표준)
이자소득	총수입금액	이자소득금액
배당소득	총수입금액 + 귀속법인세	배당소득금액
사업소득	총수입금액 - 필요경비	사업소득금액
근로소득	총수입금액(총급여액) - 근로소득공제	근로소득금액
연금소득	총수입금액(총급여액) - 연금소득공제	연금소득금액
기타소득	총수입금액 - 필요경비	기타소득금액
종합소득		종합소득금액합계

출처 : 국세청 홈페이지(www.nts.go.kr).

표 11-6 소득세 신고 시 제출 서류

제출대상서류
1. 종합소득세, 농어촌특별세 과세표준확정신고 및 자진납부계산서(소득자에 따라: 단일소득자용, 복수소득자용) 2. 소득금액계산명세서, 소득공제신고서, 주민등록등본 3. 재무상태표 및 손익계산서와 그 부속서류, 합계잔액시산표 및 조정계산서와 그 부속서류(복식부기의무자), 간편장부 소득금액계산서(간편장부대상자), 추계소득금액계산서(기준-단순경비율에 의한 추계신고자), 성실신고 확인서(성실신고확인대상사업자) 4. 공동사업자 별 소득금액 등 분배계산서(공동사업자) 5. 원천징수세액 납부명세서 6. 세액공제신청서, 성실신고확인비용 세액공제신청서 7. 세액감면신청서 8. (일시 퇴거자가 있는 경우) • 일시 퇴거자 동거가족 상황표 • 퇴거 전 주소지와 일시 퇴거지 주민등록등본 • 재학증명서, 요양증명서, 재직증명서, 사업자등록증 사본 9. (장애인공제 대상인 경우) • 「국가유공자 등 예우 및 지원에 관한 법률」에 따른 상이자의 증명을 받은 사람 또는 「장애인복지법」에 따른 장애인등록증을 발급받은 사람: 해당증명서, 장애인등록증의 사본이나 그 밖의 장애사실을 증명하는 서류 10. (위탁아동이 있는 경우) - 가정위탁보호확인서 11. (동거 입양자가 있는 경우) - 입양관계증명서, 입양증명서

출처 : 국세청 홈페이지(www.nts.go.kr).

하여 부담해야 한다.

③ 종합소득세율과 제출 서류

한편 소득세 신고 시 제출 서류는 〈표 11-6〉과 같으며, 해당사항이 있을 경우 필요서류를 구비하여 신고하면 된다.

신고 시에는 국세인 종합소득세 뿐 아니라 지방소득세 소득분도 함께 신고해야 하며, 홈택스(www.hometax.go.kr) 사이트나 '국세청 모바일 통합 앱'을 통

표 11-7 종합소득세율

과세표준	소득세율	누진공제액
1,200만 원 이하	6%	-
1,200만 원~4,600만 원	15%	1,080,000
4,600만 원~8,000만 원	24%	5,220,000
8,800만 원~3억 원	35%	14,900,000
3억 초과	38%	19,400,000

출처 : 국세청 홈페이지(www.nts.go.kr).

그림 11-5 근로소득금액과 과세표준금액의 개요

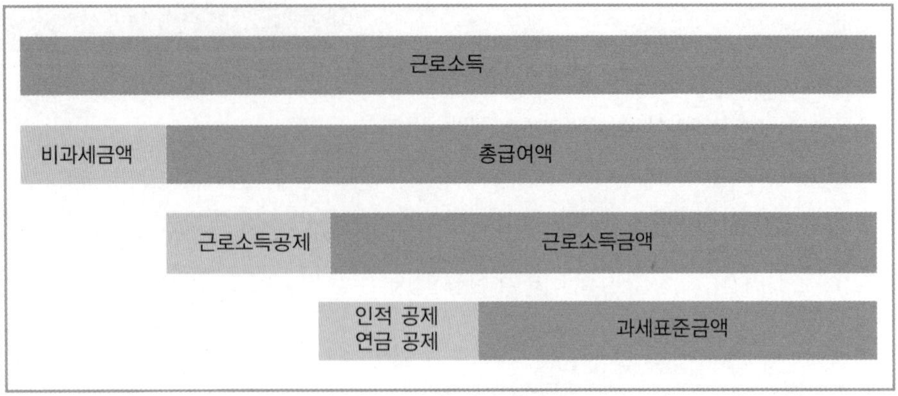

해 신고 및 납부할 수 있다. 종합소득세율은 개인의 종합소득 과세표준에 따라 부과 소득세율이 다르며, 〈표 11-7〉에서 이를 확인할 수 있다.

3) 근로소득세 원천징수

개인 혹은 법인 모두 임직원들의 근로소득세에 대해서는 회사가 임직원 개인으로부터 급여 지급 시 소득세를 원천징수하여 납부를 대신해야 하는 의무가 있다. 즉 급여를 지급할 때 소득세를 공제하고, 급여일이 속한 달의 다음 달 10일까지 국세청에 원천 징수한 소득세를 신고 및 납부한다. 근로소득세뿐만 아니라 퇴직소득세도 기업이 원천징수 및 납부를 해야 한다.

근로소득세는 국세청 사이트에서 최신 '근로소득간이세액표'[8]를 참고하여 납부하면 되며, 근로소득과 근로소득금액의 관계를 이해하기 위해서는 〈그림 11-5〉를 참고하면 된다.

(4) 4대사회보험(4대보험)

4대사회보험은 건강보험, 연금보험, 고용보험, 산업재해보험 등의 국가에서 관리하는 사회보장제도로 업무상의 재해, 질병, 분만, 폐질(장애), 사망, 유족, 노령 및 실업 등을 다룬다. 즉 업무상의 재해에 대해서는 산업재해보상보험, 질병과 부상에 대해서는 건강보험 또는 질병보험, 폐질 · 사망 · 노령 등에 대해서는 연금보험, 그리고 실업에 대해서는 고용보험 제도가 있다.

1) 4대보험의 특징

4대보험의 구체적인 특징은 〈표 11-8〉을 참고하면 된다.

표 11-8 4대보험의 특징

구 분	국민연금	건강보험	고용보험	산재보험
시행년도	1988년	1977년	1995년	1964년
기본성격	소득보장 장기보험	질병치료 단기보험	실업고용 중기보험	산재보상 단기보험
급여방식	현금급여 소득비례	현물급여 균등급여	현금급여 소득비례	현금-균등급여 현금-소득비례
재정 및 관리	적립방식 전체일괄관리	부과방식 이원화(직장, 지역) 관리	수정적립방식	순부과방식
관리단위	개인별관리	사업장, 세대별 관리	사업	사업장
보험료관장	보건복지부장관	보건복지부장관	노동부장관	노동부장관
자격관리방식	직장지역 통합관리	직장지역 통합관리	사업별관리 사입자관리	사업별관리
보험료 부과단위	사업장 지역 (개인별)	사업장 지역 (세대별)	사업	사업

출처 : 4대사회 보험 정보연계센터(www.4insure.or.kr).

2) 사업장 가입신고

사업장의 4대보험 최초가입(적용) 신고방법은 〈표 11-9〉를 참고한다.

표 11-9 사업장의 4대보험 최조 가입(적용) 신고방법

구 분	국민연금	건강보험	고용/산재보험
처리기관	국민연금공단 관할지사	국민건강보험공단 관할지사	근로복지공단 관할지사
신고의무자	사용자	사용자	사업자
신고기관	해당일이 속하는 달의 다음 달 15일까지	적용일로부터 14일 이내	보험관계가 성립된 날부터 14일 이내
신고서류	① 당연적용사업장해당신고서 ② 사업장가입자자격취득신고서	① 사업장(기관)적용통보서 ② 직장가입자 자격취득신고서	① 보험관계성립신고서(보험가입신청서) ② 근로자 고용신고서(산재) 및 피보험자격취득신고서(고용) *보험료신고서(건설업 등의 자진신고 사업장에 한하여 근로복지공단에 제출)
첨부서류	없음	없음	근로자 과반수 동의서 (고용보험 임의 적용 시)
신고처	www.4insure.or.kr[전자민원]신고 (단, 건설공사는 근로복지공단 지사로 신고)		
전자민원 신고	전자민원〉 사업장〉 사업장성립신고에서 신고		
유의사항	국민연금 적용일 및 가입자 취득일 확인 18세 미만 사업장가입자 취득일 확인	① 단위사업장, 영업소가 있을 경우에는 단위사업장, 영업소 현황을 첨부 ② 건강보험증 발급은 국민건강 보험공단에서 가입자 취득 완료 후 우편발송함 ③ 사업장특성부호는 공무원 및 교직원사업장 이외의 사업장은 일반사업장으로 작성함	산재보험은 접수일자에 의한 사업주에게 벌과금적 성격의 징수금이 부과될 수 있으므로 민원접수증 보관 필요(인터넷 접수 시 접수증 출력 가능) 산재보험 혜택은 접수한 날의 다음날 이후 발생한 재해부터 받을 수 있으며, 지연신고 기간 중 발생한 재해는 지급 결정된 보험급여액의 50%를 사업주에게 별도 징수함
상세내역 문의	국번 없이 1355 국민연금보험공단 사이트 (www.nps.or.kr)	1577-1000 국민건강보험공단 사이트 (www.nhic.or.kr)	1588-0075 고용 · 산재보험 토탈 서비스 사이트 (http://total.kcomwel.or.kr)

출처 : 4대사회 보험 정보연계센터(www.4insure.or.kr).

3) 사업장 가입자(근로자) 적용 대상 기준

사업장 가입자의 적용대상 기준에 대해 알고자 할 때는 〈표 11-10〉을 참고한다.

표 11-10 사업장 가입자(근로자) 적용대상 기준

구 분	국민연금	건강보험	고용보험	산재보험
적용 대상	• 국민연금 적용사업장에 종사하는 16세 이상 60세 미만의 근로자와 사용자	• 상시 1인 이상의 근로자를 사용하는 사업장에 고용된 근로자(연령제한 없음) • 사용자, 공무원, 교직원, 시간제근로자	• 「근로기준법」에 따른 근로자	
제외 대상	• 타공적연금 가입자 • 노령연금수급권 취득한 자 중 60세 미만의 특수직종근로자 • 조기노령연금 수급권을 취득하고 그 지급이정지되지 아니한 자 • 퇴직연금 등 수급권자 • 국민기초생활보장법에 의한 수급자 • 일용근로자 또는 1개월 이내의 신고기한부로 사용되는 근로자(1개월 이상 계속 사용되는 경우는 제외)(일용근로자, 시간제 근로자인 경우, 근로계약 여부 또는 근로계약 내용과 관계없이 고용기간이 1개월 이상이고, 근로시간이 월 60시간 또는 주당 평균 15시간 이상인 경우에는 가입대상임) • 법인의 이사 중 근로소득이 없는 자	• 의료급여법에 따라 의료급여를 받는 자 • 독립유공자예우에 관한 법률 및 국가유공자등 예우 및 지원에 관한 법률에 의하여 의료보호를 받는 자 • 1월 미만의 기간 동안 고용되는 일용근로자 • 하사(단기복무자에 한함)·병 부관후보생 • 선거에 의하여 취임하는 공무원으로서 매월 보수 또는 이에 준하는 급료를 받지 아니하는 자 • 비상근 근로자 또는 1개월 간의 소정근로시간이 60시간 미만인 단시간근로자(교직원·공무원 포함) • 소재지가 일정하지 아니한 사업장의 근로자 및 사용자 • 근로자가 없거나 비상근 근로자 또는 1개월간의 소정근로시간이 60시간 미만인 단시간 근로자만을 고용하는 사업장의 사업주	• 65세 이상인 자(다만 고용안정, 직업능력 개발사업은 적용) • 1월간 소정근로시간이 60시간 미만인 근로자(1주가 15시간 미만인 자 포함) - 다만, 생업을 목적으로 근로자를 제공하는 자 중 3개월 이상 계속하여 근로를 제공하는 자와 1개월 미만 동안 고용되는 일용근로자는 적용대상임 • 공무원(별정직, 계약직 공무원은 2008. 9.22.부터 임의가입 가능) - 다만, 임용된 날부터 3개월 이내에 신청 고용센터로 신청 • 사립학교교직원연금법 적용자 • 별정우체국 직원 • 외국인 근로자 - 다만 아래의 경우는 당연적용 ※거주(F-2), 영주(F-5) 자격의 경우는 당연 적용하며 주재(D-7), 기업투자(D-8) 및 무역경영(D-9)의 경우는 상호주의에 따라 적용	• 「공무원연금법」, 「군인연금법」, 「선원법」·「어선원 및 어선재해보상보험법」 또는 「사립학교교직원연금법」에 의하여 재해 보상이 행하여지는 자

출처: 4대사회 보험 정보연계센터(www.4insure.or.kr).

4) 근로자의 4대보험 피보험자격 취득시기

4대보험 가입자(근로자)의 피보험자격 취득시기에 대해서는 〈표 11-11〉을 참고한다.

표 11-11 가입자 취득 시기

구분	국민연금	건강보험	고용보험	산재보험
처리기관	국민연금공단 관할지사	국민건강보험공단 관할지사	고용노동부 고용센터	근로복지공단 관할지사
취득시기	• 사업장이 1인 이상의 근로자를 사용하게 된 때 • 적용사업장에 근로자 또는 사용자로 종사하게 된 때 • 적용사업장에 종사하는 근로자가 18세 이상이 된 때 • 일용근로자 11월 미만의 신고기한부근로자가 1개월 이상 사용된 때 • 적용사업장에 종사하는 근로자 또는 사용자가 기초수급자에서 해지된 때 • 가입사업장의 18세 미만 근로자의 가입신청이 수리된 때(단, 사유 발생일의 다음달 15일까지 신고 시에는 근로개시일로 취득가능)	• 근로자: 적용사업장에 사용된 날 • 사용자: 적용사업장의 사용자가 된 날 • 공무원: 공무원으로 임용된 날 • 교직원: 교원은 해당학교에 교원으로 임명된 날, 직원은 해당학교 또는 그 학교 경영기관에 채용된 날 • 일용근무자 -1월을 초과하여 사역결의 되는 자 : 최초 사역일 -1월 이내의 기간을 정하여 계속 사역결의 되는 자 : 최초 사역일로부터 1월을 초과하는 날	• 고용보험이 적용되는 사업장에 고용된 날 • 고용보험 적용제외 근로자였던 자가 고용보험의 적용을 받게 된 경우에는 그 적용을 받게 된 날 • 보험관계성립일 전에 고용된 근로자의 경우에는 그 보험관계가 성립한 날 • 둘 이상의 사업장에 동시에 근로하는 근로자가 나중에 신고된 사업장에서 피보험자격을 취득하는 경우에는 이미 피보험자격을 취득한 사업장에서의 피보험자격 상실일	• 산재보험이 적용되는 사업장에 고용된 날 • 산재보험 적용제외 근로자였던 자가 산재보험의 적용을 받게 된 경우에는 그 적용을 받게 된 날 • 보험관계성립일 전에 고용된 근로자의 경우에는 그 보험관계가 성립한 날 • 사업종류 변경으로 자진신고 대상사업에서 부과고지 대상 사업장으로 변경된 경우 변경된 날 • 해외파견자가 국내 성립된 부과고지 사업장으로 복귀하는 경우 복귀한 날 • 특수형태근로종사자가 고용관계가 변동되어 일반 근로자가 되는 경우 일반 근로자가 된 날 • 산재보험 고용정보 신고제외자가 고용관계가 변동되어 신고 대상이 되는 경우 신고 대상이 된 날 • 산재보험 적용제외 사업장이 적용사업장으로 변경되는 경우 보험관계가 성립한 날

출처: 4대사회 보험 정보연계센터(www.4insure.or.kr).

5) 사업장 가입자의 피보험자격 취득 신고

근로자의 4대보험 가입신고 방법에 대하여는 〈표 11-12〉를 참고하면 되는데, 일반적으로 4대보험 가입 신고 등 업무에 대해서는 회사에서 직접 하는 방법도 있으나 사무대행기관에 맡기는 방법이 보다 편리하다.

표 11-12 사업장 가입자의 피보험자격 취득 신고 방법

구 분	국민연금	건강보험	고용보험	산재보험
신고기한	사유발생일이 속하는 달의 다음달 15일까지	자격취득일로부터 14일 이내	사유 발생일이 속하는 달의 다음달 15일까지	사유 발생일이 속하는 달의 다음달 15일까지
신고서류	사업장가입자자격취득신고서	직장가입자자격취득신고서	피보험자격취득신고서	근로자 고용신고서
첨부서류	특수직종근로자에 한하여 임금대장 또는 선원수첩사본	해당 없음	해당 없음	해당 없음
신고처	4대 사회보험 각 기관 지사 및 인터넷(www.4insure.or.kr) [전자민원] 신고			
전자민원 신고	전자민원 〉 가입자 〉 자격취득신고에서 신고			
유의사항	일용직 등 근로자의 1월이상 근무자는 최초고용일 또는 근로자로 된 날이 자격취득일임	피부양자가 있는 경우: 주민등록등본으로 가입자와의 관계를 입증할 수 없는 경우 가족관계증명서등을 제출	일용근로자는 다음달 15일까지 근로내용확인 신고서를 제출	- 부과고지 대상 사업장만 신고(건설업 및 벌목업 사업장은 신고대상아님) - 일용근로자는 다음달 15일까지 근로내용확인 신고서를 제출 - 1월간 소정 근로시간이 60시간 미만 근로자이거나 외국인 근로자(체류자격에 따라 다름)는 산재보험 근로자 고용(취득)신고를 아니할 수 있음(보수총액 신고시 해당근로자 보수총액만 신고 가능)
상세내역 문의	국번 없이 1355 국민연금공단 사이트 (www.nps.or.kr)	1577-1000 국민건강보험공단 사이트 (www.nhic.or.kr)	국번 없이 1350 고용보험EDI 사이트 (www.ei.go.kr)	1588-0075 고용·산재보험 토탈서비스 사이트 (http://total.kcomwel.or.kr)

출처: 4대사회 보험 정보연계센터(www.4insure.or.kr).

6) 4대보험료

4대보험 부담은 기본적으로 임직원과 회사가 반반 부담하는 것이라고 생각하면 되는데 근로소득세와 마찬가지로 급여 지급 시 공제하고 급여지급일의 다음 달 10일에 회사가 직원 급여 지급 시의 공제금액만큼 회사 부담분을 추가하여 보험공단에 납부한다. 2014년 1월 현재, 4대보험의 보험료 징수는 국민건강보험공단에서 총괄하고 있다.

① 국민연금

1인 이상의 근로자를 사용하는 모든 사업장은 국민연금의 적용대상이 되며, 사업장가입자는 기준소득월액의 9%에 해당하는 금액을 본인과, 사용자가 각각 4.5%씩 부담하여 매월 사용자가 납부하여야 한다. 예를 들어 표준소득월액이 1,300,000원인 봉급자의 경우 매월 117,000원을 연금보험료로 납부해야 하는데 그 중 58,500원은 본인이, 58,500원은 사용자, 즉 회사가 부담한다는 것이다.

사업장가입자의 국민연금 기준소득월액 결정에 대해 살펴보자면, 자격취득 및 납부 재개 시 기준소득월액의 경우는 당해 종사하는 업무에서 얻은 소득으로서 사용자가 공단에 신고한 소득으로 결정한다. 또한 가입기간중의 기준소득월액 결정은 전년도 중 당해 사업장에서 얻은 소득총액을 근무일수로 나눈 금액의 30배에 해당하는 금액으로 결정하되 전년도의 소득을 당해년도 7월부터 다음 연도 6월까지 적용하게 된다.

[연금보험료 = 가입자의 기준소득월액(전년도 소득기준)×납부요율]

② 건강보험

상시 1인 이상의 근로자를 사용하는 모든 사업장 또는 공무원 및 교직원을 임용 또는 채용한 사업장에서는 모든 근로자의 소득 능력에 따라 건강보험료를 부담하는데, 전년도 보수총액을 근무월수로 나눈 보수월액이 해당하는 표준보수월액에 의해 보험료를 부과 후 당해년도 보수총액을 신고 받아 사후 정산하는 방식을 채택하고 있다.

건강보험료에는 장기요양보험료와 건강보험료 두 가지가 포함되어 있으며,

건강보험료율(2014년 기준)의 경우 보수월액의 5.99%, 장기요양보험료율(2014년 기준)의 경우 건강보험료의 6.55%를 부담한다. 국민연금과 마찬가지로 사용자와 가입자가 각각 50%씩 부담한다.

[건강보험료 = 가입자의 당해연도 보수월액×건강보험료율]

[장기요양보험료 = 건강보험료×장기요양보험료율]

③ 고용보험

사업장[9]의 사업주가 신고한 보수자료를 기초로 사업장에 소속된 근로자의 월평균보수의 총액에 보험료율을 곱하여 매월 근로복지공단이 산정하고 국민건강보험공단에서 월별보험료를 부과고지 한다. 고용보험료율은 〈표 11-13〉을 참고하면 된다.

[고용보험료 = 월평균보수총액×고용보험료율]

④ 산재보험(산업재해보상보험)

산재보험요율은 보험료부담의 공평성 확보를 위하여 매년 9월 30일 현재 과거 3년간의 임금총액에 대한 보험급여총액의 비율을 기초로 보험급여 지급률을 동

표 11-13 고용보험율

구 분		보험료	부담금
실업급여		1.3%	사업주, 근로자 각각 1/2(0.65%) 씩 부담
고용안정사업		0.15%	사업주 전액부담
직업능력 개발사업	150인 미만 기업	0.1%	사업주 전액부담
	150인 이상 우선지원대상 기업	0.3%	사업주 전액부담
	150인 이상~1000인 미만 우선지원 대상 제외업체	0.5%	사업주 전액부담
	1000인 이상 기업	0.7%	사업주 전액부담
계		1.55%~2.15%	기업규모에 따라 다름

출처 : 4대사회 보험 정보연계센터(www.4insure.or.kr).

등하다고 인정 되는 사업 집단 별로 보험요율을 58개로 세분화하여(매년 12월 31일 고시) 적용한다.

[보험료 = 당해 보험연도의 보수(임금)총액×업종별 보험요율(사용자부담)]

산재보험료의 산정방법은 확정보험료 보고 · 납부 시 이미 납부한 개산보험료보다 확정보험료가 많을 경우에는 그 부족액을 추가납부하고, 초과 납부한 경우에는 다음연도 개산보험료에 충당할 수 있다.

⑤ 4대보험 월 보수월액 변경신고

• 건강보험

· 4대사회보험정보연계센터(www.4insure.or.kr) 사이트의 [전자민원-건강보험 직장가입자 보수월액변경신고]에서 신고한다.

• 고용/산재보험

· 고용 · 산재보험 토탈서비스(total.kcomwel.or.kr) 사이트의 [전자신고-보수신고-월평균보수변경신고]에서 신고 가능하다.

• 건강보험/국민연금/고용보험/산재보험 공통

4대사회보험정보연계센터(www.4insure.or.kr) 사이트의 [자료실-서식자료실] 메뉴에서 "보수월액변경신청서"[10]를 다운로드하여 팩스로 변경 신청하면 된다. 팩스로 신청 시 [자료실-4대사회보험기관 지사 찾기] 메뉴에서 팩스번호 조회가 가능하다.

⑥ 참고사항

• 국민연금의 '기준소득월액'과 고용/산재보험의 '평균보수월액'에는 비과세[11] 금액 만큼 제외되나, 건강보험의 '보수월액'에는 근로소득급여 전액 보수에 포함한다.

• 근로자에게 지급하는 [보수]는 [소득세법]에 따른 [총급여액]의 개념과 동일하며, 근로소득에서 비과세 근로소득을 뺀 금액을 말하며, 연말정산에 따른 갑근세 원천 징수 대상 근로소득[12]과 동일하다.

• 4대보험료의 계산기를 이용하면 대략적인 보험료를 알 수 있다. 4대사회보

험 정보연계센터의 자료실에 보면 4대사회보험 모의계산 기능이 있어 간편하게 이용할 수 있다.

2.2 재무관리

창업초기 기업에 있어서의 재무관리 업무의 역할은 현금 유입과 유출에 대한 예측과 자금조달 관리를 통한 유동성 확보와 자금통제 관리를 통한 보안으로 요약될 수 있다. 현금유입에 대한 계획 수립은 소요자금 분석이며, 유출에 대한 계획 수립은 자금조달 계획을 말한다. 또한 자금통제 관리란 실제로 자금이 들어오고 나가는 것에 대한 '신청-결제/승인-집행' 프로세스를 통해 기업의 자금을 안전하게 보호하는 것을 의미한다.

(1) 소요자금 분석

소요자금 예측이란 언제, 어디에(항목) 자금이 얼마나 소요되는가에 대한 파악을 말한다. 다시 말해서 예상되는 자금지출 소요가 생산-매출 등 기업 경영과정 상 원활히 확보될 수 있는지 자금 유입-유출 예상액을 시간의 순서대로 나열하고 비교하여 유출이 유입 및 확보 자금보다 큰 경우가 없는지를 분석하는 것이 소요자금 분석이다.

창업초기에 소요되는 자금은 회사 설립에 소요되는 비용으로 주로 하드웨어적인 성격이 강하며, 사무실보증금, 공장시설설비 구입비, 사무용 집기와 비품, 사무실 인테리어비용, 차량운반구 등이 포함된다. 이는 설립 이후에도 직원 채용이나 공장가동 등의 회사 운영과정에서도 계속 발생하는 자금으로 창업자는 MS-Office의 엑셀(Excel)과 같은 프로그램을 활용하여 회사에서 필요한 자금이 언제 어디에 얼마나 소요되는지를 파악하고 '자금출납 예측기록표'를 작성해야 한다.

(2) 자금조달 계획

소요자금 분석을 통해 도출된 필요자금 소요분을 시급한 것부터 그렇지 않은 순으로 나열하고 이들 소요자금을 조달할 구체적인 계획을 수립하여야 한다. 자금 조달은 크게 자기자본 조달과 타인자본 조달로 나눠지는데 회사의 입장에서 볼 때 자기자본 조달은 대표이사 등 기존 주주들의 출자로 인한 자본금 증가 또는 신규투자자의 투자유치 등으로 해석할 수 있다. 또한 타인자본 조달은 대표이사 가수금 증가나 타인 혹은 금융기관 등으로부터의 대출금 확대를 의미한다.

신규투자자로부터의 자기자본 조달이나 타인자본 조달방법을 선택하는 경우 누구에게 얼마의 자금을 유치 또는 대출할 것인지, 담보화 할 수 있는 자산은 무엇이며, 언제 어떤 방법을 동원하여 확보할 것인지, 어느 방법이 비용이나 리스크 측면에서 회사에 유리한 것인지를 계획해야 한다. 이 경우 앞서 설명한 비즈니스 플랜이 매우 중요한 도구가 될 수 있다.

(3) 자금통제 관리

개인사업자가 아닌 법인사업자의 경우에는 회사의 자금 등 회사자산과 창업주 또는 대표이사의 자산은 별개이며, 회사의 자금을 특별한 절차없이 입출고할 수 없다. 즉, 회사 통장에서 돈이 빠져나가는 데에는 반드시 영수증이나 지출결의서, 혹은 의결서와 같은 근거 문서가 필요하다.

여기서 지출결의서를 예로 들어보면 총무담당자가 어느 일정시점에 회사 통장에서 다른 통장계좌로의 이체나 현금 인출을 통한 회사 내부직원이나 외부업체 직원에게 현금을 지급해야 하는 경우, 회사 최고경영자 또는 관련 의사결정을 내릴 수 있는 이가 직접 지출을 결정하거나 승인을 해야 한다. 혹은 금액대별로 결정권한을 위양할 수 있도록 회사규칙이 수립 및 제시되어야 한다.

처음부터 회사의 제도나 규칙을 완벽하고 꼼꼼하게 수립할 수는 없으므로 창업시점에는 지출결의서와 같은 문서양식과 단순한 승인 프로세스를 구축하여 직원들이 따르도록 규정하는 것이 필요하다. 그리고 처음에는 창업자 혼자서 처리하던 것을 직원들과 비서를 고용해서 차츰 업무를 나눠서 주게 되고 그러면서 권한 위양이 필요하고 차츰 의사결정에 따르는 행동규칙들을 정하게 된다. 특히 자금과 관련한 분야는 더욱 그러하다.

03 인사관리

'기업은 사람이 만든다' 는 말이 있다. 아무리 어려운 상황이라 할지라도 회사에 우수한 인재들이 있고 그 인재들이 각자 실력발휘를 할 수 있도록 잘 조직화되어 협업하는 여건이 조성된다면 그 회사는 발전할 수 밖에 없다는 말이다. 즉, 회사의 인사관리가 중요하다는 것이다. 창업초기 회사에서의 인사관리란 우수한 인재들을 채용할 수 있는 채용프로세스와 교육체계의 마련, 그리고 성과보상체계의 구축 등을 포함한다.

3.1 인재상과 채용프로세스

구직자의 입장에서 대기업을 선호하는 이유는 대기업이 안정적이고 대우가 좋기 때문이다. 반면, 창업 초기의 기업은 우수한 인재를 선발하기가 쉽지 않은데 그 이유는 불확실성 때문이다. 성공 가능성과 더불어 직업의 안정성도 약하게 보여질 뿐 아니라 조직체계나 역할 분담도 미약한 것이 사실이다. 그렇다면 어떻게 창업초기의 기업은 인재 채용에 성공할수 있을까? 아마도 초기에는 신입보다 경험 많은 경력직원이 낫고 창업 초기의 직원들에게는 회사 비전 제시와 함께 성공 시의 특별한 대우를 약속하는 것이 보다 현실적이다.

Job Korea 등과 같은 채용을 위한 구직 사이트가 많이 존재한다. 그 중에 사람인(www.saramin.co.kr)과 워크넷(www.work.go.kr) 등의 사이트가 대표적이다.

워크넷은 고용노동부에서 운영하는 사이트로 많은 회원수를 갖고 있고 추천을 통해 채용을 하게 되면 고용지원을 받을 수 있다는 장점이 있다. 한편 사람인은 민간기업에서 운영하는 사이트로 신입직원뿐 아니라 경력직 구직자도 많은 편이기 때문에 많은 기업들이 활용하고 있다. 한편 최근 청년실업 해소에 관심이 많은 정부 정책에 따라 각 지자체나 대학교에서 추진하고 있는 고용지원사업들이 다수 있으며 이는 중소기업청에서 운영하고 있는 비즈인포(www.bizinfo.go.kr) 사이트 등에서 청년취업인턴 지원사업으로 검색하면 확인할 수 있다.

신입사원이든 경력직 사원이든 회사에 적응하고 회사에서 원하는 인재가 되기 위해서는 회사의 인재상을 먼저 세워야 한다. 즉, 창업주가 생각하는 바람직한 인재가 갖춰야 할 직원의 성격과 소질, 특성을 정의하고 그에 부합하는 인재인지를 선택해야 한다. 이를 위해 일정 규모 이상의 조직체계가 갖춰지고 인재상이 조직문화로 자리 잡기 전에는 대표이사가 직접 직원을 면접하는 것이 좋다.

3.2 교육체계

회사의 인재상을 수립하고 이에 부합하는 인재인지를 선택하는 것도 중요하지만 지속적으로 인재상에 부합하도록 교육 및 변화관리를 해야 한다. 그리고 비즈니스 플랜을 포함한 OJT 프로그램을 기획 및 실시하여 신규 입사직원이든 경력직원이든 입사 이후 빠른 시일 내에 창업자의 회사맨(회사우먼)화해야 한다. 변화관리는 회사의 조직문화를 조성하는 좋은 도구이며, 변화관리 중 가장 보편적인 방법이 교육이기 때문이다. 교육을 등한시 하게 하면 조직의 일원이 되기 어려워 겉돌게 되어 이직률이 높아질 수 있다.

3.3 조직체계와 성과보상체계

눈에 보이지 않는 회사 자산이라 할 수 있는 지식/경험, 조직체계 등은 대기업과 중소기업의 차이점 중에 큰 부분을 차지한다. 여기서 조직 구성과 담당자별 역할 정의, 권한과 책임의 위양, 정규 프로세스 및 업무 매뉴얼, 전산화된 시스템, 그리고 임직원들의 반응 등이 조직 체계의 품질을 결정한다. 이러한 조직체계 중에 가장 구축하기 어려운 제도가 성과관리 및 보상체계라고 할 수 있다. 변화관리가 선행되지 않으면 조직 반발이 우려되고 조직문화와 융합되지 않으면 실행하기 어렵기 때문이다.

성과관리란 쉽게 말해서 매년 초에 회사 및 조직과 개인의 목표를 수립하고 목표를 얼마나 달성 하고 있는지 모니터링하고, 연말까지 성과를 얼마나 달성하였느냐를 최종적으로 평가하는 시스템을 말한다. 여기서 목표는 주로 매출액 목표를 말하는 것으로, 성과를 평가한다는 것은 개인과 단위 조직이 회사의 매출에 얼마나 기여했는지 여부를 확인하는 것을 의미한다. 성과를 평가한 결과 우수한 실적을 거둔 직원에게는 금전적 보상과 함께 승진이나 연수기회 부여 등의 비금전적 보상도 제공해주어야 올바른 성과문화가 정착될 수 있다.

04 자산관리

기업이 만들어내는 재화와 서비스들은 자산의 운영으로부터 발생하는 것이다. 이에 따라 꾸준한 자산관리를 통해 자산 활용 효율성을 높이는 활동은 사내 임직원들의 필수적 의무이다. 즉, 기업의 창업초기부터 올바른 자산관리체계가 형성되어야만 효과적 업무성과를 위한 기반을 마련할 수 있다.

4.1 주요 관리 필요 분야

창업 초창기에는 중견/중소기업에 비해 관리가 필요한 자산들이 적은 편이다. 여기서는 창업기업 내 집중적으로 관리되어야 할 전산기기, 소프트웨어, 차량, 생산장비, 법인인감 등의 관리요령들을 살펴본다. 이러한 것을 기술한 이유는 해당 분야에 대한 비체계적 관리체계가 업무 효율성 저하와 리스크 발생현상이 뚜렷하게 나타나기 때문이다.

그림 11-6 주요자산 관리방안 종합

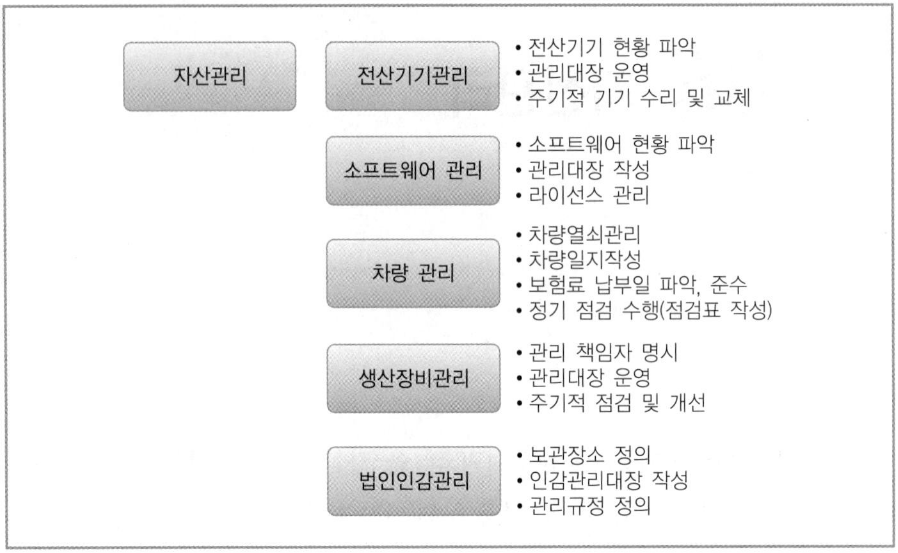

4.2 분야별 관리요령

(1) 전산기기 관리

조직 내 업무 진행 방식이 시스템화 됨에 따라 컴퓨터를 포함한 전산기기의 중요성은 커지고 있다. 따라서 전산기기의 현황 파악 및 주기적 교체활동이 체계적으로 이루어져야 한다. 이를 위해서는 전산기기의 일련번호, 전산기기명, 제조일자, 취급자 및 기타사항 등을 기록한 전산기기 관리대장의 작성 및 비치는 필수적이다. 또한 관리자는 전산기기의 사용연수(구입일 기준)를 분기 또는 반기 단위로 확인하여, 3~5년이 경과한 전산기기를 교체해 주어야 한다.

(2) 소프트웨어 관리

불법 소프트웨어의 사용이 적발 시 기업에 막대한 손실을 가져올 수 있다. 따라서, 소프트웨어의 라이센스 보유현황을 지속적으로 파악해야 한다. 또한 사내

표 11-14 전산기기(노트북) 관리대장(예시)

일련 번호	노트북 명	제조일자	취급자		비고
			직책	성명	
ABC-N1	LR58	2010.08	사원	박유택	전 정민재 팀장 사용
ABC-N2	LR570	2010.04	과장	이희권	-
ABC-N3	LR570	2009.03	사원	전상우	-
ABC-N4	LR560	2010.01	-	-	미사용
ABC-N5	LR58	2010.08	연구원	심하림	전 남경숙 선임 사용
ABC-N6	LR570	2010.04	선임연구원	정성현	전 장유섭 선임 사용
ABC-N7	LR510	2009.03	-	-	전 박명희 연구원 사용
ABC-N8	LR50	2008.12	대리	박영선	미사용
ABC-N9	LN55	2012.08	과장	박도현	구입일:2012.12.13
ABC-N10	LN55	2012.08	과장	정진국	구입일:2012.12.13
ABC-N11	LN55	2012.08	차장	정민식	구입일:2012.12.13
ABC-N12	NT270ESE	2013.09	선임연구원	남경숙	구입일:2013.10.14
ABC-N13	NT270ESE	2013.09	연구원	박명희	구입일:2013.10.14
ABC-N14	NT270ESE	2013.09	대표이사	이수열	구입일:2013.10.14

표 11-15 소프트웨어 관리대장(예시)

NO	명단	H/W		필수 프로그램		
		노트북	데스크톱	Windows 7(Home Premium K) -7개	한컴오피스 2010(Office 2010 SE) -12개	Office home and Business 2010 -13개
1	이유석		O	KKKKK-W6Q-Y8X33-QDD74-111111	17011271-xxxxx1	R0007-KP-9WMT4-69XHQ-111112
2	이유석(new)	O		-	구입필요	구입필요
4	남형식	O		-	17011271-xxxxx2	R0006-KP-9WMT4-69XHQ-111112
5	남형식(new)	O		-	구입필요	구입필요
6	김예진		O	KKKKK-W6Q-Y8X33-QDD74-111112	17011271-xxxxx3	R0005-KP-9WMT4-69XHQ-111112
7	김예진	O		-	17011271-xxxxx4	R0004-KP-9WMT4-69XHQ-111112
8	이선미	O		-	17011271-xxxxx5	R0003-KP-9WMT4-69XHQ-111112
12	고현호(new)	O		-	구입필요	구입필요
13	김나미	O		-	17011271-xxxxx6	R0002-KP-9WMT4-69XHQ-111112
14	정진용		O	KKKKK-W6Q-Y8X33-QDD74-111113	17011271-xxxxx7	R0001-KP-9WMT4-69XHQ-111112
17	박선용(New)		O	KKKKK-W6Q-Y8X33-QDD74-111114	구입필요	구입필요
18	박선용	O		미사용(3년 경과노트북)		

직원들이 필요로 하는 소프트웨어를 조사하여 구입하도록 하고 업무 수행에 필요한 소프트웨어 외에는 타 소프트웨어의 사용을 하지 않도록 교육해야 한다. 주기적으로 노트북 등 전산기기에서 설치 및 사용하고 있는 소프트웨어들의 제품번호(Serial Number)를 확인하여, 이들이 공식 발매된 소프트웨어인지 여부를 확인하고 구매되지 않은 소프트웨어는 사용을 금지하거나 또는 반드시 필요한 것은 구매를 하도록 한다.

(3) 차량관리

회사보유 자산 중 회사차량은 회사와 특정 장소 간 인력/물품 이동의 핵심 역할을 수행한다. 차량관리가 미비하여 차량분실, 차량파손 등의 사건이 발생하지 않도록 회사차량에 대한 체계적 관리가 필요하다. 이를 위해 차량의 사용이력을 추적할 수 있는 차량일지가 작성되어야 하며, 차량 키는 운전자의 사내 일정한 장소에 비치되어야 한다. 또한 반기, 연간을 주기로 하여 회사차량을 점검하고 그 결과를 점검결과표에 기록해야 한다. 차량의 주기적 점검과정에서 엔진오일 사용시기, 배터리 사용주기, 브레이크 마모 가능성, 타이어 노화가능성 등은 운전자의 안정성을 위해 집중적으로 점검해야 할 항목이다.

표 11-16 차량운행일지 양식(예시)

차량운행일지					
NO.	운전자	운행일자 (월/일)	행선지	출발시간	총주행거리
1		/			
2		/			
3		/			
4		/			
5		/			

표 11-17 차량점검일지 양식(예시)

차량점검일지(차량번호 00-0000)					
NO.	점검실시자	점검유형 (월간/반기/연간)	점검장소	점검 결과 중 특이사항	조치사항
1					
2					
3					
4					
5					

(4) 생산장비 관리

기업은 생산 장비를 통해 이윤을 창출할 수 있는 제품을 만든다. 생산 장비 오작동 및 고장으로 인한 생산업무 지연은 기업 신뢰도 하락과 수익성 저하를 초래한다. 따라서, 기업은 생산장비에 대한 정책임자 및 부책임자[13]를 반드시 임명하여, 그 현황을 장비에 표기하여야 한다. 또한 기업은 일일, 주간, 월간 단위로 장비 점검을 의무화하고 그 결과를 장비관리 대장에 기록해야 한다.

(5) 법인인감 관리

법인인감은 기업 의사결정에 대한 진위를 구별할 수 있는 중요한 역할을 한다. 법인인감의 분실 또는 위조가 발생할 시에는 기업의 재산 분실과 같은 문제를 초래할 수 있다. 따라서 창업 초기부터 올바른 인감관리 체계를 사내에 형성할 필요가 있다. 또한 법인인감의 경우 보관/관리 인력을 주로 경영진 또는 경영관리 인력에게 한정시켜 놓는 것이 바람직하다. 법인인감의 관리인력 외의 임직원이 사용 시 사용이력을 추적할 수 있는 법인인감 관리대장을 작성하도록 한다.

표 11-18 장비관리대장(예시)

장비관리대장

장비명		규 격	
관리번호		제 조 사	
기기번호		설치장소	
취득일자		취득금액	

사 진

검 . 교 정 이 력 현 황

일 자	검.교정/정비이력현황	확 인	비 고

ABC-01

표 11-19 법인인감 관리대장 양식(예시)

법인인감 관리대장

날짜	신청자			용도	제출처	확인
	부서	직위	성명			

그림 11-7 사용인감계 양식

사용인감계

사용인감	인 감

상 호 :
(사업자등록번호 :)
주 소 :
대 표 :

상기 인감을 000000의 사용인감으로 사용코자 제출합니다.

년 월 일

000000 대 표 이 사 X X X (인)

법인인감을 회사의 공식 인감으로 활용하기 위해서는 관할등기소에 신고를 하여 법인인감증명서를 발급받아야 한다. 만약, 법인인감과 같은 회사를 대표하는 도장이 여러 업무에서 동시에 필요할 경우 관할등기소에 신고되지 않은 사용인감을 활용할 수도 있다. 단 이러한 경우에는 사용인감계를 작성해야만 사용인감이 법인인감과 동일한 효력을 발휘한다.

법인인감 관리 규정을 정의하는 것 또한 좋은 방안이 될 수 있다. 법인인감 보관장소, 공식 법인인감과 사용인감 개수, 법인인감의 사이즈 및 형태, 법인인감 보관 책임사항들을 규정화하는 것을 고려하도록 한다.

05 영업관리

아무리 우수한 제품을 만들더라도 영업활동이 부진하다면, 기업은 이윤을 창출할 수 없다. 창업초기에는 대부분 공급자 중심이 아닌 수요자 중심의 거래구조가 나타나므로 탁월한 영업역량 발휘는 필수적이다. 우수한 영업역량 형성을 위해서는 고객 정보수집 및 영업전략추진 과정에서 체계성을 갖춘 영업관리업무가 수행되어야 한다.

5.1 영업관리 방법론 종합

우수한 영업관리 시스템을 형성하기 위해서는 정보수집 및 고객관리 과정에서부터 데이터베이스 기반의 활동이 이루어져야 한다. 또한 온라인/오프라인 고객자료 수집 결과를 바탕으로 고객을 유형별로 분류한 후 맞춤화 전략을 추진해야 한다. 또한 영업성과를 주기적으로 분석해 미래 영업전략을 개선하는 활동도 병행되어야 한다.

그림 11-8 영업관리 방법론 종합

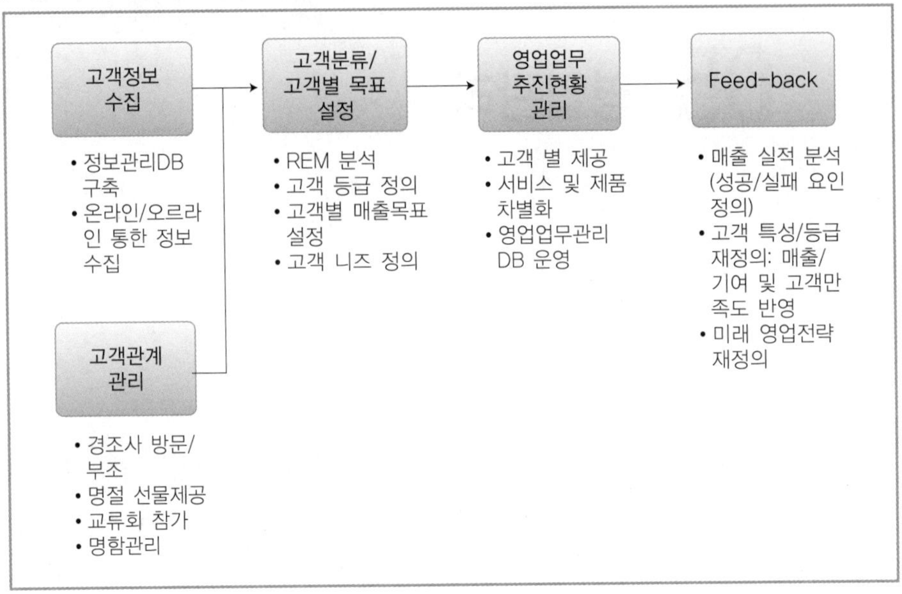

5.2 단계별 영업관리 노하우

(1) 고객정보 수집

고객에 대한 정보를 무분별하게 수집할 경우 영업 의사결정에 유용한 정보를 고려하지 못하거나, 업무 수행 과정 중 수집되는 중요한 정보를 놓치는 경우가 발생할 수 있다. 그러므로 고객정보 관리 Sheet와 같이 고객정보 수집, 관리하는 양식이 필요하다. 고객정보 관리 Sheet에는 고객일반정보, 전략정보, 주요연락처, 과거 거래 현황 등이 기록된다.

(2) 고객관계 관리

평소에 고객관리를 위한 사전 접촉을 실시하지 않고, 무작정 거래 제안을 해서는 영업실적 달성을 기대할 수 없다. 성공적 영업을 위해서는 평소에도 잠재고객을 관리하는 것이 매우 중요하다.

표 11-20 고객정보관리 Sheet 예시(1)

구분	회사명	홈페이지	주소	설립일	사업분야/주력제품	자본금
일반정보						
	주요 타깃 고객		주요 경쟁자	신용도	주주구성	과거 결제 방식
						어음/현금 결제 등
	자산가치		매출액	매출액 이익률	종업원수	종업원 1인당 매출/이익률
	건물, 대지, 공장설비 등 유형자산 기술, 브랜드 및 기타무형가치		매출액 추이		종업원수추이	

구분	고객등급	매출빈도	매출총액	최근 거래(매출)시기	매출 이익
전략정보					
	자사제품 대체품 납품/경쟁사	기술 로드맵/트렌드 정보	선행기술	구매 관련 내부 정보	구매 담당자/조직 및 관련 의사결정권자

표 11-21 고객정보관리 Sheet 예시(2)

구분	항목	내용	항목	내용	담당자	항목	내용	담당자	항목	내용	담당자	항목	내용
기본정보	회사명	(주)D정공	대표자명	최요상	담당자 1	이름	박정식	담당자 2	이름	김동현	담당자 3	이름	정명성
	대표번호	02-888-8888	팩스번호	02-888-8881		부서 및 직책	품질보증부/부장		부서 및 직책	생산부/부장		부서 및 직책	상무/공장장
	홈페이지	www.dong.com	이메일	dong@hanmir.com		휴대전화	010-000-0000		휴대전화	010-000-000		휴대전화	010-000-0000
	주소	경북 경산시 자인면 교촌리 379-1				이메일	-		이메일	-		이메일	

구분	수행일	프로젝트명	결과(수행/제안)	비고
프로젝트현황	13. 1.22-4.. 9	영업관리체계 개선	수행중	계약금 입금지연 3일
	13. 5. 18 – 9. 18	생산관리체계 혁신	제안중	13.4월 중 경영진 검토예정

잠재고객사 내 임직원들의 경조사에 신속하게 대응하기 위해서는 잠재고객사 내 주요 임직원들의 경조사 발생 사항을 인식하여, 사내 자금 집행 결정자 및 대표이사에게 알리는 것이 매우 중요하다. 사내 자금 집행 결정자의 경우 주요 고객사 임직원들의 경조사 경중을 판단해 적절한 보상을 실시하는 것이 필요한데, 이를 위해서는 경조금 관리 규정을 사전에 정의해 두는 것이 필요하다.

표 11-22 경조금 관리 규정 예시

구 분		회사지급	화환	비고
결혼	본인 결혼	100,000	유	
	자녀 결혼	100,000	유	
	형제자매 결혼	-	무	
출산	본인/배우자 출산	100,000	유	
	본인/배우자 자녀 돐	-	유	
사망	배우자	500,000	유	
	본인 부모	300,000	유	
	배우자 부모	-	유	
	자녀	500,000	유	
	본인 조부모(친외가)	-	유	승중상일 경우 부모에 준함
	배우자 조부모	-	무	
재해	피해 규모에 따라 지급	-	무	

(3) 고객 분류 / 고객별 목표 설정

모든 전략이 그렇듯 영업전략에서도 선택과 집중은 중요하다. 최우선적으로 현재 거래 고객 중 RFM[14]점수가 가장 높은 VIP급 고객들을 대상으로 영업활동

표 11-23 고객등급 분류결과(예시)

고객구분		고객 정의	고객 목록	전략 방향
현재 거래 고객	VIP	RFM score 상위 10% 이내	P전자	거래조건 맞춤화 1순위/ 핵심인력 투입
			L 실업	
	우수고객	RFM score 상위 20% 이내	D농산	거래조건맞춤화 2순위/ 거래요구조건 80퍼센트 수용
			M 공업	
	일반고객	기타 현재 거래고객	K기계	1, 2순위 대상 거래중단 또는 영업실적 부진 시 집중
			S전자	
			H자동차	
1st Tier (타킷 고객)	1차 타킷	6개월 내 제품판매 실적 발생 예상	S모토스	6개월 내 영업대상
	2차 타킷	1개월 내 제품판매 실적 발생 예상	디바코	1년 이내 영업대상
2nd Tier (경쟁사고객)	관찰 고객	전체 물량 중 50%미만을 경쟁사로부터 구매	삼에치테크	경쟁사 대비 차별화 거래조건 제안
	체크 고객	전체 물량 중 50%이상을 경쟁사로 부터 구매	금광테크	경쟁사 대상 구매물량 감소 시 거래 제안
3RD Tier (미개발 고객)		기업니즈에 대한 정보 부재	삼양산업	네트워크 형성 후 단계별 영업활동 실시 (1년 –1년 6개월)

표 11-24 고객별 매출목표 관리표(예시)

구분 / 고객	매출 목표 및 대응전략 수립			
	매출규모 (2008년:작년)	매출규모전망 (2009년)	매출규모 증가/감소 원인	대응방안
고객사 명				
고객사 명				
고객사 명				
고객사 명				
고객사 명				
고객사 명				
고객사 명				
고객사 명				

을 집중해야 한다. RFM을 기준으로 현재거래 중인 고객의 분류가 끝나면, 미래타깃 고객 또한 등급을 분류해야 한다.

미래타깃고객을 영업성과창출 가능성이 높은 타깃고객으로부터 상대적으로 영업성과창출가능성이 낮은 경쟁사고객, 미개발 고객 순으로 분류하도록 하고 이에 맞춰서 영업을 전개해야 한다.

고객 유형이 분류되었으면, 그 결과를 고려해 영업목표를 산정하는 것도 중요하다. 영업목표의 설정을 통해 목표의식을 향상시키고, 매출실적예상 통한 리스크에 대비가 가능하기 때문이다. 특히 매출액 감소가 예상되는 고객의 경우 감소원인을 정의하고, 이에 대한 대안을 설정하는 것도 필요하다.

(4) 영업업무 추진현황 관리

고객유형을 분류하여, 맞춤화된 사양의 제품 및 서비스를 제공하는 과정에서도 여러 가지 이슈들이 발생할 수 있다. 영업업무 수행 중 구매담당자 변경, 결제 조건에 대한 불만족 발생, 클레임 제기, 고객사 자금사정 악화 등에 대한 이슈가 발생할 수 있기 때문이다. 이러한 고객사들의 특이사항에 대해서는 영업과

표 11-25 영업진도관리표(예시)

고객사명	TEAM	PM	Mem	Contact Point	주요이슈	대응방안	수행단계													
							영업기회	1차컨택	2차컨택	3차컨택	구두계약	서면계약	주문 No.	생산계획수립	출고일	선적일	고객사도착일	계산서발행	입금일	클레임
R11	1	SG	MK	부장 000	-	-	Op. No. 130807-1	13/08/25	13/09/02	13/09/05	13/09/11	13/09/14	130918-2	13/09/22	13/09/25	13/10/01	13/10/05	13/10/06	13/10/07	-
D12	1	SG	DY	부장 000	-	-	130815-3													
R15	1	SG	DY	부장 000	담당자 변경 예정	담당자 변경 정보 공유	120806-2													
R18	1	SG	DY	상무 000	결제조건에 대안불만족	가격3% 하락	130503-1													
P11	2	SG	DY	대리 000	고객클레임 제기															

업 상의 진도관리표를 작성, 공유하는 것이 중요하다.

(5) 피드백

현실적인 영업전략을 정의하기 위해서는 월간, 반기, 분기를 주기로 지속적인 영업업무 추진 실태에 대한 객관적 점검이 필요하다. 이러한 점검과정을 통해 고객유형 재분류, 고객사별 영업전략 수정 등을 실시하면서 목표달성 위한 현실적인 영업 과업수행방안이 정의될 수 있다.

그림 11-9 피드백 방법론

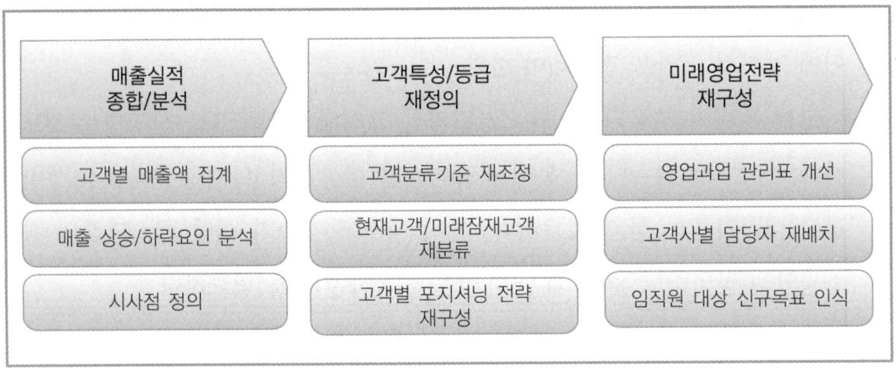

CHAPTER

12

사내 기업가정신

1. 사내 기업가정신
2. 사내 기업가정신의 활성화
3. 제도화와 성공요소

학 습 내 용

기업은 끊임없는 혁신을 통해 시장의 환경 변화에 적응하지 못하면 도태된다. 그런데 혁신은 본질적으로 기업가정신의 발현을 통해 이루어지는 것이다. 창업 또한 기업가정신이 발현되는 하나의 형태이다. 기업가정신은 자원의 제약에도 불구하고 적절한 지식이나 기술을 이용하여 남들이 포착하지 못한 사업기회를 포착하고 이를 실현하는 행동을 말한다. 창업이후 기업이 지속적으로 성장하기 위해서는 끊임없는 기업가정신의 발현을 통해 새로운 사업기회들을 포착하고 이를 실현하는 것이 필요하다. 기업수준에서 이루어지는 이러한 활동들을 사내 기업가정신이라고 부른다.

01 사내 기업가정신

일반적으로 신규사업 개발을 위한 기업의 경영전략은 외부지향 전략과 내부지향 전략으로 구분할 수 있다. 외부지향 전략이란 기업의 인수와 합병(M&A), 제휴, 합작 등 과 같이 외부의 경영자원을 활용하여 신규사업을 개발하는 전략이다. 내부지향 전략은 내부개발이나 사내벤처와 같이 회사 내에 축적된 기술이나 노하우를 활용하여 신규사업을 개발하는 전략을 말한다.[1]

1.1 사내 기업가정신의 정의

사내 기업가정신(corporate entrepreneurship)은 자원의 제약에도 불구하고 조직의 다양한 수준(level)에서 새로운 기회를 추구하는 과정이나 활동으로 정의할 수 있다.[2] 기업은 이러한 과정을 거치면서 새로운 사업을 만들어 내거나 조직을 새롭게 변화시킬 수 있다. 또한 혁신에 성공할 수도 있다. 즉 사내 기업가정신은 결국 조직내부의 다양한 수준에 걸쳐 기업가정신이 얼마나 활발한가 하는 것으로 이에 따라 조직은 창의와 혁신으로 활력이 넘칠 수도 있고 그저 평범한 기업이 될 수도 있다. 조직내에서 이루어지는 사내 기업가정신과 관련된 현상은 크게 두 가지로 구분할 수 있다.

첫 번째는 사내 기업가적 활동을 통해 기존 기업이 새로운 사업에 착수하거나 조직내 새로운 조직체를 만드는 것으로 흔히 이를 사내 벤처링(internal corporate venturing 혹은 intrapreneurship)이라 한다. 에드워드 로버트는 사내 벤처링을 '다른 시장에 진출하거나 또는 근본적으로 이질적인 제품을 개발할 목적으로 기업이 사내에 별개의 사업부 또는 그룹과 같은 독립체를 설립하는 것'으로 정의하였다. 그리고 사내 벤처링을 통해 자율적인 소규모 조직으로 분화되고 각 조직을 사내기업으로 간주, 독자적으로 사업을 개발, 수행할 수 있도록 사업실행의 권한과 책임을 광범위하게 위양할 수 있다.[3] 기업은 이러한 활동을 통해 새로운 시장을 발굴하거나 신제품을 제공하는 혁신을 추진할 수 있게 된다.

두 번째는 조직내에서 이루어지는 전략적 변화나 쇄신과 관련된 활동을 사내기업가정신에 포함하여 이해하는 것이다. 창업초기 기업가정신으로 무장되어 있던 조직이 어느 시점이 지나가면 창업자들이 가졌던 기업가정신이 흐려지는 경우가 많다. 조직을 새롭게 변화시키거나 쇄신하는 활동은 조직의 전략이나 구조를 새롭게 바꾸는 것으로 조직구성원들에게 혁신성을 심어주고 구성원 각자가 조직변화에 보다 적극적으로 참여하도록 만드는 것이라 할 수 있다.

1.2 사내 기업가정신 육성의 필요성

(1) 사회적 측면

사내 기업가정신의 활성화는 조직 안에서 개인을 자극하고 동기부여 하는 역할을 한다. 예컨대 사내벤처의 경우 대기업이 신제품이나 신규 사업을 개발할 목적으로 자사 조직내에 설치한 자율적인 독립체이므로 조직구성원들의 창의성이 최대한 발휘될 수 있는 여건을 마련할 수 있다. 또한 구성원들로 하여금 자아실현 욕구를 충족시킬 수 있는 기회를 제공한다. 중소기업의 경우 사내 기업가정신이 활발한 기업일수록 조직내 구성원들의 혁신적 업무행동이 보다 강화되는 것으로 나타나 사내 기업가정신을 활성화시키는 것이 조직혁신을 위해 무엇보다 중요하다고 할 수 있다.[4]

(2) 경제적 측면[5)]

① 경영다각화와 사업재구축의 효율적인 추진

제품과 사업의 성숙화로 인해 대기업은 경영다각화와 사업재구축을 효율적으로 추진해야만 하는 탈성숙화(dematurity) 시대를 맞고 있다. 탈성숙화의 프로세스는 주력 산업의 경쟁력과 수익성을 유지 및 강화하면서 기업 전체의 사업구성을 재편해 가는 과정을 의미한다. 사내 기업가정신의 활성화는 탈성숙화 전략을 효율적으로 추진할 수 있는 전략이 될 수 있다. 즉, 사내 벤처링을 통해 새로운 사업기회를 포착하는 계기를 마련할 수 있다. 기업매수와 합병을 통한 다각화는 종종 위험을 수반한다. 왜냐하면, 기업의 목표와 가치관을 공유하지 않는 새로운 구성원들과 갈등이 발생할 수 있기 때문이다. 이에 따라 사내 기업가정신을 통한 내부 사업화가 경영다각화의 도구로 선호될 수 있다.

② 신제품 및 신규사업 개발의 효율화

제품과 기술의 수명주기가 급격히 단축되고 있는 오늘날, 신제품 및 신규사업의 빠른 개발은 매우 중요한 과제가 되고 있다. 이때 소수 정예의 팀을 결성하여 사내벤처 형식으로 신제품과 신규사업 개발을 추진하는 것은 신속한 상품화와 사업화에 기여한다.

③ 조직활성화와 체질개선

사내벤처는 조직내 유연한 발상이나 기술에 대한 적응력을 갖고 있는 젊은 사원들에게 경영에 참여할 수 있는 기회를 부여해 주기 때문에 강한 동기부여가 가능하다. 기업은 이러한 동기부여 방법을 통해 조직의 활성화와 체질개선을 기할 수 있다.

④ 환경적응

사내 기업가정신의 활성화는 조직의 쇄신이나 전략의 변화를 통해 관료화된 대규모 조직이 역동적이고 이질적인 사업환경에 적응하도록 하는 기회를 제공해 준다. 또한 조직 구성원들에게 혁신과 도전정신을 고취시킴으로써 변화하는 환경에 보다 능동적으로 대처하도록 하는 동기를 제공할 수 있다.

⑤ 시장실험 및 돌연변이의 창출

사내 벤처링은 기존 기업내에서 시장실험의 기회를 제공해 준다. 이 시장실험은 생물학적인 진화과정에 비유될 수 있으며, 사내 벤처링은 돌연변이적 요소를 창출할 수 있다. 그리고 이 돌연변이는 기업 전체에 다양성을 제공한다. 만약, 이 돌연변이가 시장에서 성공적으로 수용된다면 이익이 되는 사업부나 기업이 될 수 있다.

02 사내 기업가정신의 활성화

사내 기업가정신을 활성화하는데 있어서 주의해야 할 점 가운데 하나는 혁신기업의 베스트 사례를 단순 모방하는 것이다. 회사의 여건과 상황, 그리고 조직문화 등 회사특성을 고려하지 않고 무턱대고 따라하는 것은 실패로 이어질 가능성이 매우 크다. 예컨대 여유자원이 부족하고 역량을 갖춘 인재가 모자란 회사가 대규모 신사업 전담조직부터 운영하는 것은 무모한 행동일 것이다. 또한 위계적 문화를 보유한 기업이 구성원들에게 자율과 창의를 강조하며 다양한 아이디어 제안을 요구한다면 구성원들은 마지못해 윗사람 입맛에 맞는 아이디어만을 제시하기 바쁠 것이다. 따라서 사내 기업가정신의 활성화는 그 기업의 독특한 특성과 여건에 따라 다양한 방식으로 전개되어야 한다.[6]

2.1 사내 기업가정신 발휘의 유형[7]

노스웨스턴 대학의 로버트 울콧(Wolcott)과 마이클 리피츠(Lippitz) 교수는 사례분석을 토대로 사내 기업가정신이 기업마다 고유의 특성에 따라 독특한 조직과 프로그램을 활용하고 있다고 제시했다. 이들은 기업들이 사내 기업가정신을 추진하는데 있어서 통제방식에 따라 각기 다른 유형으로 구분될 수 있음을 주장한다.

여기서 통제의 방식이란 크게 두 가지이다. 첫 번째는 신사업에 대한 책임소

그림 12-1 사내 기업가정신 발휘의 4가지 유형

자원배분(Resource Authority) \ 전담 조직(Organizational Ownership)	조직 전체에 분산	특정 조직에 집중
별도 전용 재원	**상시 가능형(Enabler)** 별도의 재원으로 전체 조직원들의 창의적 아이디어 중 유망한 프로젝트를 고위 경영진이 선별해서 투자(예: Google)	**생산자형(Producer)** 사내 기업가정신을 위한 별도의 재원과 조직으로 적극 지원하는 경우(예: IBM, GE)
필요에 따라 지원	**기회형(Opportunist)** 별도의 전담 재원이나 조직은 없지만 기업 내외부의 네트워크를 따라 예산 지원(예: Zimmer Holdings)	**옹호형(Advocate)** 별도의 전담 조직은 있으나 전담 조직의 예산은 기존 사업 단위와 연계하여 필요시 지원(예: Dupont)

출처 : Robert C. Wolcott and Michael J. Lippitz(2007), The Four Models of Corporate Entrepreneurhsip, MIT Sloan Management Review, p. 77.

재와 관련된 것이다. 즉 조직내 신사업 개발을 책임지는 전담조직이 있는가 하는 것이다. 두 번째는 자원조달과 관련된 것이다. 즉 신사업 추진에 필요한 전용재원을 확보하고 있는지 그렇지 않고 임시방편적으로 재원조달을 하는가 하는 것이다. 이러한 구분 기준에 의해 제시된 사내 기업가정신의 유형은 〈그림 12-1〉과 같이 4가지로 구분이 가능하다.

(1) 기회형(Opportunist)

대부분의 기업들은 사내 기업가정신의 추진을 기회형으로 시작한다. 전담조직이나 별도의 전용재원이 없는 상태에서 주로 '프로젝트 챔피언'에 의해 기업가정신이 발휘되는 경우가 이에 해당된다. 예컨대 의료기기 회사인 짐머 홀딩스(Zimmer Holdings)는 신제품 개발을 위한 R&D조직은 있지만 사내 기업가정신 실행을 위한 공식조직이나 자원을 갖고 있지는 않다. 그래서 외과의사인 다나 미어스(Dana Mears)는 비공식적 방법을 이용했다. 즉 최소의 절개수술에 대한 그의 아이디어를 최고 경영자인 레이 엘리엇 등을 만나 발표하고 제안하여 회사로부터 자원을 지원받을 수 있었다.

이처럼 기회형은 규모가 크지 않은 기업들에서 많이 발견될 수 있는 형태이다. 기회형을 통해 조직내 기업가정신이 발휘되기 위해서는 신뢰와 유기적 조직문화가 구축되어야 한다. 또한 새로운 사업기회의 포착이 우연(예: 비공식적 네트워크나 친분, 우연히 공유한 전문가의 아이디어 등)에 의해 이루어지는 경우가 많기 때문에 이를 활용하기 위한 개방적 조직운영이 매우 필요하다.

(2) 상시 가능형(Enabler)

상시가능형의 기본적 전제는 직절한 지원만 받을 수 있다면 회사내 모든 종업원들이 신제품 개발에 적극적일 것이라는 것이다. 전담 공식조직이 없더라도 자원지원이 가능하기 때문에 회사의 전략적 틀에 벗어나지 않는 것이라면 기회추구가 가능하다.

예컨대 구글(Google)은 상향식의 수평적 업무 프로세스 구축을 통해 구성원들의 아이디어를 활성화시키는 것으로 유명하다. 일례로, 구글의 구성원들은 분기

그림 12-2 구글(Google)의 사내 기업가정신 예시

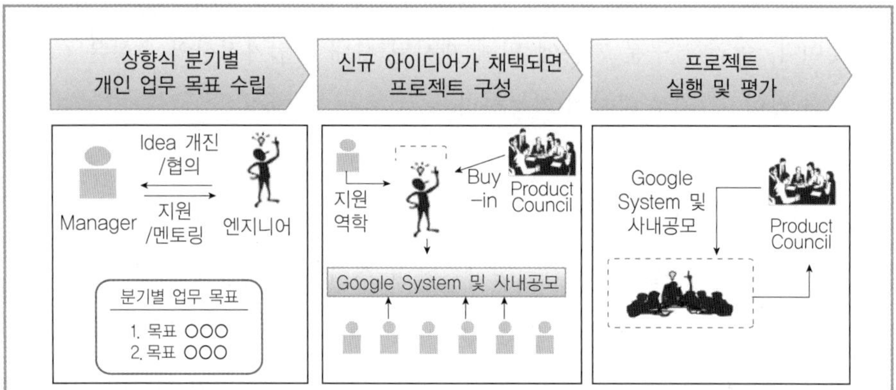

자료: 김현기와 박진성, 기업가정신이 깃든 조직 만들기, Weekly 포커스, LG Business Insight, 2011년 2월 9일자, p. 39.

별로 자신의 업무 목표를 매니저와 상의하여 자율적으로 수립한다. 이때 매니저들이 꼭 챙기는 것의 하나가 바로 '20% 정책' 이다. 이 제도는 회사 근무시간의 20%를 자신이 하고 싶은 일에 자유롭게 쓰도록 하는 것이다. 가용할 시간이 있기 때문에 구성원들은 창의적인 아이디어를 업무에 접목할 수 있다. 그리고 창의적 아이디어를 자유롭게 발의할 수 있다. 이에 회사에는 '구글 제품 위원회(Google's Product Council)' 를 통해 유망한 프로젝트에 대해서는 별도의 투자를 하는 체계를 갖추고 있다.

이러한 조직이 운영되기 위해서는 무엇보다도 조직 구성원들의 혁신 성향이 강해야 한다. 또한 기술과 시장의 변화를 읽는 안목을 갖춘 경영진이 유망한 아이디어를 선별해 낼 수 있는 선구안이 있어야 하며 재정지원의 의지가 뒷받침될 수 있어야 한다. 특히 회사에서는 기회선택에 대한 분명한 기준과 자금조달의 가이드라인을 갖고 있어야 하며 무엇보다 의사결정 과정을 투명하게 운영할 필요가 있다. 상시가능형의 성공조건을 간략히 요약하면 다음과 같다.

- 혁신적 조직문화
- 기업가정신 실행에 필요한 유연한 조직구조
- 최고 경영층의 참여와 자금지원
- 아이디어 선발과정과 기준설정을 위한 효과적 의사소통체계 마련

(3) 옹호형(Advocate)

일반적으로 기존 사업 부문들을 활성화하거나 변화시키는 데 필요한 새로운 사업 기회를 탐색하고 신규 사업모형을 개발해서 기존 사업 부문들에 전수하는 등의 역할을 하는 사내 기업가정신을 전담하는 조직이 존재하는 경우이다. 200년 전통의 글로벌 기업 듀폰(Dupont)은 1999년 성장정체에 직면하자, '시장지향적 성장 이니셔티브(Market Driven Growth Initiative)' 를 주도할 수 있는 소규모 내부 조직을 신설했다. 이 조직은 아이디어 발굴부터 상업화에 이르는 모든 사업화 단계에서 폭넓은 조언을 제공하고 사업계획 수립과 관련된 각종 워크숍 프로그램 등을 운영함으로써 듀폰의 기존 사업 부문들의 변화를 독려하는 역할을

담당한 바 있다. 이러한 옹호형의 성공조건을 간략히 요약하면 다음과 같다.

- 신사업 수행에 필요한 소수 정예의 전문가 집단
- 전담 부서가 조직의 역량을 활용할 수 있도록 지원
- 내 · 외부 네트워킹 구축에 필요한 기술(skill)의 마련
- 최고경영층의 관심과 지원

(4) 생산자형(Producer)

상시가능형이나 옹호형과 마찬가지로 목적은 잠재적 기업가를 조성하는 데 있다. 그러나 생산자형은 신규 프로젝트를 보호하고, 부서간 협력을 장려하며, 잠재적 경쟁자에 대처하기 위한 사업부를 구축하는 것에도 목적이 있다. 또한 신사업 수행의 경험이 많은 베테랑들과 함께 전담 스탭들이 신사업 아이디어의 구상, 선별, 자금지원, 코칭, 규모조정 그리고 재통합까지 종합적 서비스를 제공한다. 따라서 생산자형의 경우 매우 큰 규모의 전용 재원을 가지고 공식적인 신사업 발굴 전담 조직을 두어 새로운 사업 기회를 탐색하는 경우에 해당한다.

예컨대 이 유형은 IBM, Motorola 그리고 Cargill 등과 같은 글로벌 기업들이 주로 활용하고 있다. 이런 형태로 기업가정신을 발휘하는 기업들은 기존 핵심 사업 부문과 크게 연관이 없는 신사업 분야의 사업 기회도 적극적으로 모색하는 경우가 많다. 생산자형의 성공조건을 간략히 요약하면 다음과 같다.

- 사내벤처 전담조직의 의사결정을 존중하는 리더십이 필요
- 신사업 수행에 필요한 전문가들의 확보
- 사내벤처 경영자들에 대한 인센티브 제공

2.2 사내 기업가 육성방향

조직 내부적으로 기업가정신을 계획하고 실행함에 있어서 무엇보다도 열의와 의욕을 가지고 이를 실천할 사내 기업가를 육성하는 것이 중요하다. 훌륭한 사

내 기업가는 일반적으로 기업이 처한 내 · 외부의 사업환경을 이해할 수 있으며 비전과 열정이 넘치는 이들이다. 또한 조직구성원들의 협조와 잠재력을 효과적으로 이끌어 낼 수 있어야 하며, 창조적 사고력을 갖추고 있어야 한다. 이러한 사내 기업가를 육성하기 위해서는 다음과 같은 것들이 중요하다.[8)]

(1) 출자에 대한 참여

일본의 일부 기업들은 사내 벤처로 파견된 경영자들이 출자에 참여할 수 있도록 제도화하고 있다. 이 제도는 사내 벤처가 성공할 경우, 출자비율에 따라 상당한 이익배분을 해 줄 수 있다. 이에 따라 조직 구성원들에게 강한 동기부여를 해 줄 수 있는 효율적인 인재활성화 대책의 하나로 정착되어 있다. 물론 사업이 실패할 경우, 개인재산의 손실을 감수해야 하는 준엄한 현실을 피할 수는 없다.

하지만 모든 사내 기업가들에게 개인의 출자를 의무화하는 것이 반드시 바람직하다고는 결론지을 수 없다. 왜냐하면 개인의 출자에 대한 참여여부는 기업규모의 차이, 개인의 재력 및 가치관에 따라 다르기 때문이다. 그러나 사내 기업가가 진정한 의미에서의 독립된 기업가가 되기를 원하고 자발적으로 출자를 희망할 경우에는 이를 허용하는 것이 좋을 것으로 보인다. 사내 기업가의 출자에 대한 참여여부는 사내 기업가 제도를 조직 속에 정착시키는 단계에서 신중히 검토되어야 할 것이다.

(2) 개인 가치관 중시

창업기업의 경쟁력은 원래 개인의 다양한 가치관과 의지에 기초하여 출발한다. 또한 현대의 기업은 젊은 세대의 새로운 가치관을 조직 속에서 살려 나갈 수 있을 때 비로소 지속적인 성장이 가능하다. 개인의 가치관이 살아날 수 있는 조직을 구축하기 위해서는 개인존중의 이념과 방향을 명시하는 기업 정체성(corporate identity)의 확립이 무엇보다 중요하다.

이러한 의미에서 세계적인 초우량기업인 IBM의 창업자 톰 왓슨 1세가 주장한 '개인을 존중해야 한다' 는 경영철학은 우리 기업들에게 시사하는 바가 매우 크다고 할 수 있다. 그 자신이 IBM의 신화를 창조할 수 있었던 원동력은 바로 개인을 존중하는 기업의 정체성이었다고 확신하고 있다.

(3) 적극적 지원과 인내심을 갖고 지켜봄

조직내 기업가정신이 활성화되기까지는 경영층의 협조와 도움이 필요하다. 그런데 새로 탄생한 사내벤처가 소기의 결실을 맺기까지는 빨라야 5년, 경우에 따라서는 10년 이상 걸리는 것이 일반적이다. 따라서 기업은 결과에 대해 서두르지 말고 참고 기다릴 수 있는 인내심을 가져야 한다. 그러나 현실적으로 기업의 속성상 단시일 내 성과달성을 추구하고 있다는 데 문제가 있다.

(4) 신규사업에 대한 충분한 이해와 협력

사내에서 이루어지는 신규사업이란 본사와는 다른 사업상의 특성을 가지고 있기 때문에 양자간에 항상 위화감이 표출될 위험이 내포되어 있다. 이 밖에도 신규사업은 본사의 종업원뿐만 아니라 외부로부터 채용된 인력이 중추적 역할을 담당하는 경우가 많기 때문에 본사 경영방침과 차이점을 보이기가 쉽다.

이러한 문제를 해결하기 위해서는 본사조직으로부터 이해와 협력을 얻어내야 하는데 이 과업을 수행하는 자가 바로 사내 기업가이다. 이러한 역할을 충실히 수행할 수 있는지 여부는 바로 사내 기업가의 역량에 달려 있다. 그러나 여기서 주의해야 할 점은 본사조직과의 불협화음이 일어날 소지를 사전에 충분히 고려하여 그 대책을 세워 놓아야 한다는 점이다. 특히 본사조직에서 단기지향적으로 사내벤처를 관리 및 평가하려고 할 경우 성공 가능성은 그만큼 낮아진다고 할 수 있다.

(5) 인사평가의 혁신

사내 기업가를 성공적으로 육성해 나가기 위해서는 인사평가의 혁신(즉 감점주의에서 가점주의로, 상대평가로부터 절대평가로의 전환)이 선행되어야 한다. 전반적으로 경영방식에 익숙하지 못한 사내 기업가들이 자질구레한 잘못까지도 문책당하는 감정주의식 평가를 받게 되면 그들의 의욕은 곧 상실될 것이다. 이렇게 되지 않도록 하기 위해서는 실패가 관용되는 메커니즘이 조직 내에 제도적으로 정착되어야 할 것이다.

피터 드러커가 주장하였듯이 기존 기업들이 혁신을 이루기 위해서는 조직구성원들을 기업가적 인간으로 만드는 창조적 조직으로 탈바꿈하여야 한다. 그런데 기업가정신이 살아 있는 창조적 조직이란 기업가적 행위에 상응한 보답을 할 수 있는 인사정책이 수반될 때 비로소 구축될 수 있다는 사실을 간과해서는 안 된다.

03 제도화와 성공요소

업무가 세분화되고 각종 과업수행에 필요한 행동의 표준화가 많이 진행되어 있는 기존 기업이나 대기업들의 경우 관성의 법칙에 따라 창업 당시의 기업가적 조직과는 거리가 먼 경우가 많다. 또한 창업자들이 가졌던 혁신적이고 창의적인 기업가정신이 쇠퇴된 경우들이 적지 않다. 그래서 최근 사내 기업가정신의 활성화가 조직에 활력을 불어넣고 새로운 사업기회를 포착하는 데 있어 매우 중요한 경쟁무기가 될 수 있다. 사내 기업가정신은 앞서 제시한 바와 같이 사내 기업가의 육성과 사내벤처 전담조직의 육성을 통해서, 혹은 조직 전반적 수준에서 기업가정신의 발휘를 통해서 실천가능하다.

3.1 사내 기업가정신의 제도화

사내 기업가정신의 활성화를 위해서는 먼저 최고 경영층의 임무와 사내 기업가 육성에 필요한 권리보장과 같은 제도를 명시화할 필요가 있다. 보다 구체적으로 먼저 최고 경영자들은 조직내 혁신과 기업가정신의 확산을 위해 다음과 같은 세 가지 임무를 중요시 해야 한다.[9]

(1) 최고 경영층의 임무

첫째, 조직 구성원들의 기업가적 행동이 조직내에서 자발적으로 발생할 수 있는 조직적 상황을 설계할 수 있어야 한다. 즉, 기업가적 행동을 활성화시킬 수 있는 조직구조나 조직문화를 만들어야 한다.

둘째, 기업가적 비전을 통해 혁신에 대한 공감대를 제공해야 한다. 혁신을 강화하거나 확산하는데 있어서 방향 제시는 매우 중요하다. 비전의 공론화와 의사소통의 개방은 잠재적 혁신가들에게 공통의 목적달성을 위한 가이드를 제공할 수 있다.

셋째, 사내 기업가나 팀에게 불확실한 개발과정에서 요구되는 필요자원을 제공하겠다는 약속을 확실히 해야 한다. 충분한 자원의 제공 없이는 기업가정신이 조직내에서 발휘되기 어렵기 때문이다.

(2) 사내 기업가정신 실행의 단계

최고 경영층은 사내 기업가정신을 확산시키기 위한 분명한 비전과 자원지원의 의지가 있어야 한다. 아울러 조직에서는 사내 기업가정신이 단계별로 제대로 실행될 수 있도록 하기 위한 구체적인 조치들을 준비해야 한다. 이를 간략히 요약하면 다음과 같다.[10)]

첫째, 기업성장에 대한 전략적 비전을 세운다. 그리고 이에 필요한 자원의 할당에 대해 명확히 해야 한다.

둘째, 사내 기업가정신의 목표를 정한다. 조직내 기업가정신의 활성화를 통해 무엇을 달성하고자 하는지 그 목표를 분명히 정해야 한다. 왜냐하면 그 목표를 분명히 이해하는 개인이나 팀과 함께 시작할 필요가 있기 때문이다.

셋째, 저항에 대한 극복방안을 마련한다. 어느 조직도 변화에 저항하지 않는 경우는 없다. 신사업의 출현에 따른 소유권 변화나 자원의 재할당(re-allocation)은 상위 경영층 사이에 갈등의 원인이 될 수 있다.

넷째, 사내 기업가정신의 발휘 유형(예컨대 기회형, 상시가능형, 옹호형, 생산형 등)을 선택하고 지원한다. 각각의 모델은 서로 다른 형태의 조직구조뿐만 아니라 서로 다른 형태의 자원을 필요로 한다. 사내 기업가정신의 발휘 유형을 선택하기 위해서는 내부 소통에 많은 시간을 투자해야 할 필요가 있다.

다섯째, 성공가능성에 대한 확신을 심어주어야 한다. 팀 구축이나 초기 성공 스토리를 잘 구성해 신뢰를 구축하고 신사업 개발 프로그램의 신뢰성을 높일 수 있도록 노력해야 한다.

여섯째, 계획을 변경할 수 있도록 대책을 마련해야 한다. 개발하고 있는 신사업 프로그램을 회사의 전략이나 경쟁환경에 맞추어 수정할 필요가 있다. 왜냐하면, 몇 년 전에 최상의 모델이 현재에 반드시 좋은 결과를 가져다주지 않을 수 있기 때문이다.

(3) 권리보장

사내 기업가정신이 활성화되고 사내 기업가를 조직 내에서 성공적으로 육성하기 위해서는 다음과 같은 권리들이 보장될 필요가 있다.[11)]

① 스스로 사내 기업가로 지명할 권리

사내 기업가는 회사가 자신을 발견하고 사내 기업가의 자리로 승진시켜 줄 때까지 기다릴 수 없다. 사람은 스스로 자신을 발의할 권리를 가져야 한다.

② 벤처사업에 머물러 있을 권리

회사는 종종 벤처사업이 발전하고 커짐에 따라 추가적인 자원과 전문가의 필요를 이유로 사내 기업가로 하여금 사업에서 손을 떼기를 강요하는 경우가 있다. 이때 사내 기업가는 그 프로젝트를 계속 영위할 권리를 가져야 한다.

③ 의사결정할 권리

사내 기업가는 기업의 미래에 영향을 미칠 수 있는 중요한 의사결정을 내릴 권리를 가져야 한다.

④ 자원을 활용할 권리

관료제 아래에서 경영자들은 자원을 너무 통제하려 함으로써 생산적인 곳에 활용하지 못하는 경우가 많다. 사내 기업가는 새로운 아이디어를 개발하기 위한 예산, 시간, 물리적 자원들을 사용할 재량권을 가져야 할 필요가 있다.

⑤ 작게 시작할 권리

거대 조직들은 몇 개의 잘 계획된 큰 프로젝트로써 승부하려는 속성이 있다. 반면에 사내 기업가는 작은 프로젝트들을 창조하고 실험적인 시도를 하고 적자생존의 과정을 거침으로써 성공사업을 창출할 권리가 있다.

⑥ 실패할 권리

사내벤처는 위험과 실패가 없이는 성공할 수 없다. 잘못된 출발은 과정의 일부분이다. 만약 사내 기업가가 실패에 대해 처벌 받는다면, 그들은 조직을 떠날 것이고 다른 이들도 도전하기를 꺼려할 것이다.

⑦ 성공할 충분한 시간을 가질 권리

회사는 종종 사내벤처의 성공에 소요되는 시간을 짧게 설정한다. 그러나 사내 기업가는 단기간의 결과만을 원하는 분위기에서는 성공할 수 없다.

⑧ 조직의 장벽과 경계를 통과할 권리

사내 기업가는 종종 프로젝트에 필요한 자원과 사람을 모으기 위해 부서간 경계를 가로질러 가야만 한다. 그러나 회사의 경영자들은 자신의 세력권에 침입하는 것을 싫어한다. 사내 기업가들은 조직내 부서간 장벽과 경계를 통과하는 여행을 자유롭게 할 자유와 여권을 가질 필요가 있다.

⑨ 팀 구성원을 채용할 권리

사내 기업가는 프로젝트 수행을 위해 필요한 팀 구성원을 채용할 권리를 필요로 한다.

⑩ 선택할 권리

독립적인 창업가들은 필요자원을 스스로 선택할 수 있다. 사내 기업가들은 내부 간섭자들의 영향에서 벗어나 외부에서도 자원을 선택할 자유를 가질 필요가 있다.

3.2 사내 기업가정신의 성공요소

사내 기업가정신의 성공을 위해서는 최고경영자 지원, 중간관리자의 혁신적 역할, 적절한 조직관리 지원 등이 필요하다.

(1) 최고경영자 지원

조직내 기업가정신이 활성화되고 사내 기업가들이 의욕적으로 활동하기 위해서는 무엇보다도 최고경영자로부터 진심에서 우러나오는 격려와 지원이 필요하다. 이를 위해서 최고경영자는 기업내 창업활동에 대해 관심을 보이고 인적 · 재정적 지원을 제도적으로 가능하게 해야 한다. 그리고 사내 기업가들이 보람을 가지고 일할 수 있도록 비전을 심어주어야 한다.

또한, 최고경영자는 기업활동을 전체적 입장에서 균형있게 이끌어나가야 한다. 즉 혁신과 유지관리, 변화와 통제, 행동중시와 계획중시, 모험과 안정 등이 어느 한쪽으로 지나치게 치우치지 않게 할 필요가 있다. 기존의 조직질서를 강조한 나머지 혁신적인 사내창업이 위축되는 것도 바람직하지 않지만, 지나친 혁신과업의 강조로 기업활동의 안정성을 저해하는 것도 문제가 된다.

이와 함께 최고경영자는 끊임없이 유연성을 만들어내고 지속시키는데 노력해야 한다. 이를 위해 조직구조에 계속적인 변화를 주거나 바람직한 방향으로 나가기 위해 스스로 모범을 보이고 솔선수범할 필요가 있다. 또한 잠재력은 있으나 아직 조직 안에서 이방인 취급을 받는 구성원들을 인정해 주고 격려하는 것도 좋은 방법이며, 변화를 주도하는 주요 프로젝트에 직접 참여하는 것도 효과가 있다. 예를 들자면 애플의 스티브 잡스는 맥킨토시 개발 프로젝트의 구성원으로 직접 참여함으로써 기술변혁을 주도하였다.

(2) 중간관리자의 혁신적 역할

새로운 사내벤처를 실제로 창출하고 추진하는 것은 많은 경우 중간관리자들이다. 왜냐하면 이들은 축적된 경험과 지식을 바탕으로 새로운 사업 아이디어를 만들어내고 실제로 업무를 효율적으로 추진할 수 있는 유리한 입장에 있기 때문이다. 중간관리자들은 조직내에서 기업의 전략적 활동과 운영적 활동을 연결하는 위치에 있어 이들의 역할에 따라 기업의 전반적 성과가 달라질 수 있다. 따라서 혁신적 소양과 능력을 갖춘 중간관리자들을 많이 보유하고 있는 것은 사내 기업가정신 활성화에 매우 중요하다.

칸터(Kanter)는 중간관리자들을 혁신의 원천이 될 수 있다고 주장하며, 이를 위해서는 혁신가로서 중간관리자들이 다음과 같은 특질을 갖추어야 한다고 제시했다.[12]

1) 변화의 수용력

혁신이란 곧 변화를 의미하므로 무엇보다도 변화 자체를 긍정적으로 받아들이고 적극 대응하려는 자세가 필요하다.

2) 명확한 방향감과 주도면밀성

혁신이란 미래 불확실한 결과를 만들어가는 과정이기 때문에 도달하고자 하는 목표가 분명해야 한다. 아울러 그 목표달성을 위한 세심한 계획과 준비가 필요하다.

3) 참여적 리더십과 인내심 및 설득력

혁신활동을 성공적으로 수행하기 위해서는 여러 사람들의 의견과 참여가 필요하기 때문에 이들이 혁신활동에 적극 가담하도록 유도하는 리더십이 필요하다. 또한 내부 참여자는 물론 외부관계자들의 이해와 협조를 구하기 위하여 남다른 인내심과 설득력이 요구된다.

(3) 조직관리적 뒷받침

도널드 쿠라트코(D. Kuratko) 등은 사내 기업가정신이 활성화되기 위해서는 기업가적인 개인들이 조직내 많이 있어야 하며, 이와 더불어 구성원들의 기업가정신을 활성화시키는데 필요한 조직적 요인들이 잘 결합되어야 함을 제시한 바 있다.[13] 이들이 제시한 조직의 문화적 특징을 간략히 설명하면 다음과 같다.

1) 경영층의 지원

경영층의 지원은 최고경영자들이 조직내 기업가적 활동을 장려하고 촉진시키기 위해 제도적 지원을 하는 것뿐만 아니라 관심이나 배려, 칭찬이나 격려 등을 아끼지 않는 것을 말한다. 특히, 조직규모가 크지 않은 기업에서는 최고경영자들과 조직구성원들이 위계상 매우 가까운 위치에 있는 경우들이 많아 경영층의 지원 의지를 쉽게 파악할 수 있다. 또한 경영층의 관심과 배려가 조직구성원들에게 쉽게 전달될 수도 있다.

자원의 여력이 풍부하지 않은 창업기업의 경우 경영층의 따뜻한 배려와 관심이 조직구성원들에게는 자발성을 높일 수 있는 내재적 동기부여가 될 수 있다. 또한 혁신적 업무수행과 기업가정신을 고취하기 위한 동기로 작용할 수도 있다. 따라서 최고경영층의 재정적 지원과 함께 관심과 배려와 같은 심리적 지원은 조직내 기업가정신의 활성화에 매우 중요하게 작용할 수 있다.

2) 직무 자율성

직무 자율성은 직무수행에 있어 자율적 의사결정 권한을 늘려주기 위한 권한위임과 책임감 증대, 자율적 의사결정 등을 포함하는 것이다. 업무수행에 있어 자율적 권한이 없어 실패에 대한 두려움을 갖게 되는 경우 혁신적인 업무수행이 불가능하다. 그리고 직무에 있어 자율성이 없을 때 자발성이나 창의성도 위축되어 결과적으로 사내 기업가정신은 위축될 수밖에 없다. 또한 직무 자율성은 직무수행자들에게 심리적으로 주인의식을 갖도록 하기 때문에 보다 책임감 있는 직무수행을 가능하게 한다.

그러나 높은 직무 자율성이 자칫 개인주의로 흘러 업무간 협력이나 시너지 창출에 실패하게 되면 득보다 실이 많을 수도 있다. 따라서 직무 자율성을 보장하더라도 조직내 적절한 통제시스템을 구축하고, 업무간 통합이나 협력을 높이기 위한 메커니즘을 함께 마련하는 것이 매우 중요하다.

3) 조직 경계(Organizational Boundary)

조직 경계는 직무수행에 있어 내용이나 성과가 무엇인지를 명확하게 하고, 이를 표준화하여 직무수행에 있어 불확실성을 없애주고, 직무성과의 평가와 관련된 규정이나 절차 등을 명확히 하는 것과 관련된 것이다. 조직내 이러한 통제 시스템들이 명확하지 않은 경우 보상과 평가에 있어 정당성을 확보하기 어려울 수 있다. 뿐만 아니라 업무의 경계가 명확하지 않으면 창의적인 개인이나 사내 기업가를 양성하는데 있어서 한계가 발생할 수도 있다.

그러나 너무 지나친 업무나 부서간 경계의 구축은 자칫 조직을 경직되게 만들 수도 있으며, 조직내 협력을 약화시킬 수도 있다. 또한 조직의 유연성을 떨어뜨려 급격한 환경변화에 대한 적응력을 떨어뜨릴 수도 있다. 특히 상호의존성이 매우 높은 기술이 필요한 조직에서는 업무간 다소 느슨하게 연결된 체계(loosely coupled system)를 통해 업무간 의도된 중첩성을 높이는 것도 필요하다.

4) 조직 여유(Organizational Slack)

사내 기업가나 아이디어 제안자는 필요한 경우 적절한 양의 자원을 내부에서 손쉽게 획득할 수 있어야 한다. 예컨대 조직 내에 투자안에 대한 검토와 재정적 지원을 해주는 파워 센터를 여러 곳 설치하는 것도 효과적인 지원방법 중 하나이다. 그런데 소규모 기업의 경우 자원의 여유가 없다고 생각하는 경우가 많다. 하지만 자원이란 인력과 자금만이 아니라 시간도 포함된다. 혁신적 아이디어의 발상이나 제언은 시간을 필요로 하는 경우가 많으며, 직무수행에 있어 새로운 작업방식의 적용이나 절차의 도입은 시행착오를 거쳐야 하기 때문에 시간이 없거나 업무량이 너무 많으면 시도자체가 불가능하다. 그래서 공식 업무 이외의 비공식적인 혁신업무도 할 수 있도록 시간적 여유가 주어져야 한다.

그러나 조직내 여유자원을 둔다고 하여 자원낭비를 초래하여서는 안된다. 전망이 좋은 사업안에 대하여는 얼마든지 투자할 수 있다 하더라도 처음 시작은 무일푼에서 한다는 자세가 필요하다. 이는 아마도 사업 초기의 '헝그리' 정신이 창업성공에 중요한 영향을 미치기 때문이라고 판단된다. 미국 기업들 사이에는 아무리 대기업이라도 소위 천장이 새는 등의 악조건 속에서 사내 벤처를 해야 성공한다는 소위 'leaky roof syndrome' 이 존재한다.

5) 보상과 인센티브

성과에 기반한 적절한 보상시스템이 도입되어 있어야 조직구성원들은 자신들의 업무수행에 있어 도전감과 함께 책임감을 가질 수 있으며 또한 혁신적인 아이디어의 제안이나 개발에 보다 적극적일 수 있는 동기를 가질 수 있다. 특히, 조직내 보상과 인센티브 체계가 구체적으로 갖추어져 있을 때 구성원들은 최고경영층의 지원 의지를 확인하는 계기도 제공받게 된다. 보상의 방법으로는 주로 보너스, 주식옵션, 현금지급 등 재무적 인센티브가 많이 활용되고 있다.

그러나 독립 기업과 달리 사내벤처의 경우 사내 기업가를 백만장자로까지 만들어주기 곤란하다. 또한 인센티브의 적용에 있어서도 혁신가와 팀플레이어, 고참과 신참, 기술자와 관리자 사이에 공정성을 유지하기가 쉽지 않다. 이러한 재무적 인센티브의 한계를 보완하기 위해서는 내재적인 보상 방법을 개발할 필요가 있다. 프로젝트 리더가 직접 광고에 참여하거나, 그 업적을 실명화하여 대외에 알리거나, 명예를 주는 등의 방법들이 그 예이다.

6) 조직문화

① 도전지향적인 문화

좋은 아이디어와 신제품은 항상 한번에 완성되기보다는 많은 시행착오 끝에 창출된다. 따라서 기업은 사내 기업가정신의 활성화를 위해서 실수와 실패를 허용해야 한다. 거의 모든 창업가들은 사업 성공이전에 적어도 한번은 실패를 경험한다. 그리고 기업가정신을 촉진하기 위해서는 도전지향적인 조직문화를 정착시킬 필요가 있다. 이를 위해 종업원의 개성을 존중하고 시간이 길더라도 도중에 포기하지 않고 최후까지 도전할 수 있는 여건을 조성해야 한다. 그리고 구성원들에게 자발적으로 신규사업을 권장하고, 사내 기업가들에게 폭넓은 책임과 권한을 부여하는 것도 중요하다.

② 집단주의와 개인주의의 균형

우리나라는 집단적 조직문화가 발달한 경우가 많다. 집단주의는 의사결정 과정에 있어서 협력과 협동의 중요성을 강조하는 것으로 함께 애쓰고 노력하는 것이 최상의 결과를 산출한다는 신념에 기초하고 있다. 그래서 이런 문화에서는 부서의 경계를 넘어 상호간에 신뢰가 형성되고 혁신적인 아이디어들이 공유될 수 있어서 사내 기업가정신이 활성화되는데 도움이 될 수 있다. 반면, 개인주의적 문화에서는 개인적인 보상이나 기회들로 인해 조직구성원들 간에 협력이나 지식공유는 약할 수 있으나 개별적인 임파워먼트나 개인적 몰입, 자율성 등이 기업가적 행동을 유도할 수 있다. 그래서 결과적으로 조직내 기업가정신이 활성화되기 위해서는 상반되는 두 문화가 적절히 균형을 유지하는 것이 중요하다.[14)]

③ 개방적 문화

세이커 자흐라(S. Zahra) 등(2004)은 새로운 사업기회를 포착하고 이를 조직에서 활용하기 위한 사내 기업가정신의 활성화는 개방적 조직문화를 통해 달성될 수 있다고 주장한다. 이들은 조직내 문제를 해결하기 위한 지식이나 정보의 원천은 내부보다는 외부의 고객, 공급자, 경쟁자 혹은 시장 등에 있는 경우가 많다고 한다. 그래서 외부 환경변화를 중시하는 조직의 가치를 가지고 기업가적 기회를 포착하기 위해 시장 트렌드를 신중히 모니터링 하는 것이 중요함을 강조한다. 예컨대 고객으로부터 얻은 지식이 새로운 가치를 창출하는 기업가정신의 실천을 통해 혁신적 제품이나 서비스로 이어지도록 하는 것을 말한다.

④ 수평적 문화

좋은 사업아이디어는 여러 사람들과 상호작용하는 가운데 창출되는 경우가 많다. 따라서 사내 기업가정신이 활성화되기 위해서는 상하간, 동료간 자유로운 정보유통이 필요하며, 업무영역과 보고체계를 중복시킴으로써 구성원간 상호작용의 가능성을 증대시키는 것이 바람직하다. 일반적으로 의사결정 권한이 소수에 집중되어 있는 경우 경직된 조직문화로 인해 사내 기업가정신의 활성화는 기대하기 어렵다. 반면, 수평적 조직문화는 권한과 조정력을 위양하여 조직내 유연성을 향상시키고 구성원들 간의 원활한 의사소통을 가능케 할 수 있다.

3.3 고려해야 할 문제들

사내 기업가정신을 활성화하는 데는 많은 장애요인과 문제점들이 뒤따른다. 다음의 몇 가지 문제들은 쉽게 해결되지 않는 사항들로서 적절한 대책과 관리가 필요하다.

(1) 관료적 조직질서

어느 대기업이나 관료제는 효율성 유지를 위해 활용되고 있다. 그러나 관료적인 규칙, 절차, 과정들은 혁신적 의사결정이나 신속한 투자시행을 저해할 수 있다. 그렇다고 기존 조직질서나 제도를 무시만 해서는 조직의 안정성과 효율성을 유지할 수 없다.

(2) 기존 제품에 대한 위협

사내벤처로 인한 제품이나 사업내용이 기존의 제품이나 사업을 위협할 경우 심한 반발과 갈등을 일으킬 수 있다.

(3) 보상의 공정성

모든 사람에게 동일한 보상을 해 주는 것은 사내벤처의 경우 특히 사기를 떨어뜨리고 동기유발을 저해한다. 역으로, 사내 기업가에게 지나친 차별적 보상을 하는 것은 다른 조직구성원들의 사기를 떨어뜨릴 수 있다. 특히, 대규모 조직의 경우 지위와 계급보다 공헌도에 따라 보상할 때 적지 않은 갈등과 문제를 일으킨다.

(4) 독립성과 자원의존성의 문제

사내벤처는 사업내용, 평가척도, 개발기간 등이 기존 사업과 다른 경우가 많다. 따라서 기존 조직의 영향과 관성으로부터 벗어나야 효과적인 사업추진이 가능하다. 그러나 경험과 자원이 부족한 사내벤처로서는 신규사업의 개발과 추진에 필요한 경영자원을 기존 조직으로부터 지원받을 필요가 있다. 이와 같이 기존 조직으로부터의 독립성과 자원의존 사이의 상충관계는 사내 기업가정신을 활성화함에 있어 항상 직면하게 되는 딜레마이다.

P·A·R·T

특수논제 4

제 13 장 특허 및 지재권 관리
제 14 장 창업의 법적 절차

CHAPTER

13

특허 및 지재권 관리[1)]

학 습 내 용

성공을 위해 신제품을 개발하더라도 어느새 유사품이 쏟아져 나와 사업에서 실패하는 경우를 주변에서 많이 볼 수 있다. 창업기업에 있어서 가장 가치 있고, 기본적인 자산 중의 하나가 지적 재산권이라고 할 수 있다. 지적 재산권이란 보이지 않는 자산으로 정의할 수 있으며 특허, 실용신안, 디자인, 상표, 저작권, 영업비밀, 인터넷 주소 등이 이에 해당한다. 치열한 경쟁 속에서 창업기업이 어떻게 하면 성공할 수 있느냐는 질문에 대한 대답 중의 하나가 바로 이러한 지적 재산권을 어떻게 보호하느냐의 문제라고 할 수 있다. 이 장에서 지적 재산권에는 어떤 종류가 있으며 어떻게 관리해야 하는지에 대해 논의하고자 한다. 이를 학습함으로써 지적 재산권 종류를 이해하고 지적 재산권의 등록 및 관리에 도움을 줄 수 있을 것으로 기대된다.

01 지적 재산권

새로운 아이디어를 생각해 냈거나 혹은 신제품이나 신모델을 디자인했을 때 생기는 의문점은 “이러한 아이디어, 신제품, 혹은 신모델을 법으로 보호받을 수 있을까?” 하는 것이다. 어떤 새로운 기술을 개발하면, 특허를 출원하여 법적으로 보호하지 않고 자신이 비밀스럽게 보호하는 경우가 많으며 보통 우리는 이것을 노하우(know-how)라고 한다. 그러나 이러한 노하우는 비밀리에 간직하기 어려울 뿐만 아니라 만일 타인이 그 노하우를 알게 되어 먼저 특허출원을 하게 되면 그 노하우의 권리는 다른 사람의 것이 된다. 이렇듯 노하우로 기술을 보호한다는 것은 매우 위험한 일이며, 지적 재산권의 보호제도인 특허, 실용신안, 의장, 상표, 저작권 등의 방법으로 보호받는 것이 바람직하다.

지적 재산권(intellectual property)이란 산업적, 과학적, 문학적 및 예술적 분야 등에서 지적 활동으로부터 나오는 법적인 권리를 의미하는 것으로, 크게 ‘산업재산권’, ‘저작권’, ‘신지식재산권’으로 분류된다.

‘산업재산권’은 특허에 의해 발명품을 보호하고 상표법과 무역관련법 및 의장법에 의해 상업적 이익을 보호하는 것을 말한다. 이는 특허권, 실용신안권, 의장권, 상표권을 포함한다. ‘저작권’은 일정기간 동안 문학, 음악, 예술 분야의 창작물에 대한 이용을 허용 또는 금지하기 위해 정신적 창작물의 창작자들에게 일정한 권리를 인정해 주는 것으로 저작권, 저작인접권 등을 포함한다. ‘신지식재산권’은 산업의 발달과 정보화의 진전에 의해 기존 제도로는 창작자의 권리보호가 미흡하기 때문에 출현하였다. 이는 산업재산권도 저작권도 아닌 제3의 권리를 말한다. 이는 영업비밀, 인터넷 주소, 반도체 배치회로 등을 포함한다.

구체적으로 지적 재산권을 살펴보면 다음과 같다.

1.1 특허(Patents)

특허법은 '발명' 즉 자연법칙을 이용한 기술적 사상의 창작을 보호 · 장려하고 이를 통해 기술발전을 촉진하여 산업발전에 이바지할 목적으로 제정한 것이다. 예를 들어, 아주 옛날에는 그릇이 없었고 단지 들짐승을 잡아서 먹고 남으면 나뭇잎에 쌓아서 보관하는 정도였다. 이때 어떤 사람이 흙을 이용하여 무엇인가를 담고 보관할 수 있는 그릇을 만들었다고 하자. 이 경우 그릇은 무에서 유를 창조한 것이며, 특허법에서 문서상으로 서술한 내용이 자연법칙을 이용한 창작이라고 할 때, 인위적 사용에 의하여 지금까지 없었던 새로운 것을 만들어 낸 것이므로 그릇은 발명이 된다. 따라서 이것은 특허로써 보호받을 수 있다.

특허는 출원일로부터 20년의 기간을 보호받을 수 있다. 등록요건과 등록절차상의 특징을 살펴보면 다음과 같다.

(1) 등록요건[2)]

- **성립성(materialization)**: 발명의 정의와 부합하여야 한다. 특허법에서 발명이라 함은 "자연법칙을 이용한 기술적 사상의 창작으로서 고도한 것"을 말한다.[3)] 자연법칙(만유인력 법칙 등) 그 자체와 자연법칙을 이용하지 아니한 것(수학적 원리)은 발명이 아니다. 그러나 이러한 것들을 이용해 특정한 기술의 성능을 높이는 경우에는 발명으로 취급된다.[4)]
- **산업상 이용가능성(industrially applicable invention)**: 발명특허를 받을 수 있기 위해서 실질적인 목적에 적용될 수 있는 것이라야 한다. 다시 말해서 순수한 이론이 아니라 산업적으로 기술적 수단에 의해 이용될 수 있는 발

명인 경우에만 특허를 받을 수 있다. 산업적으로 이용할 수 없는 발명에는 의료행위, 현실적으로 실시될 수 없는 발명, 실험 및 학술적으로 이용만 가능한 것 등이 있다.

- **신규성(novelty)**: 특허를 출원하기 전에 국내외 일반인에게 알려지거나 알려질 수 있는 상태의 발명이 아니어야 한다. 또한 국내외의 간행물에 게재되었거나 인터넷, 메일 등 전기통신 회선을 통하여 대중이 이용가능하게 된 발명이 아니어야 한다.
- **진보성(technical advance)**: 진보성은 선행기술에 공개된 기술과는 다른 점만으로는 부족하고 해결하고자 하는 과제와 이 과제의 해결책 및 해결책에 의한 효과를 종합적으로 비교 판단하여 한층 뛰어난 기술이어야 특허를 받을 수 있다는 의미이다.
- **선출원성(first to file rule)**: 동일한 발명에 대해 먼저 출원한 것만이 특허를 받을 수 있다. 또한 출원공개 또는 등록공개를 한 특허출원 중인 내용은 특허를 받을 수 없다.

(2) 출원 · 심사 및 등록절차 상의 특징

- **우선심사제도**: 특허출원은 원칙적으로 심사청구 순위로 실시하지만 다음의 경우에는 먼저 심사를 받을 수 있다. ① 출원공개 후 제3자가 출원된 발명을 실시하고 있는 것으로 인정되는 경우, ② 방위산업, 녹색기술, 수출촉진, 국가 또는 지자체 직무, 벤처기업, 전자거래, 조약우선권 등에 관련된 특허출원으로서 긴급처리가 필요하다고 인정되는 경우[5]
- **특허청구범위 제출 유예제도**: 명세서의 특허청구범위 제출은 출원일부터 1년 6개월이 되는 날까지(출원심사청구의 취지를 통지받은 경우에는 통지받은 날부터 3개월까지) 유예할 수 있다. 제출기한 내에 특허청구범위를 제출하지 않으면 출원을 취소하는 것으로 간주된다.
- **분할출원**: 출원인은 두 개 이상의 발명을 하나의 특허로 신청한 경우 하나 이상의 특허로 분할할 수 있다.

- **변경출원:** 출원인은 출원 후 설정등록 또는 거절결정 확정되기 전에 자신이 유리한 쪽으로 특허에서 실용신안(또는 실용신안에서 특허)으로 출원을 변경할 수 있다.

(3) 특허 절차

특허출원은 '특허로'(www.patent.go.kr)에서 대부분 온라인으로 진행되고 있다. '특허로'는 전자출원 · 등록 · 안내 동영상, 모의 전자출원 등 온라인 출원방법에 대해 상세하게 안내하고 있다. 온라인을 통한 특허출원 절차는 다음과 같다.

- **선행기술 조사:** 출원인은 유사한 발명이 등록되었는지 또는 출원 중인지를 확인한다. 특허정보검색은 한국특허정보원이 제공하는 키프리스(www.kipris.or.kr)를 통해 검색할 수 있다.
- **사용자 등록:** 특허청에 특허출원을 하는 출원인은 특허청에 출원인코드 부여 신청을 통해 출원인 코드를 받아야 한다. 그리고 전자문서 이용을 신고하고 특허청 인증서를 발급받거나 공인인증서를 등록해야 한다.
- **명세서/서식 작성:** 출원서류는 특허출원서, 명세서, 요약서, 도면을 요구한다. 명세서에는 발명의 상세한 설명, 청구범위를 작성한다. 발명의 상세한 설명은 기술분야, 해결하고자 하는 과제, 과제의 해결수단, 그밖에 그 발명이 속하는 기술분야에 통상의 지식을 가진 자가 그 발명의 내용을 이해하기 위해 필요한 사항을 포함해야 한다.[6] 청구범위는 특허발명의 보호범위를 작성한다. 이 부분은 특허 보호범위의 기준이 되기 때문에 특별한 주의가 필요하므로 전문가의 의견을 통해 작성하는 것이 좋다. 도면은 필요한 경우 기술구성을 도식화하여 발명을 명확하게 나타내기 위해 작성한다. 요약서는 기술정보로 활용하기 위해 발명에 대해 간략하게 정리하여 작성한다.
- **수수료 납부:** 출원서류를 제출하고 나면 특허청에서 요청하는 특허출원 관련 수수료를 납부한다.
- **출원공개:** 출원서류는 출원일로부터 1년 6개월이 지나면 특허청이 기술내용을 자동으로 대중에게 공개한다. 출원인은 중복연구, 중복출원을 방지하

려고 조기에 출원공개 신청을 할 수 있다.

- **심사청구 및 심사**: 출원인은 특허 출원일로부터 5년 이내에 심사를 청구할 수 있다. 출원 후 5년 간 심사청구를 하지 않으면 취소하는 것으로 간주된다. 심사관은 성립성, 산업상 이용가능성, 신규성, 진보성, 상세한 설명 기재요건 등에 대해 등록여부를 판단한다. 심사관은 거절이유를 발견하면 이를 통지한다. 출원인은 거절이유에 대한 보정서/의견서를 제출한다. 거절이유가 해소되면 재심사하지만 이를 해소하지 못하면 특허를 부여받지 못한다.
- **특허결정**: 해당 특허출원이 특허요건을 충족하는 경우에 특허를 부여한다. 특허결정이 나면 출원인은 등록료를 납부한다.
- **설정등록과 등록공고**: 특허권 설정을 등록하면 특허에 대한 권리가 발생한다. 특허청은 해당 특허출원에 대한 등록공고를 발행하여 일반인에게 공표한다.

〈읽을거리〉

▶▶ 삼성 · 우리 기업, 특허공세 준비됐나 "특허괴물 등 대응 준비, 질 높은 특허 강화 필요"

삼성전자와 애플의 특허소송처럼 지적재산 특허전쟁 시대가 도래했다. 수백 가지의 기술이 접목된 IT 기기들이 출시되며 다국적 기업 간 특허기술을 토대로 분쟁이 제기될 가능성도 커졌기 때문이다. 특히 다양한 특허기술을 사들이고 나서 잘 나가는 각국 기업을 사냥하는 특허전문기업(특허괴물)이 늘면서 삼성전자는 물론 국내 기업들의 대책마련이 요구된다.

벌써 3년 가까이 진행된 특허전에서 삼성은 애플을 상대로 선전하고 있지만, 삼성은 이번 소송에서 '프랜드(FRAND) 원칙' 으로 인해 사실상 힘을 쓸 수 없게 된 표준특허 대신 상용특허로 애플을 공격해 모두 기각 당했다. 프랜드 원칙은 누구에게나 공정하고 합리적이며 비차별적으로 표준특허 사용을 허락해야 한다는 원칙이다. 즉 삼성의 주무기였던 표준특허가 프랜드 원칙에 발목이 잡혀 큰 활약을 하지 못하자 삼성은 국면 전환을 위해 상용특허를 앞세웠지만, 세 특허 모두 기각되면서 삼성전자의 상용특허 역시 큰 역할을 못했다는 것이다.

반면 애플은 10년 전부터 특허를 준비한 것으로 알려졌다. 스티브 잡스 애플 전 최고경영자(CEO)의 지시로 10년 전부터 무차별적으로 특허를 신청했다. 애플은 특허 신청이 승인되지 않으면 계속 신청을 해 적어도 경쟁사가 그 아이디어에 대한 특허를 내는 것은 막았다는 것이다.

특허청은 해외 특허괴물의 전체 특허 소송(외국 및 한국기업 포함) 건수는 해마다 큰 폭으로 늘어나고 있다고 발표했다. 2008년 356건에서 지난해 3,237건으로, 5년 동안 10배 가까이 급증했다. 결국 전문가들은 특허소송은 물론 특허괴물에 대한 법적 대응과 함께 보다 질 높은 기술로 특허 확보도 강화해야 한다는 조언이다.

〈아시아투데이 2013년 12월 23일 기사〉

1.2 실용신안(Utility Patents)

특허는 발명을 대상으로, 실용신안은 고안을 대상으로 권리를 보호하는 제도이다. 법률적으로 발명과 고안은 고도한 것(매우 수준이 뛰어남)에 의해 차이를 둔다. 고도함의 차이는 실무적으로 출원인에게 그 판단을 맡긴다. 즉 출원인이 특허 또는 실용신안을 선택하여 출원하면 된다. 단, 실용실안은 물품의 형상 · 구조 또는 조합에 관한 고안을 대상으로 한다. 실용실안의 존속기간은 출원일 후 10년으로 특허보다 더 짧다.[7] 또한 각종 수수료와 비용이 특허보다 저렴한 편이다.

(1) 등록요건[8]

- **성립성:** 고안의 정의와 부합하여 고안으로서의 의미를 가지는 것을 대상으로 한다. 실용신안법에서 고안이라 함은 "자연법칙을 이용한 기술적 사상의 창작"을 말한다.[9]
- **산업상 이용가능성:** 산업적으로 이용할 수 있는 물품의 외형적인 형태(형상), 공간적 구성(구조), 또는 조합에 대한 고안이다.
- **신규성:** 사회에 알려지지 않은 즉, 국 · 내외 공지되지 않았고 아직 실시되지 않은 고안을 의미한다.
- **진보성:** 당해 고안이 속하는 분야의 기술자가 손쉽게 고안할 수 없을 정도

로 기술상의 진보가 있어야 한다. 특허와 비교하면 기술진보의 차이가 있는데 진보성에서 실용신안은 특허보다 덜 까다롭다고 할 수 있다.

- **선출원성**: 동일한 고안에 대해 먼저 출원한 것만이 실용신안 등록을 받을 수 있다. 또한 출원공개 또는 등록공고를 한 실용신안 등록출원 중인 실용신안에 대해서는 등록을 할 수 없다.

(2) 출원 · 심사 및 등록절차 상의 특징

실용실안 제도는 1999년 7월 1일부터 2006년 9월 30일까지는 선등록 제도를 채택했지만 2006년 10월 1일 이후 심사후 등록제도를 채택하고 있다. 전자는 실체적 요건에 대한 심사 없이 기초적 요건 심사만으로 권리를 줌으로써 조기에 실용실안 기술을 보호할 수 있도록 하기 위해 도입되었다. 그러나 실체적 요건에 대한 심사처리 기간이 짧아져 가고, 심사 없이 등록된 권리의 남용 등으로 인해 심사후 등록제도로 변경되었다. 이는 기초적 요건 심사와 실체적 요건 심사를 거쳐 실용신안 등록여부를 결정하는 것이다. 현재 실용신안 등록절차는 특허 등록절차와 동일하다.

실용신안 출원은 '특허로'(www.patent.go.kr)을 통해 대부분 온라인으로 진행되고 있다. '특허로'는 전자출원 · 등록 · 안내 동영상, 모의 전자출원 등 온라인 출원방법에 대해 상세하게 안내하고 있다.

1.3 디자인(Design Patents)

디자인은 디자인보호법에서 "물품(물품의 부분 및 글자체 포함)의 형상, 모양, 색채 또는 이들의 결합으로서, 시각을 통해 미감을 일으키는 것"을 말한다.[10] 디자인의 권리존속 기간은 등록출원일 후 20년이다.[11]

(1) 등록요건[12)]

- **성립성:** 디자인의 성립성은 물품성, 형태성, 시각성, 심미성을 포함해야 한다. 물품성은 디자인을 보호하는 것이 아니라 디자인이 적용된 물품을 보호하는 것을 말한다. 형태성은 형상(shape), 모양(pattern), 색채(color) 또는 이들의 결합을 말한다. 시각성은 육안으로 식별할 수 있는 것을 의미한다. 심미성은 아름다움을 느낄 수 있는 것을 말한다.
- **공업상 이용가능성:** 공업상 이용가능성은 기계 또는 수공업적인 생산방법으로 같은 디자인 물품이 양산 가능한 것을 말한다.
- **신규성:** 국내외 알려지지 않았고 이와 유사한 디자인이 없는 것을 의미한다.
- **창작성:** 그 디자인이 속한 분야에서 보편적인 지식을 가진 사람이 손쉽게 창작할 수 없는 디자인이어야 한다.
- **선출원성:** 동일한 디자인에 대해서는 선출원한 자만이 디자인 등록을 받을 수 있다. 또한 출원공개 또는 등록공고를 한 디자인 등록출원 중인 디자인에 대해서는 등록을 할 수 없다.

(2) 출원 · 심사 및 등록절차 상의 특징

- **유사디자인 제도:** 디자인은 기본 디자인을 기초로 한 여러가지 변형된 디자인이 창작되는 특성이 있다. 그래서 모방을 방지하기 위해 미리 유사범위 내의 유사디자인을 출원할 수 있게 한 제도이다.
- **한 벌 물품디자인제도:** 2개 이상의 물품이 한 벌의 물품(한 벌의 여성용 한복세트, 한 벌의 커피세트, 한 벌의 드라이버세트 등)으로 동시에 사용하는 경우 그 한 벌의 물품의 디자인이 한 벌 전체로서 통일성이 있으면 1개 디자인으로 등록을 받을 수 있다.[13)]
- **비밀디자인 제도:** 디자인은 물건의 외관, 형상, 색채를 권리범위로 한 것이기 때문에 모방이 용이하므로 디자인 등록출원 시 출원인의 신청에 의해 디자인권의 설정등록일부터 3년 이내의 기간 동안 공고하지 아니하고 비밀로 유지할 수 있다.

- **공개신청 제도**: 출원이후 출원인의 공개신청이 있는 경우 그 신청한 디자인에 대해서 일반에게 공개하는 제도이다.
- **복수디자인 등록출원**: 동일한 물품류에 속하는 물품에 대하여는 100개 이내의 디자인을 1개 디자인 등록출원으로 할 수 있다.
- **디자인 일부심사등록 이의신청**: 디자인 일부심사등록 출원의 경우 디자인 일부심사등록 공고일 후 3개월이 되는 날까지 등록요건에 결격사항이 있을 경우 등록을 취소시킬 수 있게 한 제도이다.
- **디자인 일부심사등록**: 디자인등록 방법에는 디자인 심사등록과 디자인 일부심사등록이 있다. 전자는 디자인 등록요건을 모두 갖추고 있는지를 심사하여 등록하는 것을 말한다. 후자는 등록기간을 단축하여 제품수명주기가 짧고 유행성이 강한 디자인을 조기에 보호할 목적으로 디자인 등록요건 중 일부만을 심사하여 등록하는 것을 말한다. 제조식품 및 기호품(A1), 의복(B1), 복식품(B2), 신변용품(B3), 가방 · 휴대폰 지갑(B4), 신발(B5), 의복 및 신변용품, 범용부품 및 부속품(B9), 침구 등(C1), 가정용 보건위생용품(C4), 경조용품(C7), 실내소형정리용구(D1), 교습구 등(F1), 필기구 · 사무용품 등(F2), 사무용지제품 등(F3), 포장지 등(F4), 광고용구 등(F5), 전자계산기 등(H5), 직물지 등(M1) 등은 디자인 일부심사등록출원으로 해야 하고, 기타 물품에 대해서는 디자인 심사등록출원으로 한다.

(3) 디자인 출원 절차

디자인 출원은 '특허로' (www.patent.go.kr)에서 대부분 온라인으로 진행되고 있다. '특허로' 는 전자출원 · 등록 · 안내 동영상, 모의 전자출원 등 온라인 출원 방법에 대해 상세하게 안내하고 있다. 온라인을 통한 디자인 출원 절차는 다음과 같다.

- **선행디자인심사 자료조사**: 출원인은 출원하려는 디자인과 동일하거나 유사한 디자인의 등록여부 또는 출원중인지를 확인한다. 디자인 정보검색은 한국특허정보원이 제공하는 키프리스(www.kipris.or.kr)에서 검색할 수 있다.

- **사용자 등록**: 특허와 동일하다.
- **명세서/서식 작성**: 출원서류는 디자인 등록출원서, 디자인 도면이 필요하다. 디자인 도면은 디자인의 대상 물품, 디자인의 설명, 디자인 창작내용의 요점을 구체적으로 작성해야 한다.
- **수수료 납부**: 출원서류를 제출하고 나면 특허청에서 요청하는 디자인 등록출원 관련 수수료를 납부한다.
- **디자인 심사**: 심사관은 등록여부를 심사하고 거절이유를 발견하면 이를 통지한다. 거절이유를 해소하지 못하면 디자인 권리를 부여받지 못한다.
- **디자인 등록결정**: 디자인 등록출원이 등록요건을 충족하는 경우에 디자인 권리를 부여한다. 디자인 등록결정이 나면 출원인은 등록료를 납부한다.

1.4 상표(Trademark)

상표는 어느 기업의 상품을 개성화하고 경쟁자의 상품들과 구별시키는 표시로서, 소비자들로 하여금 다양한 상품들에 대한 선택을 가능하게 한다. 상표의 권리는 설정등록일로부터 10년을 보호받을 수 있다.

상표는 상표법상 "자기의 업무에 관련된 상품을 타인의 상품과 식별되도록 하기 위해 사용하는 1) 기호 · 문자 · 도형, 입체적 형상 또는 이들을 결합하거나 색채를 결합한 것, 2) 다른 것과 결합하지 않은 색채 또는 색채의 조합, 홀로그램, 동작 또는 그 밖에 시각으로 인식할 수 있는 것, 3) 소리 · 냄새 등 시각적으로 인식할 수 없는 것 중 기호 · 문자 · 도형 또는 그 밖의 시각적인 방법으로 사실적으로 표현한 것 중의 어느 하나에 해당하는 것"(표장이라고 함)을 말한다.[14]

상표의 개념은 상표 외 서비스표, 단체표장, 지리적 표시 단체표장, 업무표장 등을 포함한다. 서비스표는 서비스업을 영위하는 자가 다른 서비스업과 구별하기 위해 사용하는 표장이다. 단체표장은 협동조합과 같이 동종업자들이 설립한 법인에서 공동으로 사용하는 표장이다. 지리적 표시 단체표장은 영농조합법인과 같이 상품의 생산, 제조, 가공업자들로 구성된 법인이 영업에 사용하는 표장이다. 업무표장은 봉사단체, 시민단체 등 비영리 업무를 영위하는 자가 그들의 업무를 나타내기 위해 사용하는 표장이다.

(1) 성립요건

- **성립성**: 상표의 정의와 부합하여 상표로서 의미를 가지는 것을 대상으로 해야 한다.
- **식별성**: 자신의 상품과 타인의 상품을 구별할 수 있을 정도의 식별력이 있어야 한다. 식별력이 없는 상표로 허가되지 않는 것은 1) 보통명칭, 2) 관용상표, 3) 성질표시적 상표, 4) 현저한 지리적 명칭, 5) 흔한 성 또는 명칭, 간단하고 흔히 있는 표장, 6) 기타 식별할 수 없는 표장이 있다.[15)]
- **선원성**: 동일한 상표에 대해서는 선출원한 자만이 상표등록을 받을 수 있다.
- **공익성**: 상표 사용자의 업무상 신용유지를 도모하여 산업발전에 이바지함과 아울러 사용자 이익을 보호해야 하므로 공익성을 가져야 한다.

(2) 출원 · 심사 및 등록절차 상의 특징

- **1상표 1출원주의 원칙**: 하나의 출원서로 동시에 2개 이상의 상표를 출원하지 않는 것을 원칙으로 한다.
- **다류 1출원 제도**: 상표등록을 받고자 하는 상품이 1개 이상의 종류에 속하는 상품을 포함해도 1개의 출원서로 출원이 가능한 제도이다.
- **지정상품 추가등록출원 제도**: 이미 등록되었거나 출원중인 상표의 권리범위를 넓히기 위해 지정 상품을 추가하여 등록받을 수 있는 제도이다.
- **존속기간 갱신등록출원 제도**: 상표가 실질적으로 상거래에서 사용되고 있는 한 10년을 단위로 그 권리를 반영구적으로 갱신할 수 있는 제도이다.

(3) 상표출원 절차

상표출원은 '특허로'(www.patent.go.kr)에서 온라인으로 진행되고 있다. '특허로' 는 전자출원 · 등록 · 안내 동영상, 모의 전자출원 등 온라인 출원방법에 대해 상세히 안내하고 있다. 온라인을 통한 상표 출원 절차는 다음과 같다.

- **견본준비:** 가로, 세로 8cm × 8cm 이내 크기의 견본 1통을 준비한다.
- **등록상표 조사:** 출원인은 유사한 상표가 등록되었는지 또는 출원 중인지를 확인한다. 특허정보 검색은 한국특허정보원이 제공하는 키프리스(www.kipris.or.kr)를 통해 검색할 수 있다.
- **사용자 등록:** 특허와 동일하다.
- **출원서 작성:** 출원인은 출원구분에서 상표등록출원을 선택하고 권리구분에서 상표, 서비스표, 단체표장, 지리적 표시 단체표장, 업무표장 등에서 하나를 선택한다. 상표를 등록받은 후 사용하고자 하는 상품류와 지정상품을 구체적으로 기재한다.
- **수수료 납부:** 특허와 동일하다.
- **심사:** 심사관이 심사 후 거절이유를 발견하지 못하면 출원공고를 한다.
- **등록결정:** 출원등록이 결정되면 등록료를 납부해야 한다.

1.5 저작권(Copyright)

(1) 저작권법의 정의

저작권은 시, 소설, 음악, 미술, 영화, 연극, 컴퓨터 프로그램 등의 저작물에 대해 창작자가 가지는 권리를 말한다. 저작권법은 저작자가 저작물을 창작하면서 사용한 독창적인 표현형식을 다른 사람들이 채택하여 이용하지 못하게 함으로써, 즉 '복사' 하지 못하게 함으로써 그 저작물에 대한 권리 소유자를 보호한다.

(2) 저작권 보호대상[16)]

저작권 보호대상을 살펴보면 다음과 같다.

- 어문 저작물: 소설, 시, 논문, 강연, 연설, 각본 등

■ 음악 저작물

■ 연극 및 무용 · 무언극 그 밖의 연극저작물

■ 회화 · 서예 · 조각 · 판화 · 공예 · 응용미술저작물 그 밖의 미술저작물

■ 건축물 · 건축을 위한 모형 및 설계도서 그 밖의 건축저작물

■ 사진저작물

■ 영상저작물

■ 지도 · 도표 · 설계도 · 약도 · 모형 그 밖의 도형저작물

■ 컴퓨터프로그램 저작물

■ 2차적 저작물: 기존의 원래의 저작물을 번역, 편곡, 각색 변형, 영상제작 등 그 밖의 방법으로 작성한 창작물

■ 편집저작물: 백과사전, 데이터베이스 등과 같이 소재의 선택 또는 배열에 창작성이 있는 편집물

(3) 저작권의 분류

저작권은 저작권과 저작인접권으로 구분할 수 있다. 좁은 의미를 나타내는 전자의 저작권은 경제적 측면에서의 권리를 의미하는 저작재산권과 저작자의 인격적 측면에서의 권리를 의미하는 저작인격권이 있다. 즉 저작재산권은 다른 사람에게 매매하거나 사용을 허락하여 경제적 대가를 받을 수 있다. 저작인격권은

표 13-1 저작권의 종류

저작권	저작인격권	공표권, 성명표시원, 동일성유지권, 저작인격권의 일신전속성, 공동저작물의 저작인격권
	저작재산권	복제권, 공연권, 공중송신권, 전시권, 배포권, 대여권, 2차적저작물작성권
저작인접권	실 연	성명표시권, 동일성유지권, 실연자의 인격권의 일신전속성, 복제권, 배포권, 대여권, 공연권, 방송권, 전송권, 방송사업자의 실연자에 대한 보상, 디지털음성송신사업자의 실연자에 대한 보상, 판매용 음반을 사용하여 공연하는 자의 실연자에 대한 보상
	음 반	복제권, 배포권, 대여권, 전송권, 방송사업자의 음반제작자에 대한 보상, 디지털음성송신사업자의 음반제작자에 대한 보상, 판매용 음반을 사용하여 공연하는 자의 음반제작자에 대한 보상
	방 송	복제권, 동시중계방송권, 공연권

출처 : 저작권법, 시행 2014. 7. 1.

저작물이 사용되는 과정에서 저작물이 창작의도를 훼손되지 않도록 유지할 수 있는 권리이다.

저작인접권은 복제 · 전파기술의 발전으로 인하여 저작물의 창작자 외에 실연, 녹음, 방송을 통해 저작물의 배포, 전파에 기여한 사람들의 권리를 보호하기 위한 권리이다. 저작인접권자에 의해 보호받는 사람은 실연자, 음반제작자, 방송사업자이다.

(4) 저작권의 등록절차

정부는 저작권 보호 및 공정한 이용에 필요한 사업을 수행하기 위해 저작권위원회를 두고 있다. 이곳에서 저작권 등록에 관한 업무를 담당하고 있다. 저작권 등록은 저작권위원회에서 운영하는 '저작권 등록'(www.cros.or.kr)에서 온라인으로 진행할 수 있다.

1.6 신지식 재산권

신지식 재산권이란 산업재산권도 저작권도 아닌 제3의 권리로서 산업재산권과 저작권의 중간적 성격을 가지고 있다. 이는 영업비밀, 인터넷 주소, 반도체 배치회로 등이 있다. 여기서는 사업을 영위하는 데 있어 공통적으로 중요한 영업비밀과 인터넷 주소에 대해 살펴본다.

(1) 영업비밀

영업비밀(trade secret)이란 부정경쟁방지법상 "공공연히 알려져 있지 아니하고 독립된 경제적 가치를 가지는 것으로서, 상당한 노력에 의하여 비밀로 유지된 생산방법 · 판매방법 및 기타 영업활동에 유용한 기술상 또는 경영상의 정보"를 말한다.[17)]

우리나라의 경우 부정경쟁방지법에 의해 보호받을 수 있을 뿐만 아니라 고객

명부나 판매계획 등 영업상의 비밀이나 설계도면, 제조기술, 기술자료 등 영업비밀에 속하는 기업경영상 대단히 중요한 재산이라고 할 수 있다. 최근 급속한 기술혁신, 정보화 등과 더불어 영업비밀 그 자체를 보호하지 않을 수 없게 되었다.

(2) 인터넷 주소

인터넷 주소란 인터넷주소 자원에 관한 법률상 인터넷 프로토콜 주소, 도메인 이름 등을 의미한다. 인터넷주소 자원의 개발 · 이용을 촉진하고 안정적인 관리체계를 마련하기 인터넷 주소 자원에 관한 법률이 제정되었다. 인터넷 프로토콜 주소와 도메인 이름을 사용하려면 인터넷주소관리기관에 등록해야 한다. 인터넷 주소관리기관은 인터넷진흥원과 인터넷진흥원으로부터 인터넷주소 관리업무를 위탁받은 업체이며 한국인터넷정보센터(www.kisa.or.kr)를 방문하면 인터넷 주소 등록절차를 확인할 수 있다.

02 지적 재산권의 관리

2.1 특허관리

벤처기업의 성공 관건 중 하나는 어떻게 경쟁력 있는 신기술을 확보하고 상품화하는가에 있다. 왜냐하면 벤처기업이란 다른 기업에 비해 참신성을 요구하고 기술력이 있어야만 생존할 수 있기 때문이다. 그러나 새로운 기술이나 상품은 하루아침에 이루어지는 것은 아니며 많은 시간과 연구비용을 투자해야만 가능하다. 새로운 기술, 새로운 상품, 새로운 경영기법 등 뛰어난 아이디어는 벤처기업의 노력에 대한 대가이다. 그래서 세계 각국은 노력에 따른 보상을 위해 특허제도를 만들어 해당 상품의 제조 및 판매에 대한 독점권을 부여하고 있다.

우리나라는 벤처기업육성법을 제정하여, 특허권을 가진 업체는 벤처기업으로 우대한다. 그러나 특허를 얻었다고 해서 반드시 성공하는 것은 아니며 특허를 받은 발명품 중 상품화에 성공하는 경우는 38.9%에 불과하다고 보고되고 있다. 더욱이 사업적 성공까지 가져다주는 특허는 전체의 19.9% 수준에 이른다고 한다.[18] 특히 경험이 없는 창업단계의 벤처기업은 특허출원 이전부터 자신의 개발품목과 아이디어가 특허를 받을 수 있는지, 이미 그러한 특허가 존재하는지 여부에 대한 것부터 파악해야 한다.

특허를 출허함에 있어 타인의 특허를 침해하는 것은 아닌지를 아는 것은 중요하다. 이를 위해서는 먼저, 기존에 특허가 존재하는지에 대한 평가가 중요하다. 이 때 비록 특허가 존재하더라도 상세히 그 내용을 파악하는 자세가 중요하다.

그림 13-1 특허침해를 피하기 위한 선택

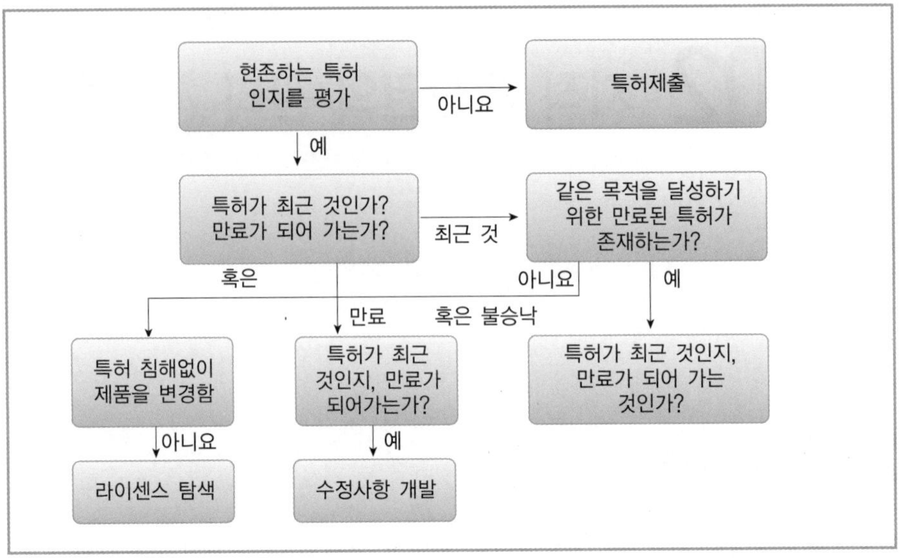

출처 : 이장우(2010), 벤처창업, p. 314. 재인용. H. D. Coleman & J. D. Vandeberg, How to Follow the Leader, INC., July, 1988, p 82.

두 번째로 하나의 특허를 발견하면 그것이 새로운 것인지 기간 만료가 되어가는 것인지를 확인해야 한다. 만약 새로운 것이라면 창업자는 두 가지 방법을 선택할 수 있다. 기존 특허의 침해 없이 제품을 수정하거나 특허가 만료된 비슷한 제품을 이용하여 제품을 개발하는 것이다. 그러나 이 모두가 불가능하다면 라이선스의 취득이나 특허 보유자와의 합작 등을 고려할 수 있다.

2.2 해외진출을 위한 국제출원제도[19)]

특허의 독립원칙 상 각 나라의 특허는 그 나라의 영역에서만 효력이 있기 때문에 자국에서 특허를 받은 기술은 타국에서 보호를 받지 못한다. 글로벌 시장환경에서 이러한 1국 1특허의 원칙으로 인해 기술에 대한 모방을 방지하고 독점적인 권리를 얻기 위해서는 해외출원은 꼭 필요하다. 해외출원은 모든 국가에 각각 개별적으로 특허를 출원하는 전통적인 방법과 PCT에 의해 출원하는 방법이 있다. 여기서는 해외출원에 많이 활용되는 PCT 출원방법을 설명한다.

(1) PCT 국제출원제도 개념 및 장점

PCT 국제출원제도는 여러 국가들의 특허협력조약(Patent Cooperation Treaty)에 의해 생겨났다. 이 제도는 출원인이 하나의 발명에 대해 다수의 국가에서 특허를 부여받고자 할 때, 각국에 개별 특허를 출원하는 대신, 국적국 또는 거주국의 특허청(수리관청)에 하나의 PCT 출원서를 제출함으로써 특허를 받으려는 국가(지정 국가)에 출원을 신청하는 것이다. 그러나 하나의 출원으로 여러 국가에 효과가 있는 '국제특허'를 부여받는 것이 아니라 일단 '국제출원'을 인정받는 것이다. 해당 국가의 특허는 국제단계 이후에 그 나라에 맞게 번역문을 제출해야 특허심사를 받을 수 있다.

이 제도의 장점은 첫째, 출원인 인정요건이 간편하다는 것이다. 한번의 PCT 국제출원으로 각 지정국 특허청에 직접 출원한 효과를 얻을 수 있기 때문에 개별적으로 출원해야 하는 번거로움을 덜어준다. 한국 특허청은 출원 언어가 한국어, 영어, 일본어로서 초기에 개별국가의 언어로 된 번역문을 준비하지 않아도 된다.

둘째, 특허 획득에 유리하다. 지정 국가에 특허를 심사하기 전에 국제조사기관의 국제조사, 국제예비심사를 받음으로써 평가/보완의 기회를 통해 특허획득 가능성을 높일 수 있다.

(2) 국제출원제도의 절차

PCT 국제출원절차는 출원인이 수리관청에 국제출원서를 제출하면서 시작되고 지정국의 특허청에 특허권을 획득하거나 거절됨으로써 끝난다.

1) 국제출원서의 제출

특허협력조약(PCT) 체결국의 거주자나 국민은 국제출원을 할 수 있으므로, PCT 체결국인 우리나라 국민의 경우 국내 특허청에 국내출원을 할 수 있다. 국제출원은 출원일로부터 출원인이 출원서에 지정하는 PCT 체결국(지정 국가)에 국내출원을 한 것과 같은 효력을 가진다. 수리관청은 송달료, 국제출원료, 조사료 등의 요금을 징수한다. 우리나라의 특허청을 통해 국제출원 시 제출서류는 국제출원서, 명세서, 청구범위, 요약서, 도면(필요시), 수수료계산서, 위임장 등이 있다.

수리관청은 방식심사(기초적 요건)를 하고 이상이 없으면 국제출원번호를 부여한 후 국제사무국(WIPO)과 국제조사기관에 국제출원의 사본을 보내고 수리관청은 제3의 사본을 보관한다.

2) 국제조사(선행기술 및 특허성 판단)

국제조사는 출원 발명에 대해 선행기술을 조사하는 것으로 그 결과물인 국제조사보고서 및 견해서는 출원인 및 국제사무국에 송부된다. 이는 출원인이 지정된 국가 내에서 특허를 받을 수 있는 가능성을 가늠할 수 있는 참고자료로 활용할 수 있다.

우리나라는 국제조사기관으로 한국 · 오스트리아 · 호주 · 일본(일본어출원에 한함) 특허청 중에 하나를 선택할 수 있다. 국제조사기관은 국제조사 제외대상 여부 확인, 발명의 단일성 조사, 발명의 명칭 및 요약서 누락여부 확인, 선행기술조사, 특허성 유무판단의 업무를 실시한다.

3) 국제공개(국제출원서류와 국제조사보고서 전자적 형태로 공개)

국제공개는 국제사무국이 출원 후 일정 시점에 이르면 그 출원내용을 공개하는 제도이다. 이는 국제출원의 우선일 이후 18개월이 경과한 후 이루어진다. 출원인이 18개월 전이라도 이러한 출원인이 조기공개 신청을 하면 조기에 공개할 수 있다. 국제공개는 특허의 국내공개와 마찬가지로 발명을 대중에게 공개해 기술발전에 도움을 주기 위한 것을 목적으로 한다.

국제공개는 출원서의 서지적 사항과 요약서가 기재된 표지, 명세서, 청구범위, 도면, 보정된 사항(보정한 경우), 국제조사보고서 등을 전자적 형태로 공개한다.

4) 국제예비심사(특허성에 대한 예비적 판단)

국제예비심사는 출원인의 선택사항으로 국제조사보고서를 받은 후 청구된 발명이 신규성과 진보성 또는 산업상 이용 가능성 등 특허성 여부에 대하여 심사한다. 이는 국제예비심사기관이 수행하는데 출원인과 국제사무국에 예비심사보고서로 제공된다. 이를 통해 출원인은 보다 근거 있는 참고자료를 얻을 수 있게 된다. 그러나 이러한 보고서는 지정 관청에 대한 국제출원의 절차(국내단계)의 참고자료의 역할만을 할 뿐이다.

5) 국내단계

국제공개나 국제예비심사가 끝난 후 국제사무국은 국제출원 절차를 위해 지정관청에 국제출원에 대하여 의사전달을 하게 된다. 출원인은 본격적으로 지정국가의 국내단계로 진입하기 위해 국내단계 진입의사 표시를 위한 서류와 해당 지정국가가 요구하는 번역문을 제출해야 한다. 이후 해당국가의 지정관청은 통상적인 국내출원과 같이 특허등록 여부를 독립적으로 진행하여 특허를 허가하거나 거절하게 된다.

CHAPTER

14

창업의 법적 절차

1. 의사결정 사항
2. 법인설립 절차
3. 법인설립 비용
4. 벤처기업 확인절차

학 습 내 용

본장에서는 창업의 법적 절차를 살펴본다. 법적 절차는 의사결정 사항, 법인설립 절차, 법인설립 비용, 벤처기업 확인절차 등으로 구성된다. 의사결정 사항은 상호, 사업목적, 자본구성, 임원, 정관 등에 관한 것이다. 법인설립 절차는 주식회사(발기/모집), 유한회사, 합자회사, 합명회사로 나누어 설명한다. 법인설립 비용은 주요한 비용항목들을 설명한다. 벤처기업 확인절차는 벤처기업의 혜택과 벤처확인 신청절차를 설명한다. 이를 학습함으로써 법인설립 등기와 벤처확인 신청을 원활히 수행할 수 있을 것으로 기대된다.

01 의사결정 사항

1.1 상호결정

사업자는 원칙적으로 자유롭게 회사 이름을 지을 수 있다. 그러나 무분별한 사용을 방지하기 위해 몇 가지 제한을 두고 있다. 회사의 상호에는 회사의 종류에 따라 합명회사, 합자회사, 주식회사, 유한회사의 명칭을 사용하여야 한다. 회사가 아니면 상호에 회사를 표시하는 문자를 사용하지 못한다. 다른 사람이 등기한 상호는 동일한 특별시 · 광역시 · 시 · 군에서 동종영업의 상호로 등기할 수 없다. 다른 사람의 영업으로 오해할 수 있는 상호를 부정한 목적으로는 사용하지 못한다. 인터넷등기소(www.iros.go.kr)에서 법인 등기열람/발급의 상호찾기 메뉴를 통해 온라인으로 상호를 검색할 수 있다.

1.2 사업목적 결정

사업목적은 회사의 영업내용을 의미한다. 무슨 사업인지 알 수 있도록 구체적으로 작성해야 한다. 가령 '서비스업'이라고 불분명하게 작성해서는 안 되고 '경영컨설팅, 마케팅, 정보제공 서비스업'과 같이 구체적으로 작성해야 한다. 통계청 홈페이지의 한국표준산업분류[1]을 참고할 수 있다. 산업분류는 생산된 제공 또는 제공된 서비스의 산출물 특성(기능 및 용도, 수요처)과 투입물 특성(원재료, 생산 공정, 생산기술 및 시설 등)을 고려하여 정하면 된다. 향후 사업범위의 확장이 예상되는 부분은 추가적으로 기재해야 정관변경, 변경등기 등의 절차를 최소화할 수 있다.

1.3 자본구성 결정

회사를 설립하려면 자본금과 발기인(또는 주주, 사원)들이 얼마씩 투자할 것인지(몇 %의 지분을 가질 것인지)를 결정해야 한다. 자본금은 회사의 재산을 말한다. 발기인은 회사의 설립을 준비하고 집행하는 사람으로 1주 이상의 주식을 인수해야 한다. 주식회사는 주식 1주의 금액이 100원 이상, 유한회사는 출자 1좌의 금액이 100원 이상으로 구성해야 한다. 발행할 주식 수와 자본금에 대한 별도의 법적 규정이 없으므로 임의대로 결정할 수 있다.

주식회사는 발행하는 주식을 발기인만 인수한 경우 발기설립이라 하고 발기인 외의 주식을 인수할 주주를 모집하는 것을 모집설립이라 한다. 유한회사는 각 사원이 자신의 지분을 결정하고 지분에 따라 출자금을 납입한다. 합명회사, 합자회사는 사원 개개인들이 정관에 합의한 대로 출자금을 납입한다.

1.4 대표이사, 이사, 감사 결정

주식회사 설립을 위해 이사와 감사를 선임해야 한다. 이사는 사내이사, 사외이사, 기타비상무이사를 명확하게 구분해야 한다. 이사는 3명 이상이어야 하며 사외이사, 기타비상무이사는 필요에 따라 둘 수 있으나 사내이사는 1명 이상을 두어야 한다. 이사가 2명 이상인 경우는 대표이사를 별도로 지정할 수 있다. 자본금 총액이 10억 미만인 회사는 이사를 1, 2명으로 할 수 있고 감사의 선임은 임의적으로 선택할 수 있다. 주식회사 설립절차는 이사, 감사 중 발기인이 아닌 자가 조사보고를 수행해야 한다. 만약 이사, 감사가 모두 발기인인 경우 또는 1

인 이사인 경우에는 외부의 공증인을 통해 조사보고를 실시해야 한다. 외부 공증인이 조사보고를 할 경우 별도의 수수료가 발생한다. 발기인이 아니며 주식을 보유하지 않은 이사 또는 감사가 1명이라도 있으면 조사보고를 간소하게 진행할 수 있다.

1.5 정관 작성

정관은 회사의 조직과 활동에 관한 내용을 기재한 기본규칙을 말한다. 발기인이 주식회사의 정관을 작성하며 각 발기인은 정관에 서명한다. 정관에는 절대적 기재사항, 상대적 기재사항, 임의적 기재사항이 있다. 절대적 기재사항은 정관에 누락될 경우 회사설립 자체가 무효로 되는 사항이다. 상대적 기재사항은 정관에 기재하지 않아도 효력에 영향은 없지만 기재하지 않으면 효력이 없는 사항이다. 임의적 기재사항은 기재하지 않아도 정관에는 효력은 없으나 회사의 필요에 의해 임의적으로 정관에 기재하는 사항이다.

주식회사의 경우에 절대적 기재사항은 다음과 같다(상법 289조).

- 목적
- 상호
- 회사가 발행할 주식의 총수
- 액면주식을 발행하는 경우 1주의 금액
- 회사의 설립 시에 발행하는 주식의 총수
- 본점의 소재지
- 회사가 공고를 하는 방법
- 발기인의 성명 · 주민등록번호 및 주소

상대적 기재사항은 변태설립사항과 상법 여러 곳에 산재한 기타사항으로 구분할 수 있다. 주식회사의 경우에 상대적 기재사항은 다음과 같다.

■ 변태설립사항(상법 290조)

- 발기인이 받을 특별이익과 이를 받을 자의 성명
- 현물출자를 하는 자의 성명과 그 목적인 재산의 종류, 수량, 가격과 이에 대하여 부여할 주식의 종류와 수
- 회사 성립 후에 양수할 것을 약정한 재산 종류, 수량, 가격과 그 양도인의 성명
- 회사가 부담할 설립비용과 발기인이 받을 보수액

■ 기타사항(상법 여러 곳에 산재해 있음)

- 회사의 존립기간, 해산사유, 주식매수선택권 부여, 주식양도제한규정 등

임의적 기재사항은 이사 · 감사의 원수, 정기주주총회 소집시기, 회사의 영업연도 등이 해당한다.

회사종류별로 표준정관의 해설서는 온라인 재택창업시스템[2]에서 확인할 수 있다.

주식회사의 정관은 공증인(변호사, 법무법인)의 인증을 받아야 효력이 발생한다. 하지만 주식회사 발기설립의 경우 자본금 총액이 10억 미만인 경우에는 공증인의 인증 없이 발기인 기명날인 또는 서명만으로 효력이 발생한다.

02 법인설립 절차

2.1 온라인 신청

주식회사 발기설립은 온라인 재택창업시스템(www.startbiz.go.kr)을 통해 할 수 있다. 그러나 주식회사 모집설립, 유한회사, 합명회사, 합자회사의 회사설립은 오프라인으로 신청해야 한다. 향후에는 온라인 법인설립이 점차적으로 확대될 전망이다.

주식회사 발기설립은 발기인이 회사의 주식을 모두 인수하는 주식회사이다. 주식회사 발기설립은 〈그림 14-1〉과 같은 프로세스로 진행된다.

- **정관작성:** 창업자가 발기인이 되어 발기인 조합을 구성하고 주식회사 정관을 작성한다. 자본금이 10억 미만인 경우 공증인 인증 없이 발기인이 기명날인을 한다.
- **주식발행 및 인수:** 발기인 모두의 동의로 주식발행 사항을 결정한다. 이를 발기인이 모두 인수한다.

그림 14-1 주식회사 발기설립 프로세스

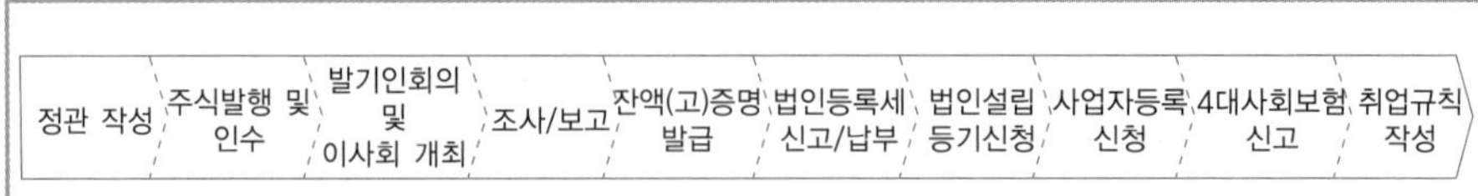

- **발기인회의 및 이사회 개최:** 발기인회의에서 회사의 이사/감사를 선출한다. 이사회는 대표이사를 선출한다.
- **조사/보고:** 이사/감사는 정관, 주식발행사항 및 인수, 발기인회의, 이사회 등 절차가 법률/정관에 의거하여 문제점이 있는지 조사하고 발기인에게 보고한다. 단, 이사/감사가 모두 발기인일 경우 외부의 공증인을 통해 조사/보고를 실시한다. 정관, 발기인회의사록, 이사회의사록은 공증인에게 인증을 받는다. 그러나 회사의 자본금 총액이 10억 미만인 경우 정관과 의사록에 대해 인증을 받지 않아도 된다.
- **잔액(고)증명 발급:** 대표이사 명의의 계좌를 개설하고 회사의 주식을 인수한 주주는 해당 주식금액을 대표이사의 계좌로 납입한다. 대표자는 해당 금융기관에 주금이 납입된 계좌에 대한 잔액(고)증명을 요청하여 발급받는다. 그러나 자본금 총액이 10억 이상인 경우 주식금액을 납입할 금융기관의 주금납입보관증명서를 제출하여야 한다. 대표자는 회사 주식금액의 수납을 금융기관에 의뢰하기 위해서 대표자 신분증, 발기인회의록, 발기인대표선출결의록(발기인이 여러 명일 경우), 공증된 정관, 주식인수증을 제출해야 한다.
- **법인등록세 신고/납부:** 지방자치단체 방문 또는 온라인(www.wetax.go.kr)을 통해 등록면허세를 신고/납부한다.
- **법인설립 등기신청:** 법인설립 등기신청은 회사 본점 주소지 관할 등기소에 구비서류를 제출한다. 법인설립등기, 법인인감신고, 법인인감카드발급신고를 통해 회사의 법인등기사항증명서, 법인인감증명, 법인인감카드를 발급받는다. 주식회사발기 등기서류는 〈표 14-1〉과 같다. 표준문서와 작성방법은 온라인 재택창업시스템에서 확인할 수 있다.
- **사업자등록 신청:** 법인설립신고 및 사업자등록 신청서, 주주명세서, 임대차계약서 사본, 사업장 도면을 준비하여 세무서에 제출한다. 사업자등록을 신청 및 발급을 받는다.
- **4대사회보험 신고:** 국민연금, 건강보험, 산재/고용보험에 사업장 적용신고

표 14-1 주식회사 발기설립 등기서류

문 서	수 량	문 서	수 량
주식회사설립등기신청서(발기)	1부	주식 발행사항 동의서	1부
인감 · 개인 신고서	1부	주식인수증	1부
인감카드 등 (재)발급 신청서	1부	주주명부	1부
정관	1부	잔액(고)증명서	1부
발기인회의사록	1부	법인등록면허세영수필	1부
이사회의사록	1부	주민등록등본, 인감증명	대표자, 발기인, 주주 각 1부
이사/감사 조사보고서	1부		

출처 : 온라인 재택창업시스템(www.startbiz.go.kr).

를 한다. 온라인(www.4insure.or.kr)을 통해 신청한다. 대표자는 국민연금/건강보험에 근로자로 포함되고 고용보험/산재보험은 근로자로 포함되지 않는다.

- **취업규칙 신고:** 근로자가 10인 이상인 사업장은 고용노동부에 취업규칙을 작성하여 우편 또는 방문 제출한다.

2.2 오프라인 신청

(1) 주식회사 모집설립

- **정관작성:** 창업자가 발기인이 되어 발기인 조합을 구성하고 주식회사 정관을 작성한다.
- **주식발행 및 인수:** 발기인 모두의 동의로 주식발행 사항을 결정한다. 발기인은 주식을 인수하고 나머지 주식에 대하여 주주를 모집한다. 주주는 주식

그림 14-2 주식회사 모집설립 프로세스

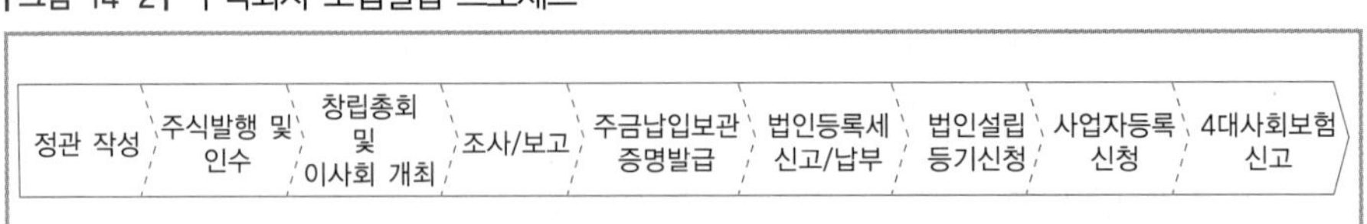

을 청약하고 발기인은 발기인과 주주에게 주식을 배정한다.

■ **창립총회 및 이사회 개최:** 발기인은 창립총회를 개최한다. 창립총회는 회사의 이사/감사를 선출한다. 이사회는 대표이사를 선출한다.

■ **조사/보고:** 이사/감사는 정관, 주식발행사항 및 인수, 발기인회의, 이사회 등 절차가 법률/정관에 의거하여 문제점이 있는지 조사하고 창립총회에 보고한다. 단, 이사/감사가 모두 발기인일 경우 외부의 공증인을 통해 조사/보고를 실시한다. 정관, 창립총회의사록, 이사회의사록에 대해 공증인에게 인증을 받는다.

■ **주금납입보관 증명발급:** 대표자는 회사 주식금액의 수납을 금융기관에 의뢰하기 위해서 대표자 신분증, 발기인회의록, 공증된 정관, 주식청약서, 배정통지서, 유가증권신고서를 제출해야 한다. 주주는 해당 주식금액을 은행에 납입한다. 주식금액 납입이 완료되면 대표자는 해당 금융기관에 주금납입보관증명서를 요청하여 발급받는다.

■ **법인등록세 신고/납부:** 주식회사 발기설립과 동일하다.

■ **법인설립 등기신청:** 법인설립 등기신청은 회사 본점 주소지 관할 등기소에 구비서류를 제출한다. 법인설립등기, 법인인감신고, 법인인감카드발급신고를 통해 회사의 법인등기사항증명서, 법인인감증명, 법인인감카드를 발급

표 14-2 주식회사 모집설립 등기서류

문 서	수 량	문 서	수 량
주식회사설립등기신청서(모집)	1부	이사/감사 조사보고서	1부
인감 · 개인 신고서	1부	주식 발행사항 동의서	1부
인감카드 등 (재)발급 신청서	1부	주식인수증	1부
정관	1부	주주명부	1부
창립총회 기간단축 동의서	1부	주식청약서	주주별 1부
창립사항보고서	1부	주금납입보관증명서	1부
창립총회의사록	1부	법인등록세 영수필	1부
이사회의사록(1인 이사 제외)	1부	주민등록등본, 인감증명	대표인, 발기인, 주주 각 1부

출처 : 온라인 재택창업시스템(www.startbiz.go.kr).

받는다. 주식회사모집 등기서류는 〈표 14-2〉와 같다. 표준문서와 작성방법은 온라인 재택창업시스템에서 확인할 수 있다.

- **사업자등록 신청, 4대사회보험 신고, 취업규칙 신고:** 주식회사 발기설립과 동일하다.

(2) 유한회사

그림 14-3 유한회사 모집설립 프로세스

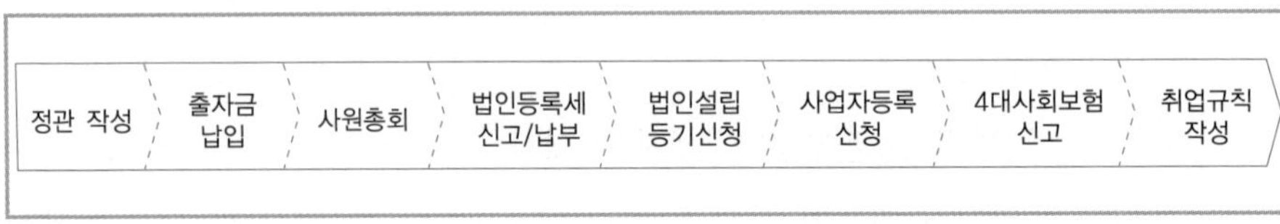

- **정관작성:** 창업자가 유한회사 사원이 되고 사원들이 모여 정관을 작성한다. 사원은 정관에 기명날인 또는 서명을 해야 하고 공증인의 공증을 받아야 효력이 발생한다. 자본금이 10억 미만인 경우 공증인 인증 없이 정관에 사원들이 서명 및 기명날인만으로 효력이 생긴다.
- **출자금 납입:** 각 사원이 자신의 지분에 따라 출자금을 납입한다.
- **사원총회:** 사원총회에서 이사와 대표이사를 선임한다. 정관에 이사 및 대표이사를 선임한 경우에는 사원총회를 개최하지 않아도 된다.
- **법인등록세 신고/납부:** 주식회사 발기설립과 동일하다.

표 14-3 유한회사 설립 등기서류

문 서	수 량	문 서	수 량
유한회사 설립등기신청서	1부	취임승낙서	각 임원 1부
인감 · 개인 신고서	1부	출자금납입증명서	1부
인감카드 등 (재)발급 신청서	1부	현물출자 재산인도증 (현물출자의 경우)	1부
정관	1부	법인등록면허세영수필	1부
사원총회의사록	1부	주민등록등본, 인감증명	각 임원 1부
총사원동의서(사원총회를 통해 임원을 선출하지 않은 경우)			1부
이사과반수동의서(사원총회를 통해 대표이사 선출하지 않은 경우)			1부

출처 : 온라인 재택창업시스템(www.startbiz.go.kr).

- **법인설립 등기신청**: 법인설립 등기신청은 회사 본점 주소지 관할 등기소에 구비서류를 제출한다. 법인설립등기, 법인인감신고, 법인인감카드발급신고를 통해 회사의 법인등기사항증명서, 법인인감증명, 법인인감카드를 발급받는다. 유한회사 등기서류는 〈표 14-3〉과 같다. 표준문서와 작성방법은 온라인 재택창업시스템에서 확인할 수 있다.
- **사업자등록 신청, 4대사회보험 신고, 취업규칙 신고**: 주식회사 발기설립과 동일하다.

(3) 합자회사

- **정관작성**: 창업자가 회사의 무한책임사원이 되고 무한책임사원과 유한책임사원이 각각 1명 이상이 모여 정관을 작성한다. 정관을 통해 대표사원과 업무집행사원을 선임하고 정관에 정하지 않았다면 총 사원의 동의로 대표이사를 선임한다.
- **출자금 납입**: 정관에 명시된 출자의 의무를 이행한다. 정관에 명시된 출자의 의무를 이행한다. 합자회사 출자이행은 회사 성립 전에 납입할 필요는 없다.
- **법인등록세 신고/납부**: 주식회사 발기설립과 동일하다.
- **법인설립 등기신청**: 법인설립 등기신청은 회사 본점 주소지 관할 등기소에 구비서류를 제출한다. 법인설립등기, 법인인감신고, 법인인감카드발급신고를 통해 회사의 법인등기사항증명서, 법인인감증명, 법인인감카드를 발급받는다. 합자회사등기서류는 〈표 14-4〉와 같다. 표준문서와 작성방법은 온

표 14-4 합자회사 설립 등기서류

문 서	수 량	문 서	수 량
합명회사 설립등기신청서	1부	업무집행사원 과반수 동의서	각 임원 1부
인감 · 개인 신고서	1부	출자이행증명서	각 출자자 1부
인감카드 등 (재)발급 신청서	1부	법인등록면허세영수필	1부
정관	1부	주민등록등본	각 사원 1부
총사원동의서	1부	인감증명	대표사원 1부

출처 : 온라인 재택창업시스템(www.startbiz.go.kr).

라인 재택창업시스템에서 확인할 수 있다.

- **사업자등록 신청, 4대사회보험 신고, 취업규칙 신고:** 주식회사 발기설립과 동일하다.

(4) 합명회사

- **정관작성:** 창업자가 회사의 무한책임사원이 되고 무한책임사원 2명 이상이 모여 정관을 작성한다. 정관을 통해 대표사원과 업무집행사원을 선임하고 정관에 정하지 않았다면 총 사원의 동의로 대표이사를 선임한다.
- **출자금 납입:** 정관에 명시된 출자의 의무를 이행한다. 합명회사 출자이행은 회사 성립 전에 납입할 필요는 없다.
- **법인등록세 신고/납부:** 주식회사 발기설립과 동일하다.
- **법인설립 등기신청:** 법인설립 등기신청은 회사 본점 주소지 관할 등기소에 구비서류를 제출한다. 법인설립등기, 법인인감신고, 법인인감카드발급신고를 통해 회사의 법인등기사항증명서, 법인인감증명, 법인인감카드를 발급받는다. 합명회사등기서류는 〈표 14-5〉와 같다. 표준문서와 작성방법은 온라인 재택창업시스템에서 확인할 수 있다.

표 14-5 합명회사 설립 등기서류

문 서	수 량	문 서	수 량
합명회사 설립등기신청서	1부	업무집행사원 과반수 동의서	각 임원 1부
인감 · 개인 신고서	1부	출자이행증명서	1부
인감카드 등 (재)발급 신청서	1부	법인등록면허세영수필	1부
정관	1부	주민등록등본	각 사원 1부
총사원동의서	1부	인감증명	대표사원 1부

출처 : 온라인 재택창업시스템(www.startbiz.go.kr).

- **사업자등록 신청, 4대사회보험 신고, 취업규칙 신고:** 주식회사 발기설립과 동일하다.

03 법인설립 비용

3.1 자본금

법인을 설립하기 위한 최소 자본금은 100원 이상이다. 하지만 업종에 따라 별도 법령에 의해 최소 자본금 규정이 있다. 근로자파견, 경비, 전기공사, 여행, 해외이주알선, 건설, 전기통신공사, 전보통신공사 등의 업종들은 해당 법령의 최소 자본금 규정에 따라 법인설립이 가능하다.

3.2 법인설립 공증비용

법인설립을 위해서는 정관, 의사록 등에 공증이 필요하다. 그러나 자본금 총액이 10억 미만인 경우에는 공증인의 인증이 필요하지 않다. 주식회사 설립 시 조사/보고 절차에서 만약 선출된 이사/감사가 모두 발기인인 경우 외부인 공증인을 통해 조사보고를 실시해야 되지만 발기인이 아니며 주식을 보유하지 않은 이사 또는 감사가 1명이라도 있으면 공증비용이 발생하지 않는다.

3.3 잔액(고)증명/주금납입 보관증명 발급

잔액(고)증명을 발급받기 위해서는 2,000원 정도의 수수료가 발생한다. 한편 주금납입보관증명서를 발급받기 위해서 주금납입 계좌를 개설에 비용이 발생한다. 은행마다 차이가 있지만 보통 30,000원 정도의 수수료가 발생한다. 주금납입 보관증명서 발급에는 별도의 비용은 발생하지 않는다.

3.4 법인등록세 납부

법인등록세는 자본금의 4/1000이고 최하 75,000원이다. 교육세는 등록면허세의 2/10다. 서울, 인천, 경기도 등 과밀억제권역의 경우에는 등록세의 3배를 가중하여 12/1000을 납부해야 한다. 서울의 경우 법인등록세와 교육세를 포함하여 최소 270,000원 이상의 비용이 발생한다.[3] 과밀억제권역 외의 지역에서 창업한 경우에는 등록세를 100%감면 받을 수 있다.[4]

3.5 법인설립 등기신청

법인설립 등기수수료는 방문 신청은 등기수수료 3만원이고 전자신청은(주식회사 발기설립만 가능) 2만원이다. 전자표준양식을 다운받아서 방문하여 신청하면 2만 5천원이다.[5] 전자표준양식은 대법원 인터넷등기소[6]에서 다운로드할 수 있다. 또한 법인 등기를 위해서는 법인인감이 필요한데 비용은 대략 3만원이다.

3.6 대행 수수료

법인설립은 법률 서비스 업체(법무법인, 법무사 등)를 통해 처리할 수 있다. 업체마다 차이는 있지만 위의 공과금들 외에 대행 수수료만 대략 30~40만원이다.

04 벤처기업 확인절차

4.1 벤처기업 우대제도

벤처기업은 일반 창업기업에 비해 많은 우대제도가 있다. 〈표 14-6〉은 벤처기업 우대제도에 관해 정리한 표이다.

표 14-6 합자회사 설립 등기서류

구 분		주요지원내용
창업	교수 · 연구원 창업	교수 · 연구원(교육공무원 등)이 벤처기업을 창업하거나 근무하기 위해 휴직 가능(3년 이내)
	산업재산권 출자	벤처기업에 대한 현물출자 대상에 특허권, 실용신안권, 디자인권 등의 권리 포함
세제	지원대상	창업 후 3년 이내에 벤처확인을 받은 기업(창업벤처중소기업)에 한함
	법인세, 소득세 감면	창업벤처중소기업이 벤처확인 받은 후에 최초로 소득이 발생한 과세연도와 그 다음 과세연도부터 4년간 50% 세액 감면
	취득세 면제	창업벤처중소기업이 벤처확인일로부터 4년 이내에 취득하는 사업용 재산에 대해 취득세 면제
	재산세 감면	창업벤처중소기업이 당해 사업에 직접 사용하는 사업용 재산에 대해 벤처확인일로부터 5년간 재산세 50% 감면
인력	스톡옵션	부여대상 확대(외부 전문 인력과 외부기관)
	병역특례	병역특례 연구기관으로 지정받을 수 있는 신청기회를 년 2회 부여(일반기업은 1회), 산업기능요원 추천심사 시 가점 부여

입지	실험실 공장	교수 · 연구원의 실험실 공장 설치 허용(500m2 이하)
	창업보육센터 입주기업	창업보육센터 입주 벤처기업의 경우 건축법 14조, 대덕연구단지관리법 6조의 규정에 불구하고 도시형 공장을 설치할 수 있는 특례 인정
	벤처기업 전용단지	건축법에서 건축 제한하는 규정에도 불구하고 벤처기업 전용단지 내에서는 건축할 수 있는 특례 인정
	세금혜택	과밀억제권역 내에 취득세, 재산세, 법인세, 등록세 감면
특허	우선 심사	벤처기업이 특허 및 실용실안 등록출원 시 우선 심사대상
마케팅 · 기타	방송광고	벤처기업에 대해 TV, 라디오 광고지원(광고비 70% 감면)
	유한회사	벤처기업인 유한회사의 경우 사원총수를 300인까지 가능(일반기업은 50인 이하)
	주식교환	벤처기업의 경우 주식 교환 가능(전략적 제휴 및 신주발행을 통한 주식 교환)
	전기요금할인	일반용 전력요금 대비 인하

출처 : 벤처확인 · 공시시스템 www.venturein.or.kr/venturein/petition/C11300.jsp

4.2 벤처확인 신청절차

벤처기업은 벤처확인 · 공시시스템[7]을 통해 온라인으로 벤처확인 신청을 해야 한다.

[그림 14-4]는 온라인 벤처확인 신청절차를 나타낸 그림이다.

그림 14-4 온라인 벤처확인 신청절차

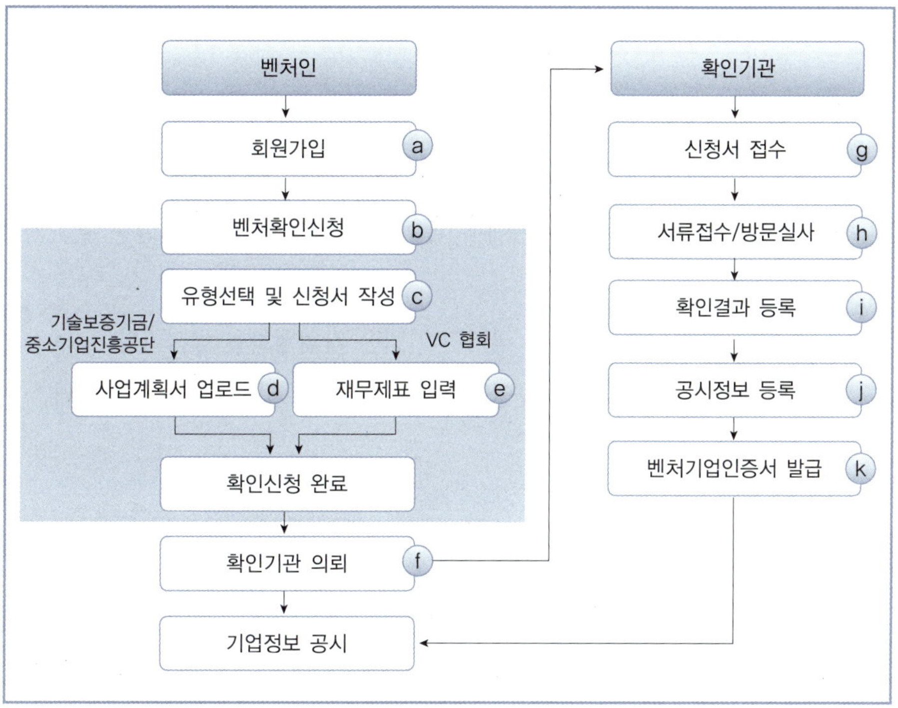

출처 : 벤처확인 · 공시시스템 www.venturein.or.kr/venturein/petition/C12000.jsp#pop

a. 회원가입: 벤처확인신청을 위해 벤처인에 가입한다.

b. 벤처확인신청: 벤처확인 신청절차는 벤처인 및 확인기관을 통해 진행한다.

c. 벤처확인신청: 법에서 정하고 있는 확인유형(벤처투자기업, 연구개발기업, 기술평가보증기업/기술평가대출기업, 예비벤처기업)을 선택한다.

d. 사업계획서 업로드: 벤처인에서 제공하는 사업계획서 양식을 작성하여 업로드 한다.

e. 재무제표 입력: 벤처인에서 기업정보(대차대조표, 손익계산서)를 작성해서 공개해야 한다. 벤처기업 확인기관은 기술보증기금, 중소기업진흥공단, 한국벤처캐피탈협회, 정보통신산업진흥원, 한국산업기술진흥원, 한국과학기술정보연구원이 있다.

f. 확인기관 의뢰: 확인신청이 완료되면 벤처확인신청서가 확인기관 담당자에게 전달된다.

g. 신청서 접수: 확인기관 담당자는 신청서를 접수하고 향후 일정을 안내받는다.

h. 서류접수/방문실사: 확인유형/확인기관에 따라 서류제출 및 방문실사를 받는다. 확인평가료 및 확인수수료는 대략 30만 원 정도의 비용이 든다.

i. 확인결과 등록: 확인기관에서 확인평가가 완료 후 벤처인증 결과가 등록된다.

j. 공시정보 등록: 확인결과 적격인 기업은 기업정보를 공시한다.

k. 벤처기업인증서 발급: 확인기관에서 벤처기업인증서를 발급받는다.

정부지원의 활용방안

부록

1. 창업관련 주요 기관
2. 창업관련 주요 지원사업

1. 창업관련 주요 기관

기관명	얻을 수 있는 정보	홈페이지
중소기업청	금융, 인력, 창업/벤처, 기술/R&D, 판로/수출, 전통시장/소상공인, 1인창조기업/컨설팅, 여성/장애인, 중소기업 건강관리, 정보화/기타 등의 전체적인 지원 정보	www.smba.go.kr
창업진흥원	교육/연수, 전시/행사, 자금지원, 사업지원, 판로/수출, 인력, 창업/벤처 등의 지원 정보	www.kised.or.kr
창업넷	창업사업화, 자금성장지원, 1인 창조기업, 시니어창업, 창업교육 등의 창업 관련 지원 정보	창업넷 www.changupnet.go.kr 창업넷온라인관리시스템 startbiz.changupnet.go.kr
중소기업기술정보진흥원	R&D, 정보화, 경영혁신, 기술인재양성 등의 지원 정보	www.tipa.or.kr
기업마당	창업, 벤처, 소상공인, 전통시장, 공공구매, 판로수출, R&D, 금융, 세제, 인력 등 지원 정보	www.bizinfo.go.kr
중소기업진흥공단	정책자금, 컨설팅 기술지원, 해외마케팅, 청년사관학교 등의 지원 정보	www.sbc.or.kr
소상공인시장진흥공단	교육, 컨설팅, 자금, 협업화, 정보, 프랜차이즈, 나들가게, 신사업, 시니어창업, 신사업, 소공인 등의 지원 정보	소상공인시장진흥공단 www.kmdc.or.kr 소상공인 지원포털 www.seda.or.kr
중소기업유통센터	중소기업의 판로 및 마케팅 지원 사업에 대한 정보	.www.sbdc.co.kr
기술보증기금	벤처창업교실, 기술창업보증, 기술/경영컨설팅 등 기술창업에 대한 지원 정보	www.kibo.or.kr
신용보증기금	창업자금 및 기타 신용보증 정보 및 사이버 경영자문	www.kodit.co.kr
한국벤처캐피탈협회	벤처투자기관들의 투자 정보	www.kvca.or.kr
한국여성경제인협회	저소득 여성가장 생계형 창업자금 지원 정보	www.womanbiz.or.kr
정보통신산업진흥원	소프트웨어 창업 및 사업화 지원 정보	www.nipa.kr

2. 창업관련 주요 지원사업

1) 창업 준비: 자금 지원

• 중소기업진흥공단 창업기업지원 자금

구분	내용
지원대상	**창업기업지원** • 중소기업창업 지원법 시행령 제3조의 규정에 의한 사업 개시일로부터 7년 미만(신청 · 접수일 기준) 중소기업 및 창업을 준비 중인 자 **재창업** • 사업실패로 전국은행연합회의 "신용정보관리규약"에 따라 '연체 등' 및 '공공정보'의 정보가 등재(등록 및 해제 사실)되거나 저신용자로 분류된 기업인 또는 사업실패 후 자금조달에 애로를 겪는 기업인 중 다음 요건을 모두 충족한 자 – 재창업을 준비 중인 자나 창업일로부터 7년이 경과하지 않은 자 – 재창업을 준비 중인 자의 경우는 재창업 자금 지원결정 후 3개월 이내 법인대표 등록이 가능할 것 – 실패 사업체의 폐업을 완료하였거나, 재창업 자금 지원결정 후 3개월 이내에 완료 가능할 것 – 고의부도, 회사자금 유용, 사기 등 폐업 사유가 부도덕하지 않음 – 신용미회복자(신용회복절차가 정상적으로 진행 중인 경우 제외)는 총부채규모가 30억 원 이하일 것 **청년전용창업** • 대표자가 만 39세 이하로 사업 개시일로부터 3년 미만(신청 · 접수일기준)인 중소기업 및 창업을 준비 중인 자
지원내용	**시설자금** • 생산설비 및 시험검사장비 도입 및 소요되는 자금 • 정보화 촉진 및 서비스 제공 등에 소요되는 자금 • 공정설치 및 안정성평가 등에 소요되는 자금 • 유통 및 물류시설 등에 소요되는 자금 • 사업장 건축자금, 토지구입비, 임차보증금 • 사업장 확보자금(매입, 경 · 공매) **운전자금** • 창업소요 비용, 제품생산 비용 및 기업경영에 소요되는 자금 • 재창업자금(생산지원금융)은 구매기업과의 납품계약(계약서 등)에 근거한 제품생산비용 등 소요자금 **대출한도** • 운전자금은 연간 5억 원. 단, 재창업자금 운전자금은 연간 10억 원, 20억 원 이상 시설투자기업의 운전자금은 연간 7억 원 • 재창업자금(생산지원금융)은 회전한도 내에서 계약금액의 90% 이내 (최대 5억 원) • 청년전용창업자금 : 기업 당 1억 원
상담처	전국 중진공 각 지역본(지)부 홈페이지 www.sbc.or.kr

• 소상공인시장진흥공단 정책자금 지원

<table>
<tr><td>지원대상</td><td>공통 지원 자격 : 상시근로자 5인 미만 업체(제조업, 건설업, 운송업, 광업은 상시 근로자 10인 미만 업체)
세부 지원 자격
• 교육 · 컨설팅 : 중소기업청장이 인정하는 교육 or 소상공인시장진흥공단 소상공인 컨설팅을 수료한 소상공인
• 나들가게 : 나들가게 선정 소상공인(신청일 기준 협약 유지 업체)
• 시니어 : 시니어창업스쿨 수료 또는 시니어 관련 컨설팅을 15시간 이상 받고 총괄매니저의 추천을 받은 소상공인
• 신사업 : 소상공인시장진흥공단에서 주관하는 신사업 육성지원사업 또는 아이디어상업화 지원사업의 수혜 소상공인
• 장기실업자 : 최근 3년 이내 고용보험을 납부한 기록이 있는 자 중 아래의 사항 중 하나 이상을 충족(온라인 교육을 6시간 이상 수료)
– 장기실업자 : 실직 후 고용지원센터에 구직등록 후 취업활동을 6개월 이상하다가 현재사업을 영위하고 있는 소상공인
– 실직고령자 : 자금 신청 시 만 55세가 넘는 자 중 과거 실직 후 구직등록하고 취업활동을 하다가 현재 사업을 하고 있는 소상공인
• 여성가장 : 경제적 활동능력이 없는 부양가족만 있는 여성가장소상 공인(온라인 6시간수료)
• 소공인 : 제조를 기반으로 한 사업을 영위하는 상시근로자수 10인 미만의 소공인
• 창조형 : 소상공인시장진흥공단 지역센터의 현장평가 및 심의위원회 통과한 소상공인('13년 하반기 시범)
• 장애인 : 장애인복지카드(국가유공자카드) 또는 장애인기업확인서를 소지, 장애인기업종합지원센터 또는 소상공인시장진흥공단에서 실시하는 12시간 이상 교육수료자</td></tr>
<tr><td>지원내용</td><td>대출한도
• 업체당 최고 7천만 원 이내
• 장애인(기업), 나들가게, 창조형 1억 원 이내, 소공인 5억 원(운전자금 1억 원) 이내</td></tr>
<tr><td>상담처</td><td>지원센터 연락처 : 1588-5302
소상공인시장진흥공단 홈페이지 www.kmdc.or.kr</td></tr>
</table>

• 창업진흥원 창업맞춤화 사업

<table>
<tr><td>지원대상</td><td>예비창업자 : 신청일 현재 창업(개인, 법인)을 하지 않은 자로서 협약 종료일로부터 3개월 이전에 창업이 가능한 자
1년 이내 창업기업 대표</td></tr>
<tr><td>지원내용</td><td>자금지원
• 시제품 제작, 기술정보활동(지재권 확보, 시험분석, 제품인증 등), 마케팅 등 창업사업화에 필요한 자금 지원
• 최대 5천만 원 한도(지식서비스분야 최대 3.5천만 원 한도) 교육지원
• 회계, 법률, 경영 등 창업기본 교육 및 창업단계별 맞춤형 교육프로그램 운영을 통한 사업 지원</td></tr>
<tr><td>상담처</td><td>창업진흥원 창업사업화 1팀, 2팀 연락처 : 042-480-4341
창업지원온라인관리시스템 홈페이지 startbiz.changupnet.go.kr</td></tr>
</table>

2) 창업 실행: 사업화 지원

• 중소기업진흥공단 청년창업사관학교 사업

구분	내용
지원대상	고용 및 부가가치 창출이 높은 제조업 또는 지식서비스업 만 39세 이하인 창업자 • 기술창업을 준비 중인예비창업자 또는 예비창업팀 – 예비창업자는 신청일 현재 법인 대표가 아니며, 업종에 관계없이 본인 명의의 사업자등록을 하지 않은 자 – 예비창업팀은 2~4인으로 구성하되, 팀원은 모두 예비창업자일 것 • 사업신청일 현재 중소기업기본법 상 중소기업으로 공고일 기준 창업 후 3년 이내 기업의 대표자
지원내용	**지원한도** • 총사업비의 70%, 연간 최대 1억 원 이내 사업비 지원 • 청년 창업자는 총 사업비의 30%이상을 부담 • 졸업평가 우수 청년창업자 중 별도심사를 거쳐 1년간 1억 원 이내에서 추가 지원 가능 **지원내용** • 사업지원 : 창업활동비, 시제품제작비, 마케팅비 등을 지원 • 창업교육 : 창업단계별 실무교육 • 창업코칭 : 전담교수 1대 1 집중코칭 • 창업공간 : 청년창업사관학교에 창업준비공간 제공 • 연계지원 : 정책자금, 판로지원, 입지 등 연계지원 • 기술지원 : 제품개발 과정의 기술 및 장비 지원
상담처	청년창업사관학교(경기 안산) : 031)490-1372, 1384, 1278 대구경북 청년창업사관학교(경북 경산) : 053)819-5011 부산경남 청년창업사관학교(경남 창원) : 055)548-8050 호남 청년창업사관학교(광주광역시) : 062)250-3030 청년창업사관학교 홈페이지 start.sbc.or.kr

• 창업진흥원 창업보육센터

구분	내용
지원대상	창업보육센터에 새로이 입주할 수 있는 자는 예비창업자이거나 입주신청일 현재 중소기업을 창업하여 사업을 개시한 날로부터 3년이 경과되지 아니한 기업(『창업보육센터 운영요령』 제23조 제1항)
지원내용	사무 공간 : 사무공간을 저렴하게 제공 제품화 지원 : 최대 2,100만원(총 사업비의 30% 이상을 입주기업이 부담(현금 20%, 현물 10%) 마케팅 지원 : 최대 1,710만원(총 사업비의 10% 이상을 입주기업이 부담(현금 10%)
상담처	창업진흥원 지식창업팀 연락처 : (042) 480-4384 창업넷 1인 창조기업 홈페이지 www.changupnet.go.kr

• 창업진흥원 1인 창조기업 비즈니스센터

지원대상	1인 창조기업 및 1인 창조기업 창업예정자 • 예비창업자의 경우 입주 후 3개월 이내 사업자등록증 제출해야 함 대상 업종 : 국민의 창조적 아이디어 등이 발현되어 경제적 부가가치 및 일자리 창출이 타 업종에 비해 높은 업종 • S/W, 인터넷서비스, 컨설팅, 디자인, 전시 등 제조관련 서비스업 • 영화 · 예술 · 관광 · 저술 · 시나리오 등 문화관련 서비스업 • 건축기술, 엔지니어링, 연구개발업 등 전문과학 및 기술서비스업 • 제조업(전통식품, 공예품, 컴퓨터 및 전자부품 등 일부업종)
지원내용	사무 공간 : 사무(작업)공간 및 회의실, 상담실, 휴게실 등 비즈니스 공간 지원 창조카페 : 1인 창조기업의 회의 공간 지원 경영지원 : 세무 · 회계 · 법률 · 마케팅 · 창업 등 전문가 상담, 교육, 정보 제공 등 경영지원(무료) 사업화지원 : 1인 창조기업과 외부기관(기업)간 프로젝트 연계 및 수행 기회 제공, 지식서비스 거래 및 사업화 지원(특화센터) 시설이용 : 팩스, 프린터, pc 등 사무용 집기 이용 지원
상담처	창업진흥원 지식창업팀 연락처 : (042) 480-4384 창업넷 1인 창조기업 홈페이지 www.changupnet.go.kr

• 창업진흥원 연구원특화예비기술창업자육성

지원대상	예비기술창업자(연구원) 또는 예비기술창업팀(연구원1/2이상 포함)으로 직접개발 또는 연구기관에서 제공하는 기술을 활용해 사업화를 희망하는 자 연구기관의 범위 : 정부출연연구기관, 전문생산기술연구소, 국 · 공립 연구기관, 특정연구기관, 재단법인연구기관(기술사업화가 가능 또는 R&D 기능을 수행하는 기관) 등
지원내용	선정된 창업팀별 시제품 제작 완료시기를 기준으로 단계별로 사업비 지원계획을 수립하여 창업사업화 자금을 최대 1억 원까지 지원 동 사업에 연구원 예비기술창업자(팀)당 1개 과제만 신청 가능 선정된 연구원 예비기술창업자(팀)은 연구원특화 BI에 1년간 무상입주 기술컨설팅, 소비자 반응평가 등 시제품개발에서 경영까지 맞춤 지원
상담처	창업진흥원 연구원특화 창업지원센터 연락처 : 042-389-0042 창업지원온라인관리시스템 홈페이지 startbiz.changupnet.go.kr

• 소상공인진흥원 시니어 비즈니스플라자

지원대상	40세 이상의 전문경력을 보유한 시니어
지원내용	창 · 취업 상담, 멘토링 등 전문가 자문 커뮤니티 모임장소 및 창업을 위한 사무 공간 지원 세미나 및 교육지원 시니어의 경제활동(창업, 취업, 진로 등)에 관련된 정보
상담처	소상공인진흥원 비즈니스플라자 담당 : 042-363-7608 창업넷 시니어창업 홈페이지 www.changupnet.go.kr

• 스마트 벤처창업학교

지원대상	지원대상 : 예비창업자(팀) 또는 창업초기기업, 만 40세 미만 지원분야 : SW융합, 콘텐츠, 앱 관련 분야
지원내용	28주 동안 창업학교에서 창업 전 과정 종합지원 자금지원 : 최대 1억 원 한도 개발비 지원 및 창업활동비 지급 교육 · 멘토링 : 창업교육, 전략/기술/경영지원/특허 멘토링 개발실(사무실) 및 기숙사 등 창업에 필요한 공간 지원 사업화 · 투자유치 지원 : 수요처 연계, 마케팅, 투자로드쇼 지원 등
상담처	스마트 벤처창업학교 연락처 : 053-217-3456 스마트 벤처창업학교 홈페이지 www.svik.or.kr

• 창업진흥원 선도벤처연계기술창업

지원대상	사업공고일 기준 창업 1년 이내 초기창업자 또는 (예비)창업자 • (예비)창업자의 경우 2인 이상으로 신청
지원내용	창업 준비 공간, 전담멘토링, 사업기획 및 기술지원, 국내외 마케팅 및 홍보 등
상담처	벤처기업협회 연락처 : 02-890-6353, 0627, 0628 벤처기업협회 홈페이지 www.venture.or.kr 창업지원온라인관리시스템 홈페이지 startbiz.changupnet.go.kr

• 창업진흥원 창업선도대학육성사업

지원대상	예비창업자
지원내용	창업아이템의 사업화 지원 및 창업교육
상담처	지역 창업선도대학 창업넷 홈페이지 www.changupnet.go.kr

3) 사업 운영 : 마케팅, R&D, 인력 등 지원

• (마케팅) 창업진흥원 벤처창업박람회

지원대상	우수 벤처 · 창업기업 또는 시제품 전시가 가능한 예비창업자 및 창업 동아리 등 • 정부의 각종 기술 지원 사업에 참여하여 성공한 중소기업 • 신기술 개발 · 개량으로 경영혁신을 이룩한 중소기업 • 지식서비스분야 기업 및 1인 창조기업 • 지적재산권 및 참신한 아이디어를 바탕으로 창업을 준비 중인 예비창업자 • 정부, 지방자치단체, 신용보증기금, 기술보증기금 등 창업지원기관이 추천한 기업
지원내용	전시장 부스운영 지원, 단 보증금 제도 운영 인포메이션데스크 및 의자 1 SET 상호 간판 및 조명 콘센트 및 휴지통 각 1EA 기타 비품은 기업 자체 부담
상담처	창업진흥원 창업확산팀 : 042-480-4356, 4357,4359 박람회 홈페이지 www.startup.or.kr

• (마케팅) 창업진흥원 1인 창조기업 마케팅 지원

지원대상	대통령령으로 정한 지식서비스업, 제조업 등에서 창의성과 전문성을 갖춘 1인이 상시 근로자 없이 사업을 영위하는 기업 공동창업자, 공동대표, 공동사업자 등의 형태로 공동으로 사업을 영위하는 자가 5인 미만일 경우에도 1인 창조기업으로 인정 1인 창조기업이 규모 확대의 이유로 1인 창조기업에 해당하지 않게된 경우에도 3년간은 1인 창조기업으로 인정

지원내용	1인 창조기업의 지식산출물의 마케팅에 필요한 비용 중 일부
	분야별 마케팅에 필요한 비용 중 일부를 성장단계별로 지원
	• 창업기 : 전년 매출 1천만 원 이하 기업(예비창업자 및 매출이 없는 기업 포함)
	  – 보조금은 1,000만원 이내, 보조금의 10%는 기업이 부담
	• 성장기 : 전년도 매출 1천만 원 초과 기업
	  – 보조금은 2,000만원 이내, 보조금의 20%는 기업이 부담

상담처	창업진흥원 지식창업팀 : 042-480-4384

• (마케팅) 창업진흥원 온라인쇼핑몰 입점지원

지원대상	1인 창조기업이면서 온라인쇼핑몰(11번가, 홈&쇼핑, 우체국쇼핑) 판매가 가능한 기업
지원내용	MD 컨설팅(적정가 책정, 제품홍보 상세 페이지 제작 관련 홍보문구 사용 등) 제품홍보 상세페이지 제작지원(1사 1제품) 1인 창조기업 전용 판매관 운영 (11번가, 홈&쇼핑, 우체국쇼핑)
상담처	창업진흥원 지식창업팀 : 042-480-4382

• (마케팅) 중소기업진흥공단 해외시장조사서비스

지원대상	중소기업
지원내용	바이어 찾기 : 수출 희망 품목의 잠재 바이어 발굴 원부자재 공급선 찾기 : 수입 희망 품목의 잠재 공급선 발굴 맞춤형 시장조사 : 해외 시장 수요/수출입/생산/경쟁동향, 수입관세율, 소매가격/유통구조, 품질인증제도, 기타 등 조사 바이어 연락처 확인 : 해외바이어의 실제 존재여부, Contact Point 등 조사
상담처	중소기업진흥공단 마케팅사업처 연락처 : 02-769-6944 중소기업진흥공단 해외마케팅 홈페이지 www.sbc.or.kr

• (마케팅) 글로벌 청년창업 활성화

지원대상	예비창업자 또는 창업 5년 이내 창업기업 지원국가 및 업종 • 미국 실리콘밸리 : IT 업종 • 중국 상해 : 全 업종 • 베트남 하노이(or 호찌민) : 全 업종
지원내용	현지 진출 · 창업을 위한 국내외 창업연수 및 현지 보육프로그램 제공 국내연수 : 현지 기업문화 및 법률 · 세무 교육, 성공기업 CEO/전문가 특강 등 현지보육 : 현지 사무공간 제공, 현지 창업을 위한 멘토링, 네트워킹 이벤트 개최 등
상담처	중소기업진흥공단 마케팅사업처 연락처 : 02-769-6944 중소기업진흥공단 해외마케팅 홈페이지 www.sbc.or.kr

• (R&D) 중소기업진흥공단 신제품개발지원

지원대상	신제품 개발을 목적으로 기술지원을 받고자하는 중소기업 아래 사항의 경우 우선지원 • 20인 이하 소기업 및 수출 중심형 중소기업 • 지방중소기업 • 창업기업(3년 미만) 및 고용창출 효과가 높은 산업분야의 업체 • 정부의 중점육성 산업을 영위하는 기업
지원내용	제품개발 상담 제품디자인 제품설계 3차원 측정 및 역설계(3D Scanning & Reverse Engineering) 시제품 제작 온라인 협업개발지원
상담처	청년창업사관학교 담당자 연락처 : 031-490-1382 중소기업진흥공단 홈페이지 www.sbc.or.kr

• (R&D) 중소기업기술정보진흥원 창업성장 기술개발사업

지원대상	중소기업기본법 제2조의 규정에 의한 중소기업 중 과제별 자격기준을 충족하는 기업 창업과제 : 창업 후 5년 이내이고, 종업원 수 50인 이하 또는 매출액 50억 원 이하인 중소기업 1인 창조기업 과제 : 1인 창조기업 육성에 관한 법률 제2조의 규정에 의한 중소기업
지원내용	**창업과제** • 개발기간 1년 이내 최대 2억 원까지 지원 • 건강진단프로그램과 연계하여 지원 • 1년 이내 실용화 기술을 '자유 응모 방식'으로 지원 • 지원한도 : 총 사업비의 90% **1인 창조기업 과제** • 개발기간 1년 이내 최대 1억 원까지 지원 • 1인 창조기업의 창의적 기술개발을 지원 • 지원한도 : 총 사업비의 90%
상담처	중소기업기술정보진흥원 연락처 : 1661-1357 중소기업 기술개발사업 종합관리시스템 홈페이지 www.smtech.go.kr

• (경영전반) 중소기업기술정보진흥원 중소기업 컨설팅지원사업

지원대상	중소기업
지원내용	공정혁신, 지속성장, 창업 컨설팅 : 경영 · 기술 전 분야, 최대 3천만 원 해외전문가 컨설팅 : 첨단 · 핵심 기술 분야, 최대 3천만 원 원스톱 창업지원 : 사업타당성 분석, 창업법인 설립, 법인전환, 창업 공장 설립, 최대 5백만 원
상담처	중소기업 컨설팅지원사업 홈페이지 www.smbacon.go.kr

• (인력) 고용노동부 취업인턴제도

지원대상	고용보험상 "우선지원대상기업"으로서 상시근로자 5인 이상 사업장
지원내용	약정기간(1~6개월) 임금의 50% 지원(최대 80만원 한도) 정규직 전환 시 6개월간 65만원 추가 지원 기업당 상시근로자의 20~30% 한도 인턴 채용 가능
상담처	고용노동부 취업인턴 홈페이지 www.work.go.kr/intern 지역 인턴제 주관기관 기관

주(註)

1장

1) Schwab, Klaus. "The Fourth Industrial Revolution: what it means, how to respond", World Economic Forum.
2) 김진하(2016), "제4차 산업혁명 시대, 미래사회 변화에 대한 전략적 대응 방안 모색", KISTEP InI 15호.
3) 장필성(2016), "(EU) 2016 다보스포럼: 다가오는 4차 산업혁명에 대한 우리의 전략은?", 과학기술정책, 제26권, 제2호, pp. 12-15.
4) 클라우스 슈밥(2016), 「클라우스 슈밥의 제4차혁명」, 송경진 옮김, 새로운 현재, pp. 36-50.
5) 이장우(2017), 「퍼스트 무버: 4차 산업혁명이 선도자들」, 21세기 북스. pp. 29-30.
6) 미래창조과학부 미래준비위원회, KISTEP, KAIST(2017), 「10년 후 대한민국 4차 산업혁명 시대의 생산과 소비」, 지식공감.
7) 미래창조과학부 미래준비위원회, KISTEP, KAIST(2017), 「10년 후 대한민국 4차 산업혁명 시대의 생산과 소비」, 지식공감.
8) Howard H. Stevenson, "A Perspective on Entrepreneurship", Harvard Business School Case, 1983.
9) 이장우(2017), 전게서, p. 63.
10) Robert D. Hisrich and Candida G. Brush, The Woman Entrepreneur; Starting, Financing, and Managing a Successful New Business(Lexington Book, 1985) pp. 18.
11) John Kao, Entrepreneurship, Creativity & Organization, Prentice Hall International, Inc., 1989, p. 91.
12) 이장우, 벤처경영, 매일경제신문사, 1997, p. 42.
13) Stevenson, 전게서.

2장

1) 이장우 등, 〈1인창조기업〉, 형설라이프, 2009.
2) https://namu.wiki/w/고령화.
3) 이투데이, 몸집만 키운 대기업 '고용없는 성장', 2017년 4월 10일자 신문기사.
4) Michael J. Roberts, Harvard Business School Note 9-384-179, 1984, p. 18.

3장

1) Bollinger, L., Hope, K. and J. M. Utterbak (1983), "A Review of Literature and Hypotheses on New Technology-Based Firms," *Research Policy*, 12, 1-14.

2) Cooper, A. C. (1971), "Spin off and Technical Entrepreneurship," *IEEE Transaction on Engineering Management*, EM-18, 2-6.
3) 이진주 (1986), "신기술개발과 모험자본의 역할", 「기술관리」, 4, 40-50.
4) 이장우(1997), 벤처경영, 매일경제신문사, p. 45.
5) 벤처인(http://www.venturein.or.kr)에 접속하면 벤처확인제도 및 확인요건에 대한 자세한 정보를 확인할 수 있음.
6) 이장우와 김세형 (1999), 「실리콘밸리에서 배우는 벤처기업의 성공비결」, 중앙M&B.
7) 이장우 등(2009), 「나의 행복한 일터 1인 창조기업」, 형설라이프.
8) 창업넷(http://www.changupnet.go.kr) 참고.
9) 창업넷(http://www.changupnet.go.kr)에 자세한 소개가 있음.
10) 뉴스파워(http://www.newspower.co.kr)에 기재된 대안경제아카데미-예스이노베이션의 강의자료.

4장

1) "슈밋 구글 회장이 보는 인터넷의 현재와 미래", 중앙일보, 2013. 4. 22, 기사 중.
2) Charles Leadbeater, We-Think: Mass Innovaton, not Mass Production, 2008 (이순희역, 21세기북스).
3) Henry Chesbrough et al., Open Innovation: Reserching a New Paradigm, Oxford University Press, 2006.
4) 이영곤(2012), 「반드시 통하는 시크릿코드」, 새로운제안.
5) 김연성(2009), "현상을 타개하는 방법 - 스캠퍼(SCAMPER)", 동아비즈니스리뷰, 42.
6) 「How to write a business plan」, McKinsey & Company, 2000, pp. 14-18.
7) 이장우((2009), 「스토리텔링 경영전략」, 법문사, pp. 75-78.
8) 영업이익은 매출총이익에서 판매비와 관리비를 차감한 금액이다.

5장

1) Deloitte and Touche(1993), "Writing an Effective Business Plan". pp. 1-54.
2) 위의 책.
3) 이장우(2000), 벤처창업, 법문사, pp. 49-51.
4) Z. Block, and I. C. MacMillan, "Milestones for Successful Venture Planning", pp. 138-147.
5) S. Russell(1984), "what Investors Hate Most About Business Plan", The Magazine for Entrepreneurs, pp. 52-53.

6장

1) 박주관(1999), 「사업타당성 분석 & 사업계획서 작성」, 21세기북스, p. 16.
2) 이영곤(2012), 「반드시 통하는 시크릿코드」, 새로운제안.
3) 국가통계포털(kosis.kr) 총조사인구(2010) 참고.
4) 제조원가명세서는 2003년까지 사업보고서에 부속명세서로 공시되었으나 2004년부터 법규개정으로 공시하지 않는다.
5) 간이과세자의 경우는 간이영수증을, 면세사업자의 경우는 세금계산서 발행 대신 계산서와 사업자등록증을 교부하여야 함.
6) 간이과세자의 경우는 간이영수증을, 면세사업자의 경우는 세금계산서 발행 대신 계산서와 사업자등록증을 교부하여야 함.

7) 부가가치는 손익계산서와 제조원가명세서에 있는 영업잉여(영업이익 또는 손익+대손상각비-이자비용), 인건비, 이자비용, 세금과 공과, 감가상각비 등의 항목들을 합산하여 산출한다.
8) 미야 가즈요시, 김정환 옮김(2010), 「1초 만에 재무제표 읽는 법」, 다산북스, p. 25.
9) 부가가치는 손익계산서와 제조원가명세서에 있는 영업잉여(영업이익 또는 손익+대손상각비-이자비용), 인건비, 이자비용, 세금과 공과, 감가상각비 등의 항목들을 합산하여 산출한다.
10) 한국은행이 발간하는 기업경영분석을 통해 산업의 평균 재무비율을 알 수 있다.

7장

1) 이상율 · 이종호(2004), "대구지역 벤처기업의 입지형태와 입지요인", 한국도시지리학회, 7(1), pp. 51-69.
2) 오남현 · 이성근(2001), "벤처기업의 입지요인과 입지비교우위에 관한 연구", 부동산학연구, 7(1), pp. 65-78.
3) 국가법령정보센터(www.law.go.kr) 상법 제 3편 회사를 인용하여 정리
4) "2013년 소상공인 실태조사", 중소기업청, p. 7.
5) 기업이 사용하는 건물이나 설비 등은 매년 소모되는데 이러한 가치의 절감을 비용으로 나타낸 것을 감가상각비라고 한다.

8장

1) Michael J. Roverts, Alternative Sources of Financing: Assessing and Acquiring Necessary Resource, HBR Note 9-384-187
2) 정대용, 창업스쿨, 21세기 북스, 1997, p. 225.
3) James Mcneill Stancill. How Much Money Does Your New Venture Need?, pp. 179-195.
4) 이장우, 벤처경영, 매일경제신문사, 1997, p. 294.
5) 정승화, 벤처창업론, 박영사, 1999, p. 289.
6) Amar Bhide and Howard Stevenson, Attracting Stakehoders, Assessing and Acquiring Necessary Resource, HBR Note 9-384-187
7) Hisrich, R, D. and Peter, M. P. (1992). "Entrepreneurship: Starting, Developing and Managing a New Enterprise," Irwin, p. 287.
8) Harold M. Hoffman and James Blakey, You Can Negotiate with Venture Capitalists: Launching the New Venture, pp. 204-214.
9) Hall, J. and Hofer, C. W. (1993), Venture Capitalists' Decision Criteria in New Venture Evaluation, Journal of Business Venturing, 8(1), pp. 25-42.
10) 벤처기업이 여러 단계에 걸쳐 자금조달을 하는 경우 선행 투자자(early investor)에 비해 후행 투자자(later investor)가 낮은 가격으로 지분(보통주 혹은 우선주)을 매입할 경우 선행 투자자는 추가적인 비용을 지불하지 않고도 추가지분을 얻을 수 있는 권리를 부여한 조항을 말한다.
11) Hisrich, R, D. and Peter, M. P. (1992). 앞의 책, p. 293.
12)이장우와 김선홍, 벤처기업의 현황과 발전방향, 1998, 산업자원부/벤처기업 협회.
13) Scott, S. (2008), The Importance of Angel Investing in Financing the Growth of Entrepreneurial Ventures, SBAHQ-07-Q-0016.
14) 이장우, 벤처창업, 법문사, 2000. pp. 170-173.
15) Gerald. A. Benjomin, Angel Investors: Culling the waters for Private Equity, The Journal of PRIVATE EQUITY, spring ,1998.
16) Stephanie Gruner, Angel-Hunting Tips, Inc, March, 1996, p. 100.

17) 강효석, 이원흠, 조장연, 기업가치평가론, pp. 73-78.
18) 〈벤처캐피탈의 벨류에이션 기법〉 수정발췌. en@ble.2000.3월호.
19) Paul Simon , Valuation of Venture Capital Deals: An Introduction, S357, Thomas Hellman Revised Version, 1998.

9장

1) 이장우와 장수덕 (1998), 벤처기업 성공요인에 관한 이론적 고찰, 벤처경영연구, 1(2), pp. 69-95.
2) 이장우 (2000), 벤처창업, 법문사.
3) Drucker. P. The New venture, In William A. Sahlman and Howard H. Stevenson(Eds.), The Entrepreneurial venture(Boston, MA : Harvard Business School Publications) : pp. 247-262.
4) Bygrave, W. and Zacharakis, A. (2011), Entrepreneurship, 이민화와 이현숙 옮김 (2013), 기업가정신, 동서미디어.
5) Conlin, E. G., How do you know when it's leave?, INC. 1994, February, pp. 56-62.
6) Timmons, J. A. (1999), New Venture Creation: Entrepreneurship for the 21th Century, McGraw-Hill, pp. 518-519.
7) 이장우와 이성훈 (2009), 벤처기업의 실패원인: 성장단계별 분석, 중소기업연구, 제31권 3호, pp. 1-17.
8) 장수덕(2003), 성공한 벤처기업과 실패한 벤처기업의 특성차이, 벤처경영연구, 6권 2호, pp. 103-126.
9) 장수덕 (2005), 실패한 벤처기업의 특성: 사례연구, 경영연구, 제 20권 2호, pp. 21-26.
10) 한정화 (2005), 불황을 뚫는 7가지 생존전략, 랜덤하우스중앙.
11) 이장우(2010), Small Giant-대한민국 강소기업, 미래인.
12) 이장우(2010), 위의 책.
13) 한정화 (2005), 앞의 책.

10장

1) Rodgers. T. J, 1990, No Excuses Management, Harvard Business Review July-August, pp.84-98.
2) Porter, M. and Mark K. (2011), "Creating Shared Value: How to Fix Capitalism and Unleash a New Wave of Growth," *Harvard Business Review*, January.
3) Freeman, R. E., Harrison, J. S. and Wicks, A. C. (2007), Managing for Stakeholders-Survival, Reputation, and Success, Louis Stern Fund, US.
4) Bain, Joe S., Price Theory, Holt Reinhart & Winston, 1952, p. 112.
5) BCG(Boston Consulting Group), Perspectives on Experience, The Boston Consulting Group, 1974.
6) Buzzell, Robert D., Bradley T. Gale, and Ralph G. M. Sultan, "Market Share A Key Profitability, Havard Business Review, January-February, 1975, pp. 97-106.
7) Schendel, D. E., and C. W. Hofer, Strategic Management : A New View of Business Policy and Planning, Little brown, boston, 1979.
8) Cooper, Arnold C., Gary E. Willard, and Carolyn Y. Woo, "Strategic of High-Preformance New and Small Firms: A Reexamination of the Niche Concept," Journal of Business Venturing, 1, 1986, pp. 247-260.
9) 이장우와 장수덕(1999), "성공벤처기업의 특성에 관한 탐색적 연구", 중소기업연구, 21(1), pp. 105-133.
10) 이장우(2000), 앞의 책, p. 227.

11) Abernathy, William J. and Kenneth Wayne, "Limits of the Learning Curve," *Harvard Business Review*, September – October 1974, p. 110.

12) Mills, D. and L. Schumann, "Industry Structure with Fluctuating Demand", American Economic Review, 75(4), 1985, pp. 758–767.

13) Cooper, A. C., "R & D is more Efficient in Small Companies", Harvard Business Review, 3, 1964, pp. 75–83.

14) Advisory Committee on Industrial Innovation, final report, U.S. Goverment printing office, Washington, D.C, 1979.: Pavitt, K., "The Size and Structure of British Technological Activities: what we know and do not know", Scientometrics,14(3–4), 1988, 329–346; Rothwell, R., "Small Firms, Innovation and Industrial Change", Small Business Economics, 1(1), 1988, pp. 51–64.

15) M.Spence, "The Learning Curve and Competition", Bell Journal of Economics, 1981, pp. 49–70.

16) W.T.Robinson, "Sources of Market Pioneer Advantages: The Case of Industrial Goods Industry", Journal of Marketing Research, 1988.

17) D.J.Teece, "Profiting for Technological Innovation: Implications for Integration, Collaboration, Licencing and Public Policy", Research Policy, 1986, pp. 285–305.

18) Bhide. A. How Entrepreneurs Craft Strategies That Work, Harvard Business Review, 1994, March–April, pp. 150–161.

19) 이민화와 이현숙(2011), 앞의 책, p. 117.

20) Sernovitz, A. (2009), Word of Mouth Marketing, Revised Edition, Kaplan Publishing.

21) Dye, R. (2000), "The Buzz on Buzz", *Harvard Business Review*, November–December, pp. 139–146.

22) http://www.msrkorea.co.kr/b/dataroom/139

23) 조선일보 2013년 9월 28일자 기사 – 박찬우의 '소셜미디어 마케팅' 에서 발췌.

24) 이장우(1997), 앞의 책, pp. 346–352에서 주로 발췌.

25) 에벌린 클락, 이야기경영, 연암사, 2008, pp. 257–259.

26) 클라우스 포그 등, 스토리텔링의 기술, 멘토르, 2008, pp. 40–59.

27) 클라우스 포그 등(2008), 위의 책, pp. 97–118.

28) 클라우스 포그 등(2008), 위의 책, p. 100.

29) 클라우스 포그 등(2008), 위의 책, p. 113.

30) 김학수(2010), 성공적 사내 기업가정신 발현의 전제조건: 최고 경영진의 혁신지향적 리더십, 한국경제연구원.

11장

1) 국세청 홈페이지(nts.go.kr)에서 국세정보 → 국세청 발간 책자 → 기타참고책자의 메뉴의 창업자 세금 가이드(2013년) 참고.

2) 익금은 사업에서 생기는 수익금액 외에 사업과 관련하여 발생하는 자산의 양도금액, 평가 차익, 무상으로 받은 자산의 가액 등을 포함.

3) 제품의 원가 및 인건비 외에 사업과 관련해서 지출한 접대비, 복리후생비 등을 포함하여, 세법에서 특별히 인정하는 특정손금이 있음.

4) 내국법인: 국내에 본점 · 주사무소 또는 사업의 실질적 관리 장소를 둔 법인.
외국법인: 외국에 본점 · 주사무소 또는 사업의 실질적 관리장소를 두지 않은 법인.
영리법인: 영리를 목적으로 설립된 법인.
비영리법인: 학술 · 종교 · 자선 · 기예 · 사교 등 비영리를 목적으로 설립된 법인.

5) 내국법인의 경우 등기부상의 본점 · 주사무소의 소재지 관할세무서이며, 외국법인의 경우 국내사업장(국내사업장이 2이상인 경우 주된 사업장)의 소재지 관할 세무서.

6) 산출세액×가산세율(20%, 부당무신고시는 40%)

7) 미납부세액×가산세율(0.03%)×무납부경과일수

8) 국세청(www.nts.go.kr)에서 조회/계산 아래 메뉴에서 조회 가능.

9) 건설업 및 벌목업에서는 피보험자인 근로자에게 당해년도 지급할 1년치의 예상금액 총액에 해당 보험료를 곱하여 개략적으로 산정한 보험료를 개산보험료라고 하며 일시 납부하거나 분기별로 4회 납부할 수 있으며, 일시 납부 시 보험료의 3% 공제.

10) 국민건강보험 직장가입자 보수월액 변경신청서, 국민연금 직장가입자 기준소득월액 변경신청서, 고용/산재보험 월평균보수 변경신고서가 통합된 문서양식임.

11) 보수월액 산정 시 비과세 소득은 제외하며, 식대는 월 10만원, 차량소지자(본인차량으로 업무용)에 한해 월 20만원, 육아수당은 6세미만 자녀의 보육료 월 10만원 한도 내에서 비과세. 또한 국외근로소득의 경우 소득세법상 월 100만원(원양어업 선박 또는 국외 등을 항행하는 선박 또는 국외 등의 건설현장에서 근로를 제공하고 받는 보수는 월 150만원)까지 비과세.

12) 근로소득의 범위

① 근로 제공 대가로 받는 봉급/급료/보수/세비/임금/상여/수당과 유사한 성질의 급여

② 법인 주주총회/사원총회 또는 이에 준하는 의결기관 결의에 의해 상여로 받는 소득

③ 법인세법에 의하여 상여로 처분된 금액

④ 퇴직으로 인하여 받는 소득으로써 퇴직소득에 속하지 아니하는 소득

13) 부책임자 : 특정 사유로 인해 정책임자가 부재하거나 정책임자의 장비관리가 제한되는 사항에서 정책임자를 대신해 장비를 관리하는 사람을 말함.

14) RFM: 고객의 미래 구매 행위를 예측하는데 있어 가장 중요한 것이 과거 구매내용이라고 가정하는 시장분석기법이다. RFM은 최근의(Recency) 주문 혹은 구매 시점, 특정 기간 동안 얼마나 자주(Frequency) 구매하였는가, 구매의 규모는 얼마인가(Monetary Value)를 의미하며, 각 고객에 대한 R*F*M을 계산한 후 이를 바탕으로 고객군을 정의한 뒤 각 고객군의 응답 확률과 메일 발송 비용을 고려해 이익을 주는 고객군에게만 메일을 발송하는 것이다.

12장

1) 최계봉, 21세기 기업전략 분사경영, 대한상공회의소, pp. 59–60.

2) Stevenson, H. H., Roberts, M. J., and Grousbeck, H. I. (1989). *New Business Ventures and the Entrepreneur*. Homewood, IL: Irwin.

3) Marc J. Dollinger, Entrepreneurship, pp. 366–367.

4) 장수덕 · 최석봉(2013), 중소기업 중간관리자들의 조직내 기업가정신 인식과 혁신적 업무행동 간의 관계, 인적자원관리연구, 20(2), pp. 27–54.

5) 최계봉, 21세기 기업전략 분사경영, pp. 67–69; Marc J. Dollinger, Entrepreneurship, p. 367.

6) 김현기와 박진성, 기업가 정신이 깃든 조직 만들기, Weekly 포커스, LG Business Insight, 2011년 2월 9일자.

7) 김현기와 박진성, 위의 자료; Wolcott, R. C. & Lippitz, M. J. (2007), The Four Models of Corporate Entrepreneurship, MIT Sloan Management Review, Fall, pp. 74–82에서 발췌.

8) 최계봉, 21세기 기업전략 분사경영, pp. 104–109.

9) Wolcott, R. C. & Lippitz, M. J. (2007), The Four Models of Corporate Entrepreneurship, MIT Sloan Management Review, Fall, pp. 74–82.

10) Wolcott, R. C. & Lippitz, M. J. (2007), The Four Models of Corporate Entrepreneurship, MIT Sloan Management Review, Fall, pp. 74–82.

11) G. Pinchot (1985), *Intrapreneuring: why you don't have to leave the corporation to become an entrepreneur*, Harper & Row, New York.

12) Kanter, R. M. (1982), The Middle Manager as Innovator, Harvard Business Review, 60(4), pp. 95–

105.
13) Kuratko, D. F., Montagno, R. V., and Hornsby, J. S. (1990), "Developing an Intrapreneurial Assessment Instrument for an Effective Corporate Entrepreneurial Environment," *Strategic Management Journal*, 11(5), pp. 49-58.
14) Zahra, S. A.,Hayton, J. C., and Salvato, C. (2004). "Entrepreneurship in Family vs. Non-Family Firms: A Resource-Based Analysis of the Effect of Organizational Culture," *Entrepreneurship Theory and Practice, 28*(4), pp. 363-381.

13장

1) 이장우(2000), 벤처창업, 법문사. pp. 300-318.
2) 특허법 제29조. 시행 2013. 7. 1.
3) 특허법 제2조 1항 인용. 시행 2013. 7. 1.
4) 특허 · 실용신안 심사지침서, 특허청, 2011, p. 3102.
5) 특허법 시행령 시행 제9조. 시행 2013. 12. 12.
6) 특허법 시행규칙 제21조. 시행 2013. 7. 1.
7) 실용신안법 제22조. 2013. 7. 1.
8) 실용신안법 제8조. 시행 2013. 7. 1.
9) 실용신안법 제2조 1항 인용. 시행 2013. 7. 1.
10) 디자인보호법 제2조 1항 인용. 시행 2014. 7. 1.
11) 디자인보호법 제91조. 시행 2014. 7. 1.
12) 디자인보호법 제33조. 2014. 7. 1.
13) 디자인보호법 제41조. 2014. 7. 1.
14) 상표법 제2조 1항 인용. 2013. 10. 6.
15) 특허청(www.kipo.go.kr) 메뉴에서 특허마당 상표의 이해 참고
16) 저작권법 제2장. 2013. 10. 17.
17) 부정경쟁방지법 및 영업비밀보호에 관한 법률 제2조 2항 인용. 시행 2014. 1. 31.
18) "참신하고 기술력 있는 제품 쏟아져", 한국일보, 2006. 11. 27.
19) 특허청(www.kipo.go.kr) 참고.

14장

1) 통계청 한국표준산업분류 검색 메뉴(kostat.go.kr/kssc/main) 참고.
2) 온라인 재택창업시스템(www.startbiz.go.kr)의 법인설립 제출서류 메뉴 참고.
3) 서울시 ETAX(utax.seoul.go.kr) 지방세 정보의 지방세미리계산 메뉴 참고.
4) 「2013년도 중소기업 조세지원」, 중소기업청, p. 31.
5) 법원 인터넷등기소(www.iros.go.kr) 전자민원센터 등기비용안내(법인) 참고.
6) 법원 인터넷등기소(www.iros.go.kr) 자료센터의 법원등기 참고.
7) 벤처확인 · 공시시스템 벤처확인신청절차 메뉴(www.venturein.go.kr) 참고.

찾아보기

ㅇ

[저자 약력]

● 이 장 우

서울출생으로 서울대학교 경영대학을 졸업하고 한국과학기술원에서 석사 및 박사를 취득했다. 미국 스탠퍼드 대학과 퍼듀 대학에서 방문학자로 연구했으며, 한국경영학회, 중소기업학회, 전략경영학회 회장 등을 역임했다. 한글과컴퓨터 이사회 의장으로 활동하는 등 여러 벤처기업들에 대해 경영자문을 하였다. 미국 Journal of Management 최고논문상을 수상했으며, 그밖에 Strategic Management Journal, Research Policy, Organizational Studies, Journal of International Business Studies 등 권위 있는 국내외 학술지에 60여 편의 논문을 발표했다. 저서로는 〈대한민국 강소기업 스몰자이언츠〉, 〈패자없는 게임의 룰 동반성장〉, 〈1인 창조기업〉 등이 있다. 현재 경북대학교 문화산업연구소 소장(경영학부 교수)로 재직하고 있다.

● 장 수 덕

대구출생으로 계명대학교 경영학과를 졸업하고 경북대학교에서 석사 및 박사를 취득했다. 미국 웨스턴 캐롤라이나 대학에서 방문학자로서 연구했다. 한국전략경영학회와 한국중소기업학회 상임이사를 역임했으며, 현재 한국중소기업학회 편집위원으로 활동하고 있다. Journal of International Business Studies, International Journal of Entrepreneurship and Innovation Management, 경영학연구, 인사조직연구 등 권위 있는 국내외 학술지에 40여 편의 논문을 발표했다. 저서로는 〈조직행동론〉, 〈열정 그 위에 꿈을 싣고〉 등이 있다. 현재 한남대학교 창업지원단 단장(경영학과 교수)으로 재직하고 있다.

● 이 병 열

경주출생으로 부산대학교 경영학과를 졸업하고 한국과학기술원에서 석사를 취득했다. PwC Consulting과 IBM BCS, Opentide 및 대은경제연구소 등에서 사업전략컨설팅을 수행하였다. 삼성전자, POSCO, SK텔레콤, 대한항공, 삼성생명, 삼성증권, 삼성SDS, GS칼텍스 등의 대기업과 아바코, 경인양행, 세종공업, 명화공업, 디아이씨, 삼보모터스, 삼기오토모티브, 이엔에프테크놀로지 등의 중견중소기업을 대상으로 중장기경영전략, 신규사업전략, 해외마케팅전략 수립 등의 프로젝트를 수행하였고, 대구시, 경제자유구역청 등을 상대로 투자유치 및 도시계획수립 관련 자문을 제공하였다. 현재 인제대학교 시스템경영공학과 겸임교수를 거쳐 GBS 대표이사로 재직 중이다.

기업가정신과 창업

2014년 2월 25일 초판 인쇄
2017년 8월 30일 개정판 1쇄 발행
2019년 1월 20일 개정판 2쇄 발행

저 자 이장우 · 장수덕 · 이병열
발행인 배 효 선

발행처 도서출판 法 文 社

주소 10881 경기도 파주시 회동길 37-29
등록 1957년 12월 12일 / 제2-76호(윤)
전화 (031)955-6500~6 Fax (031)955-6525
e-mail (영업) bms@bobmunsa.co.kr
(편집) edit66@bobmunsa.co.kr
홈페이지 http://www.bobmunsa.co.kr

조 판 법 문 사 전 산 실

정가 32,000원 ISBN 978-89-18-12358-5